LETRAS MEXICANAS

**Cuentos completos**

INÉS ARREDONDO

# Cuentos completos

Prólogo
BEATRIZ ESPEJO

FONDO DE CULTURA ECONÓMICA

Primera edición,      2011
  Segunda reimpresión,  2014

*Distribución mundial*

D. R. © 2011, Fondo de Cultura Económica
Carretera Picacho-Ajusco, 227; 14738 México, D. F.
www.fondodeculturaeconomica.com
Empresa certificada ISO 9001:2008

Diseño de portada: Teresa Guzmán Romero

Comentarios: editorial@fondodeculturaeconomica.com
Tel.: (55)5227-4672. Fax: (55)5227-4694

**ISBN** 978-607-16-0536-8 (rústica)
**ISBN** 978-607-16-0537-5 (empastada)

Impreso en México • *Printed in Mexico*

# SUMARIO

# INÉS ARREDONDO O LAS PASIONES DESESPERADAS

*por* BEATRIZ ESPEJO

*Para Ana Segovia*

Salvo en una única ocasión que merece comentario aparte, no le interesaba cortarle un gajo a la epopeya, ni el heroísmo común que todos demostramos en la lucha por la vida, y si enfocó esto último, lo hizo al sesgo. Trató el erotismo enfermizo y sus múltiples facetas. Buscó la mayoría de sus temas puertas adentro, en las entretelas espirituales. Puso al descubierto lo más sórdido, secreto, doloroso, incomprensible y vulnerable del ser humano al construir un entramado de historias que muchas veces se complementan. Tenía talento para contarlas sin que una arquitectura ambiciosa limitara su vuelo imaginativo. Historias que le permitieron atisbar las emociones profundas, incluso sorpresivas para los propios protagonistas, desfile de enajenados sufriendo por amores imposibles, de seres en el desconcierto, de quienes cargan a cuestas la losa del pasado, de quienes conocen la marginación por sus preferencias sexuales, de locos que han heredado la locura. Esclareció pequeñeces o grandes miserias, que como en un río desembocaron al reino de un desamor reinante. Elucidó deseos ocultos que suelen caer en lo patológico, la muerte, la desesperanza, y en una íntima redención sólo comprendida por el redimido o ni siquiera por él. Su obra quedó en *La señal,*[1] 1965; *Río subterráneo,* 1979,[2] y *Los espejos,* 1988.[3] Se descubre así el gran espacio de tiempo que necesitó para reunir sus colecciones, aunque a pesar de los años transcurridos sus textos mantienen vínculos estéticos, están escritos con la misma mirada y la misma angustia. Se esmeran y hallan con unas cuantas líneas de excelencia estilística las frases necesarias, el precipicio del pensamiento y el empeño de que hurguemos dentro de nosotros mismos y enfrentemos pasiones soterradas, la ambigüedad sentimental, las anomalías. Con ella nada queda en blanco y negro.

[1] Inés Arredondo, *La señal,* Era, México, 1965, 176 pp. (Alacena).
[2] Inés Arredondo, *Río subterráneo,* Joaquín Mortiz, México, 1979, 169 pp. (Nueva Narrativa Hispánica).
[3] Inés Arredondo, *Los espejos,* Joaquín Mortiz, México, 1988, 154 pp. (Serie El Volador).

11

Y, sobre esto, reclama y encuentra nuestra complicidad, la complicidad de los lectores para comprender enigmas y reacciones que al principio nos dejan perplejos.

Como camino y meta se empeñaba en un arte que obligara a reflexionar, muy a lo Valéry. Y como algunos poetas célebres, pongamos el caso de Baudelaire, iba lejos en sus propósitos y descubría la colaboración del demonio y las contradicciones del carácter. Algunos críticos han mencionado su interés por el psicoanálisis que conduce a una víctima de neurosis hacia la conducta aceptada socialmente; sin embargo, aburrida de esa salud, se complacía en las imágenes mórbidas dirigidas a las regiones ignoradas del subconsciente que suelen enfermar el cuerpo. Sus temas apuntan la inexpresable dualidad de la existencia.

Cuando leí el último de los tres volúmenes que conforman la obra de Inés Arredondo, me comuniqué para decirle que era una de las mejores escritoras mexicanas. Contestó que intentaba ser *de los mejores*. Y en una entrevista comentó: "No creo en el feminismo, no existe para mí… A mí me gustaría estar entre los cuentistas, pero sin distingo de sexo, simplemente con los cuentistas".[4] Nunca tuvo la hoy llamada conciencia de género pero su visión era femenina. También lo era su idea de las cosas. Escribió "Mariana", uno de los cuentos más feministas que se han escrito en nuestra literatura, con una intensa comprensión de la entrega y el placer y de las relaciones iguales entre los sexos; "2 de la tarde" traduciendo sin ambages los pensamientos groseros de un hombre que observa a una muchacha antes de subirse al camión. Habló con insistencia del aborto, la maternidad, las frustraciones de las mujeres. Y padecía, como la padecemos todos, la condena ontológica de haber nacido sola y estar condenada a una muerte individual. Padecía también la angustia creadora, el anhelo de encontrar la perfección siempre huidiza. Desarrollaba sus relatos aprovechando detalles eficaces que trazaran un universo lleno de reminiscencias y evocaciones, colonizado por numerosas mujeres y adolescentes que enfrentan los primeros desencantos e inventan sus reglas de comportamiento y a menudo viven peligrosamente. Sus personajes aguardan una revelación aun sin saberlo. No para salvarse; para perderse cumpliendo destinos inevitables donde —en contra de lo que sostuvo en algunas entrevistas—

---

[4] David Siller y Roberto Vallarino, "El mundo culpable inocente porque no hay conciencia del mal" (entrevista a Inés Arredondo), *Unomásuno*, 8 de diciembre de 1977, p. 18.

el libre albedrío se condiciona casi siempre a las circunstancias. Su tiempo narrativo, tardo o frenético, escurre para adentro convertido en un destilado secreto que viaja al fondo de las vísceras.

Aseguraba que a pesar de su educación formal nadie le enseñó a escribir cuentos. Se orientaba por las lecturas compartidas y por las críticas mortales de Tomás Segovia, lector de sus textos una vez terminados, y de la llamada Generación del Medio Siglo. Grupo compacto y brillante al que perteneció y con el que se identificaba. Escuela, como diría a propósito de los Contemporáneos, en el sentido griego. Varios de sus componentes le hicieron observaciones agudas. Con José de la Colina, por ejemplo, discutió hasta la saciedad a Faulkner; con Juan Vicente Melo, a Julian Green, y con Juan García Ponce a Mann, hasta el punto de que le dedicó su libro *Thomas Mann vivo*. "Porque en la escuela se aprenden las bases de la preceptiva, pero la propia, la personal, se forma leyendo y discutiendo con otros lo leído."[5]

Ejercía la autocrítica hasta límites casi increíbles y tenía un método de trabajo practicado por autoras de relieve. Desechaba bastante y dejaba reposar aquello que conseguía su aprobación para juzgarlo fríamente antes de publicarlo. Creía que se era artista como una fatalidad, un designio misterioso de los hados. No se trataba de ganar reconocimiento ante los demás. Por ello nunca se autopromovió ni hizo nada para difundir su obra. Afirmaba que el detonante al empezar un cuento lo disparaban los dioses olímpicos generalmente con una oración pues, como pensaba Valéry, el primer verso es regalo de las musas. Las dificultades se presentaban enfocando el cuento y desarrollándolo hasta convertirlo en desafío. El riesgo estaba en escoger quién lo escribe, desde cuál perspectiva. Con la primera frase surge el tono; sin embargo resulta complicado mantenerlo hasta el fin.

Luego viene el trabajo artesanal, sí, el apegado a mi propia retórica, a mi propia preceptiva. A veces hago experimentos siguiendo ciertas teorías de otras preceptivas, y por regla general quedo insatisfecha [...] Cuando digo preceptiva me refiero a un aspecto muy amplio de ésta, pero que forma, que enseña, por lo menos,

---

[5] Inés Arredondo, "La cocina del escritor", escrito por 1982 como respuesta a una invitación de Fernando Curiel a participar en un ciclo de conferencias programado para la Capilla Alfonsina. "A Inés le encantó el proyecto y se comprometió a escribir el texto con la condición de no asistir a leerlo", apuntó Claudia Albarrán al publicar las doce cuartillas guardadas respetuosamente por Curiel, en *Sábado* (suplemento del periódico *Unomásuno), 29* de marzo de 1997, pp. 1-2.

lo que no se debe hacer. Creo por ello que la preceptiva no es solamente una disciplina, sino una actitud moral.[6]

No le afectaba que la voz fuera femenina o masculina, como en el caso de "Estar vivo"; allí cede la palabra al marido agobiado por las obligaciones domésticas, la crianza de los hijos y el aborto de su amante; o de "Wanda", algo confuso, por ello poco estudiado. Quizá su germen se halle en la muerte ¿suicidio? de su hermano Francisco José, que se ahogó a los veintiuno en un río próximo a Eldorado. O "Para siempre", contado en primera persona por un varón. Empieza con una frase espléndida complemento del desenlace: "Es extraño cómo llega a coincidir lo que nos sucede con lo que queremos que nos suceda", y enseguida descubrimos un bello cuento erótico, no exento de rudeza ni de ternura. En realidad es una violación. Nada importa. Importa que ese acto, ese orgasmo intenso y hasta cierto punto incomprensible, se recordará como lo más estimulante de una vida.

Seleccionaba adjetivos neutros para no quitarle fuerza a las acciones pues pretendía excavar en el corazón de los hombres. Se apoyaba en los verbos. Señalaba también el ámbito donde ocurrían los sucesos descritos con pistas sueltas. Sus locaciones no fueron siempre los chaparrales resecos de su tierra, el polvo, la sequía y el calor que superaba los cuarenta grados en determinadas épocas. A menudo dejaba filtrar la presencia del océano, hermoso y temible, amado océano cuyas playas cabalgó; recordaba los mangles enanos, la arena salitrosa, las marismas, los esteros, los caminos iguales que se recorren sorprendiendo al peregrino con su belleza desnuda e inhóspita; pero si tuviéramos que hablar del escenario al que volvía añorante, hablaríamos de Eldorado, una hacienda azucarera entre el mar y la margen norte del río San Lorenzo. La evocó idealizada, deformada por las imágenes de la luz, una peculiar luz dorada prueba de su aguda sensibilidad y de la claridad de sus recuerdos. Evocó las huertas, los pájaros, las frutas, la línea de agua cristalina. Alguna vez dijo: "[…] seguí con los ojos verdaderos en Eldorado, donde el estilo de vivir se iba inventado día a día. Ahora, quiero, simplemente, que mis historias sean como si hubiera seguido con la atención puesta allí".[7] Sin embargo afirmaba que desde su nacimiento no creía en los determinismos ni siquiera en

---

[6] Inés Arredondo, "La cocina del escritor", *op. cit.*
[7] Inés Arredondo, *Los narradores ante el público,* Instituto Nacional de Bellas Artes/Joaquín Mortiz, México, agosto de 1966, p. 124.

los geográficos (muchos personajes suyos probarían lo contrario, por ejemplo los de "Opus 123", que consagra como pianista al homosexual rico, cuya riqueza lo hace escalar escenarios internacionales, mientras un músico pobre queda en el anonimato y toda su gloria se reduce a un genial concierto de órgano celebrado durante una boda). Eldorado, que nunca conoció en sus épocas de esplendor, con sus peculiares costumbres, su vida social y sus rituales, que reconstruyó basada en testimonios ajenos y al que se propuso no volver jamás quizás porque hubiera sido largo y doloroso contar su decadencia, al que convirtió en maligna utopía, era su territorio enraizado en una encrucijada y un tiempo. Le permitió hallar yacimientos inagotables para su arte.

Inés Amelia Camelo Arredondo nació en Culiacán, Sinaloa, el 20 de marzo de 1928. Murió en el Distrito Federal el 2 de noviembre del año 1989, de un paro cardiaco mientras veía con su segundo marido la televisión a las nueve de la noche.[8] Sus padres se llamaron Mario Camelo Vega e Inés Arredondo Ceballos. Fue la mayor de nueve hijos, dos de los cuales murieron casi recién nacidos. En su estado natal hizo estudios primarios. Alumna distinguida, recitadora oficial en las fiestas escolares, lectora voraz de la Colección Austral y de cuanto caía en sus manos, en alguna de sus historias describió con simpatía una clase sobre la guerra del Peloponeso. Esbozó la educación bastante amplia que las monjas de la Compañía de María impartían en el Colegio Montferrant y también sus atavismos al repartir premios y castigos como fervorosas creyentes del cielo y del infierno. Se sabe que Inés estaba abrumada por problemas lejanos a su control (infidelidades del padre, celos de la madre, desencuentros familiares, escándalos inconcebibles a plena calle desde las puertas de su casona ubicada en el centro de la ciudad); sus pocos escritos autobiográficos y sin disfraces tocaron tales desastres, que la afectaron y trascendieron su literatura de manera fugaz o, mejor, de manera simbólica y soterrada. Uno de esos comentarios apunta esta aseveración, complemento de la que seleccionamos antes: "Como todo el mundo tengo muchas infancias de donde escoger, y hace tiempo elegí la que tuve en casa de mis abuelos, en una hacienda cercana a Culiacán, llamada Eldorado".[9] La finca abarcaba muchas hectáreas y caminos bordeados de guayabos, un pueblo, un ingenio y nume-

---

[8] Claudia Albarrán, *Luna menguante. Vida y obra de Inés Arredondo*, Juan Pablos, México, 2000, p. 18.
[9] Inés Arredondo, *Los narradores ante el público*, *op. cit.*, p. 121.

rosas huertas donde trabajaban los únicos chinos que permanecieron en nuestro territorio durante el callismo y continuaban cultivando sus mosaicos de legumbres y recordando el expreso de Pekín. A Inés debieron impresionarla y dejarle recuerdos indelebles. En "Las palabras silenciosas" rescató a uno de ellos y su peculiar modo de vestir, vivir y actuar.

Su abuelo era administrador del emporio. Poco instruido pero de fuerte prestancia, ganó la confianza de los hacendados por su capacidad y competencia en los trabajos y negocios del campo. Medía uno noventa de estatura, vestía como un inglés de las colonias, lino blanco, polainas y sarakof, y fue la mano derecha de los Redo, dos hombres "locos" que crearon tan extraño paraíso lleno de plantas exóticas y árboles cuyos frutos estaban a disposición de los peregrinos. Escoger el escenario de su infancia y situar sus cuentos en tal ámbito fue buscar la verdad, por lo menos la verdad parcial de la fantasía donde habitaba esas intrínsecas dualidades de la conducta. Lo mismo diríamos sobre el nombre con que Inés decidió firmar sus escritos y pasar a nuestro caudal narrativo. Escogió su segundo apellido. Supo que ningún escritor profesional puede apellidarse Camelo, cuyas acepciones van desde el galanteo al chasco, la burla, las noticias falsas; sin embargo, quedaron enigmáticas y enterradas otras acepciones, las apariencias engañosas que también entraña la palabra *camelo,* y que trató en sus cuentos.

Sus amigas afirman que fue reina de belleza en los bailes de Culiacán. Y los retratos juveniles la muestran con cintura pequeña y grandes ojos claros abiertos y sorprendidos, como la protagonista de "Flamingos". La muestran además con blancura impecable, blanca igual al mármol más limpio, símil que usó alguna vez, boca de labios dispuestos al gozo y unas hermosas piernas agazapadas, semejantes a las de Mara en "El amigo". Así la conserva el archivo fotográfico de Huberto Batis. Su última foto publicada hasta la fecha la rescata vistiendo ropa deportiva y reposando en silla de ruedas, con lentes en la mano izquierda y bastón en la derecha. Los hospitales psiquiátricos a los que ingresó, esas pastillas de las que se volvió adicta y que tomaba a puños, las alucinaciones, los intentos de suicidio, las cinco cirugías de la columna, el corsé de yeso, la invalidez, los dictámenes médicos erróneos, las tendencias maniacodepresivas la habían devastado. Las enfermedades reales o imaginarias le habían hinchado el vientre. Los dolores emocionales y físicos habían dejado su huella. Se despedía del mundo y al menos por teléfono, cuando no arrastraba la lengua por los calmantes, venció lo que consideraba su manera chocante de pronunciar la *s,* la *ch,* y la *j,* que quizá significaba alguna pedantería. Pedantería de quien no quiere ser complaciente ni fácil, sobre todo cuando se trataba de su trabajo hecho sin concesiones.

Cursó la preparatoria en Guadalajara inscrita en el Colegio Aquiles Serdán, compartiendo con su amiga Vita Podesta y otras muchachas una residencia de monjas franciscanas. Después, contra lo acostumbrado entonces en Culiacán, su abuelo la apoyó económicamente para seguir instruyéndose. Entre 1947 y 1950 estudió biblioteconomía y estuvo empleada con el político Manuel Germán Parra. Le organizaba papeles y libros. Estudió además en Mascarones clases de filosofía, arte dramático e ingresó a la carrera de letras en la Facultad de Filosofía de la Universidad Nacional Autónoma de México. Trató así a los grandes maestros que por entonces poblaban las aulas. Perteneció al Teatro Estudiantil Autónomo dirigido por Xavier Rojas. Desde los últimos meses de 1951 hasta fines de 1952 dirigió ella misma el Teatro Estudiantil Universitario en su ciudad e impartió clases en la universidad de su ciudad; pero la metrópoli ofrecía conciertos, exposiciones de artes plásticas, festivales cinematográficos y le permitía independencia. Quiso obtener la licenciatura en letras españolas con una tesis titulada *Sentimientos e ideas políticas y sociales en el teatro mexicano de 1900 a 1950,* asesorada por José Rojas Garcidueñas. Nunca la terminó. Obtuvo la licenciatura con *Acercamiento al pensamiento artístico de Jorge Cuesta*[10] que sacó primero la Secretaría de Educación Pública y fue publicado luego en sus obras completas.[11] A mi juicio, y en contra de lo que opinaba Juan García Ponce, es una investigación extraordinaria, modelo de lo que deberían ser las tesis. Define al poeta como uno de esos pensadores tan ricos que se necesita estudiarlos por fracciones. Así extiende como hilo conductor un ensayo de Cuesta sobre Díaz Mirón, el mejor de sus ensayos, lo cual de cualquier modo parecería pobre para una tesis que en un principio pretendió ser de maestría; tan pobre como el resumen bibliográfico de treinta y cinco títulos en el que incluye *Poesía y prosa* de Gilberto Owen; sin embargo, mientras desarrollaba sus propósitos descubría un amplio abanico de intereses culturales. Apuntaba la enorme inteligencia y personalidad de ambos artistas (Cuesta y Díaz Mirón). La amplitud de sus

[10] Que luego publicó sólo como *Acercamiento a Jorge Cuesta,* en la serie SepSetentas/Diana, dedicado a sus hijos el año 1982. Como puede notarse, suprimió las horribles cacofonías.

[11] Inés Arredondo, *Obras completas,* Siglo XXI Editores, México, 1ª ed. 1988, 4ª ed. 2002, 358 pp. (Los Once Ríos).

propias lecturas filosóficas, sus reflexiones sobre muchas materias. Tocó un sondeo inquietante sobre Mae West en el que otros investigadores de Cuesta no reparan, planteó problemas en torno a la forma y el fondo de un poema. Sus interrogantes abarcaron el hecho de ser y estar frente a la naturaleza. Concluyó finalmente que ética y estética marchan juntas o son dos senderos vecinos que se entrecruzan para llegar a traducirse en obras, en conocimiento o sólo en silencio.

El tema resultaba irremediablemente atractivo para ella; pero más cuentista que ensayista, terminar su investigación le costó enormes esfuerzos. Entre los Contemporáneos, Jorge Cuesta debió de encantarle por la magnitud de sus sonetos, lo hermético y hermosamente sonoro de su "Cántico a un dios mineral": "Capto la seña de una mano y veo que hay una libertad en mi deseo; ni dura ni reposa; las nubes de su objeto el tiempo altera como el agua la espuma prisionera de la masa ondulosa". Debió de fascinarla al tratar de entender una mente tan estricta y un espíritu tan alto. Y por su atormentada vida, en la que tuvieron parte el incesto, la emasculación, el suicidio. Cuesta, el más triste de los alquimistas, como le gustaba llamarse, descubrió una fórmula para suspender el proceso normal de maduración de la fruta y facilitar su exportación. El éxito de sus experimentos lo estimuló a inyectarse fórmulas parecidas. Fausto moderno, quería detener su pleito biológico desafiando la muerte. Y obsesionado por prolongar la vida, paradójicamente se la quitó al perder lo que más amaba, la cordura. Según el ensayo de Inés, Díaz Mirón conseguía la belleza poniendo a su servicio su ser aunque los resultados nunca fueran previsibles. Se dejaba llevar por todos los impulsos y todas las formas y procuraba el desorden de los sentidos. Cuesta no perseguía la belleza. Consideraba la poesía como un medio para llegar al conocimiento cercano al que consiguieron Baudelaire, ya mencionado, y Edgar Allan Poe. Inés estudió también a Owen, oriundo de Sinaloa. Y entonces descubrió, dijo, que el escritor nace, pero también se hace.

Los primeros poemas de Gilberto Owen son los de un preparatoriano bien formado (estudió en el Instituto Toluca, de gran renombre en aquellos tiempos) con su latín bien sabido, pero sin nada más que algunas combinaciones métricas interesantes. Si se hubiera quedado en eso, no habría pasado a la historia; en la preparatoria se encuentra con Cuesta y Villaurrutia, se dedica a leer como loco en compañía de los que después conoceríamos como Contemporáneos, y su cercanía y aportación al grupo, que es una escuela en el sentido griego, lo transforman en un extraordinario poeta.[12]

Durante los primeros meses de 1953, Inés se casó por la Iglesia, en Culiacán, con Tomás Segovia, un año mayor que ella. Procrearon cuatro hijos, de los cuales vivieron tres, Inés, Ana y Francisco. El matrimonio, con intervalos y desajustes, lejanías y reconciliaciones, duró hasta 1965. En una entrevista contestó a la pregunta de por qué varias escritoras mexicanas nos emparejamos con literatos: "Cuando encuentras a un hombre que te escucha y te aprecia, te casas con él ¿no?" Y más adelante: "En mi caso el matrimonio fue un desastre, pero la comunicación era perfecta".[13]

Maestra en escuelas preparatorias, desempeñó también varios cargos en la Biblioteca Nacional, y en 1961-1962 recibió la beca del Centro Mexicano de Escritores en la décima generación cuando también la disfrutaron Miguel Sabido, Vicente Leñero, Jaime Augusto Shelley, Gabriel Parra y dos novelistas norteamericanos, Frederick Grism y Daniel Eckereley; pero declaró que la había solicitado por dinero y que resultó un año perdido pues nunca fue capaz de escribir un cuento al mes y que sólo consiguió algunos abortos. Sus cuentos apoyados en la originalidad, esperando el detonante y el camino, por supuesto que no llegaban a ella tan fácilmente y no encontraban tampoco el último punto hasta dejarla satisfecha; sin embargo, según lo revelaron investigaciones posteriores, este periodo le valió al menos el notable "En la sombra". Al pronto quiso destruirlo por considerarlo inservible. García Ponce lo impidió, y por ello está dedicado a él.[14] Durante este periodo, Ernesto Alonso, que producía al año doce telenovelas de cuarenta capítulos y siempre necesitaba escritores, convocó a los becarios a su Casa de las Campanas, atrás de la iglesia del Carmen de San Ángel, para proponerles trabajo. Shelley y Parra no aceptaron; los demás se entusiasmaron con escribir episodios sobre un cuento de Guadalupe Dueñas, también becada, titulado "Guía en la muerte". Acabó llamándose *Las momias de Guanajuato,* y según algunos testimonios Inés escribió una versión novedosa de *Otelo* de la que no se tienen más noticias.

Después obtuvo, junto con Segovia, la beca otorgada por la Farfield Foun-

---

[12] Inés Arredondo, "La cocina del escritor", *op. cit.*

[13] Erna Pfeiffer, *EntreVistas desde bastidores. Diez escritoras mexicanas,* Vervuet Verlag, Fráncfort del Meno, 1992, p. 13.

[14] Claudia Albarrán, *Luna menguante, op. cit.,* p. 193.

dation. Gracias a lo cual viajaron a Nueva York y dictaron conferencias en la Universidad de Indiana. Entre 1964 y 1965 vivieron en Uruguay. Pretendían solucionar sus problemas personales provocados principalmente por las infidelidades de Segovia; cosa que jamás ocultó: las expuso en declaraciones periodísticas y en sus confidencias personales. Sin embargo, habló de nexos inteligentes que los unían:

> y además de otras lecturas si había un párrafo muy importante, en una obra que estaba leyendo uno, hacía que el otro lo leyera o le leía las partes medulares y todo eso. Entonces me creó una disciplina y un problema, porque aprendimos a tener casi un lenguaje cifrado. Cuando uno quería decir "inspiración", ya sabía de qué se trataba, o cualquier cosa, estuvimos trece años casados, trece años hablando, y si Tomás no hubiera sido tan mujeriego, yo hubiera sido inmensamente feliz.[15]

Estas deslealtades nutrieron dolorosamente sus textos. Por ejemplo "Estar vivo" y "En la sombra", salvado del cesto, hecho con dos bloques complementarios. Empieza refiriéndose a las horas alargadas hasta la exacerbación. El marido no duerme en casa. Mientras espera, la esposa siente la fealdad de las desdeñadas, la punzadura de los celos. Quiere conocerse en miradas ajenas, necesita reconstruir su confianza. Aguarda al infiel que por fin aparece encarnando la imagen misma del cinismo, absorto en el centro imantado de su felicidad. No tarda mucho, y se va otra vez. Ella toma un derrotero incierto, agobiada por no ser ésa, la necesaria, la insustituible. Expulsada del edén en una especie de vigilia. Llega hasta un parque cercano. Contempla a tres pepenadores, modelo de la condición humana más degradada. La miran, los mira, se mira en los ojos que habrán de reflejarla...

Lo pulió cuando hubo asimilado el sufrimiento y pudo trabajarlo. El mismo punto de partida debió tener "Año Nuevo" de apenas diez líneas eléctricas que sólo sacan a flote el pico más alto del *iceberg*. No precisan las causas de una aflicción extrema ni de la soledad absoluta ni de por qué la protagonista está en el metro de París a las doce una noche de San Silvestre. Habla de un desconocido que la observa con ternura y con ese gesto piadoso le seca las lágrimas, aunque se baje del vagón en la próxima parada.[16] Para Inés, al igual

---

[15] Pfeiffer, *EntreVistas...*, *op. cit.*, p. 13.
[16] Cuento dedicado a Vita, su más íntima amiga de infancia y juventud.

que para otros poetas, la mirada a pesar de que se pierda en el espacio es nuestro pedazo de eternidad. Sus personajes se miran con amor y deseo, con desesperación, repugnancia, simpatía, desprecio y reproche porque los ojos revelan sentimientos recónditos.

La crisis matrimonial más fuerte coincidió con los ofrecimientos de trabajo hechos por un representante de la Asociación Latinoamericana de Libre Comercio. Ensayaron la estancia en el Cono Sur evitando separaciones definitivas. Viajaron a Montevideo, pero no lograron mantenerse unidos: "Dizque nos fuimos a Uruguay para que no hubiera referencias [...] Los escritores son muy cotizados sobre todo por las jovencitas. En el caso de Tomás era doble porque era muy bien parecido, y era triple porque padece de verborrea".[17] En esa estancia de casi año y medio, a pesar de hondas depresiones que la orillaban a la inactividad, pudo terminar "La extranjera" y "Canción de cuna".

Como los demás componentes de su generación, Segovia, José de la Colina, Huberto Batis, García Ponce, Juan Vicente Melo y Salvador Elizondo, estuvo cerca de la *Revista Mexicana de Literatura* hasta 1965, en que dejó de salir por varias razones. Tenían un grado muy alto de exigencias para aceptar colaboraciones que fueran cosmopolitas y se oponían a tendencias anteriores a las suyas, alcanzaron otros logros que les permitieron acceso a diversas editoriales, se enfrentaron a problemas económicos conforme avanzaban y contraían obligaciones, y se había cumplido un ciclo. Inés no formó parte del consejo de redacción; sin embargo, opinaba sobre lo que publicarían, corregía pruebas, iba a las reuniones. Sacó allí "La sunamita", "Canción de cuna" y participó en la sección llamada "Actitudes" con algunas reseñas sobre los libros del momento y sugerencias sobre asuntos intelectuales. Segovia se encargaba de llevar sus ficciones a la *Revista de la Universidad de México, Siempre!, Revista de Bellas Artes, Cuadernos del Atlántico, Diálogos.* Colaboró aparte en diversos suplementos de los periódicos *Ovaciones, El Día, Unomásuno, El Nacional, El Heraldo Cultural* y varios más. Fue investigadora del Centro de Estudios Literarios de la Universidad Nacional de México, con un nombramiento que le extendió Rubén Bonifaz Nuño. Intentó sin éxito una especie de biografía-ensayo-novela sobre Owen, de la cual se dice que existen capítulos enteros inéditos. Junto con García Ponce ganó el segundo premio de cine experimental con la versión filmada de su propio cuento, "La sunamita", dirigida por Héc-

---

[17] Pfeiffer, *EntreVistas...*, *op. cit.*, pp. 13 y 15.

tor Mendoza. A pesar de ello dijo: "No es que ganara o perdiera, es que era otra lectura de como yo pensaba mis imágenes".[18] Pero colaboró de nuevo con García Ponce en otro guión, de "Mariana", esta vez bajo las órdenes de Juan Guerrero el año 1967. Y ella misma se volvió muy crítica al respecto, la consideró tan mala película que no valía la pena ni mostrarla. *Mariana* se desarrolla a grandes tramos para abordar el desenlace de una pasión que halla oposiciones paternas y llega al crimen por la psicología complicada de una joven nacida exclusivamente para el amor y la experiencia sexual.

Trabajó en Radio Universidad, en el Comité Organizador de la XIX Olimpiada, escribió programas televisivos, hizo traducciones al español y fue conferencista. En 1972 se casó con el médico Carlos Ruiz Sánchez, siete años menor, quien la cuidó y mecanografió sus últimas historias pues ella volvía un rito valerse de la pluma y el papel, expresar sus ideas trazando manuscritos. Aparte, sus afecciones de la columna le impidieron abandonar su casa durante los ocho años que duró su larga enfermedad mortal y, agobiada por padecimientos físicos y morales, escribía apoyándose en una tabla: "porque no puedo estar mucho sentada, tengo que estar recostada, entonces la tablita la tengo que estar deteniendo con una mano mientras escribo con la otra. Así es que hay mucha dificultad para escribir y mucha dificultad para entender la letra",[19] que había dejado de ser la suya y que su segundo marido entendía a las mil maravillas, lo mismo que su hija Ana. Hay también referencias a una amiga que le transcribía una y otra vez sus textos.[20]

Como caso excepcional precisaba el momento en que niña aún, tomando nieve bajo un flamboyán, oyó a su padre recitar parte del *Romancero del Cid*. Fue su primer contacto con la literatura porque los versos sonoros le revelaron a Ruy Díaz cabalgando, la barba intonsa, héroe absoluto tocado por un bonete colorado sobre el casco de su armadura. Descubrió algo escondido, el símbolo de una magnífica soberbia capaz de mostrar su cresta de intimidad sin comprometerse a mostrarlo todo. El gorro de dormir traducía una nostalgia desgarrada, su amor por doña Ximena, su deseo de encontrarse en su castillo y en los brazos de su mujer. Descubrió entonces los mensajes cifrados, y sin saberlo había hallado también su ruta personal.

Comenzó a escribir, desde la adolescencia, un diario y poemas, y obra de

[18] *Ibid.*, p. 21.
[19] *Ibid.*, p. 20.
[20] Inés Arredondo, "La cocina del escritor", *op. cit.*

ficción bastante tarde, hacia los veintisiete. La reunió en libro hacia los treinta y siete. Sus compañeros de grupo ya tenían un recorrido abierto. Segovia contaba en su bibliografía varios poemarios, Juan Vicente Melo había dado a la imprenta *La noche alucinada, Los muros enemigos* y trabajaba la que ella consideraría la mejor novela mexicana, *La obediencia nocturna;* José de la Colina había publicado *Ven, caballo gris, y otras narraciones,* y García Ponce, *La noche, Imagen primera, Figura de paja.* Sin embargo, y a pesar de los esfuerzos que implicaba para ella cada cuento y lo mucho que tardaba en concluirlos, aseguraba que su oficio había sido un antídoto contra la desventura y la congoja. Y precisaba un brote literario que podríamos considerar una especie de compensación milagrosa, una catarsis. Apuntó:

> mi segundo hijo había muerto, pequeñito, y por más que esto entristeciera a todos, mi dolor era mío únicamente. Sólo yo sentía mis entrañas vacías, únicamente a mí me chorreaba la leche de los pechos repletos de ella. Mi estado psicológico no era normal; entre el mundo y yo había como un cristal que apenas me permitía hacer las cosas más rutinarias y atender como de muy lejos a mi pequeña hija Inés. Era algo más grave que el dolor y el estupor del primer momento. Yo estaba francamente mal. Para abstraerme, que no para distraerme, me puse a traducir, con mucha dificultad, creo que un cuento de Flaubert, y de pronto me encontré a mí misma escribiendo otra cosa que no tenía que ver con la traducción. Antes de que me diera cuenta de ello, habían pasado, posiblemente, horas. Se trataba de una historia de adolescentes que no sabía cómo terminaría, creí en el primer momento, pero inmediatamente después, me di cuenta de que estaba escrito para el final. No puedo recordar el tiempo que me llevó terminar de hacerlo, sólo sé que en un día lo terminé y se lo di a leer a Tomás Segovia, que era entonces mi esposo. A él le gustó y lo llevó a la mesa de redacción de la *Revista de la Universidad.* Allí se publicó; el cuento se llama "El membrillo" y no tiene absolutamente nada que ver ni con la circunstancia ni con el estado de ánimo en que me encontraba cuando surgió en mí. A mi modo de ver, el dios de los posesos se apiadó por esta vez y buscó una salida para mi neurosis.[21]

La explicación concuerda con ideas muy difundidas entre otras escritoras que han entendido su tarea como llamado, un trance que produce cosas dig-

---

[21] *Idem.*

nas de leerse. También es cierto que remedia la tristeza volcar la memoria hacia épocas felices aunque encierren desencantos; pero Inés había publicado antes "La señal", que bien sabemos tituló su primer libro. Apareció también en la *Revista Mexicana de Literatura*.[22] Lo tuvo siempre por mal comprendido y era dentro de sus gustos personales uno de sus cuentos favoritos. Ejemplificaba su idea de la creación, algo trascendente y entrañable, meramente artístico, suspendido de manera invisible en torno a las cosas que dan sentido a la existencia y concretan la síntesis de un relato hecho a ciencia y paciencia. Resumió el argumento en estas palabras:

> Un ateo entra a una iglesia sólo para rehuir el sol aniquilante de la calle, tiene envidia del que se sienta habitualmente en el lugar que él ahora ocupa, con la fe indispensable para vivir. Está solo en la iglesia cuando un hombre desconocido, que a él le parece un obrero, le pide que le permita besarle los pies hasta quitarle los calcetines sudorosos para hacerlo. No hay nada que lo obligue a ello, pero cumple con el deseo de su prójimo. La vergüenza que el personaje siente es enorme. Su desconcierto llega casi a la desesperación. Otro hombre le ha besado los pies, con unción, sin vacilar. ¿Qué quiere decir esto? La pregunta queda en el aire para el protagonista, únicamente sabe que ha recibido la señal. ¿De redención? ¿Humillante humanidad? Lo único cierto es que tiene pies con estigma, pero no atina a interpretar lo que eso quiere decir. Lo humano y lo divino y aún lo demoniaco no son fácilmente discernibles.[23]

A juzgar por investigaciones recientes su primer cuento, escrito en 1951, es "El hombre en la noche" publicado hasta el 17 de agosto de 1985 en *Sábado,* suplemento de *Unomásuno;* firmaba todavía como Inés Amelia Camelo y aunque tiene el acierto de una primera frase que nos mete al tema y un final contundente, no alcanzó a redondearlo y lo dejó en un apunte que merecía mejor desarrollo. Su aspiración fue transcribir lo imaginado palabra por palabra, sin que faltara ni sobrara una, como aplicándose a capturar lo que estaban dictándole al oído. Estas reflexiones y los textos iniciales establecen un punto de partida para entenderla. Había nacido madura como escritora, con sus propósitos, sus paisajes y sus obsesiones. Casi desde el principio sabía lo que traía entre manos cuando enfrentaba el complicado proceso de un cuento.

[22] Núm. 1, enero-marzo de 1959, pp. 3-5.
[23] Inés Arredondo, "La cocina del escritor", *op. cit.,* p. 1.

Tres veces, confesó, quiso escribir novela sin conseguirlo. No le resultaba fácil cambiar ritmo y abundar en las cosas. En *La Semana de Bellas Artes* sacó un fragmento titulado "Sonata a Quatro" de tres cuartillas y media, ilustrado por Roger von Gunten, sobre una estudiante de salterio en Mascarones, deseosa de ser hija del rey David. Recoge una reflexión muy suya por intrigante: "Tuve que admitir que había aceptado un reto que mi trivialidad disfrazó de estúpida coquetería con el absurdo, y que coquetear con el absurdo es abismal"; pero este fragmento que si se relee prefigura notas autobiográficas a juzgar por la mención de amigos íntimos no acaba de redondearse y queda como algo inconcluso y enigmático. No sabemos a dónde se dirigía. Tampoco sabemos si en realidad era parte de una novela que no prosiguió y tal vez no la hubiera podido proseguir, incluso dedicándole tres horas diarias. Su vena literaria la inclinaba a la narración corta. Trató de explicarlo apoyándose en que al terminar su divorcio trabajó dando clases acá o entregando articulitos allá y que le quedaba poco tiempo para su literatura. Katherine Anne Porter se quejaba porque debido a que no lograba ser escritora de ventas masivas, su necesidad de mantenerse la hizo aceptar diferentes trabajos y la obligó a invertir veinte años redactando *La nave de los locos*. En el caso de Inés parece una disculpa sin sentido que pudo remediar durante los ocho años que estuvo recluida en un departamento. Sin duda su talento se afirmaba en las narraciones breves que, según Borges, fincan un mundo en cinco cuartillas sin necesitar las quinientas del novelista.

La segunda lectura de "La señal" resulta mucho más compleja y difícil que la explicación con la que su autora intentó aclararnos un segundo sentido, en el que, como ella misma afirmaba, entran al quite lo humano, lo divino y lo demoniaco. Dice más de lo que escribe, se remonta incluso a la Última Cena, a un mensaje de Cristo a sus discípulos; por otra parte, logra una mezcla emparentada con sus otras narraciones.

"El membrillo", publicado con ilustraciones de Pedro Coronel, tan redondo como la fruta que le dio título, halló remate paradójicamente abierto con el cual cobra sentido la trama. Está hecho principalmente a base de diálogos y se solaza descubriendo el despertar del enamoramiento todavía algo infantil, nimbado de pureza. Y, como suele suceder, hay un triángulo, una amiga más experimentada le coquetea al novio que sin expresarlo se siente atraído hacia relaciones más estimulantes simbolizadas por el sabor agridulce de lo prohibido. Parece explicarnos que no existe el amor con A mayúscula, sino un sentimiento imperfecto que acaba por conformarnos. Ambos textos, insisto, de ninguna manera revelan ya la impericia o los titubeos de las óperas primas. Están armados con lenguaje fluido y las palabras justas que Flaubert tanto buscaba y fueron uno de sus legados, para llevarnos a las zonas subconscientes de una manifestación presentida oscuramente por los protagonistas.

No tuvo modelos entre los escritores mexicanos. Admiraba *El apando* de José Revueltas, y entre el aire bajo tierra de Rulfo y el mundo con sonido cristalino de Juan José Arreola prefería al segundo por su hilado sugestivo y preciso. Segura de que el quehacer cultural es un desafío contra los demás, ensalzaba a Simone Weil. Era lectora apasionada de la literatura italiana y alemana. Calificaba *José y sus hermanos* de Thomas Mann como la obra más bella hecha sin mensaje ni tendencia, salvo la de rescatar una belleza inmarcesible; pero, cuentista de raza, buscaba la frase necesaria y la rapidez de la acción. La novela de gran aliento se le negaba porque implica diferentes problemas técnicos, una narración más lenta ampliando situaciones en vez de elegir lo estrictamente esencial e intencionado. La novela, inventada para resolver preguntas, expande, acepta órdenes, vericuetos, alarga el tiempo donde acontecen los sucesos, recurre con harta frecuencia a oraciones que crecen como ríos desbocados arrastrando árboles y edificios. El cuento poda, suprime, extrae momentos en los que enfoca su cámara, se apoya en la sugerencia y la elipsis; sin embargo, junto con "Las mariposas nocturnas", dos o tres de sus últimas historias son bastante largas y confirman su perspicacia y su gran dominio del género. Por ejemplo "Sombra entre sombras" relata la vida entera de una muchacha atrapada por la sexualidad que descubre nuevas maneras de atormentar su cuerpo. Disfruta atormentándolo con todas las experiencias sensoriales; sin embargo, se vuelve un alma complicada por haber emprendido el rescate del espíritu para encontrar una verdad superior a los sentidos en el fondo tan amados. Inés, sabedora de las técnicas, escogió una estructura circular como si quisiera decirnos que es inevitable quedar crucificado en una lucha inútil.

Compartía con otros componentes de su grupo varias características: un afán de revelar las corrientes de la psique, la destreza necesaria para omitir datos con fines estéticos y disfrazar lo regional con propósitos universales. Así, no precisa la fecha exacta en que comienza esta historia aunque por atuendos, costumbres y diferentes pistas lo deducimos; tampoco precisa dónde ocurre. Podría ser cualquier pueblo de México, presumiblemente en Sinaloa, cerca de Eldorado, ese territorio tan suyo. Su último cuento fue "Los espejos"; pero "Sombra entre sombras" lo escribió al principio de sus dolencias, en el lecho que le acomodaba para trabajar, quizás llena de sedantes y apoyándose como Frida Khalo en su famosa tablilla. Retomó allí señales de dos narraciones anteriores. "La sunamita" y "Las mariposas nocturnas". La primera describe a una joven casada *in articulo mortis* con un viejo que resucita gracias a su lujuria; la segunda, un nexo voyerista entre una muchacha pobre y el hacendado, quien la refina y, como Pigmalión, sin jamás haberla poseído, la pasea por el mundo. Las viejas obsesiones se suman. En "Sombra entre sombras" aparecen contándonos la evolución de una quinceañera gracias a un rico vicioso que la moldea y pervierte. Ella no es una persona sino un manso y hermoso objeto sometido a la voluntad de otros y, puesta en el camino, pasa a los brazos de un hombre más joven, al triángulo amoroso y a todas las perversiones que aviven un fuego prendido demasiado tiempo. Un gran salto nos descubre las ruinas de una anciana desdentada que, a los setenta y dos años, sólo puede chupar, no disimula su edad pero sigue participando en bacanales sadomasoquistas y lo seguirá haciendo hasta su último aliento.

Las sorpresas imprevisibles se vuelven una constante. Lo mismo le sucede al abogado de "La casa de los espejos", entristecido por su pasado. Cuento escrito con cambios temporales que llevan a entender el comportamiento del actor principal, la crueldad de un padre desatendido del hogar, la insensata madre perdida en la desesperación hasta la idiotez exponen varias vueltas de tuerca y entre otras cosas hablan de una venganza únicamente experimentada por el vengador al efectuarse un encuentro con el padre convertido en hilacho pidiendo perdón al borde de la muerte. Se entrecruzan sentimientos de infelicidad donde están inmersos todos los protagonistas, perdido cada quien en su propia desgracia. Algo similar ocurre al veintiañero Manuel de "Olga", uno de los héroes más enigmáticos de Arredondo que, como otros, se dejan prostituir por la pasión contrariada que entontece la razón. Arredondo se valió de una prosa morosa y estableció nexos con García Ponce al explayarse en una sensualidad desarrollada desde la infancia, propiciada por el entorno tropical y el paisaje exuberante de Eldorado identificado sin dificultades. Hay, claro, un triángulo y un sacrificio, como si el erotismo exigiera víctimas y victimarios. Y hay una indiscutible pericia al jugar con los planos temporales, las elipsis, el final que de tan sorpresivo casi resulta inexplicable. ¿Se trata, como en el caso de "La sunamita", de sacrificios impuestos por una culpa moral? Difícil saberlo. Los ejemplos podrían multiplicarse; pero la escritora disimulaba sus mensajes para velar con sutileza sus intenciones. No explica, cuenta como una Sherezade, e impone enigmas. Y su inclinación por las historias hacía que leyera el Antiguo Testamento cargado de asesinatos, uniones y venganzas. Sus pasajes le inspiraron precisamente "La sunamita" con ese mismo fuego pasional, ese mismo patético lamento humano, esa voluntad de dar la vuelta a la Biblia. Y hasta el fin de sus días gozaba las intrigas y revanchas entre Saúl, Salomón, Absalón y David. Se comenta que había leído el gran libro desde la infancia y esa lectura queda incluso en los nombres adoptados por personajes de "Las mariposas nocturnas".

En *La señal*, 1965, reunió catorce textos dedicados a su abuelo Francisco Arredondo. Abunda lo autobiográfico. Y uno se pregunta hasta qué punto precisamente sus pésimas relaciones con su madre y la enfermedad le sirvieron para escribir "Canción de cuna", asunto socorrido entre las mujeres escritoras, preocupadas por los lazos entre madres e hijas, lazos tan fuertes que las unen y las apartan, el cordón umbilical que no acaba de romperse a pesar de las tijeras, las explicaciones no pedidas y encubiertas, el eterno retorno a la semilla germinal representando el ciclo de la vida. Lo que se ha callado lustros y se descubre tardíamente. La cadena entre maestras y discípulas cuyos eslabones se deterioran por falta de entendimiento en la edad adulta. O se robustecen después de la muerte:

> Me abracé a ella y sollocé convulsivamente. Me pegaba más a mi madre, a su amor, cuanta mayor conciencia tenía de que entre nosotras ya no había comunicación posible, que el hilo de la continuidad se había roto, que ya había aceptado traicionarla y decidido no hablarle nunca más de la verdad de mi vida. Empecé el aprendizaje del silencio...[24]

"La sunamita" fue antologado con buen olfato por Emmanuel Carballo en *El cuento mexicano del siglo XX*, antes de aparecer en volumen. Lo tomó del *Anuario del cuento mexicano del INBA, 1961*.[25] Quizá a partir de allí se convirtió durante largo tiempo en lo más leído de su autora. Además del guión cinema-

---

[24] En "Atrapada", Inés Arredondo, *Obras completas, op. cit.*, p. 171.
[25] *Anuario del cuento mexicano, 1961*, Instituto Nacional de Bellas Artes, Departamento de Literatura, México, 1962, pp. 11-19.

tográfico, inspiró una ópera,[26] y fue elegido por Inés para su disco en la colección Voz Viva de México. Además, siempre conservó cerca un grabado que le habían traído de Francia. Interpretaba la temática de la joven casada con el viejo violentándose a sí misma al volverse lo sexual un acto manchado por oscuridades inconfesables. Desde entonces esa temática aparece en otros cuentos con matices que incluyen el homosexualismo y la traición a uno mismo; sin embargo, a partir de ese contacto repugnante con el viejo tío que en el lecho de muerte, ayudado por el cura, se vale de chantajes y excusas legales y obliga a su sobrina política a casarse con él para cumplirle su última voluntad, Inés abrió desde su primer volumen una veta que explotaría con frecuencia, la voluptuosidad enfermiza y sus incontables facetas. *La señal* consiguió de inmediato un éxito grande, los elogios aparecieron y sería larga la lista de quienes se ocuparon de reseñarlo[27] elogiando sus catorce narraciones.

Ahí publicó "El árbol"[28] con preámbulo omnisciente donde la mirada de dos enamorados, padres del niño Román, gozan de su dicha cuando plantan un árbol que conmemore el nacimiento. Luego viene un corte rápido hacia donde estuvo el féretro a resultas de un accidente nada esclarecido; luego, el dolor de la viuda que sólo conserva la vida por su hijo. La trama bastante común, una muerte inútil e inesperada como tantas otras, es menos importante que la manera de tratarla. Lo mismo sucede con "La extranjera" que llegó a Eldorado en la infancia y se fue dejando apenas vagos recuerdos.

Influida por Anton Chejov, Cesare Pavese, Katherine Anne Porter y Katherine Mansfield, a quien rindió homenajes, demuestra que escribió con los ojos fijos en las alturas. En "Lo que no se comprende", cuento autobiográfico con un escenario que recuerda la casa de su abuelo, la protagonista es una niña escondida en un granero. Una niña parecida a las que Mansfield pintó, como si Arredondo manifestara que gracias a la autora neozelandesa había aprendido varias lecciones: la manera de tensar la acción, repetir algunos términos con fines estéticos, jugar con las luces, captar la apabullante actividad de las criaturas, la destreza para guardarse el misterio que esclarece la existencia de un bulto gelatinoso, el hermano enfermo encarcelado en un cuarto

---

[26] El guión lo hizo primero Guillermo Sheridan pero no fue aceptado. Quedó a cargo de Marcela Rodríguez y Carlos Pereda.

[27] Huberto Batis, Juan García Ponce, Emmanuel Carballo, Miguel Sabido, Ramón Xirau, Angelina Muñiz, María Elvira Bermúdez, entre otros.

[28] Hay otros cuentos escritos por mujeres con el mismo título, uno de la chilena María Luisa Bombal; otro de Elena Garro.

vacío. Y es que los artistas tienen una forma callada de asimilar legados y nunca se fijan en un colega precedente si no perciben maneras para actualizarlo y hacerlo suyo.

Inés recordaba experiencias peculiares, confidencias familiares o anécdotas que le daban puntos de partida y la obsesionaban hasta encontrar desenlaces, sin tomar ninguna posición política, reaccionaria o racista. Sólo una vez se dejó llevar por el martirio de Patricio Lumumba destrozado por el gobierno belga. Escribió esa "Cruz escondida" a la que nos habíamos referido al principio; pero se alejó de caminos conocidos en que sus narraciones se emparentaban y compartían intenciones, y sabiamente no lo incluyó en ninguno de sus libros a pesar de ser una buena narración en que crecen las tensiones y pinta la inhumanidad de un victimario masacrando a su víctima, todo lo cual lo convierte en un cuento de denuncia.

Inventaba atmósferas, modificadas según las conveniencias y el tenor del asunto, iluminada por los chispazos de su memoria u oscurecida por sombras claustrofóbicas. Los deseos disimulados, los destinos ocultos desembocan en la locura, lo patológico, la tragedia, como lo han señalado varios críticos; pero enfocaba cada relato bajo ángulos absolutamente distintos esperando hallar personajes concretos y reacciones concretas. Por eso cambiaba, dentro de la mejor tradición cuentística, la perspectiva. Recurrió al narrador omnisciente de "Estío", donde trata el incesto, tema prohibido para las mujeres de su generación, con una finura planteada a base de medias palabras que los lectores acaban por interpretar. Los diálogos dejan de ser convencionales y los pensamientos afloran apenas con informaciones subliminales. Tres personajes, la madre, el hijo, un amigo del hijo, toman baños de sol, se entretienen en la calma del verano que al parecer transcurre tranquilamente a la orilla del mar y entre dunas cuya arena sirve para recostarse plácidamente o esconderse tras ellas. La verdadera acción ocurre en la mente de los protagonistas, en las intenciones prohibidas, en lo que transgrede lo natural. Una descripción de la madre desnuda revela sus apetencias reprimidas durante su prolongada viudez. Y su sensualidad aflora más tarde cuando, acalorada, se sienta en la escalinata que da a la huerta para comer con voracidad tres mangos maduros dejando correr el jugo por su garganta. Intervienen imágenes plásticas, auditivas, olfativas, el relumbre del sol que cae pesado desde lo alto, un macizo de palmeras, la playa con sus olas cansadas.

Inés cerraba en pocas líneas la lente para seguir a un protagonista, desmenuzaba las complicaciones de su espíritu y sus nexos con un espacio que en lugar de ensancharse se agostaba. "Flamingos" trata los devaneos entre una secretaria divorciada con hijos y su jefe casado que inventa juntas de accionistas para cumplir una cita. Van al Mauna-Loa, un restaurante muy exitoso en los sesenta, beben martinis; pero nada los une, ni gustos estéticos ni posición social ni proyectos comunes. Tienen mucho camino andado cada uno por su lado y el episodio termina como había empezado, en escarceos. Sin vencedores ni vencidos. Los dos contendientes retomarán el curso de sus vidas. Serán paralelas que jamás habrán de juntarse.

Aprendió pronto que se puede encontrar ridículo un aspecto de alguien a quien se respete, por ejemplo el bonete colorado del Cid, y que ello no empobrece el afecto; enriquece el amor y la consideración porque agranda la simpatía. Con ello relacionó la causticidad, cualidad de los seres inteligentes mientras permanezcan sobre la tierra. Después de aceptar todo esto empezaba una cuidadosa tarea artesanal en que se apegaba a su propia retórica, a su honradez y moralidad para comprometerse con cada texto. Muchos de sus personajes masculinos son jóvenes un poco ambiguos o indecisos sobre sus preferencias, cuyas miradas, de acuerdo con el estilo acostumbrado, expresan más que sus palabras. Por su parte, las mujeres se ahogan en contradicciones. Unos y otros saben que en los hombres palpita intermitentemente una parte sagrada, un rayo de la luz divina creadora del universo; pero también saben que en el fondo hay otra refulgencia intentando destruirlos. Entre la totalidad de sucesos que vivimos, Inés escogió una temática clandestina con la que interpretaba y le daba sentido a la existencia, abocada siempre a la pesquisa del sentido escondido y de la verdad descubierta. Entendía también que las verdades absolutas no existen y, como sus escritores amados, adecuaba el fondo y la forma. Ordenar todo esto exige una disciplina interna que, a juzgar por las enfermedades que tuvo, uno se pregunta de dónde la sacaba.

Por su segundo libro, *Río subterráneo*, recibió el Premio Villaurrutia. Reunió doce ficciones —a Carlos y para Carlos— y manifiesta la lista de sus afectos. Cada cuento está dedicado, como si dejara una herencia. "Los inocentes", "Las muertes" han llamado poco la atención de sus estudiosos; "En Londres" recoge sucesos antiguos sobre un revolucionario mexicano. "Orfandad" interpreta un sueño, entra a las zonas más densas del subconsciente y se autodescribe como una mutilada a la que sus parientes no entienden. Esta metáfora se relaciona con sus confesiones:

El trabajo de un escritor de ficción no es considerado como tal por todo el mundo. Comenzando por la propia familia: es un "gustito", una "facilidad" que se tiene para contar historias que aparentemente no cambian en nada, que aparentemente también en el fondo no tienen más importancia que la de ver el apellido tribal en letras de molde o puesto en un texto en otro idioma.[29]

Lo primero que se nota en "Río subterráneo" es su notable factura. Desarrolla la historia de una familia heredera de la insania. Los parientes permanecen en una casa descrita minuciosamente.[30] La parte alta tiene cuatro cuartos con artesonados en los techos y sin muebles en el piso. Los ocuparán por turno cada hermano caído en las trampas de la locura. Atrás existe una escalinata que presagia el futuro. En forma perfecta baja hasta el río. Cuando las aguas se salgan de madre arrasarán con todo como lo hicieron antes los soldados de la Revolución. La prosa se desliza igual que esa corriente. El ritmo es lento y el cuidado del estilo, extremo. El planteamiento tarda en despegar, como si a esas alturas Inés hubiera olvidado las leyes ortodoxas en pos de lo que acomodaba a su exposición, solazándose en la belleza de la prosa y el horror de lo contado. ¿Se trata de una carta que la tía dirige al sobrino? ¿De un largo aviso admonitorio para salvar la parte sana de la progenie advirtiéndole a un interlocutor ausente que no vaya al país de los ríos donde la demencia se confunde con las turbulencias tragadas por el mar? Nosotros tenemos la palabra para completarlo.

"Atrapada" emprende la tarea de acercarnos a una muchacha hija de un torero y por tanto ajena a la cultura, casada con un hombre que otra vez la convierte en su discípula y la apasiona al introducirla en un ambiente refinado donde los amigos se intercambian en contactos sexuales poco importantes. Como otras veces, emerge el engaño, la sensación de ser despreciada por torpe y un desencanto del que ni siquiera otro enamorado puede salvarla. Su sino será esperar y sufrir al enemigo amado. En este segundo volumen lo autobiográfico resulta más difícil de esclarecer y sin embargo nos tropezamos con un texto lleno de experiencias dolorosas, el desaliento de no ser consultada por el marido antes de tomar decisiones importantes, la extensa referencia a un aborto que sobrevino con un dolor agudo estrujando las entrañas, la convale-

---

[29] Inés Arredondo, "La cocina del escritor", *op. cit.*

[30] Como lo hace Julio Cortázar en "Casa tomada", que ha permitido ediciones incluso con un plano de la construcción.

cencia larga, el tormento de los celos, una evasión infructuosa hacia otro amor que produce placer y tranquilidad pero no rompe las ataduras impuestas como un destino delictivo que nadie más entiende.

El último, *Los espejos*, cuyos ocho cuentos —algunos ubicados en distintas partes del planeta— detestaba pero que le sirvieron a menudo porque cubren más de lo que muestran, le ganó una vez más el lugar de honor entre las mejores y los mejores cuentistas mexicanos. El relato que da título al libro está dedicado a la memoria de Isabel Ibarra de Arredondo, su abuela muy amada convertida en protagonista narradora a quien respeta el nombre. Hecho principalmente a base de diálogos, hubiera podido ser una novela lineal. Reconstruye historias familiares que abarcan al menos tres generaciones. Aclara algo conocido. Sus abuelos tan queridos eran en realidad sus tíos. No tuvieron hijos y adoptaron a su madre, quien los aceptó como sus padres biológicos. Esto no aparece de manera explícita en el texto. El dato sólo sirve para notar cómo Inés partía de la perturbadora realidad para trasmutarla en materia literaria. El escenario vuelve a Eldorado donde había quedado su verdadera mirada, la evocación literaria.

# CUENTOS COMPLETOS

# La señal

*A Francisco Arredondo,*
*mi abuelo*

# Estío

Estaba sentada en una silla de extensión a la sombra del amate, mirando a Román y Julio practicar el *volley-ball* a poca distancia. Empezaba a hacer bastante calor y la calma se extendía por la huerta.

—Ya, muchachos. Si no, se va a calentar el refresco.

Con un acuerdo perfecto y silencioso, dejaron de jugar. Julio atrapó la bola en el aire y se la puso bajo el brazo. El crujir de la grava bajo sus pies se fue acercando mientras yo llenaba los vasos. Ahí estaban ahora ante mí y daba gusto verlos, Román rubio, Julio moreno.

—Mientras jugaban estaba pensando en qué había empleado mi tiempo desde que Román tenía cuatro años… No lo he sentido pasar, ¿no es raro?

—Nada tiene de raro, puesto que estabas conmigo —dijo riendo Román, y me dio un beso.

—Además, yo creo que esos años realmente no han pasado. No podría usted estar tan joven.

Román y yo nos reímos al mismo tiempo. El muchacho bajó los ojos, la cara roja, y se aplicó a presionarse un lado de la nariz con el índice doblado, en aquel gesto que le era tan propio.

—Déjate en paz esa nariz.

—No lo hago por ganas, tengo el tabique desviado.

—Ya lo sé, pero te vas a lastimar.

Román hablaba con impaciencia, como si el otro lo estuviera molestando a él. Julio repitió todavía una vez o dos el gesto, con la cabeza baja, y luego sin decir nada se dirigió a la casa.

A la hora de cenar ya se habían bañado y se presentaron frescos y alegres.

—¿Qué han hecho?

—Descansar y preparar luego la tarea de cálculo diferencial. Le tuve que explicar a este animal A por B, hasta que entendió.

Comieron con su habitual apetito. Cuando bebían la leche Román fingió ponerse grave y me dijo.

—Necesito hablar seriamente contigo.

Julio se ruborizó y se levantó sin mirarlos.

—Ya me voy.

—Nada de que te vas. Ahora aguantas aquí a pie firme —y volviéndose hacia mí continuó—: Es que se trata de él, por eso quiere escabullirse. Resulta que le avisaron de su casa que ya no le pueden mandar dinero y quiere dejar la carrera para ponerse a trabajar. Dice que al fin apenas vamos en primer año…

Los nudillos de las manos de Julio estaban amarillos de lo que apretaba el respaldo de la silla. Parecía hacer un gran esfuerzo para contenerse; incluso levantó la cabeza como si fuera a hablar, pero la dejó caer otra vez sin haber dicho palabra.

—… yo quería preguntarte si no podría vivir aquí, con nosotros. Sobra lugar y…

—Por supuesto; es lo más natural. Vayan ahora mismo a recoger sus cosas: llévate el auto para traerlas.

Julio no despegó los labios, siguió en la misma actitud de antes y sólo me dedicó una mirada que no traía nada de agradecimiento, que era más bien un reproche. Román lo cogió de un brazo y le dio un tirón fuerte. Julio soltó la silla y se dejó jalar sin oponer resistencia, como un cuerpo inerte.

—Tiende la cama mientras volvemos —me gritó Román al tiempo de dar a Julio un empellón que lo sacó por la puerta de la calle…

Abrí por completo las ventanas del cuarto de Román. El aire estaba húmedo y hacia el oriente se veían relámpagos que iluminaban el cielo encapotado; los truenos lejanos hacían más tierno el canto de los grillos. De sobre la repisa quité el payaso de trapo al que Román durmiera abrazado durante tantos años, y lo guardé en la parte alta del clóset. Las camas gemelas, el restirador, los compases, el mapamundi y las reglas, todo estaba en orden. Únicamente habría que comprar una cómoda para Julio. Puse en la repisa el despertador, donde estaba antes el payaso, y me senté en el alféizar de la ventana.

—Si no la va a ver nadie.

—Ya lo sé, pero…

—¿Pero qué?

—Está bien. Vamos.

Nunca se me hubiera ocurrido bajar a bañarme al río, aunque mi propia huerta era un pedazo de margen. Nos pasamos la mañana dentro del agua, y allí, metidos hasta la cintura, comimos nuestra sandía y escupimos las pepitas hacia la corriente. No dejábamos que el agua se nos secara completamente en el cuerpo. Estábamos continuamente húmedos, y de ese modo el viento ardiente era casi agradable. A medio día, subí a la casa en traje de baño y regresé con sándwiches, galletas y un gran termo con té helado. Muy cerca del agua y a la sombra de los mangos nos tiramos para dormir la siesta.

Abrí los ojos cuando estaba cayendo la tarde. Me encontré con la mirada de indefinible reproche de Julio. Román seguía durmiendo.

—¿Qué te pasa? —dije en voz baja.

—¿De qué?

—De nada —sentí un poco de vergüenza.

Julio se incorporó y vino a sentarse a mi lado. Sin alzar los ojos me dijo:

—Quisiera irme de la casa.

Me turbé, no supe por qué, y sólo pude responderle con una frase convencional.

—¿No estás contento con nosotros?

—No se trata de eso, es que…

Román se movió y Julio me susurró apresurado.

—Por favor, no le diga nada de esto.


—Mamá, no seas, ¿para qué quieres que te roguemos tanto? Péinate y vamos.

—Puede que la película no esté muy buena, pero siempre se entretiene uno.

—No, ya les dije que no.

—¿Qué va a hacer usted sola en este caserón toda la tarde?

—Tengo ganas de estar sola.

—Déjala, Julio, cuando se pone así no hay quién la soporte. Ya me extrañaba que hubiera pasado tanto tiempo sin que le diera uno de esos arrechuchos. Pero ahora no es nada, dicen que recién muerto mi padre…

Cuando salieron todavía le iba contando la vieja historia.

El calor se metía al cuerpo por cada poro; la humedad era un vapor quemante que envolvía y aprisionaba, uniendo y aislando a la vez cada objeto sobre la tierra, una tierra que no se podía pisar con el pie desnudo. Aun las baldosas entre el baño y mi recámara estaban tibias. Llegué a mi cuarto y dejé caer la toalla; frente al espejo me desaté los cabellos y dejé que se deslizaran libres sobre los hombros, húmedos por la espalda húmeda. Me sonreí en la imagen. Luego me tendí boca abajo sobre el centeno helado y me apreté contra él: la sien, la mejilla, los pechos, el vientre, los muslos. Me estiré con un suspiro y me quedé adormilada, oyendo como fondo a mi entresueño el bordoneo vibrante y perezoso de los insectos en la huerta.

Más tarde me levanté, me eché encima una bata corta, y sin calzarme ni recogerme el pelo fui a la cocina, abrí el refrigerador y saqué tres mangos gordos, duros. Me senté a comerlos en las gradas que están al fondo de la casa, de cara a la huerta. Cogí uno y lo pelé con los dientes, luego lo mordí con toda la boca, hasta el hueso; arranqué un trozo grande, que apenas me cabía y sentí la pulpa aplastarse y al jugo correr por mi garganta, por las comisuras de la boca, por mi barbilla, después por entre los dedos y a lo largo de los antebrazos. Con impaciencia pelé el segundo. Y más calmada, casi satisfecha ya, empecé a comer el tercero.

Un chancleteo me hizo levantar la cabeza. Era la Toña que se acercaba. Me quedé con el mango entre las manos, torpe, inmóvil, y el jugo sobre la piel empezó a secarse rápidamente y a ser incómodo, a ser una porquería.

—Volví porque se me olvidó el dinero —me miró largamente con sus ojos brillantes, sonriendo. Nunca la había visto comer así, ¿verdad que es rico?

—Sí, es rico —y me reí levantando más la cabeza y dejando que las últimas gotas pesadas resbalaran un poco por mi cuello. Muy rico —y sin saber por qué comencé a reírme alto, francamente. La Toña se rió también y entró en la cocina. Cuando pasó de nuevo junto a mí me dijo con sencillez:

—Hasta mañana.

Y la vi alejarse, plas, plas, con el chasquido de sus sandalias y el ritmo seguro de sus caderas.

Me tendí en el escalón y miré por entre las ramas al ciclo cambiar lentamente, hasta que fue de noche.

Un sábado fuimos los tres al mar. Escogí una playa desierta porque me daba vergüenza que me vieran ir de paseo con los muchachos como si tuviéramos la misma edad. Por el camino cantamos hasta quedarnos con las gargantas lastimadas, y cuando la brecha desembocó en la playa y en el horizonte vimos reverberar el mar, nos quedamos los tres callados.

En el macizo de palmeras dejamos el bastimento y luego cada uno eligió una duna para desvestirse.

El retumbo del mar caía sordo en el aire pesado de sol.

Untándome con el aceite me acerqué hasta la línea húmeda que la marea deja en la arena. Me senté sobre la costra dura, casi seca, que las olas no tocan.

Lejos, oí los gritos de los muchachos; me volví para verlos: no estaban separados de mí más que por unos metros, pero el mar y el sol dan otro sentido a las distancias.

Vinieron corriendo hacia donde yo estaba y pareció que iban a atropellarme, pero un momento antes de hacerlo Román frenó con los pies echados hacia delante levantando una gran cantidad de arena y cayendo de espaldas, mientras Julio se dejaba ir de bruces a mi lado, con toda la fuerza y la total confianza que hubiera puesto en un clavado a una piscina. Se quedaron quietos, con los ojos cerrados; los flancos de ambos palpitaban, brillantes por el sudor. A pesar del mar podía escuchar el jadeo de sus respiraciones. Sin dejar de mirarlos me fui sacudiendo la arena que habían echado sobre mí.

Román levantó la cabeza.

—¡Qué bruto eres, mano, por poco le caes encima!

Julio ni se movió.

—¿Y tú? Mira cómo la dejaste de arena.

Seguía con los ojos cerrados, o eso parecía; tal vez me observaba así siempre, sin que me diera cuenta.

—Te vamos a enseñar unos ejercicios del pentatlón ¿eh? —Román se levantó y al pasar junto a Julio le puso un pie en las costillas y brincó por encima de él. Vi aquel pie desmesurado y tosco sobre el torso delgado.

Corrieron, lucharon, los miembros esbeltos confundidos en un haz nervioso y lleno de gracia. Luego Julio se arrodilló y se dobló sobre sí mismo haciendo un obstáculo compacto mientras Román se alejaba.

—Ahora vas a ver el salto del tigre —me gritó Román antes de iniciar la carrera tendida hacia donde estábamos Julio y yo.

Lo vi contraerse y lanzarse al aire vibrante, con las manos extendidas hacia adelante y la cara oculta entre los brazos. Su cuerpo se estiró infinitamente y quedó suspendido en el salto que era un vuelo. Dorado en el sol, tersa su sombra sobre la arena. El cuerpo como un río fluía junto a mí, pero yo no podía tocarlo. No se entendía para qué estaba Julio ahí, abajo, porque no había necesidad alguna de salvar nada, no se trataba de un ejercicio: volar, tenderse en el tiempo de la armonía como en el propio lecho, estar en el ambiente de la plenitud, eso era todo.

No sé cuándo, cuando Román cayó al fin sobre la arena, me levanté sin decir nada, me encaminé hacia el mar, fui entrando en él paso a paso, segura contra la resaca.

El agua estaba tan fría que de momento me hizo tiritar; pasé el reventadero y me tiré a mi vez de bruces, con fuerza. Luego comencé a nadar. El mar copiaba la redondez de mi brazo, respondía al ritmo de mis movimientos, respiraba. Me abandoné de espaldas y el sol quemó mi cara mientras el mar helado me sostenía entre la tierra y el cielo. Las auras planeaban lentas en el mediodía; una gran dignidad aplastaba cualquier pensamiento; lejos, algún grito de pájaro y el retumbar de las olas.

Salí del agua aturdida. Me gustó no ver a nadie. Encontré mis sandalias, las calcé y caminé sobre la playa que quemaba como si fuera un rescoldo. Otra vez mi cuerpo, mi caminar pesado que deja huella.

Bajo las palmeras recogí la toalla y comencé a secarme. Al quedar descalza, el contacto con la arena fría de la sombra me produjo una sensación discordante; me volví a mirar el mar; pero de todas maneras un enojo pequeño, casi un destello de angustia, me siguió molestando.

Llevaba un gran rato tirada boca abajo, medio dormida, cuando sentí su voz enronquecida rozar mi oreja. No me tocó, solamente dijo:

—Nunca he estado con una mujer.

Permanecí sin moverme. Escuchaba al viento al ras de la arena, lijándola.

Cuando recogíamos nuestras cosas para regresar, Román comentó.

—Está loco, se ha pasado la tarde acostado, dejando que las olas lo bañaran. Ni siquiera se movió cuando le dije que viniera a comer. Me impresionó porque parecía un ahogado.

Después de la cena se fueron a dar una vuelta, a hacer una visita, a mirar pasar a las muchachas o a hablar con ellas y reírse sin saber por qué. Sola, salí de la casa. Caminé sin prisa por el baldío vecino, pisando con cuidado las piedras y los retoños crujientes de las verdolagas. Desde el río subía el canto entrecortado y extenso de las ranas, cientos, miles tal vez. El cielo, bajo como un techo, claro y obvio. Me sentí contenta cuando vi que el cintilar de las estrellas correspondía exactamente al croar de las ranas.

Seguí hasta encontrar un recodo en donde los árboles permitían ver el río, abajo, blanco. En la penumbra de la huerta ajena me quedé como en un refugio, mirándolo fluir. Bajo mis pies la espesa capa de hojas, y más abajo la tierra húmeda, olorosa a ese fermento saludable tan cercano sin embargo a la putrefacción. Me apoyé en un árbol mirando abajo el cauce que era como el día. Sin que lo pensara, mis manos recorrieron la línea esbelta, voluptuosa y fina, y el áspero ardor de la corteza. Las ranas y la nota sostenida de un grillo, el río y mis manos conociendo el árbol. Caminos todos de la sangre ajena y mía, común y agolpada aquí, a esta hora, en esta margen oscura.

Los pasos sobre la hojarasca, el murmullo, las risas ahogadas, todo era natural, pero me sobresalté y me alejé de ahí apresurada. Fue inútil, tropecé de manos a boca con las dos siluetas negras que se apoyaban contra una tapia y se estremecían débilmente en un abrazo convulso. De pronto habían dejado de hablar, de reír, y entrado en el silencio.

No pude evitar hacer ruido y cuando huía avergonzada y rápida, oí clara la voz pastosa de la Toña que decía:

—No te preocupes, es la señora.

Las mejillas me ardían, y el contacto de aquella voz me persiguió en sueños esa noche, sueños extraños y espesos.

Los días se parecían unos a otros; exteriormente eran iguales, pero se sentía cómo nos internábamos paso a paso en el verano.

Aquella noche el aire era mucho más cargado y completamente diferente a todos los que había conocido hasta entonces. Ahora, en el recuerdo, vuelvo a respirarlo hondamente.

No tuve fuerzas para salir a pasear, ni siquiera para ponerme el camisón; me quedé desnuda sobre la cama, mirando por la ventana un punto fijo del cielo, tal vez una estrella entre las ramas. No me quejaba, únicamente estaba echada ahí, igual que un animal enfermo que se abandona a la naturaleza. No pensaba, y casi podría decir que no sentía. La única realidad era que mi cuerpo pesaba de una manera terrible; no, lo que sucedía era nada más que no podía moverme, aunque no sé por qué. Y sin embargo eso era todo: estuve inmóvil durante horas, sin ningún pensamiento, exactamente como si flotara en el mar bajo ese cielo tan claro. Pero no tenía miedo. Nada me llegaba; los ruidos, las sombras, los rumores, todo era lejano, y lo único que subsistía era mi propio peso sobre la tierra o sobre el agua; eso era lo que centraba todo aquella noche.

Creo que casi no respiraba, al menos no lo recuerdo; tampoco tenía necesidad alguna. Estar así no puede describirse porque casi no se está, ni medirse en el tiempo porque es a otra profundidad a la que pertenece.

Recuerdo que oí cuando los muchachos entraron, cerraron el zaguán con llave y cuchicheando se dirigieron a su cuarto. Oí muy claros sus pasos, pero tampoco entonces me moví. Era una trampa dulce aquella extraña gravidez.

Cuando el levísimo ruido se escuchó, toda yo me puse tensa, crispada, como si aquello hubiera sido lo que había estado esperando durante aquel tiempo interminable. Un roce y un como temblor, la vibración que deja en el aire una palabra, sin que nadie hubiera pronunciado una sílaba, y me puse de pie de un salto. Afuera, en el pasillo, alguien respiraba, no era posible oírlo, pero estaba ahí, y su pecho agitado subía y bajaba al mismo ritmo que el mío: eso nos igualaba, acortaba cualquier distancia. De pie a la orilla de la cama levanté los brazos anhelantes y cerré los ojos. Ahora sabía quién estaba del otro lado de la puerta. No caminé para abrirla; cuando puse la mano en la perilla no había dado un paso. Tampoco lo di hacia él, simplemente nos encontramos, del otro lado de la puerta. En la oscuridad era imposible mirarlo, pero tampoco hacía falta, sentía su piel muy cerca de la mía. Nos quedamos frente a frente, como dos ciegos que pretenden mirarse a los ojos. Luego puso sus manos en mi espalda y se estremeció. Lentamente me atrajo hacia él y me envolvió en su gran ansiedad refrenada. Me empezó a besar, primero apenas, como distraído, y luego su beso se fue haciendo uno solo. Lo abracé con todas mis fuerzas, y fue entonces cuando sentí contra mis brazos y en mis manos latir los flancos, estremecerse la espalda. En medio de aquel beso único en mi soledad, de aquel vértigo blando, mis dedos tantearon el torso como árbol, y aquel cuerpo joven me pareció un río fluyendo igualmente secreto bajo el sol dorado y en la ceguera de la noche. Y pronuncié el nombre sagrado.

Julio se fue de nuestra casa muy pronto, seguramente odiándome, al menos eso espero. La humillación de haber sido aceptado en el lugar de otro, y el horror de saber quién era ese otro dentro de mí, lo hicieron rechazarme con violencia en el momento de oír el nombre, y golpearme con los puños cerrados en la oscuridad en tanto yo oía sus sollozos. Pero en los días que siguieron rehusó mirarme y estuvo tan abatido que parecía tener vergüenza de sí. La tarde anterior a su partida hablé con él por primera vez a solas después de la noche del beso, y se lo expliqué todo lo mejor que pude; le dije que yo ignoraba absolutamente que me sucediera aquello, pero que no creía que mi ignorancia me hiciera inocente.

—Lo nuestro era mentira porque aunque se hubiera realizado estaríamos separados. Y sin embargo, en medio de la angustia y del vacío, siento una gran alegría: me alegro de que sea yo la culpable y de que lo seas tú. Me alegra que tú pagues la inocencia de mi hijo aunque eso sea injusto.

Después mandé a Román a estudiar a México y me quedé sola.

# El membrillo

—¿Qué sentencia le das al dueño de esta prenda?

—Que bese a uno del sexo contrario.

Elisa se horrorizó al ver en las manos de Laura su anillo de colegio. Lo miró otra vez con la esperanza de haberse equivocado, pero a la luz de la hoguera el anillo brilló inconfundiblemente. Laura y Marta la observaban divertidas, los demás esperaban con una leve tensión que la lastimaba, y tras ella el mar indiferente la hacía sentirse más abandonada. No se atrevió a mirar a Miguel.

—Besar al novio no es tan desagradable, ¿no les parece?

La voz de Marta, la risa de Laura. Tenía ganas de gritarlo: "Nunca me han besado", pero que ellas lo supieran hubiera sido en ese momento la peor humillación.

Se levantó con una valentía torpe y lastimosa, le temblaban las comisuras y se creía que sonreía; cerró los ojos sin darse cuenta al rozar con su boca los cabellos de Miguel. Marta y Laura soltaron una carcajada superior y un poco artificial.

—¿Eso es todo? ¡Pobre Miguel!

Era Laura. Miguel se la quedó mirando fijamente.

Tomó con ternura una mano de Elisa y la sentó a su lado. Hubo un silencio pesado.

Luego el juego continuó inocente como de costumbre, pero Elisa no podía evitar sentir una vaga vergüenza de sí misma, una pequeña angustia que le dejaba un hueco en el pecho y la hacía rehuir las miradas.

Cuando fue hora de irse, Elisa y Miguel se retrasaron. Caminaron un rato en silencio por la playa.

—Debes de perdonarlas, realmente no lo hicieron con mala intención, simplemente estaban aburridas de la ingenuidad con que se jugaba. Piensa que son ya mayores y se divierten de otra manera.

—Tú eres de la edad de ellas. ¿Te aburres, Miguel? —al hacer la pregunta su voz era tímida, casi derrotada.

Él se paró para mirarla: su rostro frágil estaba angustiado, tenía los ojos húmedos. La abrazó con fuerza, apretando la cabeza contra su pecho para protegerla de aquel pensamiento injusto; la separó lentamente y la besó en los labios. La ternura lo llenó todo, inmensa, sin fondo, y cuando se miraron quedaron deslumbrados al encontrarla reunida, presente, en los ojos del otro. Elisa sonrió en la plenitud de su felicidad y su pureza, dueña inconsciente de un mundo perfecto.

Alrededor de ese momento central fue viviendo los días siguientes, hacia adentro, cubriéndolo y recubriéndolo de sueños. La vida tranquila y perezosa de aquel pequeño lugar de veraneo era roca propicia, y ella se cerró sobre sí misma como una madreperla.

—¡Elisa! ¡Elisa, la pelota!

Se levantó con desgana, recogió la pelota y la devolvió al grupo gritando:

—Ya no juego.

Laura y Miguel todavía estaban dentro del mar, salpicándose y tratando de hundirse mutuamente; apenas oía sus risas. *La vitalidad de Miguel*; se acostó de nuevo sobre la arena, con esa especie de suavidad mimosa que había en sus movimientos cuando pensaba en él. Al sol, abandonada a sí misma, se quedó adormilada hasta que la voz de Laura la vino a sacar de su modorra. Abrió los ojos incorporándose un poco y la miró caminar hacia ella con lentitud, moviendo acompasadamente su hermoso cuerpo. Traía las manos en la nuca, atándose sobre el cuello los dos tirantes de su breve traje de dos piezas.

—Caramba, niña, qué clase de novio tienes. Estábamos jugando en el agua cuando se me desató el nudo de los tirantes y él, en lugar de voltearse, se me quedó mirando. No tiene importancia, pero te lo digo para que no creas que es tan caballeroso como aparenta.

Lo dijo casi si detenerse, al pasar. Elisa, anonadada, desentendida aún de su herida nueva, vio alejarse a Laura y se dio cuenta de que no sentía rabia hacia ella, sino una especie de respeto y tal vez un poco de envidia. Envidia... ¿porque Miguel la había mirado de aquella manera?... ¿Era ése Miguel?... No comprendía. No sabía nada de nada, nada de nadie. Estaba sola.

Sentada, dobló las piernas sujetándolas con los brazos, apoyó la barbilla en las rodillas y se quedó mirando el mar, indefensa.

Seguía así cuando Miguel llegó.

—¿Qué tal?

Estaba triste, era culpable. Se sentó a su lado, un poco encogido, también mirando el mar.

Por primera vez estaban en silencio sin compartirlo, cada uno condenado a su propia debilidad, desamparados.

La madre de Elisa los llamó a comer. Se levantaron pesadamente y se acercaron a los demás. La madre los miró divertida.

—¡Qué caras! ¿Se pelearon?

—Es el sol, no nos pasa nada, mamá.

—Entonces vístanse porque ya van a servir la sopa.

Siguieron caminando en silencio por entre las casetas, pero antes de separarse se sonrieron con la misma sonrisa de siempre. Nada había cambiado.

Eso pensaba Elisa bajo la regadera: nada había cambiado. Cuando junto a las casetas se había vuelto, encontró en los ojos de Miguel la misma ternura de aquella noche, acentuada ahora por la humildad y la angustia, y sintió una piedad alegre y satisfecha, un poco cruel, que la hizo sonreírle sin reservas, redimiéndolo. Desde ese momento todo había vuelto a ser como antes, y ahora no podía encontrar los pensamientos confusos y dolorosos de hacía unos minutos. Era un pequeño milagro, imperfecto y humano, pero no se dio cuenta ni pensó más en ello mientras se vestía de prisa tarareando una canción.

Cuando se volvieron a encontrar él estaba fresco y resplandeciente, más que nunca.

Se sentaron a comer en la mesa larga que, en el jacalón que servía de restaurante, se reservaba para las cuatro familias que formaban el grupo más unido. De las otras mesas venía un alboroto confortante y contagioso.

Laura entró tarde con aquel vestido azul que le sentaba tan bien y que tenía un escote generoso. Sin duda era diferente a las otras muchachas, daba la sensación de que iba cortando, separando el ambiente ajeno con disimulo intencionado.

Mientras saludaba se sentó junto a Marta que empezó a contarle algo. Laura no la escuchaba, comía lentamente mirando a Miguel con su sorna aguda y altanera. Él fingía disimulo, pero estaba profundamente turbado; se había olvidado de Elisa. Marta tocó a Laura en el brazo para obligarla a contestarle, pero Laura siguió su juego durante toda la comida. A los postres dijo Miguel con un tono de descaro que no le conocían.

—Oye, dame un cigarrillo.

Él se lo ofreció.

—¿Y la lumbre?

Miguel se levantó encorvándose sobre la mesa. Su mano tembló un poco al ofrecérsela. Ella lo sujetó por la muñeca con fiereza y lo retuvo así, muy cerca, hasta que dejó salir la primera bocanada de humo, lenta, acariciante, que rozó la cara de los dos con su tenue misterio moroso. Lo miraba a los ojos, fijamente, con una seriedad extraña y animal. Se dio cuenta de que los observaban y soltó una carcajada victoriosa.

—Qué buena actriz sería yo, ¿verdad? Pero Miguel no tiene sentido de la actuación.

Se echó un poco sobre la mesa adelantando un hombro y entornó los ojos exageradamente, imitando a las actrices del cine mudo. Pareció que sólo acentuaba el juego. Todos rieron menos Marta y la madre de Elisa. Laura miraba desafiante, desde un plano de una superioridad desconocida, a Miguel. Él bajó los ojos, derrotado. Elisa, empequeñecida y tensa, los observaba.

Mientras, los demás se fueron levantando para ir a dormir la siesta. Marta se llevó a Elisa. El mar dormitaba.

—Marta, ¿tú crees que Miguel me quiere? —no lo hubiera querido preguntar nunca, a nadie, ni a él mismo. Rompía lo sagrado. Se sentía cobarde.

—Sí, te quiere, y mucho, sólo que…

—¿Qué?

—No lo sé.

Pero lo sabía.

—¿Es culpa mía?

—¿El qué? No, tú eres una niña. Y Miguel te quiere más que a nadie, más que a nada, pero no me preguntes ya. Miguel es un idiota; aunque sea mi hermano, es un idiota.

Estaba furiosa, pero mientras gesticulaba y manoteaba se veía que era rabia de impotencia la suya. ¿Por qué estaba furiosa? ¿Qué era lo que sucedía?

Había nubes en el horizonte y entre ellas el sol se ponía despacio. El mar lento, pesado, brillaba en la superficie con una luz plateada, hiriente, pero debajo su cuerpo terroso estaba aterido.

Elisa sentía dentro de su pecho esa marejada turbia. Hacía un momento había ido al centro del pueblecito a traer café para la cena y había visto a Miguel y a Laura salir de la nevería. Estaban radiantes, como dos contendientes que luchasen por vanidad, seguros de una victoria común. Miguel era diferente de como ella lo conocía: agresivo y levemente fatuo, con una voluntad de mando sobre Laura, con una desenvoltura gallarda y un poco vulgar que ella no le había visto nunca. Era diferente, pero atractivo, mucho más atractivo de lo que había creído.

Eso, no haberlo visto bien, no haberlo descubierto, la humillaba más que el haberlo perdido. Porque ahora sí estaba claro: Miguel prefería a Laura, y ella, Elisa, no podía oponer nada a lo definitivo. Lo único que supo hacer fue aplanarse, escurrirse, y después correr, correr hasta estar en la playa de su casa, frente al mar, sola.

El mar se retorcía en la resaca final, lodoso, resentido. Elisa tenía frío. La agotaban el dolor y el asco, un asco injustificado, un dolor brutal. Temblaba, pero no podía llorar. Algo la endurecía: la injusticia, la terrible injusticia de ser quien era, de no ser Laura, y la derrota monstruosa de estar inerme, de ser solamente una víctima.

Ahora que todo había terminado veía que no quedaba casi nada de sí misma: ella era, había sido su amor, ese amor que ya no servía más. No era nada, nadie, sentía su aniquilamiento, pero no podía compadecerse, se odiaba por ser ella, solamente ella, esa que Miguel había dejado de querer. "Por tu culpa, por tu culpa"; se repetía. "Por ser una niña"... tal vez, pero en todo caso por ser como era.

Pensó que su madre debía de estar planchando su disfraz para el baile de esa noche... Ya nada tenía sentido; el futuro, próximo o lejano, estaba hueco, ostentosamente vacío y ridículo. La borrachera de la desesperación la aliviaba: dejaba de pensar, aunque no pudiera llorar.

Oyó a su espalda la voz de su madre.

—Elisa, ¿has traído el café?... ¿Qué haces ahí? Ya es de noche.

Era verdad.

Se levantó con dificultad. La voz de su madre había apaciguado su desesperación. Tal vez había sido mentira. Lo que era verdad, lo que estaba presente, sin ceder, era la tristeza.

Entró en la casa suavemente iluminada. Su padre, con el cigarro en la boca, arreglaba los avíos de pesca y escuchaba distraído a la madre que hablaba desde la cocina. La miró con picardía, con aquella mirada de complicidad alegre que entre ellos era como una contraseña. Elisa se sintió indigna, extraña.

Puso la mesa maquinalmente.

—¿No viene Miguel a cenar? —preguntó su padre acercándose.

—No.

El padre se extrañó pero no preguntó nada, solamente se le quedó mirando, luego le sonrió y le hizo una caricia en la mejilla. El dolor la hirió más profundamente al pensar en la pena que tendría viéndola sufrir sin poder remediarlo.

—Tienes que darte prisa, ya deberías estar vestida —dijo la madre sentándose a la mesa.

—No voy a ir, mamá.

—¿Cómo que no vas a ir? Tu traje está listo —la miró a los ojos y calló—. Sírvete —le dijo con dulzura.

El padre y la madre hablaban entre sí simulando ignorar que ella estaba triste, pero sin darse cuenta bajaban el tono de la voz.

Cuando se oyeron los pasos de Miguel en el vestíbulo, Elisa se quedó quieta, sin respiración casi. Miguel entró vestido de Pierrot; estaba alegre. A Elisa le parecía estar viviendo una escena de otro momento, de un acto ya pasado. Él hizo un saludo teatral hasta el suelo y los padres rieron contentos y aliviados.

—¿No te has vestido? Apúrate. Pierrot no puede vivir sin su Colombina. ¿No ves cuánta falta le hace al pobre?

Aun vestido así resultaba raro oír a Miguel emplear ese tono falso. Quería estar simpático para hacerse perdonar una culpa que él creía secreta. Pero quería hacerse perdonar, eso era lo importante. Y estaba ahí, mirándola. Algo comenzó a zumbar en la cabeza de Elisa. No entendía nada, pero no le importaba. Fue corriendo a su cuarto, tenía la garganta apretada; la emoción martirizaba su cuerpo. Empezó a vestirse, de prisa, en un frenesí que poco a poco se le fue haciendo de alegría, de una alegría tan loca que la hizo reír por lo bajo a borbotones, con un poco de malignidad, con un mucho de liberación; daba vueltas por el cuarto, bailaba, se paraba, no sabía qué hacer con sus manos, con su dicha. Se contuvo: "Me espera, espera por mí, por mí". Tan natural y tan extraordinario. Se miró al espejo, agradecida, cariñosa consigo misma. Confiaba plenamente otra vez.

Cuando volvió a la sala estaba resplandeciente. No sabía cómo, pero había vencido, era ciegamente feliz.

—¡Qué guapa eres!

Ronca, insegura, la voz de Miguel era completamente sincera, enteramente suya.

Cuando llegaron a la fiesta, la música, el calor y las luces los aturdieron. A Elisa le parecía un sueño todo, el estar ahí, con Miguel, el que todos les saludaban joviales, como si nada hubiese sucedido. En efecto, nada había sucedido. Algo cálido la inundó como un vino tibio bebido de golpe. Bailaban. Ella volvía a estar en el centro de ese mundo increíblemente equilibrado que había supuesto perdido para siempre.

De pronto, vestida de pirata, con sus claros ojos hirientes, apareció Laura entre las parejas; se acercó a ellos. Traía un membrillo en la mano. Miraba directamente a Miguel, ignorándola por completo. Miguel titubeó, se detuvo. La cara de Laura estaba casi pegada a la suya, sólo las separaba el membrillo que Laura interponía con coquetería.

—¿Quieres? —le dijo al tiempo que mordía la fruta, invitándolo, obligándolo casi a morder, también él, en el mismo sitio, casi con la misma boca. En sus ojos había un reto vencido; en su voz el mismo sabor agrio e incitante del membrillo. Miguel se estremeció. Pero Elisa había comprendido. Aquel olor, aquella proximidad de Laura y Miguel, anhelosamente enemiga, la habían hecho comprender. Suavemente acercó su cuerpo al de Miguel y eso tuvo la virtud de deshacer el hechizo. Bailando se alejaron de Laura. Elisa se dio cuenta vagamente de que el amor no tiene un solo rostro, y de que había entrado en un mundo imperfecto y sabio, difícil; pero se alegró con una alegría nueva, una alegría dolorosa, de mujer.

# Olga

No podía creer que fuera así como debían de terminar los vagabundeos por las huertas, el echar chinitas en el río y los primeros besos. Este dolor desgarrado no tenía relación con todo eso: eran de naturalezas diferentes, dos cosas irreconciliables. Los motivos que tenían los otros para obrar como lo hacían eran exteriores, formulables en una conversación, pero sin validez alguna cuando uno se quedaba solo consigo mismo. Y que eso tan ajeno tuviera algo que ver con él, tanto como obligarlo a salir de golpe y para siempre del universo que le era propio y lanzarlo a estos sentimientos extraños, a estos días y noches inhóspitos en los que no podía moverse, eso no lo podía comprender. A todos les parecía explicable, pero él no comprendía.

Habían crecido juntos libremente, casi como hermanos. Jugaron a la rabia en la calle, comieron guayabas trepados en los árboles y Olga aprendió a tirar con rifle apoyando el cañón en su hombro. Después hubo un día en que ella se puso un traje de baño azul cuando fueron al mar, y todo cambió; a él le dio vergüenza mirarla y ella se dio cuenta. Durante meses siguieron aparentando que reían y jugaban igual que siempre, pero por dentro estaban quietos, frente a frente, sin atreverse a avanzar, valorando cada gesto, el más pequeño cambio en la voz, espiándose con desconfianza y deleite, enemigos y cómplices en su juego secreto.

Por esa época toda la camada aprendió a bailar en casa de la Queta, al anochecer, antes de la cena. Bailaban con vitrola. No era difícil y a él le gustaba. Las muchachas decían que era el que lo hacía mejor, pero jamás bailaba con Olga; le gustaba sentir sobre él su mirada brillante aquellas noches en que no se acercaban. También hubiera podido describir paso a paso todo lo que ella había hecho. Sabía de una manera exacta cómo se dibujaba la mano de ella sobre la espalda de su compañero eventual, esa mano larga y llena, con uñas en forma de almendra, combada como una concha particularmente serena mientras el resto del cuerpo se movía. No, no era el dibujo lo que sabía, sino algo mucho más difícil: la presión leve, apenas perceptible, extraña en esa mano pesada que aparentaba reposar. Sentía, él, ese peso pequeño sobre una espalda ajena. Así, cuando una noche se encontró frente a ella y no pudo hacer otra cosa que abrir los brazos para que se acomodara contra él, lo primero que le sorprendió fue la exactitud con que había presentido el contacto de aquella mano sobre la espalda. Pero lo que vino en seguida nunca lo hubiera podido imaginar: tocaban un fox, una melodía que sabía de memoria, pero que ahora le resultaba desconocida; apenas podía mover torpemente los pies, y todo su cuerpo estaba rígido. Olga se mantenía a distancia y baileteaba por su cuenta sin procurar acomodar sus pasos a los de él; tampoco llevaba el tiempo, y parecía que lo único que le preocupaba era estirar los brazos y lo más posible para mantenerlo alejado. Se miraron, ella distendió los labios y en las comisuras se formó aquel huequito en forma de clavo que a él le gustaba tanto, pero sus ojos siguieron hostiles, casi asustados, y su sonrisa fue una mueca. Manuel tuvo la seguridad de que en su propia cara la sonrisa era idéntica. Un minuto después, y sin motivo, las aletas de la nariz de Olga vibraron y los músculos de su cara se contrajeron y distendieron de una manera nerviosa y desordenada, para reír, para llorar, volvió la cabeza y de pronto gritó "¡Ey, Clara!", como si hiciera mucho tiempo que no viese a Clara y su presencia fuera un consuelo inesperado. Después de eso resultó mucho más difícil llevar el ritmo: cuando él iba hacia la derecha Olga caminaba para atrás, si intentaba un paso largo ella daba un brinquito, y ninguno sentía la música, ambos se movían sin orden ni concierto, cada vez más aturrullados. Por fin el fox terminó y sin decir nada Olga salió corriendo hacia la cocina en busca de su inapreciable amiga Clara. Él se fue de la casa.

Pero más tarde, a eso de las diez, pasó por la esquina de la casa de Olga, donde se sentaban bajo el farol las muchachas a cantar y hablar de sus cosas. Se detuvo un momento y aunque no le dirigió la palabra miró sus ojos atentos y sintió ese golpe dulce en el estómago que venía siempre a cortarle el aliento cuando la encontraba.

Los días parecían iguales unos a otros, pero estaban siempre llenos de encuentros, de miradas, de palabras dichas delante de todos que tenían significado únicamente para ellos dos, y, sobre todo, llenos de un aire especial, luminoso, que hacía ensancharse los pulmones de aquella manera desconocida y estremecía el cuerpo sin motivo.

A la hora de la siesta Manuel se tiraba sobre la hojarasca húmeda al borde del canal, allí donde se espesaban los bambúes, y permanecía quieto, respirando, sin pensar en nada, respirando. A veces el grito o la risa de una muchacha a lo lejos lo hacía pensar en Olga, en Olga riendo, hablando, pintándose las uñas o ensayando peinados ante el espejo redondo de su tocador en compañía de Clara, de la Queta o Esperanza; Olga en su recámara, sola, hojeando una revista, leyendo una novela de bruces sobre la cama o mirando abstraída las vigas del techo, con las manos tras la nuca, respirando el aire que los unía y los hacía diferentes a los otros. Ya no correteaba con ella por las huertas ni se iban a cazar zanates como habían hecho siempre a las horas de la siesta; ahora se quedaban separados, quietos, en cierto modo sorprendidos.

Una tarde se encontraron y sin motivo ella le sonrió y le tendió la mano. Nada más eso. Serían las cinco.

Empezó entonces una época de gozo tan intenso que a veces se le hacía insoportable. Se sentía con frecuencia sofocado, igual que al final de una larga carrera. Tomaron la costumbre de encontrarse todas las mañanas, a las siete, al final del Callejón Viejo. ("¿Por qué lo llamarán así? Es en realidad una avenida muy ancha y estoy segura de que no hay en el mundo otra como ella.") Él fingía que arreglaba las cinchas de su montura hasta que veía a Olga aparecer sobre su bayo, vestida con *breeches* y botas federicas, el pelo recogido, derecha sobre la silla charra. Nunca se le ocurrió que su traje no era adecuado ni al estilo de montar ni al pueblo, le parecía natural que ella fuera en todo diferente. Ya cuando le decían "Buenos días", y él ponía su cabalgadura al paso de la de ella, una oleada de calor le subía a la cara y muy pronto aquello se transformaba en un galope vigoroso de los caballos. Por la orilla del río, por el camino del mar, por la avenida arbolada que va, cruzando el campo, a la Casa Hacienda, encontraron arroyos, veredas, árboles, que con seguridad nadie antes vio. El galope apagado de los cascos sobre el polvo húmedo les producía una sensación blanda, acariciante. Galopaban, casi cegados por el viento, en medio de la luz tierna de la mañana, y sin embargo, veían, olían, entendían todo más que nunca. Más tarde, al paso, bordeando los cañaverales o caminando a lo largo de una acequia, llevando a los caballos de la brida, hablaban. Era curioso platicar así sobre los padres, los amigos y todas las cosas, verlas y juzgarlas como si estuvieran lejos, dejándose llevar con complacencia hacia nuevos gestos, a actitudes y formas de hablar diferente y ligeramente afectadas. Descubrieron la intimidad y no temían el ridículo. Se gustaban a sí mismos y cada uno al otro. Toda su vida era eso.

Volvieron a citarse después de la comida, cuando todos dormían y había una calma vibrante bajo el peso del sol. Se reunían en la alberca de la Casa Hacienda.

Manuel entraba en la huerta y seguía el curso del canal hasta aquel ensanchamiento de mármol rodeado de columnas blancas cubiertas de madreselva. Estaba impaciente y hubiera querido correr al encuentro de Olga, pero se imponía el caminar despacio, fingiendo ante sí mismo un paseo solitario en el que bordearía la alberca y continuaría más allá, a lo largo del canal, adentrándose con el agua en el letargo gozoso de la huerta. Si encontraba a Olga apoyada contra una columna o él se demoraba allí mirando el agua y ella llegaba y le hablaba, era siempre una especie de casualidad, no total, no huidiza, una casualidad tan natural como que la alberca y los cisnes estuvieran allí. Todo era perfecto y gratuito, le gustaba sentirlo así.

Junto a la alberca desdoblaban pequeños papeles manuscritos en que habían copiado alguna frase para repasarla a solas, o leían poemas de un libro que traían consigo por un extraño azar. Les complacía encontrarse así, sin esfuerzo aparente, y compartir sus riquezas quitando importancia al acto de dar. Hablaban con voz queda, pensando las palabras, cuidando las inflexiones, o se dejaban estar tranquilamente en el silencio, escuchando el mundo milagroso que los rodeaba. Luego andaban errantes, perdidos en el laberinto de frutales.

Podían caminar durante horas tocando apenas los límites del mundo exterior, porque las huertas bordean el río, engloban la Casa Hacienda, circundan totalmente el pueblo y llegan a la puerta misma de la fábrica de azúcar y la alcoholería. El pueblo y el ingenio están en realidad separados por una gran extensión de árboles, y para ir de uno a otro hay que atravesarla por el Callejón Viejo; allí han hendido las huertas y las contienen con una espesa muralla de bambúes enormes, gruesos y flexibles que cruzan sus ramas vivas muchos metros por encima de las cabezas de las personas. El Callejón Viejo es un túnel verde, fresco y cambiante, lleno de extraños ecos, y ellos se sentían atraídos hacia él, pero en esos paseos de la siesta lo evitaban, preferían la plenitud en que la huerta los ceñía. Era fácil vagabundear por las huertas, abandonarse a ellas sin pensar nunca en que habían sido trabajosamente creadas. Pero cumplían un destino más amplio, un anhelo antiguo, al tomarlas y vivirlas libremente, como el mar, creyendo que eran totalmente naturaleza.

Manuel sentía que nunca antes había dialogado con nadie, más bien, que las palabras era la primera vez que le servían realmente, y cuando estaba solo, todo el tiempo hacía y deshacía frases, discursos, como si tuviera a Olga delante. Generalmente los olvidaba, pero quedaba convencido de que, aunque no se los hubiera dicho, ella los había escuchado. Se interesaron por la política, la historia, por la literatura; parecía que cuando más ocupados estaban consigo mismos mayor necesidad tuvieran de hurgar en todo.

Esa camaradería nueva los fue tranquilizando, hizo sus relaciones tan aparentemente plenas y naturales, tan poco necesitadas de porvenir, que el primer beso fue una sorpresa para ambos. De eso hacía apenas unos meses, y sucedió justamente a raíz de la visita de Flavio Izábal.

Los dos habían estado ayudando a preparar la fiesta de recibimiento, él fue a casa de Olga después de comer, temprano, pero pronto se dio cuenta de que ella estaba "festiva" y eso lo puso de mal humor. Entonces se sentó en cuclillas, con la espalda apoyada contra la pared del corredor y ya no hizo nada. En cambio ella iba y venía, secreteándose con sus amigas y riendo fuerte. Sintió que lo excluía y que se burlaba al verlo así, abandonado por ella en la orilla de su actividad vacía. Parecía que le produjera placer pasar cerca de él jugueteando tontamente, sin volverse ni dirigirle la palabra, como si no se diera cuenta de que estaba allí, como si lo que existía entre ellos no existiera. Pero él estaba, y la odiaba. Terco e impotente, consumiéndose en el rencor, quería obligarla con su presencia a ser ella misma, a no dejarse dominar por la tentación de ser una chiquilla vulgar. Ella no pertenecía a sus amigas, pertenecía al mundo que entre los dos habían creado, aunque ahora quisiera negarlo, renegar.

Olga siguió así hasta que el dolor y el desprecio se hicieron insoportables para Manuel. Olga ganaba, si quería ser una niña estúpida, que lo fuera, pero sola. Se levantó con decisión y sin buscarla ni despedirse se fue.

Al salir al sol cerró los ojos. Estaba mucho más solo y abandonado bajo la claridad. Tenía el cuerpo pesado y la garganta agarrotada. Apretó los puños y golpeó la pared con las dos manos, pero los nudillos le dolieron y sintió ganas de llorar. Eso, además. Escupió y siguió adelante abriendo y cerrando los ojos exageradamente como si acabara de despertar. Dobló por la calle de los almacenes de azúcar. Estaba desierta, y el aspecto monótono y desnudo de las paredes de ladrillo le gustó. "Desnudas paredes de ladrillo." Se podía decir y no pensar en otra cosa. "Desnudas paredes de ladrillo." Sintió pasos rápidos detrás de él, y ya muy cerca una voz: "Manuel". La cólera volvió a subirle a la garganta. "Déjame en paz", y aceleró el paso. Pero las pisadas menudas lo seguían, estaban a su lado. Entonces no pudo ya contenerse y se paró en seco, con los ojos enrojecidos evitando mirarla, el cuerpo tenso, y gritó: "Lárgate con tus amigas". Pero cuando oyó sus palabras, dichas por su propia voz, se quedó sorprendido, sin ira ninguna, perdido en un despertar brusco. Entonces se volvió. Olga estaba allí con la cabeza echada hacia atrás y los labios fuertemente cerrados, apoyada contra la pared de ladrillos rojos. Los cabellos negros alrededor del rostro blanco, ovalado y severo, los ojos sombríos de párpados tan delgados mirándolo con una rabia helada, con un despego casi impersonal. Fueron aquellos labios los que sintió el impulso irrefrenable de besar. Había olvidado que la ofendió, no sentía enternecimiento alguno, no, únicamente la necesidad de besarla ahora, así como era ahora. La besó con dureza, sin esperanza, dispuesto a hundirse en ese beso sin recibir nada a cambio, lanzado, ciego. Pero los labios de ella fueron cediendo, cobrando vida lentamente, hasta transmitirle un fluir impaciente y cálido, una ternura vibrante que encontró por vez primera, que había conquistado. Cuando se separaron Olga lo miró a los ojos y sonrió. Él se sintió libre. Hubiera podido gritar de felicidad.

Más tarde vieron bajar del tren que hacía el servicio local a Flavio, pequeñito, con sus lentes de armazón de oro, empacado en su traje de lino y su título de médico. Llevaba una camisa a rayas de cuello muy alto, y corbata lisa, como un hombre mayor. Pobre, tendría veinticuatro años, apenas cuatro o cinco más que él. Hacía tanto tiempo que se había ido a la capital que parecía completamente un forastero. Todos lo recibieron con alegría, y ellos también, aunque en verdad lo mismo les hubiera dado que no hubiera venido.

Procuraban estar juntos, pero se miraban poco. Después de la caída del sol la tarde era un estero donde las criaturas iban y venían con movimientos tardos, donde las voces resonaban lejos, y aun Flavio y los que lo recibían parecían un poco irreales. De la alcoholería llegó una bocanada de olor pesado, dulzón, que los envolvió: sólo ellos existían. Con disimulo se acercó un poco más a Olga y le apretó una mano. Ella sonrió sin voltear hacia él. Su piel blanca relucía.

La banda comenzó a tocar al tiempo que Flavio a repartir abrazos, saludos: "Madrina…" y cada vez empezaba por ladear ligeramente la cabeza con el aire exacto de recibir a un paciente en la puerta del consultorio. Ahora les tocaba a ellos la ceremonia del saludo.

—Olguita, te has convertido en una hermosa mujer.

Entonces Olga, muy seria, manteniendo el tronco y la cabeza muy erguidos, flexionó las rodillas e hizo delante de Flavio una reverencia inglesa, de esas que la institutriz enseñaba a las niñas de la Casa Hacienda. Flavio no supo hacer otra cosa que sonreír tontamente, pero Olga no sonrió. Durante un instante quedó inmóvil, cerca del suelo, con los brazos combados alejados del cuerpo y la cara tendida hacia Flavio. Manuel sintió un dolor inexplicable cuando vio el cuello largo y frágil de Olga curvarse en la garganta, como el de un pájaro; una curva hermosa, rotunda, que estaba allí independiente de los ojos oscuros y el rostro sin expresión. Flavio retrocedió un poco, y Olga, sin inmutarse, volvió con lentitud a ponerse totalmente de pie. Manuel no se atrevió a tocarla, únicamente la siguió cuando ella caminó hacia la sombra de los árboles, separándose de los otros.

—¿Por qué hiciste eso?

—No sé, era una broma… pero de pronto… Flavio… no sé.

La vio turbada, casi con miedo, y lo único que pudo hacer fue abrazarla y apretarle mucho la cabeza contra su pecho, como si pudiera darle amparo.

Aquella noche había estado esperando cerca de la casa de Olga a que fuera la hora de la fiesta. Esperando sin impaciencia, apoyado en una tapia, mirando los árboles y sintiendo el latido de las huertas cercanas.

Siempre cruje un paso único sobre las hojas secas, cae una fruta, chilla un pájaro extraño; pero por encima de eso está el silencio. Y esa noche él pudo sentirlo. Central silencio que no alcanza a remover el viento, respiración vegetal, quietud viva, secreto transparente por el que se filtran las tormentas y los retumbos del mar. Ese silencio mismo que se siente extenderse más allá de las llamas y el humo cuando queman los cañaverales; absorto domeñador de ruidos que contiene a la paz y a la impaciencia, espíritu terrestre aposentado en la noche de las huertas. Arriba el cielo alto, limpio e inmóvil.

Cuando en medio del bullicio y la música Olga vino directamente hacia él, con su paso ágil y firme, y lo miró un instante antes de sonreír, estuvo seguro de que en el fondo de aquella mirada había el mismo misterio poderoso que él deletreaba dificultosamente junto al mar y al silencio de las huertas.

Contra lo que hubiera creído, eso no lo acercaba a ella, únicamente lo atrapaba. Pero era sólo una mirada de las muchísimas, cambiantes y contradictorias, que él iba descubriendo de nuevo en ella. De nuevo aquella noche. Sí, la risa, la sorpresa, el efecto, la burla, estaban allí, eran reconocibles, pero estaban atemperados, había primero el brillo oscuro tan visible y tan desentrañable de los ojos que él había creído conocer. Era difícil, contemplándola ahora, pensar que fuera la misma de los preparativos de la tarde, aunque sí la misma del beso. En unas horas el amor reconocido se había acendrado en ella. Tenía diecisiete años y era una mujer. Frente a ella Manuel se sintió un chiquillo.

Pero eso era el pasado, demasiado infantil y ñoño para ayudar a enfrentar esta realidad; más bien era un impedimento. Muy pronto sus padres se levantarían un poco más excitados que de costumbre, y se prepararían para asistir a la boda. La boda de Olga y Flavio. También ellos convencidos de que la imposición familiar era criticable pero debía aceptarse como un hecho; seguros de que aunque le causara dolor, terminaría por comprender que lo que había entre Olga y él era una niñería sin importancia.

Empezaba a amanecer. La luz gris y el ladrido de los perros, el chiflido de los vaqueros, el *plaf plaf* del paso corto de un caballo que sonaba como lluvia gruesa sobre el polvo de la calle, el zapote de la acera de enfrente que emergía de la oscuridad y parecía caminar hacia la luz plomiza. Muy pronto saldría el sol. Se levantó de un salto y cerró las contraventanas. No soportaba la luz, tenía que seguir a oscuras. Los pies descalzos sobre el pavimento frío le parecieron ridículos. Volvió a tenderse en la cama, disgustado, incómodo.

Hizo intentos para volver a recordar a Olga la noche de la llegada de Flavio, pero un malestar casi físico se lo impedía. Él bailaba con Olga, ella llevaba un vestido color de rosa… y de pronto vio lo que no había visto: en un rincón estaba la mirada miope tras los cristales gruesos, la mirada deslumbrada, rendida, que ella desdeñaba con cada movimiento, pero que la seguía, la sostenía, ante la cual no podía dejar caer su majestuoso orgullo, su belleza.

En toda la noche no lo había recordado, pero estaba siempre allí esa parte en sombra que no les pertenecía y que sin embargo entraba en su historia, esos ojos fijos que la transformaban aunque ella no se diera cuenta. Sí, en la transformación de Olga no había estado su amor solamente, estaba también Flavio.

Luego, rápidamente, recordó las cartas, los libros, las flores llegadas en una caja con hielo, y el rechazo de ella.

—Toma, Manuel, quiero que leas las cartas, todas.

La voz cálida y el movimiento sereno con que las tenía eran los de la mujer totalmente segura del amor que recibe sin reconocer ninguna deuda.

Hasta entonces Manuel no había podido imaginarse cómo Flavio se empeñaba en casarse con una muchacha que decía y gritaba que no lo quería, pero ahora lo adivinaba, lo presentía, y ese acercamiento involuntario le causó repugnancia.

Pensó en Olga, seguramente también desvelada, lejana, sin amparo.

—Esto es una venta. No pueden venderme así —le había dicho aquel día que lloró—. Dicen que ellos saben lo que más me conviene, pero no quieren entender que no se trata de lo que me conviene, que se trata de mí.

Manuel le quitó las manos de la cara.

—Vámonos. Si nos vamos juntos no podrán casarte con él.

Ella dejó de llorar.

—Tienes veinte años.

—¿Y eso qué? Trabajaré, veré cómo.

—Estábamos tan bien... ¿por qué nos obligan?... Dentro de unos años sería natural, pero ahora... no sé... podríamos fracasar, y entonces Flavio también me estaría esperando. Estoy segura.

—¿No quieres irte conmigo?

—Sí.

Se besaron. La proximidad de una vida en común hizo más carnales esos besos, pero las lágrimas de Olga mojaban sus bocas, y entonces nació en él la confusión. La apretó contra sí, la estrujó para convencerse de que era suya, de que le pertenecía, y ella se plegó dulcemente a su furia desesperada. Pero el llanto continuó corriendo, sin sollozos, socavando la fuerza de él.

Con la cabeza escondida en su pecho ella volvió a repetir:

—Mañana a las ocho de la noche, en el puente del canal dos —y apretando el brazo tembloroso—: Estaré, mi amor, estaré.

No la dejaron. Supo que no la dejaban dormir sola, ni hablar con sus amigas si no era delante de la madre. No había podido materialmente asistir a la cita, pero ¿y las lágrimas? Las había llorado cuando estaba con él, cuando aún no sabía que la fuga era imposible.

Escuchaba las voces, los ruidos, pero dentro de él no había más que silencio. No podía seguir recordando.

Hacía rato que habían dado la segunda llamada para la misa. Su madre se asomó otra vez al cuarto y él fingió dormir. Oyó que cerraba con delicadeza la puerta y murmuraba algo, seguramente a su padre; luego taconeos que salieron por la puerta de la calle y después el silencio.

Olga se casa dentro de unos momentos. Se puso de pie en un salto, se vistió en unos minutos, sin atarse los cordones de los zapatos, y salió corriendo. Frente a la casa de Olga había un pequeño grupo. Dejó de correr y se acercó con las manos en los bolsillos. Los otros hablaban y algunos lo miraron a hurtadillas, pero él no se daba cuenta de nada, únicamente veía el marco vacío de la puerta. Clara, la Queta y otras personas salieron por ahí sin que él las reconociera. Entrecerró los párpados cuando a la luz del sol brilló la blancura hiriente que llenó el espacio vacío. Un instante después, sin buscarlo, certeros como si siempre hubieran estado allí, los ojos de Olga estaban fijos en los suyos. Negros y sin amor, sin llanto, firmes como los de un condenado que no se arrepiente, sin piedad de sí misma ni de él, los ojos de Olga lo obligaron a enderezarse. La mirada que asomó la mañana que estrenó el traje de baño azul, la tarde del beso, la noche de la fiesta, la que solamente él podía recibir aunque no la comprendiera, estaba completa, desnuda al fin en aquellos ojos que miraban sin misericordia, por encima de la vergüenza, vivos y abrasadores más allá de la renuncia. Manuel pensó en la muerte, e hizo en su corazón un juramento solemne sin saber qué juraba, algo que ella le pedía sin palabras.

Don Eduardo tomó a Olga del brazo y la arrancó del umbral. Ella lo siguió sin resistencia, y al pasar cerca de Manuel alzó un poco la mano, como si fuera a tocarlo, pero volvió a bajarla, y siguió de largo.

Los curiosos se retiraron. Únicamente Manuel quedó plantado en medio de la calle, bañado por la polvareda que levantaron los autos al arrancar. ¿Cómo era posible que ella se hubiera ido si estaba agarrada a él con esa mirada que no terminaba nunca? Miró el polvo sedoso bajar lento y posarse suavemente sobre sí mismo en capas esponjosas, delicado. El polvo tan molesto a los forasteros. Flavio. Se dio unos manotazos en el pelo, en la ropa y emprendió una carrera desaforada hacia la iglesia. Jadeaba antes de haber corrido cuatro cuadras, con los pies hundidos en el polvo hasta los tobillos, pero aunque lo pensó, no subió a la banqueta, sobre todo cuando se dio cuenta de que la gente se volvía a mirarlo. No sabía por qué, pero tenía que pasar así, corriendo y sudando grotescamente, por el medio de la calle. Divisó el edificio de ladrillos rojos y el campanario, y siguió corriendo. Más cerca notó que dentro no se escuchaba música: la ceremonia no había comenzado. Dio vuelta y vio que en la puerta mayor estaban organizando el cortejo. Subió al atrio y se abrió paso. Olga estaba derecha, con la cabeza levantada y los ojos fijos en el interior del templo; el traje de novia ceñido al cuerpo como una piel fingida, brillante, parecía hecho expresamente para turbarla poniéndola en evidencia, pero ella estaba olvidada también de su cuerpo. Flavio, a su lado, musitaba palabras temblorosas que caían sin rozarla; se encendió, dijo algo con más vehemencia y puso su mano sobre el brazo de ella; entonces Olga, sin volverse y sin prisa, dio un paso adelante, quizá por casualidad, y la mano cayó inerte. Olga avanzó y entró en la iglesia sin que nadie se lo indicara. Los otros siguieron apresurados, y dentro sonaron unos acordes solemnes.

No tenía a qué entrar. Se dio vuelta y caminó sin rumbo. Las huertas, el río, lugares familiares, vagamente reconocibles. Las hojas se rozaban en el viento, el río estaba adormecido. Recogió unas piedrecillas y las tiró al agua: *plum,* y los círculos concéntricos fueron creciendo y se desvanecieron. Volvió a caminar. Sobre su cabeza la alharaca de los pericos. Se tiró de espaldas a mirar el cielo, cerca de un canal. El rumor del agua, el zumbido de un moscardón, el viento en las ramas más altas de los mangos: nada. No había aire que respirar. Tampoco había un lugar a donde ir. Se quedó tendido, hueco.

Volvió muy de noche a la casa. Su madre estaba en la ventana, despeinada, el padre daba vueltas por la sala como cuando estaba enojado, pero él entró y nadie le dijo nada. Fue a su cuarto y se dejó caer en la cama. No encendió la luz, no supo si había pasado la noche, si durmió o no. El día y la noche, el sueño y la vigilia eran igualmente irreales para él.

Se levantaba y comía para no preocupar a su madre, y cuando se acordaba se bañaba. Después volvía a la cama. Ni siquiera sabía fumar. Su madre le llevó un radio y lo encendía a veces, pero no reconocía las voces ni las canciones, y aunque de pronto sentía un dolor agudo en el pecho, no hubiera podido asegurar que era por la música o alguna pieza en especial, porque ese dolor lo hería frecuentemente sin motivo alguno, y siempre que lograba dormir profundamente lo despertaba. No tenía recuerdos ni esperanzas. Se sorprendía de encontrarse en ese cuarto, mano sobre mano, sin objeto.

—Manuel está estudiando para los exámenes de admisión, por eso no sale. Hemos decidido que vaya a Guadalajara —decía su madre con demasiado aplomo en el recibidor del portal, y él lo oía como si hablasen de otro.

Pero una tarde escuchó distintamente el nombre de Olga pronunciado en una conversación bisbiseante. Se levantó de la cama y descalzo se acercó a la puerta para escuchar.

—Es cierto. Flavio está en *la casita* desde hace seis días, y Olga sola… es un escándalo… dicen que ella no quiere que la toque… ya me entiendes, y él se fue con esas mujeres. Lo sé porque Luciano vino muy triste y me lo contó… Y ella tan linda… Ya decíamos… él es un bruto, y…

El sol oblicuo de la tarde entraba por la ventana. Las dos mujeres al otro lado de la puerta hablaban en la penumbra movediza del rincón donde los arcos están cubiertos de enredadera; sus voces se agudizaban y bajaban de tono con ritmo excitado. El sol blanquizco y salobre del invierno. Hacía mucho que no lo veía. Recordó las tardes de Navidad en que sacaban los juguetes a la banqueta y pasaban las horas fingiendo que el juego les impedía sentir esa irritante sensación de escalofrío que produce el viento helado bajo un sol que no calienta. Aunque no durara más que unos días, un mes, se enfurecía siempre contra el sol debilitado. Ahora se enfureció también, sintió un gran odio en el pecho, y luego, sin saber por qué, soltó una carcajada. Estaba contento, le encantaba sentir desprecio, rabia o lo que fuera. Encendió el radio y se fue a bañar; se vistió y peinó frente al espejo, luego salió por la puerta de las trojes, sin que nadie lo viera.

Parecía una tarde de enero cualquiera. Saludaba a los conocidos al pasar e iba por las aceras, con las manos en los bolsillos, caminando ágilmente y un poco de lado, como cualquier muchacho. Por costumbre silbó también un rato una de esas canciones para caminar ligero y contento. Ante él se abrió el espacio vacío que rodea la capilla, lleno de luz clara, y un poco más allá vio la embocadura del Callejón Viejo, ese camino de bambúes altos que no dejan pasar los rayos del sol. (—"Es la nave gótica más hermosa que existe." —"¿Y cuándo has visto tú una nave gótica?" había dicho riendo don Eduardo. Ellos se encogieron de hombros y no hicieron caso.) Visto así, desde la plaza soleada, con su luz interior difusa y azulosa se veía muy claro que dentro de él se encerraba otra hora, el tiempo era diferente. Eso lo impresionó y lo hizo aminorar el paso y perder su aire despreocupado. De niño había sentido aquel temor antes de atravesar el medio kilómetro umbroso con sus chalets empotrados en las huertas, escondidos tras los bambúes. Los chalets que ocupaban los contadores, los químicos, los forasteros de alguna importancia que venían a trabajar al ingenio. En una de esas casas con rosales al frente y los frutales montados sobre las espaldas, vivía ahora Olga, encerrada inexplicablemente entre las huertas y los bambúes. ¿A qué iba él allí?... Cuando uno anda media avenida, se encuentra con la tumba del Ánima Sola, silenciosa y parpadeante, haciendo guiños macabros con sus veladoras y velitas. Nadie sabía quién era el que había recibido muerte violenta en aquel lugar, nadie recordaba cuándo, ni por qué era objeto de aquel culto misterioso. Él nunca había visto a ninguno detenerse a rezar o a poner las ceras, y sin embargo siempre había lo menos treinta lucecillas encendidas sobre el pequeño túmulo. Bueno, pero ya no era niño... Chalet, casa de forastero, sin corrales ni trojes, para gente de paso... ¿Pensaría Flavio llevarse a Olga? No, eso no.

—¿Hay caimitos?

—Ya sabes que en este tiempo no hay nada.

—Era por decir algo. Nos vemos.

Y así había pasado junto a Poncho el guardián, por la tranquera que había al entrar al Callejón, y no necesitaba más que seguir caminando por dentro de la huerta unos metros más para encontrar el primero de los chalets. Podría entrar a casa de Olga por la puerta de atrás... Le temblaron las piernas y sintió frío, un frío húmedo que lo calaba y lo estremecía: ¿Cuándo había pensado en entrar por la tronquera de la huerta? Él iba distraído, sin ninguna intención de... ¿de qué?, ¿a qué iba a casa de Olga? Cerró los ojos porque sintió vértigo. ¿Quién urdió entrar por la puerta de atrás?... Estaba seguro de que alguien caminaba a sus espaldas, no, eso era ahora diferente, estaba seguro de que dentro de él mismo había otro. ¿A qué iba a casa de Olga?

Tambaleante se internó más en la huerta y pasó lejos de los dos primeros chalets. En la huerta era casi de noche y todo estaba extrañamente inmóvil. Ni el viento ni la tierra, nadie estaba presente. Solos él y el otro dentro de él, que iban ciegamente buscando a Olga sin saber para qué, escondiéndose, a tientas.

Estaba a muchos metros, del otro lado del Callejón, y no podía verla desde donde estaba, pero supo cuándo pasó a la altura del Ánima Sola. Se abrazó a un árbol, con la boca abierta, y, sin saber por qué, quiso articular una plegaria. ¿Qué pedía? No podía entenderse, sólo un sonido gutural entrecortado salía de su garganta, como el estertor de un animal degollado. Se le erizaron todos los pelos del cuerpo. Se miró las manos y no las reconoció; se contraían de una manera ajena; quiso arrojarlas lejos, pero las tenía pegadas al cuerpo. No era él. Gritó con todas sus fuerzas, pero como fue un alarido animal nadie quiso prestarle atención.

Con la cara pegajosa contra el suelo articuló claramente: "Soy un asesino". No quería matar a Flavio, a Olga, a nadie, pero sabía que podía, que tal vez era ésa su intención hacía un rato. Con ese gran peso encima se sintió tranquilo. Volvía a la realidad transformado pero uno: él y el otro eran el mismo. Él, ese que astutamente había entrado por atrás, y había simulado inocencia, algo, ante el guardián, ese que rehuía entre los troncos la mirada de los otros, era el mismo que sentía miedo, él, Manuel.

Se sentó. Era de noche cerrada. Lentamente se fue sacudiendo las hojas y la tierra que había pegadas en su cara y su ropa. Estaba aterido de frío, pero ya no tenía miedo. Puso el rostro contra las rodillas y se abrazó las piernas: quería llorar. Pero no pudo, no sentía ternura, ni piedad, nada que no fuera el alma seca, angustiada y seca.

Y sin embargo debía levantarse. Tenía algo que hacer. Debía ir a casa de Olga. De todos modos irían él y el otro, juntos, sometidos, a saber por qué habían luchado. Se puso de pie y se pasó la mano por los cabellos.

Caminaba sin prisa, atento, esperando algo, una señal. Pero en torno suyo no había más que oscuridad y silencio.

Llegó detrás de la casa de Olga y la fue rodeando. No hizo ningún intento de entrar por la puerta de la cocina. En el porche había luz. Se encontró en el jardín del frente, al descubierto, entre los rosales y la valla de bambú.

En el porche estaba Olga sentada, con las manos en el regazo y el pelo cuidadosamente peinado en dos trenzas que le rodeaban la cabeza. No estaba humillada, seguía siendo ella misma; tampoco parecía sufrir, únicamente estaba, esperaba. Manuel dio unos pasos sobre la grava y Olga se volvió y lo miró de frente, sin sorpresa ninguna. Sus ojos eran los mismos que el día de la boda. La hermosura de su rostro y de su cuerpo era oscura y luminosa al mismo tiempo. Él o Flavio podían asesinarla, pero no reducirla, no violarla.

Ahora estaba claro que él no era un asesino sino un simple ladrón que había querido hacer lo mismo que Flavio: conseguirla entrando por una puerta trasera. Tendrían que buscar otro camino.

Quiso acercarse un poco más, hablarle, pero ella lo detuvo con un gesto. Sus ojos negros se llenaron de ternura y le sonrió un poco. Después se levantó y entró en la casa. Cuando sonrió se parecía a la muchacha que montaba con él a caballo, pero aquello había sido una despedida, un leve recuerdo, y, además, él se aliviaba con esa sonrisa, pero lo que amaba era la mirada.

Ante la cortina hecha con hileras de pequeños caracoles, vaciló un poco. Le chocó el ruido, las carcajadas brutales que venían de dentro. Porque no era la primera vez que entraba a *la casita,* esta noche le era especialmente repugnante ir. Pero entró.

No tuvo que buscar mucho. En una mesa del centro estaba Flavio en mangas de camisa, sucio, con una sonrisa estúpida en la cara.

—Pichoncito —le decía una chiquilla esmirriada que le tenía pasado un brazo sobre los hombros—, yo te puedo dar un certificado de que si tu mujer no te quiere no es porque no puedas.

Los parroquianos se rieron, menos Flavio, que seguía igual, con su aire cretino en medio de las burlas; sin embargo, se notaba que no estaba borracho. Todos esperaban el próximo chiste que se haría sobre él y su situación, porque aquel espectáculo debía de durar desde hacía mucho y Flavio parecía resignado a que continuara siempre.

El que se rebajaba así y encima permitía que lo escupieran se lo merecía todo. Ése no tenía nada que ver con Olga, era un imbécil en un prostíbulo, nada más. Se había engañado al pensar que era igual que él, la parte más desesperada de él. No, era Flavio Izábal, un cobarde. Sintió asco y salió casi corriendo de allí.

El aire helado y transparente le dolió en la garganta antes de respirarlo. A su alrededor las casitas bajas con patios pequeños estaban oscuras. El Barrio Nuevo le era casi desconocido, quedaba muy lejos de las huertas, del ingenio, de la iglesia. Sin árboles parecía más miserable y desnudo. Pertenecía totalmente a otro pueblo, a otro mundo.

Estaba muy cansado y se sentía mal. A pesar de eso continuó yendo en sentido contrario al camino de su casa. Dejó atrás las casuchas y se encontró en una explanada dura y yerma en lo alto de una colina. Desde allí divisó el centelleo del agua y los álamos tristes al borde de un río lejano. Le costó reconocerlo, desnudo, sin proximidad, sin ruido, en una curva que no conocía o que tenía un dibujo muy diferente vista de cerca. "El San Lorenzo", dijo en voz alta, nombrado por su nombre al que antes era sencillamente el río, *su* río; también él se había alejado esta noche. Un silencio total imponía su ley dura. Estaba solo, abandonado entre la tierra y el cielo, que callaban. Pensó en la noche de las huertas y en el beso de Olga, perdidos también, pero inexplicablemente ligados a este momento. Sintió la soledad de Flavio, su debilidad tan parecida a la inocencia. Y otra vez esa noche lo doble, lo múltiple, lo ambiguo, volvió a herirlo.

Se quedó mucho tiempo parado en ese lugar, luchando, confuso sin saber con quién, ni por qué.

Estaba agotado, ya sin pensamientos, cuando le pareció que el San Lorenzo en la lejanía era una vaga promesa, apenas un destello. Regresó sobre sus pasos sin volver la cabeza y en su cuerpo sintió repetido el gesto de Olga al entrar en su casa.

En el burdel fue derecho hacia Flavio, empujó una silla y se sentó en la misma mesa, frente a él. Aquella figura lastimosa lo hizo vacilar de nuevo, pero Flavio se le había encarado y lo sujetaba por la manga. No, sus ojos no estaban vacíos, en el fondo había la misma quemadura que él llevaba.

—Vete a tu casa. Yo me quedaré aquí.

Flavio se enderezó, y de pie se puso el saco despacio. También salió sin volverse.

# La señal

El sol denso, inmóvil, imponía su presencia; la realidad estaba paralizada bajo su crueldad sin tregua. Flotaba el anuncio de una muerte suspensa, ardiente, sin podredumbre pero también sin ternura. Eran las tres de la tarde.

Pedro, aplastado, casi vencido, caminaba bajo el sol. Las calles vacías perdían su sentido en el deslumbramiento. El calor, seco y terrible como un castigo sin verdugo, le cortaba la respiración. Pero no importaba: dentro de sí hallaba siempre un lugar agudo, helado, mortificante que era peor que el sol, pero también un refugio, una especie de venganza contra él.

Llegó a la placita y se sentó debajo del gran laurel de la India. El silencio hacía un hueco alrededor del pensamiento. Era necesario estirar las piernas, mover un brazo, para no prolongar en uno mismo la quietud de las plantas y del aire. Se levantó y dando vuelta alrededor del árbol se quedó mirando la catedral.

Siempre había estado ahí, pero sólo ahora veía que estaba en otro clima, en un clima fresco que comprendía su aspecto ausente de adolescente que sueña. Lo de adolescente no era difícil descubrirlo, le venía de la gracia desagradable de su desproporción: era demasiado alta y demasiado delgada. Pedro sabía desde niño que ese defecto tenía una historia humilde: proyectada para tener tres naves, el dinero apenas había alcanzado para terminar la mayor; y esa pobreza inicial se continuaba fielmente en su carácter limpio de capilla de montaña —de ahí su aire de pinos—. Cruzó la calle y entró, sin pensar que entraba en una iglesia.

No había nadie, sólo el sacristán se movía como una sombra en la penumbra del presbiterio. No se oía ningún ruido. Se sentó a mitad de la nave cómodamente, mirando los altares, las flores de papel... pensó en la oración distraída que haría otro, el que se sentaba habitualmente en aquella banca, y hubo un instante en que llegó casi a desear creer así, en el fondo, tibiamente, pero lo suficiente para vivir.

73

El sol entraba por las vidrieras altas, amarillo, suave, y el ambiente era fresco. Se podía estar sin pensar, descansar de sí mismo, de la desesperación y de la esperanza. Y se quedó vacío, tranquilo, envuelto en la frescura y mirando al sol apaciguado deslizarse por las vidrieras.

Entonces oyó los pasos de alguien que entraba tímida, furtivamente. No se inquietó ni cambió de postura siquiera; siguió abandonado a su indiferente bienestar hasta que el que había entrado estuvo a su lado y le habló.

Al principio creyó no haber entendido bien y se volvió a mirarlo. Su rostro estaba tan cerca que pudo ver hasta los poros sudorosos, hasta las arrugas junto a la boca cansada. Era un obrero. Su cara, esa cara que después le pareció que había visto más cerca que ninguna otra, era una cara como hay miles, millones: curtida, ancha. Pero también vio los ojos grises y los párpados casi transparentes, de pestañas cortas, y la mirada, aquella mirada inexpresiva, desnuda.

—¿Me permite besarle los pies?

Lo repitió implacable. En su voz había algo tenso, pero la sostenía con decisión; había asumido su parte plenamente y esperaba que él estuviera a la altura, sin explicaciones. No estaba bien, no tenía por qué mezclarlo, ¡no podía ser! Era todo tan inesperado, tan absurdo… Pero el sol estaba ahí, quieto y dulce, y el sacristán comenzó a encender con calma unas velas. Pedro balbuceó algo para excusarse. El hombre volvió a mirarlo. Su ojos podían obligar a cualquier cosa, pero sólo pedían.

—Perdóneme usted. Para mí también es penoso, pero tengo que hacerlo.

*Él tenía*. Y si Pedro no lo ayudaba, ¿quién iba a hacerlo? ¿Quién iba a consentir en tragarse la humillación inhumana de que otro le besara los pies? Qué dosis tan exigua de caridad y de pureza cabe en el alma de un hombre… Tuvo piedad de él.

—Está bien.

—¿Quiere descalzarse?

Era demasiado. La sangre le zumbaba en los oídos, estaba fuera de sí, pero lúcido, tan lúcido que presentía el asco del contacto, la vergüenza de la desnudez, y después el remordimiento y el tormento múltiple y sin cabeza. Lo sabía, pero se descalzó.

Estar descalzo así, como él, inerme y humillado, aceptando ser fuente de humillación para otro… nadie sabría nunca lo que eso era… era como morir en la ignominia, algo eternamente cruel.

No miró al obrero, pero sintió su asco, asco de sus pies y de él, de todos los hombres. Y aún así se había arrodillado con un respeto tal que lo hizo pensar que en ese momento, para ese ser, había dejado de ser un hombre y era la imagen de algo más sagrado.

Un escalofrío lo recorrió y cerró los ojos… Pero los labios calientes lo tocaron, se pegaron a su piel… Era amor, un amor expresado de carne a carne, de hombre a hombre, pero que tal vez… El asco estaba presente, el asco de los dos. Porque en el primer segundo, cuando lo rozaba apenas con su boca caliente, había pensado en una aberración. Hasta eso había llegado para después tener más tormento… No, no, los dos sentían asco, sólo que por encima de él estaba el amor. Había que decirlo, que atreverse a pensar una vez, tan sólo una vez, en la crucifixión.

El hombre se levantó y dijo: "Gracias"; lo miró con sus ojos limpios y se marchó.

Pedro se quedó ahí, solo ya con sus pies desnudos, tan suyos y tan ajenos ahora. Pies con estigma.

*Para siempre en mí esta señal, que no sé si es la del mundo y su pecado o la de una desolada redención.*

¿Por qué yo? Los pies tenían una apariencia tan inocente, eran como los de todo el mundo, pero estaban llagados y él sólo lo sabía. Tenía que mirarlos, tenía que ponerse los calcetines, los zapatos… Ahora le parecía que en eso residía su mayor vergüenza, en no poder ir descalzo, sin ocultar, fiel. *No lo merezco, no soy digno.* Estaba llorando.

Cuando salió de la iglesia el sol se había puesto ya. Nunca recordaría cabalmente lo que había pensado y sufrido en ese tiempo. Solamente sabía que tenía que aceptar que un hombre le había besado los pies y que eso lo cambiaba todo, que era, para siempre, lo más importante y lo más entrañable de su vida, pero que nunca sabría, en ningún sentido, lo que significaba.

# El árbol

*Hay un gran árbol, pero no puedo mirarlo, y he dicho que mañana lo vengan a cortar.*

*Vi el día en que lo plantó Lucano Armenta. La mujer que llevaba en brazos al recién nacido tendría dieciocho años cuando mucho y no dejaba de mirar a Lucano mientras él paleaba y sudaba. El árbol era para el niño, pero la que lo tenía en brazos miraba al padre de una manera que borraba esa intención. Parecía que el hombre removía la tierra de un lado a otro, rítmicamente, sólo para que ella lo viera, para que disfrutara a sus anchas mirando el juego de los músculos y adivinando las gotas de sudor que corrían como un cosquilleo entre la piel y la camisa. Lucano sonrió dichoso al sentir esa mirada en sus espaldas. Se volvió y caminó hacia la mujer como en un sueño —iluminado y joven, hermoso Lucano Armenta—. La abrazó con fuerza y la besó en la boca. El chiquilín lloró porque lo apretaban, y ellos se rieron a carcajadas del llanto, del olvido, del niño. Se miraron como si la sola mirada pudiera fundirlos. Luego Lucano la dejó y plantó el árbol.*

El corredor da hacia el norte; detrás están el jardín con el amate joven y luego se entra en la huerta umbrosa que llega en declive hasta el río. De las columnas y los arcos que separan el portal del jardín, cuelgan las enredaderas de trompeta y veracruzana que defienden del sol que ciega. En ese portal, hace muchos años, cuando Román tenía cuatro, velamos el cuerpo de Lucano Armenta.

Aquel día nada parecía posible. Imposible era que el sol estuviera alto, que existieran una hora marcada por un reloj, un pasado, un futuro, que Lucano estuviera ahí, sin moverse. Era imposible que aquella bala de tres centímetros que alguien había vendido sobre un mostrador, que hombres habían fabricado y tocado, una bala como hay millones en el mundo, que aquella bala, aquélla, hubiera tenido que buscar un cuerpo, uno sólo, el preciso, para derribarlo. Todos dijeron que se trataba de un accidente de cacería, pero no era así.

Su cuerpo estaba allí y parecía que su boca sonreía. No había sangre; cuando lo trajeron ya no había sangre. Estaba pálido, nada más eso, y dijeron que el balazo había sido en el pecho, donde debía de ser. Vestido de kaqui, con sus ropas de campo, esperaba paciente a que aquel segundo en que tropezó y su dedo rozó el gatillo fuera revocado; estaba seguro, él también, de que aquello no era posible, por eso sonreía. Como siempre, yo creí lo que él creía y por eso mandé que sacaran nuestra cama ancha y blanca, de matrimonio, para que él esperara cómodamente. Esperé también, acurrucada a sus pies. Esperé la tarde, la noche, y hubiera esperado toda la eternidad a que se levantara.

Mucho después de la media noche, cuando todos dormitaban, vi cómo su rostro cambió de gesto y estuve segura de que el momento había llegado. Me acerqué a él y pronuncié su nombre por lo bajo para que supiera que no estaba solo; me quedé muy cerca para ayudarlo. Pasaron los minutos. Sus pestañas se agitaron vivamente, como un parpadeo de velas, y volvió a quedarse quieto. Yo apretaba todos los músculos de mi cuerpo y procuraba no respirar. Así permanecí una hora, dos, no sé cuánto tiempo. Bajo su piel algo como unas luces cambiantes se movían, un temblor levísimo corrió por sus labios hasta las comisuras. "Lucano, aquí estoy", y sabía que no debía tocarlo porque desvanecería aquellos trabajosos intentos que él hacía. Mi voz misma debió de distraerlo, porque se distendió su cara y ya no hizo ninguna otra tentativa: algo le impedía reunir las fuerzas suficientes para romper la inmovilidad.

Empezaba a clarear y los murmullos y los ruidos me fueron penetrando; separé los ojos de la cara de Lucano y pensé con impaciencia que sería difícil volver a encontrar pronto la oportunidad de quedarnos solos. Me sentí muy cansada, y me extrañó que sus ropas estuvieran lisas y bien planchadas después de la noche que habíamos pasado.

Cuando el sol hubo salido por completo, me di cuenta de que ya todos se habían acostumbrado a la idea de que había muerto. Yo les decía que eso era imposible, pero ellos ya se habían acostumbrado también al imposible. Ni su padre, ni un amigo que comprendiera que él no podía morir así. Trajeron la caja y ya no hubo sonrisa en su cara, creyó tal vez que yo lo había abandonado, porque no veía que me sujetaban veinte manos.

Tiempo después volví en mí, en lo que quedaba de mí, y no pude hacer otra cosa que aferrarme a Román y llorar asida a él. Jamás lloré a solas, porque temí olvidar al niño un instante, el preciso para caer en la tentación de abandonarlo yo también.

# La extranjera

Todos la llamaban Minou y nadie se ocupó de averiguar su verdadero nombre, seguramente Ilse o Ingeborg. El padre era un hombre alto y muy callado que le acariciaba torpemente los cabellos al pasar y nunca le habló de sí mismo.

Habían llegado una tarde en medio de un revuelo de baúles, cajas, paquetes y gritos, un remolino en medio del cual Minou y su padre parecían ausentes, hasta un poco borrosos. Era madame Henriette la que braceaba alegremente para sobrenadar en la confusión. Se instalaron en una casa de dos pisos cercana a la toma de agua, recientemente encalada y con todas las puerta-persianas pintadas al aceite de color verde hoja.

El padre era un ingeniero que venía a dirigir la nueva instalación para la refinería de azúcar, pero después se quedó como jefe de máquinas. Para entonces su esposa francesa ocupaba ya un lugar destacado en la pequeña sociedad del ingenio y estaba encantada con su prestigio de dama elegante. Desde el principio coqueteó con una supuesta dificultad para aprender el idioma y todos se acostumbraron a su particular manera de hablar, menos debido a su encanto, como ella creía, que al poco interés que ponían en sus charlas, aunque aparentaran lo contrario. En cambio Minou consiguió expresarse correctamente en español muy pronto, pero eso no interesó a nadie.

Era una niña callada, solitaria, que montaba a caballo y recibía lecciones de su padre y de la institutriz de los Rincón. No fue a fiestas o paseos ni aun después de cumplir los quince años. "¡Ah, Minou, es *difícil, difícil*", decía la francesa deplorando que la muchacha no fuera hija suya, porque en ese caso con toda certeza hubiera sido simpática, inteligente y colaboraría con su madre para hacer más estimulante la vida de los amigos.

Cuando el ingeniero murió al estallar una caldera, la tragedia conmocionó a miles de personas que jamás lo habían visto, pero era natural que pocas semanas después todos hubieran olvidado al alemán callado que no hacía falta a nadie. Vino otro ingeniero con su familia y eso distrajo la atención del pueblo. Como, por otra parte, Minou y su madrastra siguieron viviendo como siempre, ahora de la pensión vitalicia que la gerencia acordó, puede decirse que no hubo cambio alguno.

Compadecidos de su orfandad y viéndola tan callada, entre todos hicieron un pequeño complot para conseguir que la chica tuviera más trato con gente joven, pero se logró muy poco, casi nada, apenas una fugaz amistad con Pablo Ibáñez que era tan tímido como ella, pero con el cual tampoco se logró entender.

La madrastra la encontraba distraída, en cierto sentido inabordable y eso la irritaba en extremo. Siempre que quería encauzarla y haciendo un esfuerzo le hablaba con comedimiento sobre un tema importante, el matrimonio, por ejemplo, Minou la escuchaba sin decir una palabra, y cuando había terminado se quedaba abstraída mirando el patio con unos ojos que de tan serenos parecían vacíos. También cuando la reprendía vigorosamente, o le imponía un castigo necesario, y aun en los días en que había llorado por su padre, hacía siempre lo mismo, salía al patio, levantaba la cara al cielo con los ojos cerrados, y en el breve tiempo en que el sol sorbía sus lágrimas, Minou se transformaba y parecía consolada. Sin duda sus sentimientos no eran muy profundos.

Minou no sufría de soledad, estudiaba, bordaba y hacía algunos quehaceres livianos en la casa. Como todas las muchachas de su edad tenía para consigo misma complacencias que nadie sabía, placeres íntimos de un carácter peculiar. Por ejemplo, paseaba largas horas con la cabeza descubierta y luego se metía en su alcoba, cerraba los postigos, tapaba los resquicios y se quedaba quieta en la sombra, sonriendo. Después entreabría un poco las persianas y dejaba entrar unos rayos de sol, los acariciaba y decía en voz alta: "También como un perro fiel".

Pidió viajar por el país y madame Henriette dijo que sí, sí, seguramente se parecía a su padre en ese gusto por los viajes y escribió a familias de su relación en tres o cuatro ciudades importantes para que alojaran en sus casas a Minou durante un tiempo prudente. Le dio dinero y le estuvo diciendo a lo largo de varios días que era una chica muy atractiva. Pero para gran desilusión suya, la chica no conquistó ningún partido durante su viaje y además se instaló tercamente durante casi dos meses en un pueblecito de la sierra de Puebla que, aparte de un convento muy antiguo, no tenía ningún interés. Escribió que le gustaría estudiar historia y antropología, lo cual terminó con la paciencia de madame Henriette, que odiaba esas extravagancias en las mujeres. La hizo regresar.

Como su vocación por las cosas pasadas, por ciertas cosas pasadas, no era bastante general, las personas que hubieran podido ayudarla confundieron la falta de amplitud con carencia de visión y la abandonaron a los deseos de madame Henriette. Pero Minou había sentido al sol atravesar el frío de las montañas en medio de un cielo vibrante; lo había visto sobre la nieve impecable de los volcanes. Ahora estaba segura de que reinaba siempre, por encima de los nublados y las tormentas; y a pesar de las circunstancias volvió fortificada.

Al principio, cuando, niña, llegó a México, la presencia constante del sol le había dado miedo, llegó a obsesionarla. Había sido una torpeza tratar de hablar con alguien de eso.

—¿Qué piensas del sol? —le preguntó un día inopinadamente a Pablo Ibáñez. Como era natural, él se quedó confuso y apenas atinó a responder:

—¿Qué se puede pensar? Que está allí.

—Sí, eso mismo, que está allí, siempre allí, ¿no es extraño? En Europa es de otra manera, y cuando se dice el *sol* no se habla de éste, sino de una cosa muy diferente, de otra cosa en verdad.

—Yo nací aquí y nunca he estado en Europa. El sol es el sol y ya.

Pablito creyó que ella quería presumir demostrándole su superioridad europea, y además la encontró tonta, así que procuró no volverle a hablar más de lo obligado por la educación.

Perdió así al único que parecía querer ser su amigo, pero tan sola como estaba se fue abandonando lentamente a la fuerza extraña, a la sugestión que el sol le producía. Se trataba sin duda alguna de una presencia masculina y ya nunca pudo entender que en su lengua el sol fuera *la,* una especie de mujer; eso le daba risa.

—Hay un error en los sacrificios humanos de los aztecas: los sacrificados debían haber sido los sacerdotes, los que sentían el misterio —dijo una vez a la institutriz inglesa, pero ésta no prestó atención.

La institutriz decía que era mucho mejor una luz tenue, opalescente, para ver los matices de verdad, con ojos de pintor. Además sentía nostalgia de los cambios, de las estaciones, de la niebla. Minou le escuchaba con gusto cuando hablaba de su país, pero un día que a su vez quiso explicarle que ella sentía la presencia del sol como una columna vertebral que lo sostenía todo, el mundo entero, y a ella de paso, la institutriz se rió y dijo: "Eso es como necesitar a Dios, cosa de débiles", y Minou no volvió a hablar del asunto, aunque meditó mucho tiempo esas palabras de Miss Parker.

Madame Henriette decidió que volvieran a Europa, ella a París y la muchacha a Alemania, con los parientes de su padre.

Minou encontró que en su patria tampoco había nadie con quien hablar; si el sol salía o no, era apenas una cuestión de buen o mal tiempo, y además, aun en pleno verano, a pesar del calor y las vacaciones junto al mar, no pudo encontrar al amigo varonil que sostiene; apenas a un mozalbete agobiante, alocado, funcional y decorativo que se parecía bastante a una mujer. Al encontrarse de nuevo con las estaciones entró en ella la angustia de lo efímero: estamos de paso y de prisa, todo desaparece antes de que lo hayamos mirado bien, nada nos llega a pertenecer. El sol perpetuo, el tiempo en éxtasis y la muerte no están disociados y se dejan contemplar. Le parecieron más piadosos que esta conciencia implacable de estar agonizando ahora mismo, en todo momento. La sensación de deslizarse visiblemente y sin poder asirse a nada por entre el tiempo escurridizo, hacia la fecha final, no la abandonaba y anulaba todos sus actos. Pensó en Dios, quiso creer en un Dios abstracto, más para el alma, pero no pudo entender claramente lo que los suyos llamaban el alma. Intentó elevar sus pensamientos en las iglesias hermosas y sombrías, frente a los melancólicos paisajes abandonados a sí mismos. Presentía que detrás de todo eso había algo definitivo, quizá el reposo en la soledad sin resquicios, heroicamente aceptada. Pero en el fondo de su ser nació la certeza de que esa búsqueda era una traición, y que no sería eso lo que podía satisfacerla. Terminó por negarse rotundamente a ese ascetismo alto y helado.

Terca en su rebeldía inútil, desechó dentro de sí misma la idea de que una enfermedad minaba su cuerpo, y hasta el último momento mantuvo orgullosa la certeza de que se trataba de otra cosa: sin herida aparente su sangre se fue debilitando hasta que el corazón se estrujó en una última palpitación y quedó quieto. Murió de un mal que entonces no tenía nombre. Sus parientes hicieron piadosos esfuerzos inútiles para llorarla, y en el lejano país en que vivió algunos años ninguno se enteró de su muerte, aunque tampoco hubiera importado, pues su borroso recuerdo apenas existía ya.

# Canción de cuna

La miraba ir al baño, volver y derrumbarse en la butaca con los rasgos de la cara agudizados por el cansancio y sin embargo rejuvenecidos. La veía acezar como un animal, con los ojos cerrados, la piel adelgazada y colgante, emanar una luz de victoria. De día y de noche, más allá de sus fuerzas, en el insomnio sin misericordia, sostenerse, ir del baño a la butaca, de la alimentación al vómito, triunfante. Yo sabía que marchaba hacia la muerte, pero ella estaba segura de que se dedicaba a la gestación de una nueva vida.

Se ensayó todo, la persuasión, los calmantes leves que consentía en tomar, la energía, pero ella no cedía a nada, ni siquiera se tendía en la cama, hacía frente a la somnolencia de los narcóticos sentada, sin permitirse perder del todo la conciencia, por un temor que no confesaba pero que se sentía en aquel modo de velar sin reposo sobre su embarazo imaginario.

Quizá ese temor nació en el momento en que el ginecólogo le dijo que se trataba de un pólipo uterino. La idea de que querían extirparle "aquello" la volvió desconfiada.

O empezó a temer la tarde misma en que nos citó a todos en casa de Márgara, para darnos la noticia.

Llevaba un vestido de seda opaca, gris, casi blanco, de pliegues suaves, y un largo collar de perlas. Estaba radiante, hermosa, animada por una excitación juvenil, como si en secreto esperara la hora de la cita. Bromeaba yendo de uno a otro, y un momento después se abandonaba en un sillón y, olvidada de nosotros, se sonreía a sí misma. Puse atención en la manera como se paraba, se sentaba, o se daba vuelta, fingiendo creer que la llamaban, únicamente para que los pliegues de su vestido se hincharan, le rozaran las piernas, y, entonces, hundir los dedos en ellos y alisarlos morosamente. También la sorprendí mirando una copa al trasluz con el júbilo callado con que los niños descubren las maravillas de la tierra. Pero estas cosas las notaba yo porque ella es mi madre, y no estaba acostumbrada a verle esos pequeños signos de felicidad.

—Bueno, vamos a hablar seriamente —dijo al cabo, pero se veía que hacía esfuerzos para no reír. Estaba de pie, apoyada apenas con las manos en el respaldo de un sillón, y nos observaba uno a uno a medida que hablaba—. A ver, Pepe: ¿cómo están tus hijos? Isabelita, Meche, Yoli, Pablito… ¿Bien? Me alegro. ¿Y los tuyos, Susi?: Carmen, Paco, Moni… Los dos de Márgara acabamos de verlos, lindos como brazos de mar, y hoy en la mañana me visitaron los tres de Nacho. Doce nietos… no está mal. Doce, y quizá muy pronto trece, porque la pequeña querrá también contribuir. Doce nietos y todos los hijos casados. Cualquiera pensaría que así está bien, que he cumplido… y terminado. Pero no es así. Para decirles eso les pedí que vinieran esta tarde: no es así. Todo vuelve a comenzar siempre. Yo nací cuando mi madre tenía poco menos de cuarenta años. A nadie le pareció raro. Tampoco a los cincuenta y dos es demasiado tarde. He hablado con mujeres muy viejas a las que les resultaría natural tener hijos y no comprenden por qué únicamente dan a luz las jóvenes. Las viejas saben que hay que rumiar con paciencia, las muchachas creen que se trata del amor y de los hombres. A veces sí, pero no siempre. También se desea tomar aliento junto al hombre y apoyarse en él, pero todas sabemos que nadie se puede acercar verdaderamente a nosotras durante esos meses, nadie. Y que el niño también está solo. Es una soledad diferente que se soporta y se disfruta más cuando nada distrae y una quiere y puede abandonarse totalmente a ella… —explicaba estas cosas con naturalidad, pero a nadie, al vacío, tranquila como si su discurso solamente repitiera frases gastadas que todos sabíamos, y no fuera otra cosa que un preámbulo común de cortesía. Se detuvo y sonrió, ahora sí dirigiéndose a nosotros, con una encantadora gracia mundana, y continuó—. Supongo que ya habrán comprendido, y espero que les guste la idea de que yo vaya a tener un niño.

Nos quedamos atónitos, y ante nuestro silencio sus ojos se empequeñecieron, brillaron duros, y vi que estaba dispuesta no solamente a desafiarnos, sino a repudiarnos.

—¿Así que no se alegran? —dijo. Estaba parada en el centro de la habitación, tensa, lista para saltar sobre cualquier palabra nuestra.

—Pero, mamá —tartajeó Pepe trabajosamente—, perdóname… no sé qué pensar… qué decirte… a tu edad parece raro… eso es, raro… —aunque sea el mayor, no había razón para que Pepe se viera tan viejo, grotescamente viejo, delante de esa mujer joven y desafiante. Esa mujer había dejado de ser nuestra madre, de tener la edad, la historia, todo lo que hasta entonces había sido ella.

—Raro. No pudiste encontrar palabra más fea. ¿Rara la maternidad? Pepe, no seas absurdo.

Tan fiera y tan segura, pensé, y quise creer en lo que decía: —¿Consultaste al médico?

Se rió. —Tú eres recién casado y apenas sabes de estas cosas, pero yo que tuve cinco hijos no puedo engañarme, conozco perfectamente los síntomas.

Nos quedamos de nuevo callados, sin atrevernos a mirarnos siquiera, porque ella nos vigilaba ávidamente con sus ojos empequeñecidos.

—Todos están pensando lo mismo. En el padre, ¿no es cierto? Los conozco, inmediatamente imaginan una historia sucia, van derecho a lo que puede oler mal.

Apretó más los párpados y con una mueca astuta fue acercándose a cada uno de nosotros, burlona y diciendo: —¿Huelen ustedes mal?, ¿eh? ¿Apestan? ¿Apestas tú, Susi? ¿Tú, Márgara? Pues igual olerá mi niño, ni mejor ni peor, aunque no tenga padre, que es lo que menos importa —se irguió, y como si se quitara una máscara dejó de reír, abrió bien los ojos y distendió la cara—. Y en cuanto a la historia, no hay hombre. No lo hay.

Nadie replicó. Después de un momento Pepe se acercó a ella y con mucha ternura le dijo: —Está bien, mamá, todos estamos encantados, cálmate. Mañana iremos a ver al doctor Ordiales. —Le rodeó los hombros con su brazo y a mí me pareció que protegida así, por ese hombre alto, ella volvía a envejecer. Pero un instante después, ingenua y contenta, ella preguntó con un tono completamente pueril, lleno de esperanza: —¿De veras les da gusto?

Sobre la llanura inmensa la paja amarillenta se eriza bajo la lluvia. El día gris extiende su tiempo sin esperanza. Ayer y mañana fueron y serán iguales, sin otra cosa que lluvia y frío; barridos interminablemente por el viento que se lleva todo color, toda voz, cualquier insinuación de alegría.

La soledad entra por la alta ventana. A pesar de los vidrios la habitación es helada, húmeda, y el viento, el viento, sitiando, aislando, hace sentir que se está dentro de una torre, la única en una orilla deshabitada del mundo, donde resulta inútil ensayar palabras, tener recuerdos. El viento y la lluvia seguirán azotando hasta borrar los rastros humanos.

En las manos ateridas de la muchacha hay una guitarra. Tiene los ojos fijos en la lejanía que no ven, sin color de tan claros, desteñidos ya. Ya a los quince años. Despacio, a tientas, afina un poco una cuerda, desliza la punta de los dedos sobre un flanco del instrumento o pega la palma en la madera lisa. Espera. Vuelve a hacer sonar la cuerda, apenas, y no la escucha, sino que aguarda la vibración en las yemas o en la palma. No, no espera. Se olvida de lo que tiene en las manos y se queda hueca, dejándose llenar del paisaje aniquilado. Pero los dedos infantiles buscan, vuelven a la cuerda que da una nota a pesar del desorden que impone el viento. Una nota queda, breve, que nadie escucha, pero que centra algo y da un reposo momentáneo. Otra vez el viento sin destino, el vacío, y de nuevo la cuerda que busca, casi sola, encontrar su voz. El tiempo y el espacio ilimitados, muertos, y la muchacha a la deriva en ellos, sin otro sostén que el dedo sobre la cuerda y el sonido aislado. Así, eternamente.

Pero un día, una tarde igual a otras, las manos de la muchacha se crispan y la guitarra cae al suelo. Un grito y el terror rompen la repetición helada. El sinsentido se corporiza y violenta el orden de la muerte: en el vientre de la niña un ser extraño se ha desperezado. Rasca y mueve las entrañas ciegamente. Ella siente la satisfacción bestial del informe ser que la habita sin conciencia; la lejanía insalvable en que busca acomodo, placer; estos pequeños saltos de reptil con que la hace ajena a sí misma. Y grita y sigue gritando. Empuja con las dos manos el vientre apenas curvo, lo oprime, trata de suprimir, de aquietar siquiera al habitante del pantano que es de pronto su vientre. Está segura de que va a devorarla sin darse cuenta, con la misma sensual indiferencia con que ejercita sus miembros deformes. Vuelve a gritar, cada vez más fuerte, más fuerte.

Su madre entra. La muchacha se abalanza contra ella y convulsamente le dice que "aquello" está dentro y se mueve.

La madre habla durante mucho tiempo, con voz pausada y sin emociones, mientras le acaricia un poco los cabellos. Le va diciendo paso a paso todo lo que vendrá, hasta el desgarramiento final en que "aquello" saldrá de ella con una exigencia mucho más violenta. Saldrá y a la luz del sol será un niño. Y desde ese momento ella quedará libre, no tendrá que servirlo ni pensar en él: no será suyo. Unos meses más de paciencia, de tolerancia para el intruso; después ella le asegura que todo esto de ahora se borrará.

—Mamá, ¿tú estás segura de que está aquí por aquello que hice?

—Sí.

Pero la muchacha no lo cree. Sabe que sucede así, pero no lo cree.

—Voy a traerte una taza de leche caliente, Érika, pero no vuelvas a gritar. Nadie debe saber que estás aquí.

La madre se vuelve a sonreírle desde la puerta, antes de salir, y ella siente cómo la consuela y la penetra esa sonrisa dolorosa.

Se toca despacio la cara con las manos: los pómulos, las cuencas, la frente: los huesos que están bajo la carne y que quedarán, cuando la carne no esté, inútiles y los mismos. El niño se revuelve otra vez en busca de su ser que irá a la luz. La muchacha se queda inmóvil, sintiéndolo. Luego camina otra vez a su puesto frente a la ventana. Mira sin ver la llanura, la ensordece el viento que no escucha. Está inerme ante la soledad que no terminará nunca.

Recoge la guitarra y comienza de nuevo la afinación interminable.

Vuelve a sentir contra las paredes del cuerpo el roce y el gorgoteo del que tantea, con ojos sin luz, los límites.

La sangre colorea la cara de la muchacha, cosquillea en la punta de sus dedos: ha sido un latido que no ha venido de ella, un oleaje que ha producido y lanzado el informe, el que emerge, húmedo, de lo remoto olvidado. Y el vaivén secreto comienza: la muchacha se inclina y espía la próxima ola que la hará presentir de nuevo el oscuro universo del principio, y, en tanto, pensando en el que lucha por ser, por salir, sus dedos modulan una antigua melodía luminosa, y ella murmura las palabras con infinita piedad, aunque las palabras no sirvan: "Was ich in Gedanken küsse".

Sigue vigilando el latido subterráneo, se queda suspensa al borde del mundo del terror y del milagro, con todos los sentidos centrados en la cavidad que está en su cuerpo pero no es suya: la caverna sin luz en que están encerrados todos los signos pero donde nada tiene todavía sentido. El informe nada y se asemeja a otros informes que pasan a su lado, su boca redonda chupa al azar lo que puede, en el vertiginoso paso, tan parecido a lo inmóvil, del tiempo virgen, el que nadie contó. El latido vuelve, la sangre remota susurra espesas sensaciones. Viene también la angustia de las discontinuidades, cuando la respiración de la muchacha se corta y solamente ella sabe que esa mínima agonía suya es la única manifestación de un gran cataclismo sucedido no se sabe dónde, no se sabe cuándo: hay que estar atenta. Nada puede hacer, todo sucederá como sucedió, pero el sentido sería otro si ella no hubiera estado acechando desde antes de que hubiera un primer día. Es la que se acuerda, aunque no tenga memoria, la testigo de lo que no sabe. Hay que estar atenta, hacia adentro, hacia el fondo; tiene que cerrar los ojos y hundirse en lo oscuro hasta donde le sea permitido: a su tiempo arrancará de allí, brutalmente, también ella, la nueva presa para la luz.

Como si quisiera ocultar o conducir la lucha que le parece espera, sigue susurrando en su lengua, la lengua en que le habló su madre, la canción que brota de la guitarra y en la que ella no piensa.

*als der stummen Einsamkeit*
*als der stummen Einsamkeit*

Siguiendo el consejo de un psiquiatra amigo, la convencimos de que la hipnosis era el mejor medio para que durmiera y descansara un poco. Yo misma me di maña y le fui insinuando la idea de que una persona hipnotizada no puede ser operada, que únicamente descansa. Consintió al fin, bajo la condición de que quien la hipnotizara fuera el viejo profesor Wassermann, que había conocido a sus padres.

Nos turnábamos noche a noche para presenciar el nuevo rito, simple como cepillarse el cabello, que se celebraba en la alcoba de mi madre para que pudiera dormir. Ella se sometía dócilmente, recibía el sueño con satisfacción, casi con avidez, y decía con frecuencia que el niño nacería mejor si ella estaba en buenas condiciones de salud; el poder dormir la mejoraba, sin duda, pero los vómitos continuaban y estaba tan débil que la sofocaba cualquier esfuerzo; al hablar, y sobre todo al reír, pasaba sin transición de la palabra o la carcajada al ahogo: abría la boca, y de pronto el aire no entraba más por ella. Tenía también las venas destrozadas por el suero casi constante. Sufría mucho, pero nunca se quejó. Estaba alegre, obstinadamente esperanzada.

Fue el propio profesor Wassermann quien nos propuso ensayar la hipnosis vigil a fin de hacerla comer un poco e ir restableciendo así el hábito de comer y digerir que había perdido del todo. Nos pareció una buena idea y la intentamos con cierto éxito: mi madre podía comer unas cucharadas de sopa o algunos pedazos de fruta, nada más, pero a nosotros nos parecía eso muy alentador. Notamos además que durante el tiempo que estaba hipnotizada parecía más tranquila, su embarazo era menos obsesionante. La tarde en que sucedieron las develaciones, estaba especialmente contenta, particularmente libre.

Sostenía el racimo de uvas muy cerca de su rostro, apoyando el codo en el sillón, y hablaba con el profesor sin apartar los ojos del racimo, acariciando negligentemente los granos para quitarles el polvillo que los cubre. Había algo en el movimiento de sus manos, en el modo de ladear de tiempo en tiempo la cabeza, de curvar los labios, que me hizo pensar en la coquetería gratuita que imagino en las mujeres de fin de siglo, de épocas pasadas que se han repetido en la historia, en que las mujeres han podido mantener centrada una esencia que no tiene nombre pero que en ese momento yo veía surgir en mi madre. Cuidaba la expresión, el gesto, por el regusto de sentirse, de saborearse, perfeccionaba una frase o una media sonrisa sin pensar en enamorar al profesor Wassermann pero evidentemente porque sentía que él podía apreciar ese mudo lenguaje hoy abandonado.

—De muy joven yo tocaba la guitarra… me gustaba. No he vuelto a probar. Me enseñó mi hermana Érika.

—Mamá, no lo sabía, nunca nos lo dijiste. Y hay una guitarra en casa —dije con gozo—. Seguramente la tuya. Iré a traerla.

Bajé corriendo en busca de la guitarra, contenta con la idea de proporcionar a mi madre un consuelo en su enfermedad. Pensaba vagamente que si ella podía volver a interesarse en la música su obsesión disminuiría. No imaginaba hasta dónde.

Volví y el profesor afinó el instrumento. Mi madre observaba atentamente al viejo concentrado en su tarea. Por fin Wassermann le tendió la guitarra. Ella la recibió gentilmente y comenzó a tocar con toda facilidad, creo que sin recordar que hacía tantos años que no lo hacía. Luego, poco a poco, tarareó y cantó una canción de hacía treinta años, que yo le había escuchado muchas veces; una canción de moda en su juventud. Pero una vez unidos el canto y la guitarra aquello sonaba horriblemente mal. El profesor se levantó lentamente del asiento y se acercó a ella. Escuchó con mucha atención la guitarra, y, de pronto, sobre la voz de ella comenzó a decir clara y firmemente:

*Hänschen klein geht allein*
*in die weite Welt hinein*

Pronto la cara de mi madre se iluminó y siguió cantando la canción alemana con placer hasta el final, ahora sí en acuerdo la guitarra y el canto.

—*Aben Mutter weinet sehr, Hal ja nun kein Hänschen mehr…* —dijo luego con nostalgia—. Hacía tantos años… Mamá la cantaba cuando yo era chica.

—Pero si no noté mal, usted tocaba aún otra melodía con el quinto dedo. Vuelva usted a tocar —ordenó Wassermann.

Mi madre tomó de nuevo la guitarra y sin timidez recomenzó a puntear la melodía. En efecto, poniendo mucha atención se escuchaban notas discordantes que sin embargo yo no alcanzaba a aislar y unir entre sí.

—Toque sólo con el quinto dedo —dijo el profesor enérgicamente. Mi madre obedeció—. Cante.

Entonces mi madre cantó, con un sentimiento de desesperanza que la destrozaba, una canción que terminaba diciendo

*Als der stummen Eisamkeit*

—¿Por qué ha dicho siempre que no sabía hablar en alemán? —preguntó con violencia el viejo profesor.

Los ojos grandes, rasgados, de pestañas negras, ocultan las pupilas fijas bajo los párpados entrecerrados. No tienen expresión, se abren un momento para captar un rostro, atrapar una palabra, y vuelven a entornarse, rumian despacio la presa y se abren para cazar otro pequeño signo.

Alrededor de la mesa de té los rubios comensales calmos y estirados, no los ven. Únicamente la muchacha pálida sabe que están allí. Y es por ellos que sacude la cabeza firmemente, se diría con desesperación, y dice *Nein* una y otra vez.

La escena se repite, apenas sin variantes, periódicamente, a través de los años.

La niña comprende que la muchacha se niega, aunque no entiende a qué, porque todos hablan en esa lengua tajante que ella no conoce. Ella está aparte, con sus ojos negros y su ignorancia de la lengua paterna. La aíslan por algo, y Érika dice que *no* por ella. El padre se encoleriza, la madre ruega, pero Érika sigue negando con la cabeza; tiene los labios apretados.

Le gustaría consolarla, acercarse a ella, pero no puede, porque está aparte.

Retrocede sin hacer ruido, ahora con los negros ojos inmóviles sobre el rostro abatido de la que dicen es su hermana. Algo que no sabe lo que es quisiera decirle a la muchacha que ha empezado a llorar, sin dejar de mover como un péndulo la cabeza.

Se va al cuarto de la hermana, se sienta y hojea un álbum. Mira uno a uno los retratos de personas lejanas, desteñidas, que su madre dice son su familia. Hay un militar que le gusta porque está tan empacado que la hace reír. Pero de cualquier modo está segura de que nunca los conocerá, que hablan esa lengua diferente, que son ajenos. Ella no tiene parientes. Su madre la mima, su hermana Érika niega algo por ella. Pero están aparte.

Cuando la muchacha viene, se turba al encontrarse con ella, abre y cierra la boca buscando una palabra que no encuentra. Después se acerca, la toma en los brazos y solloza sobre la cabecita escondida. Se sienta con ella en el regazo, sin pronunciar una palabra. La niña cierra los ojos contra el pecho de Érika, escucha cómo los pulmones se llenan y se vacían en espasmos convulsos, siente el estremecimiento del cuerpo que la sostiene, fija la atención en el palpitar desordenado del corazón próximo. Está acurrucada, protegida, y ya no le importa que la muchacha llore, le gusta estar así, agazapada en ella, espiando los secretos golpes de su cuerpo. Se queda tranquila, adormecida, y la muchacha se va calmando también. Le acaricia el pelo.

—¿Quieres que te cante una canción?

La niña sabe que será una canción alemana y se rebela al pensar que el bienestar se romperá de nuevo.

—Tienes que decirme en español lo que cantas.

La muchacha la besa con fuerza.

—Te lo diré, pero nunca jamás hablarás de esto con nadie. Nunca jamás.

La miraba cantar y llorar, llorar dulcemente enseñándole sin querer las palabras de su historia, tendiéndole sílaba por sílaba, no las palabras de otro idioma, más bien la necesidad de romper la separación, la soledad de las dos.

*Nadie debe enterarse*
*a nadie se lo revelaré*
*sino a la muda soledad*
*sino a la muda soledad…*

Se lo dijo el día que murió. Le dijo que no era su hermana, sino su madre, y fue eso un reconocimiento fugitivo, de adiós, tan precario que no bastó. Aunque ella lo supiera desde mucho tiempo atrás, desde antes de entender lo que los mayores decían en su idioma, el que su madre no se le entregara más que en unas relaciones secretas, casi pecaminosas, la mantuvo informe, fetal, sin luz.

Lo único cierto era la figura segura y bondadosa de la abuela-madre que se daba sin tenerlo que hacer, y sin haber pecado. Lo único seguro, pero fuera de la verdad. Sin vínculos con nadie, también. El amor no negado pero clandestino de su madre la envenenó. Tomó partido por la falsa, la segura, la que no necesitó de un hombre para tenerla por hija. Cantó su canción, pero abajo siguió sonando la otra, la escondida, y su embarazo para ser abuela-madre era doloroso y solitario, quería tal vez reproducir su propia gestación, para darse a luz a sí misma a los ojos de todos, aun de los hijos que podía desconocer sin dejar de amar porque ella había sido desconocida y amada. El hijo verdadero sería el sin padre, pero rumiado, pescado en las aguas amargas y sacado a la luz por ella, con sus manos: nacido, reconocido.

La curación fue rápida. Ella misma pidió que le extirparan "aquello" que no era más que un pólipo. Salió del sanatorio serena, mansamente alegre: abuela solamente. Yo recordé con dolor a la mujer joven, heroica, que extraía encanto y refinamiento no se sabe de dónde, cuando estaba luchando por la vida a las puertas de la muerte, en un desafío con ella y no con la razón como creían todos. En su engaño poseía una sabiduría que sana había olvidado.

Lo sé porque estoy embarazada, y me toca ahora a mí.

La canción de mi abuela y de mi madre me envuelve. Mi historia es diferente, mi hijo tiene padre, tendrá madre, pero ahora no somos ambos más que una masa informe que lucha. En el principio otra vez. Me inclino sobre mi vientre y escucho. Estamos solos. Y todo vuelve a comenzar.

# Estar vivo

Si trato de recordarlo todo desde el principio, me miro entrar en el cuarto de Gabriela con aquel traje café, holgado y que ahora resulta tan ridículo, como se mira entrar un actor en escena; pero la irritante seguridad de que en aquel cuarto, en medio de las nubes de vapor oloroso a resina estaba secuestrado, obligado a vivir en un extramundo odioso y enajenado, la respiro tan vivamente que ahora mismo me oprime el pecho.

Gabriela no cumplía entonces dos años de edad y hacía mes y medio que un asma insistente y peligrosa, agravada por infecciones bronquiales, nos mantenía angustiados, girando alrededor de su cuarto lleno de vapor de eucalipto, casi enfermos ya de cansancio y desesperación.

Luisa hubiera podido decir que yo tenía algún descanso en mi trabajo, en las calles, en los rostros diferentes, y que ella en cambio… pero no lo dijo, y así, cuando le anuncié que Ángela vendría a conocerla y a cenar con nosotros lo aceptó sin comentario, pero yo sentí que lo admitía como una ofrenda a mi debilidad.

Ángela llegó como siempre: hermosa; ceñido el cuerpo abundante y jugoso que mostraba y movía como un reto a todos los hombres. Su perfume fresco, su carne joven, su mirada brillante y triunfadora eran la encarnación perfecta del mundo libre que se extendía más allá del olor a eucalipto. Su presencia me liberó y sostuve con ella una conversación inteligente e intensa que me hizo sentirme satisfecho de mí mismo. Entre tanto Luisa servía cocteles y vigilaba la cena.

Cuando los platos fueron retirados de la mesa, Ángela, entremezclando breves y agudos grititos y subrayando las palabras, hizo un pequeño elogio de su manera de ver la vida:

—¡Todo es tan maravilloso, tan estupendamente maravilloso! No me canso nunca de ver los árboles, el cielo, las personas… La belleza, la verdad; eso es lo importante, lo único capaz de llenar la existencia y darle sentido. ¡Hay que respirar, que vivir! Lo demás no vale la pena… Pero usted, señora, tiene una hija; León (porque yo llamo León a Leonardo) me ha hablado mucho de ella. Déjeme verla, conocerla. Me encantan los niños. No sabe cuánto la envidio. La grande, la tremenda ilusión de mi vida es tener un hijo, ¡son tan preciosos, tan suavecitos!… uno para mí solita… ¡Déjeme ver a su niña!

Luisa puso algunos reparos, dijo que la niña se había dormido apenas tras muchas dificultades, que estaba muy nerviosa, muy agotada; pero Ángela insistió tanto y dio tantos grititos que Luisa acabó par acceder. Entramos al cuarto brumoso y cerrado, alumbrado por una lamparilla y nos acercamos a la cuna de Gabriela. Estaba tranquila aunque respiraba con dificultad, y las cuencas hundidas daban una expresión dolorosa y severa, ascética, a su carita pálida. Sólo veíamos la cabeza pequeña, morena y frágil de mi hija, una cabeza que casi cabía entre mis manos, y que sin embargo tenía una presencia tan real, tan vehemente, que me pareció que luchaba y se imponía, resaltando nítidamente sobre la blancura que la rodeaba y que parecía querer devorarla, borrarla. Sentí que una ternura desesperada y suplicante me recorría el cuerpo, como un hormigueo físico que terminó por apretarme la garganta. En aquel momento Ángela lanzó su grito:

—Iiiiii qué niña más preciosa. Cuánta delicadeza en el dibujo de sus facciones.

Vi cómo la carita se contraía en un espasmo que yo sentí en mis propios nervios con dolor. La tensión de aquella mueca que precedió al llanto no la olvidaré jamás. Ángela palmoteó encantada.

—¡Ya se despierta, qué bien, así le veré los ojos!

Y en efecto, Gabriela abrió sus enormes y asustados ojos negros en el momento mismo de empezar a llorar. Luisa la cogió en brazos rápidamente y se fue con ella al otro lado del cuarto, susurrándole palabras tiernas, pero Ángela la siguió.

—A ver, encanto, ven conmigo… iiiiiii… ¡mira qué bracitos! ¡Qué rica!

Gabriela lloró más fuerte y Luisa con voz neutra nos pidió que saliéramos del cuarto. Cuando cerré la puerta tras de nosotros mientras Ángela preguntaba asustada: "¿Le habrá hecho mal despertarse?", oí claramente cómo el acceso, uno de aquellos horribles accesos que nada podía calmar, había comenzado.

¡Cuán agradecido quedé a Ángela por evitarme asistir al suplicio de mi niña inocente! ¡Charlando agradablemente esperamos más de una hora a que Luisa se nos reuniera. Al fin la oí pasar rumbo a la cocina y sentí piedad por ella; me excusé con Ángela y fui a verla. Nunca antes había estado tan envejecida, tan gris.

—¿Está mejor Gabriela?

—Sí, ya se durmió.

—Ángela está muy apenada, cree que ella es la culpable. Perdónala, no sabe, eso de los niños...

Me cortó la frase con una mirada rápida y helada, sin cólera, pero en la que vi un extrañamiento feroz, no como si no me conociera, sino como si yo perteneciese a una especie animal remota y extinguida. La dejé manipulando sus hojas de eucalipto y con un gran alivio placentero me reuní con Ángela.

Poco después Ángela se despidió y yo cumplí con la obligación de llevarla a su casa en mi coche. Por el camino nos entretuvimos en buscar canciones como si correspondieran a recuerdos o deseos comunes: "¿Te acuerdas de *Flores negras?*", y uniendo nuestras voces suavemente la cantábamos con un dejo melancólico y apasionado.

Regresé a mi casa en un estado de euforia y semiensoñación que se cortó en seco al mirar el rostro agotado y mortecino de Luisa.

—Ángela quedó encantada contigo.

—No sé cómo. Casi no hablé con ella y estoy tan cansada.

—Sí, pero ella tiene tanto entusiasmo, tanta penetración, tan buena voluntad para juzgar a las personas.

Luisa sonrió, no sé si con dolor o con desprecio, pero su sonrisa era muy triste.

—Leonardo, no me digas que te has dejado engañar. Esa muchacha es una farsante.

No repliqué. Ella terminó sus manejos entre biberones y medicinas y cargada con ellos se encaminó al cuarto de Gabriela. La niña dormía respirando por su boquita de labios resecos y Luisa dijo: "Bendito eucalipto, si no fuera por él se ahogaría". Arregló las cosas que podía necesitar en la noche y comenzó a desvestirse.

Yo me fui a mi cuarto, y tendido en mi cama volví a concentrarme en la sensación de bienestar y casi de felicidad que el paseo con Ángela me había dado. Dormí maravillosamente.

El lago, la luna, el aire; a lo lejos tres voces con guitarras cantaban una canción que recordé siempre. Bailábamos, en la soledad y la penumbra, pisando con lentitud la arena crujiente, muy cerca del agua.

El pecho de Ángela subía y bajaba, palpitaba; junto a mi oreja su respiración iba agitándose. Mi cuerpo, alerta y ansioso, dependía de aquel otro cuerpo hermoso y desconocido. Cuando la besé el tiempo de la espera había terminado. Se abandonó, casi inconsciente, a mi beso, y su sensualidad ancha y golosa me envolvió sin remedio.

A la mañana siguiente, con todo aplomo, sin considerar las circunstancias ni prever mi estado de confusión, me llamó por teléfono a la oficina.

—¿Has visto qué mañana? Ay, me siento revivida, impaciente… tengo la piel suave, como pulida por tus manos, y los pechos me duelen…

—¡Ángela!

—¿Qué pasa?

—Estoy en la oficina.

Se rió, se rió de mí, de mi gazmoñería, y me amenazó con ir allí mismo, al despacho, a gritar nuestra felicidad. Yo sabía que era capaz, y entre escandalizado y gozoso acepté la nueva situación y el ir inmediatamente a su casa.

Muy pronto hube de acostumbrarme a este tipo de conversaciones que a veces se alargaban por horas enteras: desde aquella primera y maravillosa noche empezó a enseñarme, a hacerme notar con toda clase de pormenores y como quien muestra un objeto raro y valiosísimo, difícil de apreciar, las perfecciones de su cuerpo. Además tenía una extraordinaria capacidad para lo insólito, y aplicaba su fantasía a la realidad de una manera imprevista.

—León, ¿te fijaste qué vientecillo marino?… iiiii… vámonos a Veracruz, ahora mismo, a bañarnos desnudos en alguna playa solitaria… sí, así como estamos, no necesitamos nada…

Dejé de trabajar, de llegar a tiempo a todos los sitios, de ir a dormir a mi casa. No quería pensar en Luisa, ni en Gabriela, ni en nada. Luisa intentó hacerme algún reproche que yo corté con un portazo. La indiferencia y el malhumor fueron mis escudos para no afrontar el problema doméstico. No quería pensar, ni decidir, ni enfrentar; sólo quería abandonarme a aquello que era para mí la realización de mi ansia de vivir, de ser yo en toda mi plenitud. Creo que alcancé la felicidad; frenética y crispada, pero felicidad al fin y al cabo. La realización de mi persona, eso no. Ángela me arrastraba como una corriente, y toda mi vida giraba alrededor de ella, de sus emociones, de sus pensamientos, de sus caprichos. Alguna vez intenté rebelarme, pero entonces bastaba con que al escucharme estirara el cuello, en aquel gesto suyo tan especial, levantando la cabeza, echando hacia atrás su hermosa cabellera rubia, como ofreciendo sus labios entreabiertos al beso, a cualquier beso, para que yo no deseara nada en el mundo más que estar con ella, dejarme arrastrar por sus aguas. Me burlaba de mí mismo: "No es culpa de Ángela, me decía, sino de una lentitud digestiva mía: hay demasiada 'belleza', demasiada 'libertad', demasiada 'vitalidad' para mí; no puedo masticar una cosa cuando se levanta el tenedor para meterme otra en la boca". Pero era feliz. Es decir, en esos meses realicé todos los sueños que he realizado en mi vida. Después nunca volví ni siquiera a soñar.

Nos esperaba una tarde agotadora: exposición de pintura, conferencia, coctel, estreno teatral. Yo llegaba apenas a tiempo, y sin embargo Ángela no me esperaba en la salita. Entré a la alcoba en penumbra, saturada de olor a tabaco y llena de aire viciado. El grito "iiiiii" de Ángela me recibió, pero no era expresión de alegría o de deseo, como otras veces, sino que tenía un sentido nuevo, que había estado siempre oculto en él, y que en aquel momento se me reveló y me hizo comprenderlo verdaderamente.

—Iiiiiii… es culpa tuya… es culpa tuya… iiiiii.

Sobre la cama revuelta, con el camisón desgarrado y sucio, con unas mechas cayéndole sobre la cara abotagada y roja, gritando y gesticulando como una posesa, estaba Ángela.

—Iiiiiii… iiiiiiiiii…

Daba vueltas sobre sí misma, apoyada en las rodillas y hundiendo a veces la cabeza en la cama, como un vértice fijo que hiciera girar tiránicamente sus caderas puestas en alto; y otras veces rodando, con los brazos levantados y las manos ocupadas en jalar con desesperación ritual su apagada cabellera en desorden, los ojos en blanco y la boca espumosa, y aquel grito, aquel chillido salvaje. Tenía algo bíblicamente hermoso aquella escena, y para entonces yo conocía lo suficiente a Ángela como para estar seguro de que era aquél el efecto que había buscado, y logrado. Mi estupor se hizo admiración y mi admiración desembocó en un hondo sentimiento amoroso.

—Ángela, mi vida, cálmate.

Se lanzó contra mí, gritando entre dientes y con sus uñas filosas me arañó la cara. Cuando sentí las gotas de sangre correr por mis mejillas como lágrimas, una ternura inmensa, por ella y por mí mismo, me llenó el pecho. La abracé fuerte y oculté mi cara en su pecho, como aprestándome a llorar aquella pena tan grande que todavía me era desconocida. Ella se debatía en mis brazos, injuriándome, gritando, y yo seguía así, manteniéndola apretada contra mí con los ojos cerrados, ciego, sordo, guardándola contra su voluntad, contra el mundo entero. De pronto oí una palabra que me sobresaltó y me hizo apartarme un poco: hablaba de otro.

—…no lo quiero, ¿entiendes?… no lo quiero.

—¿A quién?

—¡Eres un estúpido! A *éste,* a *esto:*

Y se golpeaba fuertemente el vientre con las palmas abiertas. Su cara estaba deformada por el asco.

La solté con brusquedad, primero creí que horrorizado, pero luego comprendí que no: sentía que la había envilecido, que era culpable de aquel gran daño que ella me echaba en cara, un injusto daño. Necesitaba hacerme perdonar, que volviera a mí.

—No es tan terrible. Me divorciaré.

—¿Quién te pide que te divorcies? ¿Quién te dice que es eso lo que quiero?

Temblaba de rabia pero ya no lloraba; me miraba con un odio tan vehemente que bajé los ojos.

—Quiero ser libre, ¿comprendes?, vivir, no ser como las otras. ¿No te has dado cuenta? No quiero atarme, ponerme vieja, fea… y por culpa tuya… por culpa tuya… ¡no quiero! ¡No quiero!

—Ángela…

—¡No me hables! ¡No me toques! ¡Eres un imbécil, un imbécil!

Todavía en la puerta oía sus gritos.

Esa noche caminé, me perdí por todas las calles, conocidas y desconocidas: todas irreales.

Empezaba a amanecer cuando llegué a mi casa. Luisa abrió los ojos y volvió a cerrarlos fingiendo dormir, como era ya su costumbre. Por primera vez pensé en la angustia, en el dolor de sus noches en vela. Un dolor y una angustia que no eran míos.

Cuando me levanté, pasado el mediodía, corrí a casa de Ángela. Fui derecho a la alcoba. Un aire denso, un silencio pesado. Entre las sábanas limpias, sobre la almohada tersa, vi la cabeza pálida de Ángela. Parecía muerta.

—León… Leonardo, tuve que hacerlo… no sirvo para eso… no es lo que quiero… Volveremos al mar… ¿te acuerdas?

Habló mucho. Todo en el recuerdo, al menos para mí. Ella se fue animando hasta volver a la exaltación; de nuevo la vida y la felicidad estaban ante nosotros, relucientes. Ángela estaba llena de salud y de entusiasmo. No había pasado nada. Apenas se acordaba ya de que estaba un poco indispuesta, y eso la hacía estar mimosa. Me pidió que la acunara en los brazos y la arrullara.

No pude hacerlo y ella se dio cuenta. Le parecí un cobarde.

—Vete y no vuelvas nunca.

Me fui.

Desde ese momento comencé a odiar a Luisa.

# Flamingos

—Parece un lugar agradable —dijo ella mirando vagamente la decoración mientras caminaba con pasos elásticos sobre las tupidas alfombras.

—¿La mesa de siempre, señor Fernández?

La pregunta del *maître* lo cogió desprevenido. Silvia le lanzó una rápida mirada que no supo interpretar.

—No, mejor una de las del fondo —contestó ya con su aplomo habitual. Ella volvió a mirarlo con sus grandes ojos claros en los que apuntaba un pequeño reproche.

—La que ocupo habitualmente es demasiado grande, poco íntima —dijo en voz muy baja mientras se acomodaban. Ella no contestó.

Pidieron un aperitivo y en tanto lo traían le fue mostrando con detenimiento los detalles que daban un lujo exótico al restaurante. Ella asentía, pero sin entusiasmo. Lo ofendió particularmente la poca impresión que le hicieron los flamingos, que a él lo fascinaban.

—Pobres, siempre con luz eléctrica y en un lugar tan chico, con tan poca agua… ¿Cuándo dormirán? Debe de ser espantoso estar siempre encerrados en medio del ruido y de la gente —mientras hablaba ladeando un poco su rizada cabeza, los miraba tristemente, sin un comentario sobre su elegancia, sin un destello de admiración, como si fueran simples animales.

—El lugar en general ¿no te parece precioso?

—Sí, agradable… pero como demasiado artificial. Se le ve mucho el truco. No estoy en contra de los trucos. Lo que pasa es que si le quitaran cosas, si no insistieran tanto, estaría mejor.

Verdaderamente no había derecho. Ella hubiera debido darse cuenta de lo que para él significaba llevarla a ese sitio, en donde era posible que se encontrara conocidos, amigos de su mujer.

—Cuando hemos ido a esos lugares baratones que tú conoces nunca les has puesto peros —antes de terminar de decirlo ya se había arrepentido de su crueldad, pero en cambio ella pareció no acusar el golpe; bebió un sorbo de coctel y luego le respondió con toda naturalidad.

—Es diferente. Aquellos lugares pueden ser horribles o preciosos, pero como por casualidad. No pretenden ser más que lugares para ir a comer.

La observó con detenimiento. Jugaba con la aceituna dentro de su copa y su atención estaba completamente ocupada en mirar los cambios de luz que el movimiento producía en el martini. Sí, jugaba, pero detrás de ese juego su pensamiento estaba persiguiendo no se sabe qué formas, qué líquidos; un inaprehensible misterio que en cualquier momento podía surgir en el lugar más inesperado: en una arruga de la falda, en el asfalto de una avenida o en la punta de una uña. La había visto muchas veces sumergirse en esa especie de meditación vacía, de la que después salía fresca y renovada, como después de un baño. La dejó navegar a su gusto en sus extrañas aguas interiores. Quería pensar sobre ella teniéndola delante, porque cuando intentaba recordarla, sentado cómodamente tras el escritorio del despacho nunca podía evocar del todo su imagen, y hasta hubo vez en que le pareció absurda esta relación. Guapa, hermosa, no, no era: miraba, sonreía, caminaba sobre sus largas piernas y hablaba de cosas importantes y sin importancia de una manera especial. Era desgraciada y pobre y no lo parecía. Aun a él, a quien había confiado su triste y casi inexistente relación conyugal, no lo había cansado con historias o llantos. A veces sentía que se le escapaba por aireados laberintos de sentimientos sin peso, y usaba expresiones, argumentaciones enteras, que no podía seguir más que con una dosis de simpatía. Después ella se ensimismaba dulcemente y salía, como ahora, de su baño espiritual con una sonrisa radiante.

—Escoge tú la comida, por favor.

Lo dijo tiernamente, como si se lo pidiera más por pereza que por no estar acostumbrada a los menús complicados. Él se esmeró y pidió las salsas más condimentadas, los vinos más refinados, y para finalizar dignamente, un champaña tan raro como caro. Silvia pareció no darse cuenta, porque no puso cara de asombro, ni siquiera de agradecimiento.

—¿Qué dijiste en tu casa? —le preguntó para obligarla a ponerse en situación.

—Nada —contestó tranquila.

Eso no estaba bien. Él había tenido que inventar una junta de accionistas de vital importancia.

—Pobrecita ¡cuánto debes de sufrir! —y le tomó una mano.

—Sí.

—¿Tienes que regresar a una hora determinada?

—A las seis, para dar la merienda a los niños. Están tan chiquitos… —y lo miró como si él fuera uno de esos niños chiquitos.

—Entonces tenemos tiempo. Comeremos y luego te llevaré a ver una casita preciosa que tengo en La Venta. Tiene un enorme bosque de pinos y podremos quemar un buen tronco en la chimenea.

No contestó. Lo menos que podía hacer era decir *sí* o *no*. Tenía que darse cuenta de que esa amistad amorosa debía tener un desenlace lógico, práctico.

—¿La sopa tiene piñones? Debe de tenerlos, y hay que descomponerla en sus sabores. Este tipo de comidas son más para la imaginación que para el estómago, ¿no es cierto?

Bueno, resultaba un poco pedante, pero tan serena, tan encantadora… Siguió hablando lentamente, con silencios rítmicos, de historias de condimentos, de platos inventados por emperadores bizantinos, de quién sabe qué. Él miraba ir y venir sus manos largas, quebradizas y manicuradas en casa. Era necesario que las cosas se aclararan, sucedieran. Así tendría el derecho de decirle: "Amor mío, tus manos necesitan más cuidados, tu cuerpo merece ropas exquisitas; déjame que te guíe, que te aconseje, quiero verte como una reina". No, no le diría eso, le diría: "Silvia, he estado pensando que por tu decoro y el mío es necesario…" Después de todo no importaba la frase, lo importante era que se diera cuenta de que estaba dispuesto a pagar su elegancia, sus caprichos, porque, precisamente, él no era un don nadie.

—…pero es artificial, sería más elegante si pusieran rosas frescas.

A los postres había logrado que Silvia se enterneciera con sus palabras de amor. Los ojos limpios de ella se iban dilatando en una profundidad lenta, tersa, y se oscurecían poco a poco, como si un interior nuevo fuera saliendo a flote; aguas subterráneas los iban inundando. Sus labios entreabiertos apenas sostenían una sonrisa olvidada, y su piel viva parecía dejar transparentar una luz abrasadora. No respiraba casi, bebía sus palabras con un hambre y una esperanza tensas, deslumbradas. Él, espoleado por un público amoroso tan atento, se emborrachaba con sus propias palabras, con su propio amor, que nunca había sospechado que fuera tan grande, tan verdadero. Se quedó callado, mirándola fijamente, asombrado como un muchachito, con la boca seca y la respiración rota. La tomó por los hombros, grave, como en un rito, y pareció que un vértigo ardiente lo envolvía: la estaba besando.

—Señor Fernández, el champaña.

Era el colmo que en ese lugar donde cobraban hasta el saludo le vinieran a llamar la atención, sobre todo a él, a él... Pero ya antes había notado que ese antipático del *maître* era un hipócrita envidioso. Y no había razón para interrumpirlo, nadie se había dado cuenta, las otras mesas ocupadas estaban lejos y los macetones los ocultaban completamente. Pero seguramente el *maître* había mandado al mozo, para molestarlo. Creería que él, el impecable señor Fernández, era un infeliz rabo verde. El mesero miraba con disimulo a Silvia mientras terminaba de retirar el servicio. Era una vergüenza.

—Silvia, quisiera casarme contigo. Nuestro amor no debe ocultarse como una cosa culpable.

El mozo arqueó las cejas. Bien.

—Pediremos el divorcio inmediatamente.

¡Ajá!, se iba corriendo a contárselo al antipático chaparro ese. La sorpresa que se iba a llevar. Suspiró satisfecho: había salvado la buena opinión que todos debían tener de Silvia.

Ella lo miraba muy seria y sus ojos se habían empequeñecido. Parecía escrutarlo, como si temiera una segunda intención, como si lo viera por primera vez, con una desconfianza fría.

Quiso volver al tono apasionado de antes y no encontró qué decir. Al fin le pareció que lo más adecuado era hablar del porvenir.

—¡Seremos tan felices! Te gustará mi casa... nuestra casa... Cuando en las mañanas bajes a desayunar con una bata flotante por la gran escalera... —¿de qué hablarían en el desayuno?

—Y te gustarán mis amigos. Jugamos *bridge* todos los jueves. Somos un grupo que se formó desde que éramos estudiantes en la Bancaria.

¡Dios Santo, las cosas que haría Rita, la amiga íntima de su mujer, para molestar a Silvia!

—¿Te gusta la ópera?

—No.

—¿El ballet clásico?

—Únicamente cuando es muy bueno.

¡Y él era presidente del Patronato de la Escuela Inglesa de Ballet!

Silvia estaba seria, desconfiada. Así aparentaba por lo menos treinta y dos años y él le había calculado veinticinco. Al fin habló.

—¿Y los niños?

En eso no había pensado. Eso era aparte. Sus niños necesitaban padre, madre, estabilidad.

—Vivirán con nosotros, por supuesto. Mi mujer los peleará, pero con dinero y un buen abogado...

La mirada desconfiada se hizo dura.

—¿Y los míos?

Realmente era un problema. ¿Todos juntos? Habría que pensarlo despacio, pero ahora...

—También, mi amor, por supuesto. Les convendrá vivir en mi casa: jardín, piscina, aire puro, todo lo que hace falta para que los muchachos crezcan como es debido. Y yo seré un verdadero padre para ellos.

Ahora la mirada tenía un destello de ironía.

—Si no crees que yo sé lo que conviene para que crezcan sanos te enseñaré a mis hijos. Verás qué hermosas criaturas. Pepito tiene ocho años, y las niñas...

De su cartera iba sacando fotografías que ella miraba atentamente y que poco a poco fueron haciendo nacer en sus labios una sonrisa tierna.

—Sí, son muy guapos.

Luego agregó con toda naturalidad:

—También a ti te gustarán los míos; son más chiquitos, más lindos.

—¿Más lindos porque son más chiquitos? ¡Valiente razón! ¿Así que cuando crezcan se pondrán feos?

—No podrían aunque quisieran; son los niños más bonitos del mundo.

—¿Cómo lo sabes? ¿Los has visto a todos? ¿A los míos, por ejemplo?

—Lo sé porque soy su madre, y basta.

¡Siempre esa manera absurda de razonar! ¡Bonito papel haría entre personas sensatas! ¿Cómo era posible que una mujer así tuviera a su cargo la educación de...?

—Y después está aquello de que no es todo el que sean grandes y sonrosados trozos de carne: están la inteligencia y el encanto.

—No lo dirás por mis hijos, ¿verdad? Pues debes de saber que han heredado el encanto de su madre, que es famosa en todos los círculos...

—Ya, ya, me la imagino perfectamente.

—¿Tienes algo que decir también de mi mujer?

—¡No, qué esperanzas! Santa y abnegada madre… Pero si no recuerdo mal tú no me has hablado muy bien de ella… Dejemos eso: de lo que tengo que decir es de lo que ustedes tienen por encanto.

—Te he dicho que tú eres encantadora.

—Sí, para los ratos perdidos.

—¡Pero si te he propuesto matrimonio!

—Desde luego, pero pronto has encontrado que mis hijos no estaban a la altura de los tuyos; *tus* hijos, *tus* hijos… Como si tuvieran algo especial, completamente aparte de los otros niños.

—¿Y los tuyos?

—¡Ah! ¿No lo pueden tener?

—Silvia, por el amor de Dios ¿a qué viene esa actitud?

—Es que mis niños…

—Otra vez. Con terquedad no se va a ninguna parte. Tómalo como un consejo de amigo.

—Al contrario. Sólo los tercos logran lo que quieren. Todos los grandes hombres han sido grandes tercos. La gente como tú pone la diferencia en las palabras, porque cuando quiere alabarlos los llama *tesoneros*.

La última palabra la dijo aflautando la voz y con la mueca más desagradable que pudiera verse.

Eso sí ya no se podía tolerar. En lugar de estar ilusionada, agradecida, se burlaba de él y de los suyos. Llamó al mesero y mientras pedía la cuenta dijo, para que todo quedara bien claro, con testigos.

—Has destrozado la ilusión más grande de mi vida.

Pagó y salieron muy tiesos, sin echar siquiera una mirada a los flamingos.

# El amigo

En el ambiente caldeado daba un placer inquietante estirar, acomodar, mostrar las piernas, procurando, con una intensidad en la que era necesario poner todos los sentidos, que se convirtieran en el centro imantado del pequeño grupo. Eso hice yo aquella noche en la reunión de Loti. Por supuesto que no se trataba sólo de las piernas, también por la columna me corrían suaves estremecimientos que me obligaban a mover de pronto la cabeza, y aprovechaba eso para simular que apoyaba o negaba algo de lo que se me decía sin que yo pudiera prestarle atención. Benjamín se expresaba cada vez con más énfasis, de prisa, gesticulando, y yo me daba cuenta de que lo espoleaba el contagio de mi cuerpo, aunque tratara de disimularlo. Luis Alonso era un público más conocedor porque atendía a mis movimientos con mucho más cuidado, con admiración. Es agradable estar así entre dos hombres. Discutían sobre danza, puesto que yo soy bailarina, y ese homenaje me encantaba, igual que me gustaba oírlos discurrir en aquel lenguaje diferente y admirable, de frases largas. Yo pienso que en mi profesión lo único que importa es poder, o no, hacer sentir a los espectadores lo que uno está sintiendo mientras baila, y así, aunque únicamente abría los ojos, o fingía escucharlos mientras fumaba, entraba en la discusión demostrando en silencio que los pequeños movimientos de mi cuerpo tenían más efecto que todas sus palabras.

Cuando terminó la reunión los invité a tomar una copa en mi casa. A media luz, con un disco cadencioso y un *high-ball* en la mano, me sentí a mis anchas, me quité los zapatos y comencé a bailar, primero apoyándome en los pasos y moviendo con suavidad las caderas.

—¡Qué bárbara, qué bonito cuerpo tienes! —dijo Luis Alonso.

Sin querer fui quebrando los compases hasta llegar a un frenesí que me hizo cerrar los ojos echando la cabeza hacia atrás, y continué así un tiempo indefinido, casi sin conciencia, sintiendo únicamente cómo me recorría el ritmo, lento, vivo como un cuerpo ajeno. Abrí los ojos cuando algo me detuvo en seco, y pude darme cuenta de que estaba atrapada en los brazos de Benjamín, que me apretaba con un ardor que no había sospechado en él. Me abandoné con naturalidad, porque en ese momento eso era lo que debía de suceder. Cuando me besaba el cuello alcancé a distinguir en la penumbra la sonrisa complacida de Luis Alonso. Mejor que fuera así. Benjamín iba de prisa, como si estuviéramos solos, y cuando me empujaba hacia el diván y sus manos ansiosas encontraban estorbosa mi ropa, Luis Alonso susurró con malicia "Buenas noches", y sin despegar su mirada de nosotros, abriendo la puerta con las manos a la espalda, salió de la estancia.

Mi relación con Benjamín tuvo bastante encanto, era tierno, discreto, y parecía muy enamorado. Su vida, sus cosas, las sabía yo por Luis Alonso.

—Yo los quiero mucho a los dos… por separado. Lidia es mi mejor amiga, pero no son felices, lo sé también por ella. Tú creerás que la traiciono, pero no es así; entre dos que se ahogan, si uno puede salvarse, hay que ayudarlo; y en el caso de que, así como Benjamín ha encontrado la solución en ti, si ella la encontrara en otro, también la comprendería y le daría mi apoyo —y con una transición rápida—: Pero qué suerte tienen algunos: ¡estás guapísima!

Me acostumbré a las visitas de ambos, juntos o cada uno a solas; me gustaba tomar café con ellos, salir por las noches a beber una cerveza en un sitio agradable, escuchando con la mayor atención sus conversaciones: no me había equivocado, Benjamín era el que más personalidad tenía, el más inteligente también.

Sin embargo, Luis Alonso puede dar una delicada ternura muy difícil de encontrar. A veces se me ocurre pensar que sin su complemento yo no hubiera podido ser tan feliz con Benjamín. Él era el que me traía discos, flores, y las tardes que Benjamín no venía a verme él me acompañaba. Claro que también era picante que se me insinuara, como por broma, en presencia de su amigo: me daba besos en la cara, me apretaba el brazo, y, en muchas ocasiones, después de cenar en un restorán mientras Benjamín llenaba la sobremesa con su conversación, él acariciaba mis manos y se quedaba abstraído, mirándome, como si yo fuera la única cosa digna de verse en el mundo. Algunas veces fuimos a bailar, y Benjamín, sabiendo lo que a mí me gustaba y lo mal que él lo hacía, me dejaba bailar con Luis Alonso toda la noche; eso llegó a molestarme, porque era tan evidente la atracción que ejercía yo sobre él y los roces y ceñimientos a que en el baile me obligaba, que era imposible que Benjamín no se diera cuenta, y siempre es humillante que un amante no sea celoso, aunque se trate de su mejor amigo.

Pero Benjamín sabía a quién se confiaba, porque cuando estábamos solos, aunque bailáramos en mi casa con el tocadiscos, Luis Alonso no hacía intento de propasarse, ni siquiera me palmeaba las manos o me daba un beso, sino que me hablaba continuamente de su amigo, con una devoción que me conmovía.

Sólo una vez se expresó el sentimiento que yo sospechaba en él, pero sucedió de una manera tan fugaz que me pareció que lo mejor era olvidarlo. Estábamos solos en mi casa, como tantas veces, y Luis Alonso se mostraba contento de mi relación con Benjamín.

—Tú lo eres todo para él… si vieras cuánto ha cambiado. Antes era triste, apagado, estaba envejecido, ahora anda siempre contento, disfruta las cosas, tiene hambre de conocerlo y gozarlo todo. Lo has devuelto a la vida, así, literalmente, y no sé cómo agradecértelo.

—¿Tú? ¿Qué tienes que agradecerme tú?

—Esto, que le hayas enseñado lo que es ser feliz. Él ha sido siempre desgraciado, desde niño…

Su cara estaba sombría, y su voz se apagó. Sentí que lo mejor era que siguiera hablando.

—¿Hace mucho que lo conoces?

—Desde la preparatoria, hace catorce años. No te puedes imaginar lo guapo que era: hermoso y puro como un dios… no era justo que nunca, nunca supiera… él que nació para…

Su silencio se alargó hasta que me sentí inquieta. Por romperlo traté de seguir la conversación.

—¿Que no supiera qué?

—Lo que es el amor, el amor de veras, sin condiciones, sin derechos. El amor simple y llano.

—¿Tú crees que lo que hay entre él y yo es eso?

—Él lo cree, y basta.

Lo dijo con rudeza, e inmediatamente se levantó y encendió la luz, que lo deslumbró, porque tuvo los ojos apretados un tiempo muy largo; luego los fue abriendo lentamente, pero algo le dolía, le molestaba, porque cuando me sonrió lo hizo con dificultad; pero eso pasó en un momento y se rió con toda la boca mientras me acariciaba la mejilla.

—Por otra parte, ¿qué más pude pedir ningún hombre si te tiene a ti?

Se puso serio, me tomó de las manos y me levantó del sofá mientras me miraba muy fijo, con una intensidad y una luz de fiebre que me asustó; luego bajó los párpados y me besó en los labios, primero casi con reverencia, como a un objeto sagrado, y después con furia, buscando en el fondo de ese beso la respuesta a su salvaje, contenido deseo. No me moví, pero él continuó besándome sin reparar en ello. Sus labios recorrieron mi cuello igual que los del otro, y recordé con un estremecimiento su sonrisa que parecía dichosa aquella primera noche. En ese instante me soltó, y se quedó con los brazos colgantes, la cabeza baja, los ojos cerrados, mientras yo retrocedía asustada, sin decir una palabra. Nos quedamos así un tiempo muy largo. Me conmovió verlo tan dolorido, tan vencido, allí, frente a mí, sin atreverse a mirarme. Después de un rato me volvió la espalda, con voz débil me dijo:

—Si Benjamín llega a saberlo dejaremos de ser amigos, y no volveré a verlo… ni a ti…

Yo no quería eso, Luis Alonso era mi aliado, mi apoyo. Me dio miedo. Sentí que si él se iba yo me quedaría desamparada. Pero no supe qué decirle. Entonces él vino hacia mí, me tomó las manos y me las besó con ardor, pero sin ningún deseo ya.

—Perdóname, perdóname —murmuraba.

No sé por qué, pero me sentí enaltecida. Lo dejé que implorara un poco más, y le prometí olvidar lo que había pasado.

No llegué a olvidarlo, pero los dos fingimos a la perfección, desde aquel momento, que aquello nunca ocurrió.

Así, sus breves besos y caricias en presencia de Benjamín, fueron un nuevo placer para mí, no porque en realidad me gustaran, sino porque me hacían sentir más valiosa, precisamente para Benjamín, aunque él no lo supiera.

No me equivoqué en cuanto a la lealtad de Luis Alonso. La demostró aquella noche, otra vez en una reunión en casa de Loti, cuando inopinadamente llegó Benjamín acompañado de Lidia. El sufrimiento que me produjo verlo con ella, en aquella casa donde delante de todos era yo su amante, el hecho de que la hubiera complacido llevándola, sin pensar que al hacerlo me hería profundamente, debió reflejarse en mi cara, porque Luis Alonso me murmuró apresuradamente "no te preocupes" y me sujetó para impedir que me moviera. Así, seguimos sentados, fingiendo que hablábamos, mientras los demás se levantaron a saludar a los recién llegados. Benjamín continuó parado junto a su mujer, conversando en un grupo, aparentemente sin habernos visto. Me temblaban las manos sobre el regazo. Luis Alonso las cubrió con la suya y gritó de un extremo a otro del salón.

—Benjamín, aquí hay lugar.

Y Benjamín fue a sentarse con nosotros.

No sé de qué hablaron entre ellos, únicamente recuerdo que aunque me llenaba de orgullo que Benjamín estuviera conmigo a despecho de Lidia, y que Luis Alonso no hubiera hecho el menor gesto para saludarla, me sentía incómoda en esa isla de tres a la que los demás invitados nos redujeron. Tenía ganas de llorar. Apenas me atreví a acariciar rápidamente la mano de Benjamín y a mirarlo a los ojos. Pero cuando Lidia se levantó para despedirse, Luis Alonso vino de nuevo en mi ayuda y logró que yo triunfara sobre todos.

—Le debes una explicación a Mara, Benjamín, no te puedes ir así.

Y Lidia se fue con un grupo de amigos, sin volverse a mirarnos.

Después, ya en mi departamento, Luis Alonso aplaudió la conducta de su amigo. Benjamín estaba resplandeciente, se daba cuenta de que había obrado como quería y eso lo liberaba, lo hacía sentirse dueño de su destino, de sí... y de mí. Como la primera, esa noche Luis Alonso salió sin dejar de mirarnos, con una sonrisa tierna en los labios.

Después... no sé qué pasó, aunque ellos me lo explicaron con detalle: Lidia no había hecho escenas, pero decía frases intencionadas, estaba triste, lloraba a solas y hacía mil cosas que a Benjamín le hacían la vida insoportable. Él no la quería, ni le importaba ella un bledo, y sin embargo el ambiente de su casa pesaba sobre él continuamente aun cuando estaba conmigo. Nunca entendí por qué no dejaba a esa mujer, y cuando al fin llegué a decírselo, me respondió con impaciencia que no era tan simple como yo creía, y se marchó enojado conmigo, como si yo lo hubiera insultado.

—No te preocupes —me decía Luis Alonso—; por supuesto que le afectan los problemas, pero así como se decidió por ti en casa de Loti se decidirá por ti definitivamente. Tú eres lo que él quiere, necesita... están del otro lado los años que ha vivido con ella... pero él es tuyo; de eso puedes estar segura, nadie te lo puede quitar... Sin embargo, debes de tener cuidado cuando venga, no le hagas escenas, sé más cariñosa que nunca, ponte guapa, sedúcelo... que sienta que tú eres su refugio, su paz, su verdad...

Estoy segura de que era eso lo que yo tenía que hacer, pero sufría tanto por el mal humor y las frecuentes ausencias de Benjamín, que a veces no podía dejar de mostrarle mi dolor, mi preocupación, aunque de la manera más dulce a mi alcance.

—¿Me quieres? —le preguntaba.

—Si ya lo sabes para qué lo preguntas —me respondía, como si yo también no buscara otra cosa que molestarlo.

En esos días Luis Alonso fue mi refugio. Lloraba con él y le daba mis quejas, le hablaba de mi creciente desesperación.

—No, no. Tienes que dominarte y obrar con inteligencia. Si ella lo abruma tú debes hacer lo contrario. No le preguntes nada, no quieras que te hable de su amor por ti, háblale tú de tu amor por él, dile que no te importa que te vea menos, incluso que te quiera menos, porque él debe de saber que tu amor es de los que dan todo, para siempre, sin pedir nada, y que eres feliz con la sola esperanza de verlo, de darle unas horas de tranquilidad y de dicha de vez en cuando, cuando él quiera.

Yo le decía a Benjamín las cosas que Luis Alonso me aconsejaba, pero no sé por qué, no surtían efecto, y cada día me costaba más recibir a Benjamín con alegría y sin hacerle reproches, y él faltaba a las citas con mayor frecuencia. Era un consuelo que Luis Alonso me acompañara.

Ahora íbamos los dos con más frecuencia al cine, a bailar, no me dejaba sola un momento, pero yo sentía que la alegría de antes se había ido. Casi no me hablaba de otra cosa que del amor que su amigo sentía por mí y del que yo sentía por él, tanto y tan apasionadamente que acabé por creer que me hablaba de otra cosa, de otro amor.

También notaba, a pesar de la delicadeza con que me seguía tratando, un despego que no sé decir en qué consistía. Tal vez en que ya no me daba besitos ni me miraba arrobado porque nos faltaba la presencia de Benjamín.

Fueron semanas largas, duras, en las que él y yo luchamos unidos para que no se fuera, pero se nos fue; él mismo me lo dijo con esas palabras.

—Se nos fue.

Luego se indignó.

—No es justo. Llevará la misma vida miserable de siempre… ¡no debe ser, no debe ser!

Daba puñetazos sobre la mesa.

—Él te quiere; de eso estoy seguro. Esto es una traición. Se traiciona, nos traiciona.

No se fijó en el dolor que sus palabras me producían; estoy segura de que ni siquiera miró mis lágrimas. Estuvo vehemente, fumó un cigarrillo tras otro, dio vueltas por el departamento como si estuviera acorralado, y luego se despidió con un beso distraído. Me quedé sola, muy sola.

Creí que volvería pasadas unas horas, o tal vez al día siguiente, que pensaría en el vacío en que me había quedado, en mi llanto que había oído sin escuchar, y lo esperé, pero pasó la noche, pasó el día, y ni siquiera el teléfono sonó.

Lo que ya no entiendo en absoluto es lo que sucedió tres días después.

Al fin oí sus pasos en el corredor, abrí la puerta y entró. Parecía enfermo. Sin mirarme ni saludar, antes aun de sentarse, dijo con voz sorda, casi para sí mismo:

—Lidia no me quiere ver, no quiere que vaya a su casa.

Me pareció extraño que me buscara para decirme eso. Pero todavía continuó:

—Está crecida porque Benjamín no quiso divorciarse.

¿No podía pensar en el daño que me hacía con sus palabras? ¿Era desprecio ignorar así mi sufrimiento? Iba a decírselo, pero él continuaba su monólogo sin advertir mi presencia.

—La he buscado, la he llamado; le he explicado todo, y ella terca, empecinada en que las cosas no pueden volver a ser como antes…

Así pues, mientras yo lo esperaba como único consuelo durante aquellos tres horribles días, él se desesperaba implorando el perdón de Lidia. Lo interrumpí con voz dulce, pero marcando bien las palabras.

—Es natural. Después de lo que te vio hacer en casa de Loti, cualquiera haría lo mismo. Ahí quedó muy claro que estabas de mi parte.

Se encendió, la cólera hizo que saliera de su decaimiento. Me gritó muy cerca de la cara.

—Es que tú no comprendes, no estás en tu papel, eres una tonta. Vine a contártelo porque creí que habías comprendido; y me sales con esto. Trata de entenderlo de una vez por todas: éramos amigos los tres, desde la facultad, siempre salíamos juntos, nos gustaban las mismas cosas, ella me contaba sus problemas… y ahora no puede hacerme esto… No puede cerrarme la puerta en las narices y hacer que Benjamín vaya y venga solo con ella, preso, solo con ella…

Se echó a llorar con sollozos fuertes, desgarrados, de bruces sobre la mesa. Yo lo dejé que se desahogara. Estaba espantada; sin saber qué hacer, y al fin, cuando recobró el dominio de sí, empecé a hablarle amigablemente, pero no me escuchó, me hizo a un lado con el brazo y sin mirarme salió del departamento y no volvió más.

# Para siempre

Es extraño cómo llega a coincidir lo que nos sucede con lo que queremos que nos suceda. Ya había subido un buen tramo de la escalera cuando lo pensé: estaba viendo aquello como la primera vez, sucio y miserable. La oscuridad húmeda de los corredores me repugnaba hasta producirme náusea. Apenas podía soportar un agudo malestar culpable, como la primera vez. Temblaba al encontrarme con gente, me sobresaltaba al menor ruido, y sobre todo temía la presencia inquisitiva de la portera. Me costaba un gran esfuerzo recordar que no hacía todavía muchos meses subía aquella escalera con alegría, encontrándolo todo bien, muy bien. Pero era una suerte que la última vez que iba ahí me pareciera aquello repugnante y la situación tan poco deseable.

Cuando llegué al tercer piso sufría verdaderamente. Estaba helada y un poco fuera de mí. Caminaba sin hacer ruido por el estrecho corredor maloliente, asustada y casi huyendo. El número 17, opaco sobre la madera, me pareció calmante y familiar. Empujé cautelosamente la puerta y me encontré frente a Pablo.

Hubiera querido echarme en sus brazos y refugiar mis temores contra su cuerpo tan fuerte. Pero cuando vi sus ojos doloridos y sus manos inmóviles contra el cuerpo, recordé que era a Pablo a quien debía enfrentar por última vez, definitivamente.

—Hace demasiado calor aquí —dije de una manera atropellada, pasando a su lado sin tocarlo.

Abrí la ventana. Había un cielo gris de tormenta y en las azoteas próximas las mujeres corrían para recoger la ropa que un viento fuerte arrancaba de los tendederos. Era una tarde sofocada que esperaba la lluvia. En esa misma ventana, apretada contra Pablo, había esperado en días semejantes la caída de las primeras gotas; cuando llegaban reía y hablaba interminablemente; alguna vez hasta bailé por el cuarto, sin miedo al ridículo, como una niña. Ahora él no estaba a mi lado, seguía de pie en medio del cuarto, observándome, esperando…

—¡Qué calor! —lo dije sin demasiada fuerza y empecé a quitarme el suéter con movimientos desordenados. Pablo se acercó y me ayudó a desembarazarme de aquella especie de tela de araña. Me tocó las manos.

—Te quejas de calor y tienes las manos heladas.

No había contado con su voz. Con todo menos con su voz.

Me fue guiando dulcemente, de una mano, como si hubiera sido un niño o un ciego, hasta el borde de la cama. Me hizo sentar y acarició mis cabellos como para consolarme. Yo necesitaba un poco de whisky, pero me pareció inadecuado pedirlo y a él nunca se le ocurriría ofrecérmelo. Cuando creyó que estaba más calmada se retiró un poco y empezó a hablar.

—Leí tu carta, pero no comprendí bien, por eso te pedí que vinieras. Así de pronto… no lo entiendo… no entiendo en absoluto eso de que te vayas a casar con otro. Nosotros hemos hablado de…

—¿Y venirme a vivir aquí? —la voz chillona que oí no era la mía, ni era eso lo que había pensado decir.

Me miró repentinamente a los ojos, con rabia, y temí que me golpeara. Pero su ira se hizo desprecio, un desprecio duro que me dolió más que una bofetada.

—¡Ah!, si es por eso…

Se puso de pie como dando por terminada la entrevista. Ese momento fue mi oportunidad, la puerta que me abrió para la huida: el instante en que ofendido y echándome de su casa yo podía utilizarlo para la justificación y el recuerdo. Pero no pude pagar el precio. Creí que era cruel e injusto: no podía quedar así en su memoria. Necesitaba un porvenir mejor en otro sentido sin renegar de aquel pasado hermoso y único. Y ahora Pablo estaba ahí, mirándome con repugnancia y dolor como a un gusano herido.

Era la primera vez que me juzgaba, que me miraba desde una distancia insalvable, que me miraba desde fuera, y yo, sin comprenderlo del todo, supe que no me podría casar con otro, que no sabría caminar, hablar, pensar, si detrás de mí no había siempre, de alguna manera, aquella única, insustituible mirada de amor que había perdido.

Empecé a llorar y a balbucir con la cara entre las manos. Quería convencerlo de que quería al otro… de que lo quería a él; de que era una miserable… ¡no, no lo era! Le hablé de episodios de mi infancia… de mis padres… del remordimiento; le hablé mal de él mismo y bien de mí. Y de pronto empecé a reírme, a borbotones primero y después a carcajadas. La realidad perdida y un presentido mundo informe se mezclaban. Lloraba. Todo se desvanecía; el cuarto, Pablo y yo soñábamos. Mi cuerpo no pesaba. Desde un fondo oscuro y sin porvenir mi llanto y mi risa me confortaban. No me di cuenta de que Pablo me había desvestido y me pareció natural que caminara con mi cuerpo desnudo en sus brazos. Cuando sentí el agua fría de la regadera caer sobre mí, una rebeldía aguda me hizo gritar, pero pronto me fui calmando y hundiendo en un bienestar dulce como el sueño. Él me arropó en su bata de baño blanca, tan grande y tibia. Me abandoné en sus brazos y sentí que me puso sobre la cama. No pude abrir los ojos. Lo oí regresar al baño y traté de incorporarme, pero no logré mover ni una mano.

Empezó a frotarme con una toalla. Primero las piernas y luego los brazos. Al principio me frotaba con eficiencia, vigorosamente, pero poco a poco la toalla subía y bajaba por mis miembros lentamente y sentía a través de la tela afelpada la mano poderosa de Pablo. Aquel calor nuevo y conocido, aquella frescura cálida que no se marchitaba nunca, estaba allí, limpia y presente como si yo no la hubiera traicionado. Las lágrimas me corrían por las sienes, pero no pude levantar los párpados. "Pequeña", oí que me llamaba, y se abrazó a mi cuerpo inerte con un ruido extraño, como un sollozo.

Me besó con delicadeza, como si hubiera querido guardar en sus labios, partícula por partícula, todo mi cuerpo. Me pareció extraordinaria aquella fidelidad tensa y sostenida, aquella emoción que se alargaba sin desfallecimientos hasta envolverme toda. Era muy extraño que tuviera el valor de aplicarse tanto a reaprender una página sabida, gastada y que debía olvidar mañana. Me acarició largamente como en unas nupcias ideales con su sabio homenaje. Yo sabía que mi cuerpo resplandecía, otra vez hermoso y perfecto: Pablo me había devuelto a mí misma a riesgo de no volver a verme nunca. Después, bruscamente, con una pasión herida y desesperada, surgió, casi visible, el deseo. Pero me deseaba a mí y se olvidaba de su propio deseo, me poseía a mí, por mí, olvidado de su propio placer. Abandonado. Los párpados se me hicieron transparentes como si un gran sol de verano estuviera fijo sobre mi cara.

De una manera formal aquello fue una violación, y el despecho pequeño que me produjo pensarlo lo escupí alguna vez en palabras hirientes. Pero esa tarde, cuando al fin pude abrir los ojos, Pablo estaba a mi lado y había empezado a llover.

Muchas cosas pasaron después en mi vida, pero ésta fue la más importante.

# La casa de los espejos

Cuando le llegó su turno entró con pasos tímidos y, sin saludar, se sentó a un lado del escritorio, en el lugar de los clientes. Me miró largamente de una manera fija, extraña.

—Mi papá se está muriendo.

No pestañeó al decirlo, pero palideció intensamente. Estaba demasiado trastornado y su mirada desconsolada esperó algo; luego bajó los ojos con una especie de pudor y se quedó serio y quieto, sin respirar. Debía tener veinte años y estaba haciendo tantos esfuerzos que pensé en que eran excesivos, que no correspondían. Hubiera sido mejor haber mandado a un amigo de la familia y no a este pobre muchacho que no parecía estar delante del notario, sino de la muerte. Quizá habría algo delicado en la formulación del testamento. Razón de más. No me gusta tratar esos asuntos con niños.

—Me llamo Manlio… Manlio Uribe. Mis hermanos grandes no querían que viniera, pero no lo podemos dejar morir así… No tenemos para curarlo, ni para traerlo del rancho. Y yo pensé que usted… al fin también… Bueno, si pudiera. ¡No podemos dejarlo morir así!

Sentí que una gran ola de sangre retumbaba en todo mi cuerpo. Una marejada cálida y espléndida, una sangre nueva.

Me levanté del sillón y luego le hablé con calma, despacio.

—No veo por qué no puede morir así. No es posible ser un miserable y morir como un millonario, sobre todo si se ha botado, tirado, hasta lo que no era propio. Él escogió esa vida, ese rancho. Es natural que muera como le corresponde.

—Pero usted no ha comprendido bien. Se trata de Roberto Uribe, su…

—He comprendido perfectamente. Se trata de Roberto Uribe, *tu* padre.

Ya no lo miraba ni me importaba un comino. Me encontraba caminando por el despacho, sin prisa, atento al desasosiego de mi pecho, al zumbido de mi cabeza. Respiraba con fuerza, consciente de mi respiración.

—Quiero que le repitas, palabra por palabra, lo que acabo de decirte.

Se quedó atónito, los ojos amarillos, diluidos, y sin más nota de color en la cara que una desteñida mancha de sol en la mejilla izquierda. Tenía los labios ligeramente abiertos y me pareció inminente que empezara a babear.

—Si los escogió a ustedes, que se conforme con lo que ustedes pueden darle. Díselo también.

Una pequeña luz de comprensión lo iluminó débilmente: yo le había hablado como un déspota y al menos eso había entendido. No me importaba. Pero con un ademán derrotado, bajando la cabeza, dijo todavía:

—Cómo quiere que le vaya a contar eso…

Lo quería y no le hablaría nunca de mí, de mi actitud. Tuve deseos de golpearlo. Pero mientras se levantaba pesadamente, sin fuerzas, pensé mejor las cosas.

—Está bien. ¿Cuánto necesitas para trasladarlo?

No quise fijarme más en él. Me ocupaba únicamente en mostrarme magnánimo, en atender con largueza sus peticiones. Saqué la cartera y le di un grueso fajo de billetes.

—Llévenlo directamente al sanatorio Florida. Cuando lleguen pregunten por el doctor Cásares. Yo ya habré hablado con él y todo estará arreglado. ¿Cuántos son ustedes?

—Siete hermanos, mi mamá y…

—Toma esto para ustedes por lo que han gastado. Si voy a pagar, debo pagarlo todo.

Le entregué el dinero que me habían dado esa mañana por el asunto del Bledal, pero valió la pena, porque él se agachó ligeramente y me miró como yo quería.

Lo dejé alejarse, y cuando llegaba a la puerta lo llamé.

—Manlio.

—Mande usted.

—Nada, puedes irte.

No entendía, evidentemente, pero mi tono y su actitud me bastaban.

Cuando la puerta del despacho se cerró sin ruido y me quedé solo, un extraño malestar, como una náusea que se espera y que no llega, me descompuso las entrañas y el pensamiento. El zumbido del clima artificial hacía también un gran vacío alrededor. Aquel despacho hermoso, amplio, con aquellos toques secretos de buen gusto que yo disfrutaba más porque nadie los notaba, permanecía mudo; era también un miserable que tenía el aspecto que yo quería y me devolvía la imagen de mí mismo que yo le daba. Un lugar inútil.

—No volveré en toda la tarde —dije al salir.

Me sorprendió que afuera hiciera un calor insoportable y que el sol quisiera quemarme los ojos, pero ese aliento agostador es también un vino fuerte que embriaga y adormece las debilidades, y a mí suele regresarme, en momentos difíciles, a mi órbita ardiente. Así pues, subí al coche y sin pensarlo enfilé hacia la calle Libertad. Abrí el zaguán y cuando llegué a la altura del cancel vi brillar al fondo, por entre las ranuras de las valencianas, el jardín cerrado. Pensé que era ese mismo deslumbramiento lo que luego hacía parecer laxos y serenos los corredores. Me gustaban los esbeltos arcos de piedra y el denso olor de la madreselva. Como entonces, me pareció que en cada rincón de aquella casa acechaba un pecado o un secreto.

—Maura, Maura —grité; y cuando comprendí que la vieja criada había salido, y que no sería molestado por nadie, el encanto dulce y misterioso de la casa me fue serenando.

Empujé la vidriera de la sala y entré. Aquella sala encalada y umbrosa era mi orgullo. Los tres espejos venecianos del siglo XVII, los pesados cortinajes que testimoniaban la ampulosidad retórica de los tiempos del abuelo; la gran cantidad de sillas austriacas y los veladores de seda desteñida, de mi abuela; las porcelanas y el piano de mi madre, eran míos, no podían servir a nadie más. Pasé el índice a la altura de mis ojos por el bisel de uno de los espejos alargados, y luego fui bajándolo hasta encontrar la altura de mis seis años. Entonces me pareció oír con claridad las notas del *Carnaval de Venecia* y revivió la angustia infantil de oírlo repetir por horas y horas; vi a mi madre reflejada en el espejo, con su largo vestido color miel y su cara absorta e inexpresiva. En el corredor, mi abuela vigilaba haciendo *frivolité,* acompañando la música interminable con el interminable vaivén de su mecedora. Luego mi madre se levantaba del piano y yo me empequeñecía todavía más para que no me viera, porque cuando recordaba mi existencia se olvidaba del piano, lloraba todo el día, y por la noche… Cerré los ojos y traté de olvidar aquellas noches. Aparté el dedo del bisel.

Fui al piano y levanté lentamente la tapa sobre el teclado. Debo de haber hecho un movimiento torpe, porque mi mano cayó, y un acorde fuerte y luego una vibración llenaron el cuarto. Sin quererlo apreté los dientes y sentí mi lengua enorme y seca fuertemente pegada al paladar. Desde que ella tocó por última vez no había vuelto a salir un sonido de aquel instrumento. Me di cuenta de golpe de que siempre creí que el verdadero secreto estaba ahí, adentro, obstinadamente encubierto por la musiquilla del *Carnaval*. ¿Por qué ella esperó tanto tiempo? ¿Por qué cerró los ojos a mí, a todo, para no mirar más que su espera, ese hueco horrible en el vacío? ¿Por qué firmó aquellos papeles que lo hicieron rico mientras ella quedaba en la miseria? ¿Por qué se arrancó de la vida para poder amarlo más allá de la razón? Golpeé una y otra vez el teclado con el puño, ya no como si fuera el encubridor, sino el canalla mismo. Él debía saber. Inútilmente... Pero en el amor de mi madre no pudo haber nada turbio. Ella solamente tocaba el *Carnaval de Venecia*.

Debí obligar a mi abuela a contármelo todo. Mi abuela callada, manteniéndonos Dios sabe cómo, no era fácil de abordar en ese tema. Nadie, nunca, le preguntó nada. Pero conmigo era diferente, se trataba de la historia de mis padres. Sin embargo, a pesar de que cuando murió yo ya era un hombre, un abogado, nada me dijo. Se limitó a dejarme como herencia su casa, mi casa, la casa de mi madre, esta casa.

La mecedora del corredor ya no se mecía. Los largos años que pasamos solos, mi madre y yo, hasta que murió sin reconocerme, casi no contaban, estábamos hechos para ellos; lo que no se podía borrar era su juventud y mi infancia, la crueldad que había colmado nuestras vidas.

Ya no sentía la ola de la pasión, no gozaba ya con la venganza; sereno como un juez salí de mi casa, subí al coche y tomé el camino de la colonia Guadalupe. Mis hijos me esperaban siempre para hacer la tarea y Margarita se inquieta si me desvío mínimamente de mis rutinas.

Ni Cásares ni Palacios hicieron comentarios cuando pasé a verlos para arreglar lo del sanatorio.

Cuando Margarita habló del viaje que hacía todos los años a Guadalajara para que los niños no enfermaran por los calores, me limité a notificarle que tendría que retrasarlo debido a los fuertes gastos que me ocasionaba la enfermedad de Roberto Uribe. Ya sabía yo que no me preguntaría ni daría ninguna opinión; sin embargo, durante algunos días vigiló mi sueño y mis movimientos, pero al verme igual al que conocía desistió y me dejó tranquilo. La curiosidad seguramente la atormentó: ¿dónde?, ¿cuándo?, ¿por qué? Y también hubiera querido tener un pequeño papel —es discreta— en la representación; quizá en la soledad ensayaba conversaciones con tal o cual amiga, o pensaba en el vestido adecuado para visitar al enfermo. Pronto tuvo que dejar también estas fantasías, pues cuando llegaron al sanatorio le dije claramente que no haría la menor entrada en el escenario, porque la mezcla, o más bien, la mezcolanza, llegaría nada más a mí, no debía tocarlos a ella ni a mis hijos. Comprendió del todo —es comprensiva— y creo que fuera de esos anuncios oficiales no se permitió agregar nada ante sus amigas, pero no sólo por el temor a que yo lo supiera, sino porque con toda seguridad así le parecía más rotundo y más noble mi personaje.

Cásares me llamó por teléfono y con algún cuidado me anunció que la enfermedad de Roberto Uribe era un cáncer incurable del que moriría muy pronto. También me dijo que el enfermo quería verme. Le di las gracias y no fui.

Durante esos días tuve que estar más severo que de costumbre: veía en todos, hasta en mis alumnos de derecho mercantil, una insana tendencia a mirarme con ternura.

Sin embargo, el 4 de junio, después de desayunar y de asistir con mi familia a la solemne misa de réquiem en memoria de mi madre (en donde noté más amigos y conocidos que en los años anteriores), fui al sanatorio. Me habían avisado que Roberto Uribe se estaba muriendo y que pedía verme. No voy a hablar de la perturbación que similares llamamientos me habían ocasionado a lo largo de aquellas larguísimas semanas; solamente diré en mi descargo que había una circunstancia atenuante: no lo conocía, nunca lo había visto, y me inquietaba encontrarlo por primera vez frente a frente, casi muerto, como un fantasma de la desgracia que a mí me consumía. Tal vez pensaba que yo lo había perdonado, como si cosas así pudieran perdonarse. No quería verlo morir rodeado de hijos, de llantos, cuando mi madre… No era justo.

Pero fui, y oí los llantos y con un ademán acallé los clamores. Me dio repugnancia aquella tribu promiscua que acercaba niños chillones a los labios del moribundo. Los mandé salir de la habitación a todos, hijos, yernos, nueras, nietos, y también a la mujercilla envuelta en el rebozo. Quería conocerlo a solas, decirle a solas lo que tenía que decirle.

Sus ojos vidriosos me miraron primero con indiferencia y poco a poco, en un asombro, se fueron dando cuenta de que era yo el que estaba a los pies de la cama, y se endulzaron hasta ponerse húmedos.

—Hijo… hijo…

Yo me había preparado toda la vida para este encuentro, pero nunca, ni en los últimos días, pensé que podía encontrarme más que con un hombre, no con aquel miserable despojo.

—…tu santa madre desde el cielo…

¡Dios mío! Y por este cobarde que invocaba su nombre con unción falsa en el momento de la muerte, nos había perdido mi madre.

—Hijo… yo siempre quise verte…

Su voz aflautada, no sé si por la agonía o por la vejez, me traía ecos imposibles de relacionar: era necesario que hubiera tenido una hermosa voz, fuerte y rotunda, de la cual mi madre se sintiera enamorada, con la que la había convencido de que firmara y cuyo recuerdo ensordeciera en ella cualquiera otra voz, la mía. Este andrajo tenía que haber sido un verdadero hombre, capaz de orillarla a sumirme en mi orfandad monstruosa.

—…y ahora… quisiera saber… que me has perdonado.

No le alcanzaban a aquel hombre las horas que le quedaban de vida para saber cómo y por qué yo *no podía* siquiera permitirme el consuelo de perdonarlo. "Mi madre murió vieja, llamándote, sin confesión, llamándote, loca, llamándote"… Iba a decírselo cuando oí un pequeño ruido a mi lado y me encontré con los ojos suplicantes y amarillos de Manlio…

—Sí, te he perdonado —dije, y quizá era verdad.

Pero cuando me habló Cásares al despacho para decirme que Roberto Uribe estaba muerto, yo ya había tenido tiempo de ir a mi casa, la de los espejos; ya sabía que no había hecho justicia, ya me mordía el rencor por haber dejado mi vida sin sentido, sin desenlace. Y traté de cumplir, por última vez.

Ordené los funerales como si hubieran sido en realidad de mi padre. Lo velamos en la casa de la calle Libertad, igual que a mi madre, sólo que esta vez con las ventanas y la puerta abiertas y sin una lágrima. Yo presidí el duelo.

Antes que el cadáver llegaron ellos, con sus niños y sus llantos. Los hice pasar a las habitaciones del fondo, las de los criados, y les dije bien claramente que no quería verlos aparecer ni siquiera por la cocina, y que al día siguiente les daría bastante dinero para que se fueran y no volvieran a verme nunca.

Le permití a Margarita ir a recibir condolencias de las ocho a las once de la noche. La pobre estaba tan impresionada que no pudo disfrutar de su importancia, aunque también es cierto que no había tenido tiempo de componer bien su papel, pues no sabía casi nada de las circunstancias que rodeaban aquella muerte, y creo que el entrar por primera vez en aquella casa terminó con su seguridad. Durante las horas que estuvo junto al cadáver encabezó los rezos del rosario, habló entrecortadamente con las amigas que no cesaron de rodearla, y dejó caer una que otra elegante lágrima mientras me miraba con dulzura, dando a entender que lloraba por mí, o por mi dolor, más que por el muerto. Pero yo que la conozco bien veía que en el fondo de ella dominaba la inquietud, esperaba algo, la entrada de ellos, una balacera para disputar el cadáver, ¡qué sé yo! Pero el tiempo de su representación terminó pacíficamente, y aunque no se quería marchar, con mi aire serio y melancólico pedí a un amigo que la llevara a casa y ella no tuvo más remedio que doblegarse, obediente, y salir con los ojos llenos de lágrimas, después de santiguarse ante el féretro, como correspondía.

Tuve esa noche la satisfacción de comprobar que había obrado de acuerdo con las reglas más entrañables de mi pueblo, porque todos, desde el gobernador hasta el jardinero, se prestaron gustosos a secundarme. Todos desfilaron para darme el pésame compungido y convencional.

Todos no. A la una de la mañana llegó Gabriela. Su presencia trajo un elemento con el que yo no había querido contar. Entró enlutada, seria, y sus ojos brillantes y directos me turbaron. Vino hacia mí y me abrazó como todos, pero en lugar del "lo siento" obligado, me dijo al oído, clara y pausadamente:

—Te felicito, Roberto, las cosas te han salido perfectas.

Se apartó, y con estudiada naturalidad, haciendo pequeños saludos con la cabeza a los conocidos, entró en la sala. Sabía que yo la seguiría y la seguí. Tal vez por eso no había querido contar con ella y con lo que representaba: porque no podía dominarlos.

A la luz de un velador rosa se arreglaba los cabellos, mirándose en el mismo espejo en que yo miraba mi historia. Me dejó contemplarla un rato en silencio y después se volvió lentamente, como para decir algo, pero prefirió callar y quedarse pegada al marco, como si acabara de salir del espejo, mirándome con una fiereza que en ese momento no comprendí. Creo que se dio cuenta de eso y de que su desafío no podría desarrollarse en ese terreno, entre otras cosas porque su ser, aunque capaz de sentirla, no armoniza con la violencia. En todo caso, si hubiera seguido en el tono del pésame aquello hubiera parecido más bien una venganza. No sé, tal vez todo esto lo pensé después, y quizá sean interpretaciones erróneas, pero están unidas por la luz despiadada que siento sobre mí ante la presencia de Gabriela. Lo cierto es que vi cómo su tensión cedía, cómo cambiaba de actitud y repasaba la sala lentamente, como en el recuerdo. Caminó unos pasos y acarició el piano. Llegué a temer que fuera a abrirlo, a hacerlo sonar, pero en lugar de eso dijo sin volverse:

—Me hubiera gustado vivir en esta casa.

De un fondo desconocido de mí subió una especie de sentimiento de culpa, y mi voz sonó apagada cuando le contesté:

—No era posible, lo sabes bien, mi madre estaba viva.

Entonces me miró de frente y comprendí que también a eso aludía, le hubiera gustado eso también, probar su amor de esa manera.

—Si me hubieras dejado que viniera a acompañarte entonces…

A eso había venido. A decirme eso. A ver el desenlace, a presenciar el final de aquello que había destruido su esperanza de felicidad. Porque de pronto vi claramente que si hacía dieciocho años yo había dado por terminadas mis relaciones con Gabriela, no había sido solamente por la hermosa razón de que no quería encadenarla a mi destino sombrío, no; sino porque ella hubiera borrado las sombras y torcido ese destino. Si hubiera vivido en esta casa, si unos hijos hubieran nacido en ella, si la locura de mi madre hubiera dejado de ser el hecho solitario y único… Si Gabriela me hubiera acompañado entonces no hubiera permitido la soledad en que se ha incubado todo esto: no estaríamos velando ese cadáver.

Y bien, era verdad, lo había perdido todo a cambio de ser fiel, tal vez justo, y esto era el final. ¿Había valido la pena?

¡Dios mío! No debió venir. Debió callar siempre, dejarme siempre a solas. No se daba cuenta de que ella también estaba haciendo justicia. Era necesario, necesario, romper esa cadena. Iba a decírselo, pero no esperaba mi respuesta: había vuelto a mirarse en el espejo, y no fue a ella, sino a su imagen a la que vi decirme:

—Bueno, pero ya qué importa.

En ese momento dio por terminada, ahora sí, definitivamente, aquella relación que yo corté sin consultarla hacía dieciocho años.

—Ahora me marcho. Sólo quería verte la cara, Roberto Uribe *Rojo*.

Pronunció mi nombre con intención, al mismo tiempo que se desprendía de él, de todo su significado. Roberto Uribe *Rojo*. Ahí estaba toda la historia, muerta, terminada. Ese nombre, esa historia, yo las había llevado sobre mí, a eso se reducía toda mi vida, y no era más que un cadáver: mi propio cadáver.

Y ahí me quedé, parado, en mitad de la sala, oyendo crujir y desmoronarse todo dentro y fuera de mí. Creí ver que los espejos estallaban. Mi alma y mi nombre no eran más que ceniza. Hacía tiempo que no eran míos, que no estaban vivos, que no eran nada. El sinsentido de cada una de mis acciones, de todas, de todas las caras, las de mis hijos inclusive... el sinsentido que yo les daba y al cual ahora no podía escapar. Lo había hecho todo para alimentar la locura y el odio, y al final mi recompensa era un cadáver hipócritamente honrado. Me sentía caer en pedazos, que todo giraba deformándose con el movimiento hasta hacerse irreconocible, veía a los espejos multiplicarse y estrellarse...

Pero cuando el vértigo pasó, entonces supe de verdad lo que es la desesperanza. No había aire ni tiempo. Nada podía ya suceder.

No hay medida ni palabras para la confusión total.

Me senté en cualquier sitio y me quedé inmóvil, sabiendo que no me volvería a levantar.

Casi al amanecer vino Manlio.

—Licenciado... ahora que todos se fueron, ¿podría yo velar un ratito? Un momento nada más.

¡Oh, Manlio! Niño huérfano. Niño inocente, inocente...

—Toma las llaves de mi coche. Termina de velarlo tú. Entiérralo tú... Y llóralo.

# La sunamita

Y buscaron una moza hermosa por todo el término de
Israel, y hallaron a Abisag Sunamita, y trajéronla al rey.

Y la moza era hermosa, la cual calentaba al rey, y le
servía: mas el rey nunca la conoció.

Reyes I, 3-4.

Aquél fue un verano abrasador. El último de mi juventud.

Tensa concentrada en el desafío que precede a la combustión, la ciudad ardía
en una sola llama reseca y deslumbrante. En el centro de la llama estaba yo,
vestida de negro, orgullosa, alimentando el fuego con mis cabellos rubios,
sola. Las miradas de los hombres resbalaban por mi cuerpo sin mancharlo y
mi altivo recato obligaba al saludo deferente. Estaba segura de tener el poder
de domeñar las pasiones, de purificarlo todo en el aire encendido que me cer-
caba y no me consumía.

Nada cambió cuando recibí el telegrama; la tristeza que me trajo no afectaba en absoluto la manera de sentirme en el mundo: mi tío Apolonio se moría a los setenta y tantos años de edad; quería verme por última vez puesto
que yo había vivido en su casa como una hija durante mucho tiempo, y yo
sentía un sincero dolor ante aquella muerte inevitable. Todo esto era perfectamente normal, y ningún estremecimiento, ningún augurio me hizo sospechar
nada. Hice los rápidos preparativos para el viaje en aquel mismo centro into-
cable en que me envolvía el verano estático.

Llegué al pueblo a la hora de la siesta.

Caminando por las calles solitarias con mi pequeño veliz en la mano, fui
cayendo en el entresueño privado de realidad y de tiempo que da el calor ex-
cesivo. No, no recordaba, vivía a medias, como entonces. "Mira, Licha, están
floreciendo las amapas." La voz clara, casi infantil. "Para el dieciséis quiero
que te hagas un vestido como el de Margarita Ibarra." La oía, la sentía caminar
a mi lado, un poco encorvada, ligera a pesar de su gordura, alegre y vieja; yo
seguía adelante con los ojos entrecerrados, atesorando mi vaga, tierna angustia, dulcemente sometida a la compañía de mi tía Panchita, la hermana de mi

madre. "Bueno, hija, si Pepe no te gusta… pero no es un mal muchacho." Sí, había dicho eso justamente aquí, frente a la ventana de la Tichi Valenzuela, con aquel gozo suyo, inocente y maligno. Caminé un poco más, nublados ya los ladrillos de la acera, y cuando las campanadas resonaron pesadas y reales, dando por terminada la siesta y llamando al rosario, abrí los ojos y miré verdaderamente el pueblo: era otro, las amapas no habían florecido y yo estaba llorando, con mi vestido de luto, delante de la casa de mi tío.

El zaguán se encontraba abierto, como siempre, y en el fondo del patio estaba la bugambilia. Como siempre. Pero no igual. Me sequé las lágrimas y no sentí que llegaba, sino que me despedía. Las cosas aparecían inmóviles, como en el recuerdo, y el calor y el silencio lo marchitaban todo. Mis pasos resonaron desconocidos, y María salió a mi encuentro.

—¿Por qué no avisaste? Hubiéramos mandado…

Fuimos directamente a la habitación del enfermo. Al entrar casi sentí frío. El silencio y la penumbra precedían a la muerte.

—Luisa, ¿eres tú?

Aquella voz cariñosa se iba haciendo queda y pronto enmudecería del todo.

—Aquí estoy, tío.

— Bendito sea Dios, ya no me moriré solo.

—No diga eso, pronto se va aliviar.

Sonrió tristemente; sabía que le estaba mintiendo, pero no quería hacerme llorar.

—Sí, hija, sí. Ahora descansa, toma posesión de la casa y luego ven a acompañarme. Voy a tratar de dormir un poco.

Más pequeño que antes, enjuto, sin dientes, perdido en la cama enorme y sobrenadando sin sentido en lo poco que le quedaba de vida, atormentaba como algo superfluo, fuera de lugar, igual que tantos moribundos. Esto se hacía evidente al salir al corredor caldeado y respirar hondamente, por instinto, la luz y el aire.

Comencé a cuidarlo y a sentirme contenta de hacerlo. La casa era mi casa y muchas mañanas al arreglarla tarareaba olvidadas canciones. La calma que me rodeaba venía tal vez de que mi tío ya no esperaba la muerte como una cosa inminente y terrible, sino que se abandonaba a los días, a un futuro más o menos corto o largo, con una dulzura inconsciente de niño. Repasaba con gusto su vida y se complacía en la ilusión de dejar en mí sus imágenes, como hacen los abuelos con sus nietos.

— Tráeme el cofrecito ese que hay en el ropero grande. Sí, ése. La llave está debajo de la carpeta, junto a San Antonio, tráela también.

Y revivían sus ojos hundidos a la vista de sus tesoros.

—Mira, este collar se lo regalé a tu tía cuando cumplimos diez años de casados, lo compré en Mazatlán a un joyero polaco que me contó no sé qué cuentos de princesas austriacas y me lo vendió bien caro. Lo traje escondido en la funda de mi pistola y no dormí un minuto en la diligencia por miedo a que me lo robaran...

La luz de sol poniente hizo centellear las piedras jóvenes y vivas en sus manos esclerosadas.

—...este anillo de montura tan antigua de mi madre, fíjate bien en la miniatura que hay en la sala y verás que lo tiene puesto. La prima Begoña murmuraba a sus espaldas que un novio...

Volvían a hablar, a respirar aquellas señoras de los retratos a quienes él había visto, tocado. Yo las imaginaba, y me parecía entender el sentido de las alhajas de familia.

—¿Te he contado de cuando fuimos a Europa en 1908, antes de la Revolución? Había que ir en barco a Colima... y en Venecia tu tía Panchita se encaprichó con estos aretes.

Eran demasiado caros y se lo dije: "Son para una reina"... Al día siguiente se los compré. Tú no te lo puedes imaginar porque cuando naciste ya hacía mucho de esto, pero entonces, en 1908, cuando estuvimos en Venecia, tu tía era tan joven, tan...

—Tío, se fatiga demasiado, descanse.

—Tienes razón, estoy cansado. Déjame solo un rato y llévate el cofre a tu cuarto, es tuyo.

—Pero tío...

—Todo es tuyo ¡y se acabó!... Regalo lo que me da la gana.

Su voz se quebró en un sollozo terrible: la ilusión se desvanecía, y se encontraba de nuevo a punto de morir, en el momento de despedirse de sus cosas más queridas. Se dio vuelta en la cama y me dejó con la caja en las manos sin saber qué hacer.

Otras veces me hablaba del "año del hambre", del "año del *maíz* amarillo", de la peste, y me contaba historias muy antiguas de asesinos y aparecidos. Alguna vez hasta canturreó un corrido de su juventud que se hizo pedazos en su voz cascada. Pero me iba heredando su vida, estaba contento.

El médico decía que sí, que veía una mejoría, pero que no había que hacerse ilusiones, no tenía remedio, todo era cuestión de días más o menos

Una tarde oscurecida por nubarrones amenazantes, cuando estaba recogiendo la ropa tendida en el patio, oí el grito de María. Me quedé quieta, escuchando aquel grito como un trueno, el primero de la tormenta. Después el silencio, y yo sola en el patio, inmóvil. Una abeja pasó zumbando y la lluvia no se desencadenó. Nadie sabe como yo lo terribles que son los presagios que se quedan suspensos sobre una cabeza vuelta al cielo.

—Lichita, ¡se muere!, ¡está boqueando!

—Vete a buscar al médico… ¡No! Iré yo… llama a doña Clara para que te acompañe mientras vuelvo.

—Y el padre… Tráete al padre.

Salí corriendo, huyendo de aquel momento insoportable, de aquella inminencia sorda y asfixiante. Fui, vine, regresé a la casa, serví café, recibí a los parientes que empezaron a llegar ya medio vestidos de luto, encargué velas, pedí reliquias, continué huyendo enloquecida para no cumplir con el único deber que en ese momento tenía: estar junto a mi tío. Interrogué al médico: le había puesto una inyección por no dejar, todo era inútil ya. Vi llegar al señor cura con el Viático, pero ni entonces tuve fuerzas para entrar. Sabía que después tendría remordimientos —*Bendito sea Dios, ya no me moriré solo*—, pero no podía. Me tapé la cara con las manos y empecé a rezar.

Vino el señor cura y me tocó en el hombro. Creí que todo había terminado y un escalofrío me recorrió la espalda.

—Te llama. Entra.

No sé cómo llegué hasta el umbral. Era ya de noche y la habitación iluminada por una lámpara veladora parecía enorme. Los muebles, agigantados, sombríos, y un aire extraño estancado en torno a la cama. La piel se me erizó, por los poros respiraba el horror a todo aquello, a la muerte.

—Acércate —dijo el sacerdote.

Obedecí yendo hasta los pies de la cama, sin atreverme a mirar ni las sábanas.

—Es la voluntad de tu tío, si no tienes algo que oponer, casarse contigo *in articulo mortis,* con la intención de que heredes sus bienes. ¿Aceptas?

Ahogué un grito de terror. Abrí los ojos como para abarcar todo el espanto que aquel cuarto encerraba. "¿Por qué me quiere arrastrar a la tumba?…" Sentí que la muerte rozaba mi propia carne.

—Luisa…

Era don Apolonio. Tuve que mirarlo: casi no podía articular las sílabas, tenía la quijada caída y hablaba moviéndola como un muñeco de ventrílocuo.

—…por favor.

Y calló, extenuado.

No podía más. Salí de la habitación. Aquél no era mi tío, no se le parecía… Heredarme, sí, pero no los bienes solamente, las historias, la vida… Yo no quería nada, su vida, su muerte. No quería. Cuando abrí los ojos estaba en el patio y el cielo seguía encapotado. Respiré profundamente, dolorosamente.

—¿Ya?… —se acercaron a preguntarme los parientes, al verme tan descompuesta.

Yo moví la cabeza, negando. A mi espalda habló el sacerdote.

—Don Apolonio quiere casarse con ella en el último momento, para heredarla.

—¿Y tú no quieres? —preguntó ansiosamente la vieja criada—. No seas tonta, sólo tú te lo mereces. Fuiste una hija para ellos y te has matado cuidándolo. Si no te casas, los sobrinos de México no te van a dar nada. ¡No seas tonta!

—Es una delicadeza de su parte…

—Y luego te quedas viuda y rica y tan virgen como ahora —rió nerviosamente una prima jovencilla y pizpireta.

—La fortuna es considerable, y yo, como tío lejano tuyo, te aconsejaría que…

—Pensándolo bien, el no aceptar es una falta de caridad y de humildad.

"Eso es verdad, eso sí que es verdad." No quería darle un último gusto al viejo, un gusto que después de todo debía agradecer, porque mi cuerpo joven, del que en el fondo estaba tan satisfecha, no tuviera ninguna clase de vínculos con la muerte. Me vinieron náuseas y fue el último pensamiento claro que tuve esa noche. Desperté como de un sopor hipnótico cuando me obligaron a tomar la mano cubierta de sudor frío. Me vino otra arcada, pero dije "Sí".

Recordaba vagamente que me habían cercado todo el tiempo, que todos hablaban a la vez, que me llevaban, me traían, me hacían firmar, y responder. La sensación que de esa noche me quedó para siempre fue la de una maléfica ronda que giraba vertiginosamente en torno mío y reía, grotesca, cantando.

*yo soy la viudita que manda la ley.*

y yo en medio era una esclava. Sufría y no podía levantar la cara al cielo.

Cuando me di cuenta, todo había pasado, y en mi mano brillaba el anillo torzal que vi tantas veces en el anular de mi tía Panchita: no había habido tiempo para otra cosa.

Todos empezaron a irse.

—Si me necesita, llámeme. Déle mientras tanto las gotas cada seis horas.

—Que Dios te bendiga y te dé fuerzas.

—Feliz noche de bodas —susurró a mi oído con una risita mezquina la prima jovencita.

Volví junto al enfermo. "Nada ha cambiado, nada ha cambiado." Por lo menos mi miedo no había cambiado. Convencí a María de que se quedara conmigo a velar a don Apolonio, y sólo recobré el control de mis nervios cuando vi que amanecía. Había empezado a llover, pero sin rayos, sin tormenta, quedamente.

Continuó lloviznando todo el día, y el otro, y el otro aún. Cuatro días de agonía. No teníamos apenas más visitas que las del médico y el señor cura; en días así nadie sale de su casa, todos se recogen y esperan a que la vida vuelva a comenzar. Son días espirituales, casi sagrados.

Si cuando menos el enfermo hubiera necesitado muchos cuidados mis horas hubieran sido menos largas, pero lo que se podía hacer por aquel cuerpo aletargado era bien poco.

La cuarta noche María se acostó en una pieza próxima y me quedé a solas con el moribundo. Oía la lluvia monótona y rezaba sin conciencia de lo que decía, adormilada y sin miedo, esperando. Los dedos se me fueron aquietando, poniendo morosos sobre las cuentas del rosario, y al acariciarlas sentía que por las yemas me entraba ese calor ajeno y propio que vamos dejando en las cosas y que nos es devuelto transformado: compañero, hermano que nos anticipa la dulce tibieza *del otro,* desconocida y sabida, nunca sentida y que habita en la médula de nuestros huesos. Suavemente, con delicia, distendidos los nervios, liviana la carne, fui cayendo en el sueño.

Debo de haber dormido muchas horas: era la madrugada cuando desperté; me di cuenta porque las luces estaban apagadas y la planta eléctrica deja de funcionar a las dos de la mañana. La habitación, apenas iluminada por la lámpara de aceite que ardía sobre la cómoda a los pies de la Virgen, me recordó la noche de la boda, de *mi* boda... Hacía mucho tiempo de eso, una eternidad vacía.

Desde el fondo de la penumbra llegó hasta mí la respiración fatigosa y quebrada de don Apolonio. Ahí estaba todavía, pero no él, el despojo persistente e incomprensible que se obstinaba en seguir aquí sin finalidad, sin motivo aparente alguno. La muerte da miedo, pero la vida mezclada, imbuida en la muerte, da un horror que tiene muy poco que ver con la muerte y con la vida. El silencio, la corrupción, el hedor, la deformación monstruosa, la desaparición final, eso es doloroso, pero llega a un clímax y luego va cediendo, se va diluyendo en la tierra, en el recuerdo, en la historia. Y esto no, el pacto terrible entre la vida y la muerte que se manifestaba en ese estertor inútil, podía continuar eternamente. Lo oía raspar la garganta insensible y se me ocurrió que no era aire lo que entraba en aquel cuerpo, o más bien que no era un cuerpo humano el que lo aspiraba y lo expelía; se trataba de una máquina que resoplaba y hacía pausas caprichosas por juego, para matar el tiempo sin fin. No había allí un ser humano, alguien jugaba con aquel ronquido. Y el horror contra el que nada pude me conquistó: empecé a respirar al ritmo entrecortado de los estertores, respirar, cortar de pronto, ahogarme, respirar, ahogarme... sin poderme ya detener, hasta que me di cuenta de que me había engañado en cuanto al sentido que tenía el juego, porque lo que en realidad sentía era el sufrimiento y la asfixia de un moribundo. De todos modos, seguí, seguí, hasta que no quedó más que un solo respirar, un solo aliento inhumano, una sola agonía. Me sentí más tranquila, aterrada pero tranquila: había quitado la barrera, podía abandonarme simplemente y esperar el final común. Me pareció que con mi abandono, con mi alianza incondicional, *aquello* se resolvería con rapidez; no podría continuar, habría cumplido su finalidad y su búsqueda persistente en el vacío.

Ni una despedida, ni un destello de piedad hacia mí. Continué el juego mortal largamente, desde un lugar donde el tiempo no importaba ya.

La respiración común se fue haciendo más regular, más calmada, aunque también más débil. Me pareció regresar. Pero estaba tan cansada que no podía moverme, sentía el letargo definitivamente anidado dentro de mi cuerpo. Abrí los ojos. Todo estaba igual.

No. Lejos, en la sombra, hay una rosa; sola, única y viva. Está ahí, recortada, nítida, con sus pétalos carnosos y leves, resplandeciente. Es una presencia hermosa y simple. La miro y mi mano se mueve y recuerda su contacto y la acción sencilla de ponerla en el vaso. La miré entonces, ahora la conozco. Me muevo un poco, parpadeo, y ella sigue ahí, plena, igual a sí misma.

Respiro libremente, con mi propia respiración. Rezo, recuerdo, dormito, y la rosa intacta monta la guardia de la luz y del secreto. La muerte y la esperanza se transforman.

Pero ahora comienza a amanecer y en el cielo limpio veo, ¡al fin!, que los días de lluvia han terminado. Me quedo largo rato contemplando por la ventana cómo cambia todo al nacer el sol. Un rayo poderoso entra y la agonía me parece una mentira; un gozo injustificado me llena los pulmones y sin querer sonrío. Me vuelvo a la rosa como a una cómplice, pero no la encuentro: el sol la ha marchitado. Volvieron los días luminosos, el calor enervante; las gentes trabajaban, cantaban, pero don Apolonio no se moría, antes bien parecía mejorar. Yo lo seguía cuidando, pero ya sin alegría, con los ojos bajos y descargando en el esmero por servirlo toda mi abnegación remordida y exacerbada: lo que deseaba, ya con toda claridad, era que aquello terminara pronto, que se muriera de una vez. El miedo, el horror, que me producían su vista, su contacto, su voz, eran injustificados, porque el lazo que nos unía no era real, no podía serlo, y sin embargo, yo lo sentía sobre mí como un peso, y a fuerza de bondad y de remordimientos quería desembarazarme de él.

Sí, don Apolonio mejoraba a ojos vistas. Hasta el médico estaba sorprendido, no podía explicarlo.

Precisamente la mañana en que lo senté por primera vez recargado sobre los almohadones sorprendí aquella mirada en los ojos de mi tío. Hacía un calor sofocante y lo había tenido que levantar casi en vilo. Cuando lo dejé acomodado me di cuenta: el viejo estaba mirando con una fijeza estrábica mi pecho jadeante, el rostro descompuesto y las manos temblonas inconscientemente tendidas hacia mí. Me retiré instintivamente, desviando la cabeza.

—Por favor, entrecierra los postigos, hace demasiado calor.

Su cuerpo casi muerto se calentaba.

—Ven aquí, Luisa. Siéntate a mi lado. Ven.

—Sí, tío —me senté encogida a los pies de la cama, sin mirarlo.

—No me llames tío, dime Polo, después de todo ahora somos más cercanos parientes —había un dejo burlón en el tono con que lo dijo.

—Sí, tío.

—Polo, Polo —su voz era otra vez dulce y tersa—. Tendrás que perdonarme muchas cosas; soy viejo y estoy enfermo, y un hombre así es como un niño.

—Sí.

—A ver, di "Sí, Polo".

—Sí, Polo…

Aquel nombre pronunciado por mis labios me parecía una aberración, me producía una repugnancia invencible.

Y Polo mejoró, pero se tornó irritable y quisquilloso. Yo me daba cuenta de que luchaba por volver a ser el que había sido; pero no, el que resucitaba no era él mismo, era otro.

—Luisa, tráeme… Luisa, dame… Luisa, arréglame la almohadas… dame agua… acomódame esta pierna…

Me quería todo el día rodeándolo, alejándome, acercándome, tocándolo. Y aquella mirada fija y aquella cara descompuesta del primer día reaparecían cada vez con mayor frecuencia, se iban superponiendo a sus facciones como una máscara.

—Recoge el libro. Se me cayó debajo de la cama, de este lado.

Me arrodillé y metí la cabeza y casi todo el torso debajo de la cama, pero tenía que alargar lo más posible el brazo para alcanzarlo. Primero me pareció que había sido mi propio movimiento, o quizá el roce de la ropa, pero ya con el libro cogido y cuando me reacomodaba para salir, me quedé inmóvil, anonadada por aquello que había presentido, esperado: el desencadenamiento, el grito, el trueno. Una rabia nunca sentida me estremeció cuando pude creer que era verdad aquello que estaba sucediendo, y que aprovechándose de mi asombro su mano temblona se hacía más segura y más pesada y se recreaba, se aventuraba ya sin freno palpando y recorriendo mis caderas; una mano descarnada que se pegaba a mi carne y la estrujaba con deleite, una mano muerta que buscaba impaciente el hueco entre mis piernas, una mano sola, sin cuerpo.

Me levanté lo más rápidamente que pude, con la cara ardiéndome de coraje y vergüenza, pero al enfrentarme a él me olvidé de mí y entré como un autómata en la pesadilla: se reía quedito, con su boca sin dientes. Y luego, poniéndose serio de golpe, con una frialdad que me dejó aterrada:

—¡Qué! ¿No eres mi mujer ante Dios y ante los hombres? Ven, tengo frío, caliéntame la cama. Pero quítate el vestido, lo vas a arrugar.

Lo que siguió ya sé que es mi historia, mi vida, pero apenas lo puedo recordar como un sueño repugnante, no sé siquiera si muy corto o muy largo. Hubo una sola idea que me sostuvo durante los primeros tiempos: "Esto no puede continuar, no puede continuar". Creí que Dios no podría permitir aquello, que lo impediría de alguna manera, él, personalmente. Antes tan temida, ahora la muerte me parecía la única salvación. No la de Apolonio, no, él era un demonio de la muerte, sino la mía, la justa y necesaria muerte para mi carne corrompida. Pero nada sucedió. Todo continuó suspendido en el tiempo, sin futuro posible. Entonces una mañana, sin equipaje, me marché.

Resultó inútil. Tres días después me avisaron que mi marido se estaba muriendo y me llamaba. Fui a ver al confesor y le conté mi historia.

—Lo que lo hace vivir es la lujuria, el más horrible pecado. Eso no es la vida, padre, es la muerte, ¡déjelo morir!

—Moriría en la desesperación. No puede ser.

—¿Y yo?

—Comprendo, pero si no vas será un asesinato. Procura no dar ocasión, encomiéndate a la Virgen, y piensa que tus deberes...

Regresé. Y el pecado lo volvió a sacar de la tumba.

Luchando, luchando sin tregua, pude vencer al cabo de los años, vencer mi odio, y al final, muy al final, también vencí a la bestia: Apolonio murió tranquilo, dulce, él mismo.

Pero yo no pude volver a ser la que fui. Ahora la vileza y la malicia brillan en los ojos de los hombres que me miran y yo me siento ocasión de pecado para todos, peor que la más abyecta de las prostitutas. Sola, pecadora, consumida totalmente por la llama implacable que nos envuelve a todos los que, como hormigas, habitamos este verano cruel que no termina nunca.

# Mariana

Mariana vestía el uniforme azul marino y se sentaba en el pupitre al lado del mío. En la fila de adelante estaba Concha Zazueta. Mariana no atendía a la clase, entretenida en dibujar casitas con techos de dos aguas y árboles con figuras de nubes, y un camino que llevaba a la casa, y patos y pollos, todo igual a lo que hacen los niños de primer año. Estábamos en sexto. Hace calor, el sol de la tarde entra por las ventanas; la madre Paz, delante del pizarrón, se retarda explicando la guerra del Peloponeso. Nos habla del odio de todas las aristocracias griegas hacia la imponente democracia ateniense. Extraño. Justamente la única aristocracia verdadera, para mí, era la ateniense, y Pericles la imagen en el poder de esa aristocracia; incluso la peste sobre Atenas, que mata sin equivocarse a "la parte más escogida de la población" me parecía que subrayaba esa realidad. Todo esto era más una sensación que un pensamiento. La madre Paz, aunque no lo dice, está también del lado de los atenienses. Es hermoso verla explicar —reconstruyendo en el aire con sus manos finas los edificios que nunca ha visto— el esplendor de la ciudad condenada. Hay una necesidad amorosa de salvar a Atenas, pero la madre Paz siente también el extraño goce de saber que la ciudad perfecta perecerá, al parecer sin grandeza, tristemente; al parecer, en la historia, pero no en verdad. Mariana me dio un codazo: "¿Ves? Por este caminito va Fernando y yo estoy parada en la puerta, esperándolo", y me señalaba muy ufana dos muñequitos, uno con sombrero y otro con cabellera igual a las nubes y a los árboles, tiesos y sin gracia en mitad del dibujo estúpido. "Están muy feos", le dije para que me dejara tranquila, y ella contestó: "Los voy a hacer otra vez". Dio vuelta a la hoja de su cuaderno y se puso a dibujar con mucho cuidado un paisaje idéntico al anterior. Pericles ya había muerto, pero estoy segura de que Mariana jamás oyó hablar de él.

Yo nunca la acompañé; era Concha Zazueta quien me lo contaba todo.

A la salida de la escuela, sentadas debajo de la palmera, nos dedicábamos a comer los dátiles agarrosos caídos sobre el pasto, mientras Concha me dejaba saber, poco a poco, a dónde habían ido en el coche que Fernando le robaba a su padre mientras éste lo tenía estacionado frente al Banco. En los algodonales, por las huertas, al lado del Puente Negro, por todas partes parecían brotar lugares maravillosos para correr en pareja, besarse y rodar abrazados sofocados de risa. Ni Concha ni yo habíamos sospechado nunca que a nuestro alrededor creciera algo muy parecido al paraíso terrenal. Concha decía: "...y se le quedó mirando, mirando, derecho a los ojos, muy serio, como si estuviera enojado o muy triste y ella se reía sin ruido y echaba la cabeza para atrás y él se iba acercando, acercando, y la miraba. Él parecía como desesperado, pero de repente cerró los ojos y la besó; yo creí que no la iba a soltar nunca. Cuando los abrió, la luz de sol lo lastimó. Entonces le acarició una mano, como si estuviera avergonzado... Todo lo vi muy bien porque yo estaba en el asiento de atrás y ellos ni cuenta se daban".

¡Oh, Dios mío! Lo importante que se sentía Concha con esas historias; y se hacía rogar un poco para contarlas aunque le encantara hacerlo y sofocarse y mirar cómo las otras nos sofocábamos.

—¿Por qué se reía Mariana si Fernando estaba tan serio?

—Quién sabe. ¿A ti te han besado alguna vez?

—No.

—A mí tampoco.

Así que no podíamos entender aquellos cambios ni su significado.

Más y más episodios, detalles, muchos detalles, se fueron acumulando en nosotras a través de Concha Zazueta: Fernando tiraba poco a poco, por una puntita, del moño rojo del uniforme de Mariana mientras le contaba algo que había pasado en un mitin de la Federación Universitaria; tiraba poquito a poquito, sin querer, pero cuando de pronto se desbarataba el lazo y el listón caía desmadejado por el pecho de Mariana, los dos se echaban a reír, y abrazados, entre carcajadas, se olvidaban por completo de la Federación. También hubo pleitos por cosas inexplicables, por palabras sin sentido, por nada, pero sobre todo se besaban y él la llamaba "linda". Yo nunca se lo oí decir, pero aún ahora siento como un golpe en el estómago cuando recuerdo la manera ahogada con que se lo decía, apretándola contra sí, mientras Concha Zazueta contenía el aliento arrinconada en la parte de atrás del automóvil.

Fue al año siguiente, cuando ya estábamos en primero de Comercio, que Mariana llegó un día al Colegio con los labios rojo bermellón. Amoratada se puso la madre Julia cuando la vio.

—Al baño inmediatamente a quitarte esa inmundicia de la cara. Después vas a ir al despacho de la Madre Priora.

Paso a paso se dirigió Mariana a los baños. Regresó con los labios sin grasa y de un rojo bastante discreto.

—¿No te dije que te quitaras *toda* esa horrible pintura?

—Sí madre, pero como es muy buena, de la que se pone mi mamá, no se quita.

Lo dijo con su voz lenta, afectada, como si estuviera enseñando una lección a un párvulo. La madre Julia palideció de ira.

—No tendrás derecho a ningún premio este año. ¿Me oyes?

—Sí, madre.

—Vas a ir al despacho de la Madre Priora… Voy a llamar a tus padres… Y vas a escribir mil veces: *Debo ser comedida con mis superiores,* y… y… ¿entendiste?

—Sí, madre.

Todavía la madre Julia inventó algunos castigos más, que no preocuparon en lo mínimo a Mariana.

—¿Por qué viniste pintada?

—Era peor que vieran esto. Fíjense.

Y metió el labio inferior entre los dientes para que pudiéramos ver el borde de abajo: estaba partido en pequeñísimas estrías y la piel completamente escoriada, aunque cubierta de pintura.

—¿Qué te pasó?

—Fernando.

—¿Qué te hizo Fernando?

Ella sonrió y se encogió de hombros, mirándonos con lástima.

Una mañana, antes de que sonara la campana de entrada a clases, Concha se me acercó muy agitada para decirme:

—Anoche le pegó su papá. Yo estaba allí porque me invitaron a merendar. El papá gritó y Mariana dijo que por nada del mundo dejaría a Fernando. Entonces don Manuel le pegó. Le pegó en la cara como tres veces. Estaba tan furioso que todos sentimos miedo, pero Mariana no. Se quedó quieta, mirándolo. Le escurría sangre de la boca, pero no lloraba ni decía nada. Don Manuel la sacudió por los hombros, pero ella seguía igual, mirándolo. Entonces la soltó y se fue. Mariana se limpió la sangre y se vio la mano manchada. Su mamá estaba llorando. "Me voy a acostar", me dijo Mariana con toda calma y se metió a su cuarto. Yo estaba temblando. Me salí sin dar siquiera las buenas noches; me fui a mi casa y casi no pude dormir. Ya no la voy a acompañar: me da miedo que su papá se ponga así. Con seguridad que no va a venir.

Pero cuando sonó la campana, Mariana entró con su paso lento y la cabeza levantada, como todas las mañanas. Traía el labio de abajo hinchado y con una herida del lado izquierdo, cerca de la comisura, pero venía perfectamente peinada y serena.

—¿Qué te pasó? —le preguntó Lilia Chávez.

—Me caí —contestó, mientras miraba, sonriendo con sorna, a Concha—. Hormiga —le murmuró al oído, al pasar junto a ella para ir a tomar su lugar entre las mayores.

Hormiga se llamó durante muchos años a la Hormiga Zazueta. Golpes, internados, castigos, viajes, todo se hizo para que Mariana dejara a Fernando, y ella aceptó el dolor de los golpes y el placer de viajar, sin comprometerse. Nosotras sabíamos que había un tiempo vacío que los padres podrían llenar como quisieran, pero que después vendría el tiempo de Fernando. Y así fue. Cuando Mariana regresó del internado, se fugaron, luego volvieron, pidieron perdón y los padres los casaron. Fue una boda rumbosa y nosotras asistimos. Nunca vi dos seres tan hermosos: radiantes, libres al fin.

Por supuesto que el vestido blanco y los azahares causaron escándalo, se hablaba mucho de la fuga, pero todo era en el fondo tan normal que pensé en lo absurdo que resultaba ahora don Manuel por no haber permitido el noviazgo desde el principio. Aunque ella hubiera tenido entonces apenas trece o catorce años, si él no se hubiera opuesto con esa inexplicable fiereza... Pero no, encima de la mesa estaban una mano de Fernando y una mano de Mariana, los dedos de él sobre el dorso de la de ella, sin caricias, olvidadas; no era necesaria más que una atención pequeña para ver la presencia que tenía ese contacto en reposo, hasta ser casi un brillo o un peso, algo diferente a dos manos que se tocan. No había padre, ni razón capaces de abolir la leve realidad inexpresable y segura de aquellas dos manos diferentes y juntas.

Oscuro está en la boda de su hija, que se casa con un buen muchacho, hijo de familia amiga —y recibe con una sonrisa los buenos augurios— pero tiene en el fondo de los ojos un vacío amargo. No es cólera ni despecho, es un vacío. Mariana pasa frente a él bailando con Fernando. Mariana. Sobre su cara luminosa veo de pronto el labio roto, la piel pálida, y me doy cuenta de que aquel día, a la entrada de clases, su rostro estaba cerrado. Serena y segura, caminando sin titubeos, desafiante, sostiene la herida, la palidez, el silencio; se cierra y continúa andando, sin permitirse dudar, ni confiar en nadie, ni llorar. La boca se hincha cada vez más y en sus ojos está el dolor amordazado, el que no vi entonces ni nunca, el dolor que sé cómo es pero que jamás conocí: un lento fluir oscuro y silencioso que va llenando, inundando los ojos hasta que estallan en el deslumbramiento último del espanto. Pero no hay espanto, no hay grito, está el vacío necesario para que el dolor comience a llenarlo. Parpadeo y me doy cuenta de que Mariana no está ahí, pasó ya, y el labio herido, el rostro cada vez más pálido, y los ojos, sobre todo los ojos, son los de su padre.

No quise ver a Mariana muerta, pero mientras la velábamos vi a don Manuel y miré en sus facciones desordenadas la descomposición de las de Mariana: otra vez esa mezcla terrible de futuro y pasado, de sufrimiento puro, impersonal, encarnado sin embargo en una persona, en dos, una viva y otra muerta, ciegas ahora ambas y anegadas por la corriente oscura a la que se abandonaron por ellos y por otros más, muchos más, o por alguno.

Mariana estaba aquí, sobre ese diván forrado de terciopelo color oro, sentada sobre las piernas, agazapada, y con una copa en la mano. Alrededor de ella el terciopelo se arruga en ondas. Recuerdo sus ojos amarillos, mansos y en espera. "La víctima contaba 34 años." No pensaba uno nunca en la edad mirando a Mariana. Vine aquí por evocarla, en tu casa y contigo. Espera: hablaba arrastrando sílabas y palabras durante minutos completos, palabras tontas, que dejaba salir despacio, arqueando la boca, palabras que no le importaban y que iba soltando, saboreando, sirviéndose de ellas para gozar los tonos de su voz. Una voz falsa, ya lo sé, pero buscada, encontrada, la única verdaderamente suya. Creaba un gesto, medio gesto, en ella, en ti en mí, en el gesto mismo, pero había algo más… ¿Te acuerdas? Adoraba decir barbaridades con su voz ronca para luego volver la cabeza, aparentando fastidio, acariciándose el cuello con una mano, mientras los demás nos moríamos de risa. Las perlas, aquel largo collar de perlas tras el que se ocultaba sonriente, mordisqueándolo, mostrándose. Los gestos, los movimientos. Jugar a la vampiresa, o jugar a la alegre, a la bailadora, a la sensual. Decir así quién era, mientras cantaba, bebía, bailaba. Pero no lo decía todo… ¿Te das cuenta de que nunca la vimos besar a Fernando? Y los hemos visto a los otros, hasta a los adúlteros, alguna vez, en la madrugada, pero a ellos no; lo que hacían era irse para acariciarse en secreto. En secreto murió aunque el escándalo se haya extendido como una mancha, aunque mostraran su desnudez, su intimidad, lo que ellos creen que es su intimidad. El tiempo lento y frenético de Mariana era hacia adentro, en profundidad, no transcurría. Un tanteo a ciegas, en el que no tenía nada que hacer la inteligencia. Sé que te parece que hago mal, que es antinatural este encarnizamiento impúdico con una historia ajena. Pero no es ajena. También ha sucedido por ti y por mí… La locura y el crimen… ¿Pensaste alguna vez en que las historias que terminan como debe de ser quedan aparte, existen de un modo absoluto? En un tiempo que no transcurre.

Husmeando, llegué a la cárcel. Fui a ver al asesino.

Ése es inocente. No; quiero decir, es culpable, ha asesinado. Pero no sabe.

Cuando entré me miró de un modo que me hizo ser consciente de mi aspecto, de mis maneras: elegante. Cualquier cosa se me hubiera ocurrido menos que me iba a sentir elegante en una celda, ante un asesino.

Sí, él la mató, con esas manos que muestra aterrado, escandalizado de ellas.

No sabe por qué, no sabe por qué, y se echa a llorar. Él no la conocía; un amigo, viajero también, le habló de ella. Todo fue exactamente como le dijo su amigo, menos al final, cuando el placer se prolongó mucho, muchísimo, y él se dio cuenta de que el placer estaba en ahogarla. ¿Por qué ella no se defendió? Si hubiera gritado, o lo hubiera arañado, eso no habría sucedido, pero ella no parecía sufrir. Lo peor era que lo estaba mirando. Pero él no se dio cuenta de que la mataba. Él no quería, no tenía por qué matarla. Él sabe que la mató, pero no lo cree. No puede creerlo. Y los sollozos lo ahogan. Me pide perdón, se arrodilla. Me habla de sus padres, allá en Sayula. Él ha sido bueno siempre, puedo preguntárselo a cualquiera en su pueblo. Le contesto que lo sé, porque los premios a la inocencia son con frecuencia así. Para él son extrañas mis palabras, y sigue llorando. Me da pena. Cuando salgo de la celda, está tirado en el suelo, boca abajo, llorando. Es una víctima.

Me fui a México a ver a Fernando. No le extrañó que hiciera un viaje tan largo para hablar con él. Encontró naturales mis explicaciones. Si hubiera sido un poco menos verdadero lo que me contó hasta hubiera podido estar agradecido de mi testimonio. Pero él y Mariana no necesitan testigos: lo son uno del otro. Fernando no regatea la entrega. Triunfa en él el tiempo sin fondo de Mariana, ¿o fue él quien se lo dio? De cualquier manera, el relato de Fernando le da un sentido a los datos inconexos y desquiciados que suponemos constituyen la verdad de una historia. En su confesión encontré lo que he venido retratando: el secreto que hace absoluta la historia de Mariana.

"El día del casamiento ella estaba bellísima. Sus ojos tenían una pureza animal, anterior a todo pecado. En el momento en que recibió la bendición yo adiviné su cuerpo recorrido por un escalofrío de gozo: El contacto con 'algo' más allá de los sentidos la estremeció agudamente, no en los nervios importantes, sino en los nerviecillos menores que rematan su recorrido en la piel. Le pasé una mano por la espalda, suavemente, y sentí cómo volvían a vibrar; casi me pareció ver la espalda desnuda sacudirse por zonas, por manchas, con un movimiento leonado. Ahora las cosas iban mejor: Mariana estaba consagrada para mí. Pero me engañé: sus ojos seguían abiertos mirando el altar. Solamente yo vi esa mirada fija absorber un misterio que nadie podría poner en palabras. Todavía cuando se volvió hacia mí los tenía llenos de vacío.

"Miedo o respeto debía sentir, pero no, un extraño furor, una necesidad inacabable de posesión me enceguecieron, y ahí comenzó lo que ellos llaman mi locura.

"Podría decirse que de esa locura nacieron los cuatro hijos que tuvimos; no es así, el amor, la carne, existieron también, y durante años fueron suficientes para apaciguar la pasión espiritual que brilló por primera vez aquel día. Nos fueron concedidos muchos años de felicidad ardiente y honorable. Por eso creo, ahora mismo, que estamos dentro de una gran ola de misericordia.

"Fue otro momento de gran belleza el que nos marcó definitivamente.

"El sol no tenía peso; un viento frío y constante recorría las marismas desiertas; detrás de los médanos sonaba el mar; no había más que mangles chaparros y arena salitrosa, caminos tersos y duros, inviolables, extrañamente iguales al cielo pálido e inmóvil. Los pasos no dejan huella: en las marismas, todos los senderos son iguales, y sin embargo uno no se cansa, los recorre siempre sorprendido de su belleza desnuda e inhóspita. Tomados de la mano llegamos al borde del estero de Dautillos.

"Fue ella la que me mostró sus ojos en un acto inocente, impúdico. Otra vez sin mirada, sin fondo, incapaces de ser espejos, totalmente vacíos de mí. Luego los volvió hacia los médanos y se quedó inmóvil.

"El furor que sentí el día de la boda, los celos terribles de que algo, alguien, pudiera hacer surgir aquella mirada helada en los ojos de Mariana, mi Mariana carnal, tonta; celos de un alma que existía, natural, y que no era para mí; celos de aquel absorber lento en el altar, en la belleza, el alimento de algo que le era necesario y que debía tener exigencias, agazapado siempre dentro de ella, y que no quería tener nada conmigo. Furor y celos inmensos que me hicieron golpearla, meterla al agua, estrangularla, ahogarla, buscando siempre para mí la mirada que no era mía. Pero los ojos de Mariana, abiertos, siempre abiertos, sólo me reflejaban: con sorpresa, con miedo, con amor, con piedad. Recuerdo eso sobre todo, sus ojos bajo el agua, desorbitados, mirándome con una piedad inmensa. Después he recordado el pelo mojado, pegado al cuello, que parecía en aquel momento infantil; la sangre corriendo de la boca, de la oreja; el grito ronco de su agonía y mi amor de hombre gritando junto a su voz el dolor espantoso de verla herida, sufriente, medio muerta, mientras mi alma seguía asesinándola para llegar a producir su mirada insondable, para tocarla en el último momento, cuando ella no pudiera ya más mirarme a mí y no tuviera otro remedio que mirarme como a su muerte. Quería ser su muerte.

"Y sí, hubo un instante en que sus ojos vacíos, fijos en los míos, me llenaron de aquello desconocido, más allá de ella y de mí, un abismo en el que yo no sabía mirar, en el que me perdí como en una noche terrible. La solté, arrastré su cuerpo hasta la orilla y grité, grité, echado sobre su vientre, mientras miraba los agujeros innumerables, las burbujas, los movimientos ciegos, el horror pululante, calmo y sin piedad de los habitantes de la orilla del estero; ínfimas manifestaciones de vida, ni gusanos ni batracios, asquerosos informes, torpes, pequeñísimos, vivos, seres callados que me hicieron llorar por mi enorme pecado, y entenderlo, y amarlo.

"Desde entonces estoy aquí. Tomo las pastillas y finjo que he olvidado. Me porto bien, soy amable, asiento a todas las buenas razones que me da el médico y admito de buen grado que estoy loco. Pero ellos no saben el mal que me hacen. Lo primero que recuerdo después de aquello es que alguien me dijo que Mariana estaba viva; entonces quise ir a ella, pedirle perdón, lloré de dolor y arrepentimiento, le escribí, pero no nos dejaron acercar. Sé que vino, que suplicó, pero ellos velaron también por su bien y no la dejaron entrar. Decían que la nuestra era una pasión destructiva, sin comprender que lo único que podía salvarnos era el deseo, el amor, la carne que nos daba el descanso y la ternura.

"A mí, a fuerza de tratamiento, terminaron por quitarme todo lo que me hacía bien: sexo, fuerza, la alegría del animal sano, y me dejaron a solas con lo que pienso y nunca les diré.

"A ella la abandonaron a su pasión sin respuesta. Luego les extrañó que comenzara a irse a los hoteles, sin el menor recato, con el primer tipo que se le ponía enfrente. Cuando una vez dije que era por fidelidad a nosotros que hacía eso, que no le habían dejado otra manera de buscarme, se alarmaron tanto que quisieron hacerme inmediatamente la operación. Por mi bien y salud me castrarán de todas las maneras posibles, hasta no dejar más que la inocente y envidiable vida primitiva, verdadera: la de los seres que pueblan las orillas de los esteros.

"Me alegra poder decir lo que tengo que decir, antes de que me hagan olvidarlo o no entenderlo: yo maté a Mariana. Fui yo, con las manos de ese infeliz Anselmo Pineda, viajante de comercio; era yo ese al que Mariana buscaba en el cuerpo de otros hombres: jamás nadie lo tocó más que yo; fui yo su muerte, me miró a los ojos y por eso ahora siento desprecio por lo que van a hacerme, pero no me da miedo, porque mucho más terrible que la idiotez que me espera es esa última mirada de Mariana en el hotel, mientras la estrangulaba, esa mirada que es todo el silencio, la imposibilidad, la eternidad, donde ya no somos, donde jamás volveré a encontrarla."

# Río subterráneo

*A Carlos y para Carlos*

# Las palabras silenciosas

*A José de la Colina*

Nombres. También entran en el misterio, se corresponden con otras cosas. Así sucedió con Eduwiges. Él no pudo conformarse con decirle "Eluviques", y la llamó simplemente Lu, y Lu es el nombre de un semitono de la escala musical china: justo el significado y el sonido que vibraban en él cuando la veía moverse, con su cuerpo alto, elástico y joven sobre los verdes tiernos y sombríos de su parcela, cuando la oía reír con su risa sonora que hacía aletear a los pájaros cercanos.

Ella le preguntó una vez:

—Si sabes tantas cosas ¿por qué no nos vamos a la ciudad? Yo sé que tienes guardado dinero, pero eres un tacaño. Allá hay chinos ricos, muy ricos y viven con lujo. Pon una tienda en Culiacán. Yo te ayudo.

—"¿Por qué vivo en la colina verde-jade?

Río y no respondo. Mi corazón sereno:

flor de durazno que arrastra la corriente.

No el mundo de los hombres,

bajo otro cielo vivo, en otra tierra."

—Vete al diablo. Tú y tus tonterías.

Pero le había dado tres hijos y había cantado bajo el techo de paja.

Luego existía aquello también, el que don Hernán, de vez en cuando, hablara en serio con él y, cuando estaba de buenas, lo llamara Confucio o Li Po. Él había viajado por todo el mundo, leído todo. Y después, cuando la gran persecución a los chinos en el noroeste, no había permitido que ninguno de ellos fuera tocado, ni los ricos ni los pobres. Y le había prestado, por capricho seguramente, el libro traducido del inglés aquel, cuyos poemas había copiado con tantas dificultades, porque leer, podía leer de corrido, pero escribir, no había escrito nunca desde que aprendió: ¿a quién iba a escribirle él? Ni en chino tendría a quién hacerlo, aunque hubiese podido recordar los caracteres suficientes para ello. "No más afán de regresar / olvidar todo lo aprendido, entre los árboles." Eso había decidido cuando llegó, ¿hacía cuántos años? Para eso no tiene memoria. Sí, recuerda a su maestro allá. El silencio…

—Manuel. Mañana tengo visitas. Quiero que me traigas unas amapolas, pero que sean las más bonitas que haya.

—Sí, sí —y mueve la cabeza como si la tuviera suelta sobre el cuello largo y pelado.

—Van a venir mis suegros, ¿sabes? Bueno, los que van a ser mis suegros. Me vienen a pedir.

—Bueno, bueno. Yo legalalte floles.

—Gracias, Manuel. ¡Ah!, desde ahora te digo que te voy a invitar a la boda.

—Bueno, muy bueno.

También él se había casado y don Hernán en persona había sido su padrino. Quizá por eso se había sentido obligado, cuando Lu se fue con Ruperto, a mandarlo llamar para decirle que podían hacerla volver, a meterla a la cárcel, quitarle a los hijos, podían… podían tantas cosas… Don Hernán estaba enojado.

No. Le había vendido hortaliza a Ruperto desde siempre y era un hombre honrado. Lu le había dado felicidad y tres hijos. Las tardes en que Ruperto iba con su camión, y entre los dos cargaban las legumbres, cuando habían terminado, Lu se acercaba y les ofrecía agua de frutas, como él le había enseñado, y no era culpa de ellos si sabían reírse a carcajadas al mismo tiempo, y hablar igual, con la misma pronunciación, de las mismas cosas, largo tiempo parados; lo había visto mientras escuchaba, quieto. Así sucedió durante años. En cuanto a los hijos; a esas pequeñas fieras sin domar… eran idénticos a ella, físicamente moldeados a su imagen, incluso. Tenían sus enormes ojos amarillos, aunque ligeramente rasgados; además lo había intentado todo para enseñarles lo que él aprendió de pequeño, tan pequeño como ellos y sólo le habían respondido con actitudes de extrañeza. Sobresalto, si no un leve repudio había sentido en todos cuando a uno por uno, a su tiempo, los había llevado a ver al San Lorenzo después de la avenida, majestuoso y calmo, y en voz baja, jugando con una hoja o acariciando una piedra había dicho lentamente: "Lejos, el río desemboca en el cielo".

A pesar de sus advertencias, jugando pisoteaban y destruían los cuadros de almácigos, y no había conseguido que trasplantaran con cuidado una sola pequeña planta o se quedaban un instante quietos viendo algo, por ejemplo la luna, tan extraña y tan íntima.

No era ni siquiera los nombres de las personas, de las cosas lo que se le escapaba, era solamente la articulación. Y eso era todo: suficiente para que lo consideraran inferior, todos, todos; ni don Hernán, a veces, lo comprendía bien, profundamente. Solamente los otros chinos. Sí, no era una casualidad que no hablara como los demás, que tuviera su forma especial de hacerlo.

—"Viejos fantasmas, más nuevas.

Zozobra, llanto, nadie.

Envejecido, roto,

para mí sólo canto."

La claridad empezaba. Surgida del silencio se queda un rato quieta y toca las cosas imperceptiblemente. Quieta.

Era el mejor momento para hundir el pie desnudo y enjuto en la tierra esponjosa para tantear en la penumbra la primera lechuga húmeda, no vista sino recordada del día anterior, de tantos días anteriores en que ya sabía cuándo estaría en sazón; para cortarla, sin ruido, con el filoso cuchillo. Y seguir así, disfrutando en el silencio de aquello que no era trabajo sino adivinación y conocimiento. Luego, sigilosa, la claridad iba asomándose, hasta que despertaban los pájaros. "Canta un gallo. Campanas y tambores en la orilla. Un grito y otro. Cien pájaros de pronto."

Seguía trajinando de rodillas entre los surcos, acendrando dentro de sí las palabras: no había por qué detenerse. Mientras, sentía en la cara, en la espalda, en los flancos tranquilos, cómo comenzaba la respiración profunda de las huertas que cercaban su parcela. Siempre oscuras y secretas, cerradas sobre sí mismas, las huertas enormes empezaban a moverse. Cuando la luz era ya demasiado viva, bastaba con levantar un poco la cabeza y los ojos descansaban en la mancha oscura que proyectaban los árboles.

Ya no era hora de cultivar, es hora de vender. Entra a la choza de bambú y paja, fresca siempre bajo el gran mango que ha dejado en medio de su sembradío, desayuna alguna cosa y se prepara. No se da cuenta, quizá porque nunca, nadie, se lo hizo notar, de que se viste igual que en su país, de que el enorme sombrero cónico que tejió con sus propias manos no es el que usan los hombres del pueblo, a excepción, claro, del resto de los de su raza que viven allí. Carga, cuidando el equilibrio, las dos cestas, tan grandes; arregla los mecates, las acomoda en los extremos del largo palo que coloca sobre sus hombros y levanta el peso como si no lo sintiera. Por el borde del canal que atraviesa la huerta, y luego derecho por la avenida polvosa que hay entre los frutales va trotando uniformemente. Pasa por enfrente de la casa-hacienda y saluda a los que andan por los jardines, por los patios, sin alterar el ritmo de sus saltitos de pájaro.

Desde que está cerca de las primeras casas, sin levantar demasiado la voz, comienza a anunciarse.

—Valula, valula.

Sabe que se dice "verdura", pero no lo puede pronunciar. Hay tantas cosas que quisiera decir, que ha intentado decir, pero renunció a ello porque suenan ridículas, él las oye ridículas en su tartajeo de niño que todavía no sabe hablar. Sólo don Hernán... Pero con los otros no insiste, comprende que si uno no se explica los otros piensan que es inútil responderle, hablarle, porque sienten que no entiende, que su imposibilidad de expresión correcta es indicio seguro de imposibilidad de comprensión verdadera. No tenía rencor ni se azoraba, lo sabía desde que era un niño: "Si no conocemos el valor de las palabras de los hombres, no los conocemos a ellos". Y él es un hombre, aunque esté viejo, aunque por la torpeza inexplicable de su paladar, de su lengua, se resigna a los tratos más simples y los demás no lo ven como realmente es. Lo quieren, sí, le piden y le hacen favores, pero no hablan con él como entre ellos, aunque algunos sean tan tontos.

—¡Manuel! ¿Traes calabacitas?

—¡Manuel!

¿Desde cuándo se llama así? ¿Cuántos años tiene en este pueblo? ¿Cuántos años hace que nació? Allá, en el fondo, está su verdadero nombre, pero no se lo ha dicho a nadie. Ni siquiera en secreto, al oído, hace muchos años, a Lu.

Termina pronto de vender y vuelve a trabajar.

Al fondo está el cuadro de las adormideras.

Hermoso de ver como ninguno. Piensa en el inglés, en De Quincey, cuyas palabras ha copiado, que nunca las vio en su esplendor aéreo, llenando el aire con su frágil encanto. Es febrero, en marzo tendrá que trabajar su cosecha personal de opio, pero tampoco es trabajo: le produce placer, un intenso placer. Mientras las cultiva, las mira y escucha los susurros de corolas apretadas. Corta un capullo.

—"No me avergüenza, a mis años, ponerme una flor en el pelo. La avergonzada es la flor coronando la cabeza de un viejo."

En marzo cosechó las amapolas dobles, triples, que la gente compraba con avidez. Pero guardó la reserva, y comenzó a destilar el espeso jugo del corazón de las flores.

Todos los años hacía eso, y lo guardaba secretamente para las noches de luna, algunas de soledad, o cuando iba a conversar, pausadamente, con los suyos.

En mayo, cuando el sol deslumbra, hace sudar, pero todavía no agobia ni adormece, llegaron ellos.

Sus tres hijos y un extraño en el camión fuerte y moderno de Ruperto:

—Estos jóvenes vienen a reclamar su herencia, su derecho sobre sus tierras…

No escuchó más. No quiso escuchar más.

Miró a sus hijos altos, fieros, extraños.

Él sabía que las tierras eran de don Hernán, quien se las había dado para que las cultivara, para que en el pueblo hubiera verduras, flores, y que don Hernán no iba a dejarse quitar ni un terrón de esas tierras. Pero no se trataba de eso.

Esperó a la noche. Comenzó a fumar su larga pipa, lentamente. No había prisa. Cuando juzgó que estaba cerca del paraíso, prendió fuego a su choza de bambú, se tendió en su cama y siguió fumando.

# 2 de la tarde

*A Inés Segovia*

Esperaba el camión en la esquina de siempre. Mirando los edificios mugrientos, la gente desesperada que se golpea y se insulta, el acoso de los autos, se vio solo y el hambre que sentía se transformó en rabia. Pensó en lo que tardaría aún en llegar a su casa, por culpa de todos aquellos idiotas que se atravesaban por todas partes y no dejaban lugar en el camión que él necesitaba tomar. Tuvo, como siempre, el deseo preciso de volverse y romperle la cara al que fuera pasando: era un día igual a todos, las 2 de la tarde de un día cualquiera.

Hacía un buen rato que estaba allí parado, sintiendo arder el pavimento a través de las suelas gastadas de sus zapatos, cuando llegó la muchacha. La revisó como a todas las mujeres, del tobillo al cuello, con procaz aburrimiento. No era su tipo.

El calor, el vaho sofocante de los millones de cuerpos apretujados, el cemento requemado... si al menos pudiera quitarse el saco; se abanicó con el periódico doblado. Maldito camión que no llegaba nunca. No, ni fijándose mucho; bonita podría ser, pero alta, y le faltaba gordura donde las mujeres deben de tenerla; a él le gustaba que por delante y por detrás se vieran bien pesadas, que se sintiera que casi se les caían y que no quedaba otro remedio que meter la mano para ayudarlas, pobrecitas. Casi se rió. Volteó buscando un ejemplo de lo que pensaba, casi deseaba, pero en ese momento no había en la parada más mujer que la muchacha; sí, a lo lejos estaban dos vendedoras de tacos, gordas, envejecidas y con carnes colgantes que retemblaban a los más pequeños movimientos. Le hubiera gustado enseñárselas a la muchacha y hacerle ver que eran más deseables que ella, pero la muchacha miraba tranquila a la gente sin prestarle atención a él, y no estaba impaciente ni siquiera acalorada. Silvio se apoyó en el arbotante y la observó de una manera ostensible, con el mayor descaro y la sonrisa más burlona que pudo componer,

159

pero ella pareció no sentir los ojos expertos caminar sobre su cuerpo. Eso lo enfureció.

El camión se acercaba. Por lo menos quince personas pretendían abordarlo. El cochino del chofer lo paró a media calle, justo en medio de la doble fila de coches, bien lejos de donde estaban los que esperaban, pero ellos, como locos, se metían entre los autos y corrían a treparse. Sólo que pudieran ir pegados por las patas como las moscas. Estaban poseídos de esa furia que Silvio conocía tan bien y lo molestaba tanto porque la sabía inútil; se empujaban como si no pudieran darse cuenta de que el camión venía repleto. Pero bueno, si se trataba de empujar, a darle, a meterse entre los bocinazos y las maldiciones, porque sí, para nada, porque eso hacen los demás. Ahora todos apelmazados frente a la puerta cerrada, golpeándola inútilmente con las manos, insultando al chofer a gritos, a sabiendas de que no abriría. La muchacha había quedado muy cerca de él; se arrimó a ella con disimulo y le pasó la mano a lo largo del muslo. Un muslo curvo, duro, una carne extraña: un contacto que no le decía nada de la otra persona ni de sí mismo. Ella lo miró a la cara y él le sonrió con una sonrisa podrida.

—Completo —dijo con una máscara de inocencia que a él mismo le pareció asquerosa.

Se encendió la luz verde y los carros gruñeron amenazantes. Había que dejar en paz el camión, y volvieron a sus lugares en la banqueta con una fidelidad cansada.

Entonces se dio cuenta de que ella lo observaba y mentalmente fue repasando su aspecto: traje azul marino, la camisa blanca un poco sucia, la corbata de flores, los zapatos negros con tacones gastados, y los calcetines a rayas rojas, azules, verdes, amarillas. Sintió vergüenza como si estuviera desnudo. Se había visto con aquellos ojos ajenos, serenos, diferentes. Enrojeció y se volvió de espaldas a ella.

Estuvo un rato mirando pasar los coches, embebido en su rencor. Era un hombre pobre, seguramente no le habría parecido bien por eso, pero era mucho mejor que los señoritingos que iban al Departamento a sacar la licencia de manejar, tan alicusados, tan cucos, maricas todos, y que con toda seguridad le gustarían a esa tonta que no era siquiera una mujer deseable. No debía de ser rica, pero todas las muchachas que no parecen gatas, y las que lo parecen también, quieren pescar un millonario, ir al Departamento a sacar una licencia que no sabe uno cómo se las dan, pues no se ha visto nunca ni una sola que sepa estacionarse, y luego andan muy orondas atropellando cristianos. Hubo un momento en que sintió que le ardían los ojos y se le contraía el estómago, y no supo si era de cansancio y de hambre o de rabia. Tendría que demostrarle de algún modo que no le importaba lo que ella pensara. Si él llegaba a ser jefe del Departamento, aunque no fuera militar (las cosas tienen que cambiar alguna vez) prohibiría de plano que manejaran las mujeres, ¡cómo se iban a poner! irían a chillar como ratas frente a la puerta de su despacho, y él nada más voltearía y las miraría un momento por encima del hombro, a través del vidrio, como el chofer del camión, y se volvería muy tranquilo a seguir firmando acuerdos, oficios, permisos, multas, pero a ésta cuando llegara le daría muy amable una oportunidad única, y personalmente la sometería a la prueba: reversa, fíjese en esa señal, estaciónese, ¿cómo?, cinco metros son más que suficientes; ¿no mira usted bien?, a la derecha… Cuánto se iba a divertir. Se pondría humildita, bajaría los ojos… igual que si… hay muchas a las que les da vergüenza gritar ¡pelado!, porque todo el camión se da cuenta y nomás se ponen coloradas y se encogen porque en las apreturas es imposible cambiar de lugar. Pero ésta era capaz de mirarlo de frente, como hace un rato. En cambio siendo jefe y portándose tan serio como él se portaría, no tendría otro remedio que bajar la cabeza; por supuesto que no le daría licencia, la despediría correcto y seco, sin una sonrisa.

Y mirando como si fuera un hombre mucho más alto, se volvió triunfante a ver a la muchacha. No estaba en su sitio. Era indignante, no podía ser que se hubiera ido precisamente ahora que él necesitaba encontrar la satisfacción que ella o alguien le debía. Qué alivio cuando descubrió que no se había ido. Estaba un poco atrás, en el parquecillo pisoteado y sucio. Se había parado debajo de un arbolito recién plantado, un tabachín que apenas cubría su cabeza con dos ramas raquíticas que casi le rozaban la frente. Hubiera debido de ser un cuadro ridículo, tal vez lo era, pero Silvio se quedó quieto, mirándolo: la muchacha estaba erguida, imperceptiblemente echado el tronco hacia adelante, resistiendo un viento fresco y dulce que nadie más sentía; entrecerraba los ojos al respirar con delicia un aire evidentemente marino, se la sentía consciente y feliz de que su pelo flotara al viento, de que la ropa se pegara a su cuerpo. Ardía en una llama sensual y pura en mitad del tiempo detenido, de un espacio increíble y hermoso.

Silvio lo sintió y miró casi sin verlos el dedo manchado de tinta de ella y los calcetines rayados de él. No tenía sentido, pero por un instante todo cabía en un paisaje marino, en un aire y un tiempo perfectos.

Cuando el camión llegó, se acercó a la muchacha, debía de tener dieciocho años, y cuidadosamente la ayudó a subir. Ella lo miró sin sorpresa y le sonrió desde aquel mismo lugar asoleado y claro, sin recuerdos ni ironías, que él había descubierto.

Y cuando ella se bajó y la vio perderse por las calles vulgares, no deseó volver a encontrarla ni amarla. Se contentó simplemente con aquella hora diferente, aquellas 2 de la tarde conquistadas.

# Los inocentes

*Para Ernesto Mejía Sánchez*

Nadie me mira, ya, a los ojos. No podría decir que antes lo hicieran con frecuencia, aparte de la mirada inconscientemente sostenida que usamos cuando se habla, se pregunta y se contesta. Ninguno me pregunta nada desde hace tiempo, si estoy bien, si siento frío o calor: sabían que las vulgares preguntas de siempre hieren más que una curiosidad impúdica, que no puedo tener días buenos ni noches con sueño. No ignoran cómo son las cosas, y que ante un día resplandeciente hay que pensar primero si el hijo que recordamos tendrá ojos para verlo o las cuencas vacías, como tantos otros. No, no voy a decir que fueron insensibles. Incluso algunos que tienen un pariente en la policía o el gobierno, intentaron ayudarme, y después hubo los que me relacionaron con las familias de otros presos, pero cuando ninguno pudo darme el más pequeño informe y se fueron cerrando las bocas, comenzaron a bajar rápidamente los párpados cuando me encontraban.

Un preso político de dieciséis años. Un hijo de dieciséis años, jugoso y frágil. Eso, su hermosura era lo que lo hacía más visible y más seguramente escogido entre los otros. Una tarde, mirando la fotografía de su credencial de estudiante, olvidé por qué lloraba y, ante sus ojos claros y sonrientes, mi pecho se llenó del gran gozo que siempre fue amarlo, y lo besé muchas, muchas veces. Pensé que me lo estaba "comiendo a besos" y no sé por qué la maligna palabra "apetecible" vino a romperlo todo y a hacer más grande mi horror, un horror que nacía en mí y que se iba ampliando vertiginosamente hasta alojarse en todo mi ser y yendo más, mucho más lejos, buscando a otros seres miserables. Me miré las manos. Las suyas son mucho más blancas y con uñas almendradas. Palpé mi cuerpo reseco y recordé su radiante cuerpo. Nadie era comparable a él, nadie, y los hombres entregados a sí mismos gozan con la destrucción de la belleza.

Todavía está el panadero mirando mis monedas sobre el mostrador, como si no fueran iguales a las otras.

163

Unas cuadras más acá Gabriel no puede evitarme, se encoge y baja la cabeza. Tengo que alzar la mano para acariciarle una mejilla tersa, sin bozo aún, y las lágrimas corren por las mías, envejecidas, mientras toco la piel suave, bruñida. Pero esta vez no me estremezco: estoy tocando la piel de Gabriel, el amigo de mi hijo, y su contacto no me hace daño, ni pensar en verdugones o llagas. Sonrío y me despido así de él. Me alejo unos pasos y Gabriel sigue allí, en donde lo dejé. Tengo que contenerme para no gritarle que se mueva, que está sano, que está vivo.

Pero ahora debo pensar en Lázaro, en él. La casa limpia, en orden, el paquete de la basura, dos panes en un plato, sobre la mesa, darán idea de la vida sin relieves de una mujer sola, habitante única de dos cuartitos allá lejos, en el fraccionamiento burocrático que no se hizo nunca, dos ridículos cuartitos a los que el monte va cercando cada vez más.

Sin duda vendrán hoy. No quiero que me encuentren, ya sobrará tiempo después. En los últimos días no habían venido, no catearon ninguna casa por temor de que mataran al prisionero, pero hoy comenzaremos otra vez, de nuevo, la ruta fatigante: todos con la misma cara, la misma voz, la misma manera de golpear. Pero hay alguno que, aparte de la brutalidad, tiene un destello de exquisito placer en los ojos cuando repasa con la punta de sus dedos un rostro desfigurado, mejor si es joven, mejor si fue hermoso, mejor si es el de una mujer o de un adolescente asombrado. Nunca falta alguno así. Pero tengo que irme antes de que lleguen. Hasta mañana no deben encontrarme, no me encontrarán, y después ya nada tendrá importancia.

Lázaro lo intentó todo y no pudo regresarme a mi hijo. Ahora estará más solo y más apesadumbrado que nunca, en la selva, en los pantanos, junto a sus compañeros vestidos de un verde igual, igualmente cansados que él. Y a pesar de todo lo que hizo no logramos, ni por un instante, sentirnos hermanos.

Yo no sabía que existía, y él tampoco, quizá, sabía nada de mí. No tuvimos tiempo de aclarar eso. Sé que se llama Lázaro Echave, como mi padre y como mi hijo, y que fue por la coincidencia de nombres por lo que, aquel último día, sacaron de la casa a mi hijo en medio de los soldados. Un equívoco, aunque seamos medio hermanos. Un equívoco. Pero después, hagan conmigo lo que hagan, herida sobre herida, no sacarán de mi boca su nombre, ese amado nombre, porque ahora ya están convencidos de su error. A él no lo conozco, sigo sin conocerlo.

La casa está rosada por el tibio sol del amanecer. La miro y me gusta, tranquilamente posada y oculta entre la yerba. La casa que está sola y que quizá nadie vuelva a habitar. Una salita, dos cuartos, la cocina y el baño, y terreno para un huerto, un jardín y un gallinero pequeño. Ahora yo debería dedicarme a ellos, pues hace tiempo llegó mi jubilación. Hace tiempo… ¿Cuánto tiempo?, no sé, creo que ayer descubrieron que interrumpía las clases para acercarme a un niño y a otro y les acariciaba el pelo, mientras las lágrimas corrían por mi cara sin que me diera cuenta. Se asustaban, yo sé que a los niños les asustan las lágrimas, pero no lo notaba, por eso lo hacía.

No hay ningún rastro, todo está limpio y en orden, callado. Las paredes de la salita no parecen guardar un susurro, y a mi cuarto no puedo entrar, pero Lázaro me aseguró que está igual que antes, aunque eso no puede ser verdad. Me tiendo aquí, en la cama estrecha de mi hijo y me pego contra la pared, para escuchar. Cierro los ojos.

El cuarto es demasiado pequeño para esos pasos tan largos. En realidad no sé por qué es así de alto, por algún abuelo será, alguno que no conocí, del que no me hablaron. Mi hijo es mi prisionero, aquí, en mi casa. Está aquí, en ese lugar que ocupa otro. Puede caminar, quiere eso decir que no le han pasado alambres que atraviesen sus rodillas, y mira, pues se mueve seguro entre las sillas, la cómoda y la cama. No se queja. Yo he estado siempre, desde que lo trajeron, pegada a esta pared y lo he oído hablar, pero no quejarse. No le han hecho daño, no le han hecho daño. Me aseguraron que tampoco en los anteriores escondites. Cuánto bien me hace pensar esto, tanto, tanto que casi no puedo respirar, desde este rincón, rincón, rincón.

Nadie se ha dado cuenta, estoy segura, de que he comprado mejor comida que de costumbre; no, más no, pues eso hubiera sido extraño ya que nadie me visita. He ido y venido rápidamente, pues aunque Lázaro me ha asegurado que no le pasará nada, no conozco a los otros dos hombres ni sé lo que piensan. Tres días de guisar con alegría, poniendo todas las especias, probando con la cuchara de madera. Pero no he dejado de vigilar ni un minuto, no me he entretenido en nada, he estado alerta, pendiente… nada, ni un grito, ni una palabra alta, el prisionero sabe cómo debe comportarse. Hasta pudimos dormir algo durante las noches, todos, menos el que se quedaba afuera, junto a la ventana del que fue mi cuarto. Me alegra que ni Lázaro ni los otros hombres hayan tenido qué comer.

Lo traerán o él vendrá solo, y yo cerraré los ojos mientras lo cambian por el extranjero, y oiré sus pasos, largos también, pero más suaves, y estará ante mí con sus limpios ojos claros. Mi hijo.

Días, y noches, ¿cuántas horas? Viviendo minuto a minuto, escuchando el radio continuamente, sin apenas hablar. Cuatro días de ir, como antes refrenando el sufrimiento, ahora ocultando la alegría. Me darán a mi hijo por el extranjero.

Me arrebujo lo más que puedo en mi gastado chal negro, quizá me vigilen, voy demasiado de prisa, bueno, a nadie puede extrañarle que esté nerviosa, se trata de mi hijo, y por fortuna nadie me pregunta nada; don José, el panadero, me aprieta con su manaza un hombro, y eso es todo.

Tengo que levantarme. No es ahora el tiempo de seguir oyendo el disparo que mató al prisionero y a mi hijo. Mientras estuvo vivo podíamos creer que él también lo estaba. Murió porque mi hijo está muerto. No lo conocí, pero escuché el disparo, un pequeño chasquido inofensivo, mucho más real, sin embargo, que las palabras huecas de Lázaro, lo único real desde la última voz que recuerdo de mi hijo. Ya volveré a quedarme quieta, pegada a la pared, escuchando el disparo mientras vienen a buscarme, escuchándolo siempre. Siempre. Ahora tengo que ir al funeral. Dentro de muy poco las campanas comenzarán a doblar a muerto. Durante horas. Tengo que darme prisa para lograr un buen lugar en la catedral. Oficiará el arzobispo y estará el cuerpo oficial y diplomático, que darán sus pésames a las mujeres veladas que no entienden nada, como yo. Que sólo tienen un muerto. Es mucho tener lo que tengo, un féretro, un cadáver ante el cual llorar.

# Las muertes

*A Juan Guerrero*

Lo perturbador es que se trata de un asunto estético.

No quiero que se me malinterprete: no estoy hablando del cadáver o de lo macabro, ni de justicia o asesinato. Lo comprendí esta mañana cuando me irritó el dolor y el estado nervioso de Ángela ante un hecho, por lo menos, similar. No me conmovió lo que me contó ni el que saliera apresuradamente de mi despacho para ocultar las lágrimas cuando le dije: "Eso sólo les pasa a los tontos y a los borrachos". No, no se trataba de la barbarie, sino de la forma, del *estilo* de la barbarie.

Vi a Ángela toda la mañana con sus ojos enrojecidos y sin atreverse a levantar los párpados para mirarme cuando la llamaba; vi su ancha cara, siempre alegre y un tanto bobalicona, inmovilizada como una máscara, su esfuerzo por mostrarse tan eficiente como si lo que sucedió no hubiese sucedido. Y no sentí nada.

El ahogo que me obligó a aflojarme la corbata y desabrochar el botón del cuello de la camisa a medida que iba leyendo los matutinos, a quitarme el saco, y después a no contestar ninguna llamada telefónica, a no recibir a los clientes, fue aumentando al grado de no poder, simplemente, firmar, porque mis manos temblaban por una impaciencia que, en realidad, no esperaba nada.

No salí a comer. No tenía a dónde ir, con quién hablar, porque sabía que en ese momento todo el mundo comentaba el hecho, así o asá, no importa; como seres racionales, poseedores de una estructura mental, por mínima que fuera, pero con la que podían ser consecuentes, fría o apasionadamente consecuentes; todos esos seres seguían comiendo, trabajando, habían dormido la noche anterior. Me sacaba de quicio sólo imaginar el tono y las opiniones de los cercanos a mí, de los que amo.

A las cuatro de la tarde no pude más. Salí de la oficina y le dije a Ángela al pasar "puede tomarse la tarde", sin volver la cara hacia ella.

Desde esa hora estoy caminando y me he detenido solamente para leer las notas que sobre el asunto traen los periódicos. En todas las ediciones se habla casi exclusivamente de ello, *precisamente* para agotarlo y que ya no haya más noticias mañana. Esto fue lo primero que percibí.

Después, ya muy cansado, noté que no se me ocurrió buscar si había algo sobre lo del cuñado de Ángela. Ni aun entonces sentí la necesidad de tomar un teléfono y preguntar si estaba muerto o no. Y sin embargo, yo le tengo afecto, más del que generalmente expreso a esa mujer. Apreté contra mi costado los periódicos.

En mi casa, dentro de mi propia casa habían irrumpido e invadido todo de horror: el cadáver desnudo, hinchado, cosido en línea recta del vientre a la garganta, después de haber sido abierto en canal. Un cadáver que se exhibe por todos lados para que se vea que no tiene balazos.

Cualquier ser sensato hubiera apagado su televisor. Yo no hice eso.

Nunca he estado en un palenque. Sé de ellos lo que todo el mundo ha visto en viejas películas cuyo nombre nadie recuerda. Ignoro el ambiente y la excitación, lo que de fascinante pueda tener una pelea de gallos. Sólo sé que allí, quién sabe por qué, un hombre le dio a otro, al cuñado de Ángela, cuatro balazos en el vientre. Una muerte anacrónica, si es que ha muerto. Y absurda.

En cambio esta otra es lógica, natural: se trata de un guerrillero alzado en armas contra el gobierno.

# Orfandad

*A Mario Camelo Arredondo*

Creí que todo era este sueño: sobre una cama dura, cubierta por una blanquísima sábana, estaba yo, pequeña, una niña con los brazos cortados arriba de los codos y las piernas cercenadas por encima de las rodillas, vestida con un pequeño batoncillo que descubría los cuatro muñones.

La pieza donde estaba era a ojos vistas un consultorio pobre, con vitrinas anticuadas. Yo sabía que estábamos a la orilla de una carretera de Estados Unidos por donde todo el mundo, tarde o temprano, tenía que pasar. Y digo estábamos porque junto a la cama, de perfil, había un médico joven, alegre, perfectamente rasurado y limpio. Esperaba.

Entraron los parientes de mi madre: altos, hermosos, que llenaron el cuarto de sol y de bullicio. El médico les explicó:

—Sí, es ella. Sus padres tuvieron un accidente no lejos de aquí y ambos murieron, pero a ella pude salvarla. Por eso puse el anuncio, para que se detuvieran ustedes.

Una mujer muy blanca, que me recordaba vivamente a mi madre, me acarició las mejillas.

—¡Qué bonita es!

—¡Mira qué ojos!

—¡Y este pelo rubio y rizado!

Mi corazón palpitó con alegría. Había llegado el momento de los parecidos, y en medio de aquella fiesta de alabanzas no hubo ni una sola mención a mis mutilaciones. Había llegado la hora de la aceptación: yo era parte de ellos.

Pero por alguna razón misteriosa, en medio de sus risas y su parloteo, fueron saliendo alegremente y no volvieron la cabeza.

Luego vinieron los parientes de mi padre. Cerré los ojos. El doctor repitió lo que dijo a los primeros parientes.

—¿Para qué salvó *eso?*

—Es francamente inhumano.

—No, un fenómeno siempre tiene algo de sorprendente y hasta cierto punto chistoso.

Alguien fuerte, bajo de estatura, me asió por los sobacos y me zarandeó.

—Verá usted que se puede hacer algo más con ella.

Y me colocó sobre una especie de riel suspendido entre dos soportes.

—Uno, dos, uno, dos.

Iba adelantando por turno los troncos de mis piernas en aquel apoyo de equilibrista, sosteniéndome por el cuello del camisoncillo como a una muñeca grotesca. Yo apretaba los ojos.

Todos rieron.

—¡Claro que se puede hacer algo más con ella!

—¡Resulta divertido!

Y entre carcajadas soeces salieron sin que yo los hubiera mirado.

Cuando abrí los ojos, desperté.

Un silencio de muerte reinaba en la habitación oscura y fría. No había ni médico ni consultorio ni carretera. Estaba aquí. ¿Por qué soñé en Estados Unidos? Estoy en el cuarto interior de un edificio. Nadie pasaba ni pasaría nunca. Quizá nadie pasó antes tampoco.

Los cuatro muñones y yo, tendidos en una cama sucia de excremento.

Mi rostro horrible, totalmente distinto al del sueño: las facciones son informes. Lo sé. No puedo tener una cara porque nunca ninguno me reconoció ni lo hará jamás.

# Apunte gótico

*Para Juan Vicente Melo*

Cuando abrí los ojos vi que tenía los suyos fijos en mí. Mansos. Continuó igual, sin moverlos, sin que cambiaran de expresión, a pesar de que me había despertado.

Su cuerpo desnudo, medio cubierto por la sábana, se veía inmenso sobre la cama. La vela permanecía encendida encima de la mesita de noche del lado donde él estaba, y su luz hacía difusos los cabellos de la cabeza vuelta hacia mí, pero a pesar de la sombra sus ojos resplandecían en la cara. La claridad amarillenta acariciaba el vello de la cóncava axila y la suave piel del costado izquierdo; también hacía salir ominosamente el bulto de los pies envueltos en la tela blanca, como si fueran los de un cadáver.

La tormenta había pasado. Él hubiera podido apagar la vela y enviarme a dormir en mi cama, pero no lo hacía. No se movió. Siguió con el tronco levemente vuelto hacia la derecha y el brazo y la mano extendidos hacia mí, con el dorso vuelto y la palma de la mano abierta, sin tocarme: mirándome, reteniéndome.

Mi madre dormía en alguna de las abismales habitaciones de aquella casa, o no, más bien había muerto. Pero muerta o no, él tenía una mujer, otra, eso era lo cierto. Era la causa de que mi madre hubiera enloquecido. Yo nunca la he visto.

Vi la blanca carne del brazo tendido hacia mí, tersa, sin un pelo, dulce y palpitando con el vaivén de la flama. Los dedos ligeramente curvos sobre la mano ofrecida apenas: abierta. Hubiera querido poner un pedacito de mi lengua sobre la piel tibia, en el antebrazo.

Tenía los ojos fijos en mí, tan serenos que parecía que no me veía. Llegué a pensar que estaba dormido, pero no, estaba todo él fijo en algo mío. Ese algo que me impedía moverme, hablar, respirar. Algo dulce y espeso, en el centro, que hacía extraño mi cuerpo y singularmente conocido el suyo. Mi cuerpo hipnotizado y atraído.

Ese algo que podía ser la muerte. No, es mentira, no está muerto: me mira, simplemente. Me mira y no me toca: no es muerte lo que estamos compartiendo. Es otra cosa que nos une.

Pero sí lo es. Las ratas la huelen, las ratas la rodean. Y de la sombra ha salido una gran rata erizada que se interpone entre la vela y su cuerpo, entre la vela y mi mirada. Con sus pelos hirsutos y su gran boca llena de grandes dientes, prieta, mugrosa, costrosa. Adelina, la hija de la fregona, se trepa con gestos astutos y ojos rojos fijos en los míos. Tiene siete años pero acaba de salir del caño, es una rata que va tras de su presa.

Con sus uñas sucias se aferra al flanco blanco, sus rodillas raspadas se hincan en la ingle, metiéndose bajo la sábana. Manotea, abre la bocaza, su garganta gotea sonidos que no conozco. Se arrastra por su vientre y llega al hombro izquierdo. Me hace una mueca. Luego pasa su cabezota por detrás de la de él y se queda ahí, la mitad del cuerpo sobre un hombro, la cabeza y la otra mitad sobre el otro, muy cerca del mío. Con las patas al aire me enseña los dientes, sus ojillos chispean. Ha llegado. Ha triunfado.

Ahora sí creo que mi padre está muerto. Pero no, en este preciso instante, dulcemente, sonríe: complacido. O me lo ha hecho creer la oscilación de la vela.

# Río subterráneo

*Para Huberto Batis*

He vivido muchos años sola, en esta inmensa casa, una vida cruel y exqui- *lovely elegant* sita. Es eso lo que quiero contar: la crueldad y la exquisitez de una vida de provincia. Voy a hablar de lo otro, de lo que generalmente se calla, de lo que se piensa y lo que se siente cuando no se piensa. Quiero decir todo lo que se ha ido acumulando en un alma provinciana que lo *polish* pule, lo acaricia y perfecciona sin que lo sospechen los demás. Tú podrás pensar que soy muy ignorante para tratar de explicar esta historia que ya sabes pero que, estoy segura, sabes mal. Tú no tomas en cuenta el río y sus avenidas, el sonar de las campanas, ni los gritos. No has estado tratando, siempre, de saber qué significan, juntas en el mundo, las cosas inexplicables, las cosas terribles, las cosas dulces. No has tenido que renunciar a la que se llama una vida normal para seguir el camino de lo que no comprendes, para serle fiel. No luchaste de día y de noche, para aclararte unas palabras: tener destino. Yo tengo destino, pero no es el mío. Tengo que vivir la vida conforme a los destinos de los demás. Soy la guardiana de lo prohibido, de lo que no se explica, de lo que da vergüenza, y tengo que quedarme aquí para guardarlo, para que no salga, pero también para que exista. Para que exista y el equilibrio se haga. Para que no salga a dañar a los demás.

Esto me lo enseñó Sofía, a quien se lo había enseñado Sergio, quien a su vez se lo planteó al ver enloquecer a su hermano Pablo, tu padre.

Siento que me tocó vivir más allá de la ruptura, del límite, en ese lado donde todo lo que hago parece, pero no es, un atentado contra la naturaleza. Si dejara de hacerlo cometería un crimen. Siempre he tenido la tentación de huir. Sofía no, Sofía incluso parecía orgullosa, puesto que fue capaz de construir para la locura. Yo solamente hago que sobreviva.

Para que no tengas que venir a verlo trataré de explicarte lo que Sofía hizo con esta casa que antes fue igual a las otras. Es fácil reconocerla porque está

173

aislada, no tiene continuidad con el resto: por un lado la flanquea el gran baldío en el que Sergio no edificó, y por el otro las ruinas, negras, de la casa de tu padre. Fuera de eso se ve una fachada como tantas otras: un zaguán con tres ventanas enrejadas a la derecha y tres a la izquierda. Pero dentro está la diferencia.

Es una casa como hay muchas, de tres corredores que forman una U. pero en el centro, en lugar de patio, ésta tiene una espléndida escalinata, de peldaños tan largos como es largo el portal central con sus cinco arcos de medio punto. Baja lentamente, escalón por escalón, hace una explanada y luego sigue bajando hasta lo que en otro tiempo fue la margen del río cuando venía crecido. No te puedes figurar lo hermosa que es.

A la altura de la explanada fueron socavadas cuatro habitaciones; dos de cada lado de la escalinata, así que quedaron debajo de los corredores laterales y parece que siempre estuvieron allí, que soportan la parte de arriba de la casa. Quizá sea verdad. Estas cuatro habitaciones están ricamente artesonadas: Sofía pensó que ya que no podía tener comodidades tu padre, ni siquiera muebles, debía disfrutar de algún lujo extraordinario. Son cuatro habitaciones, pero en realidad se ha usado únicamente una, la primera a la izquierda, según se baja al río. No he dejado de pensar en la razón que movió a Sofía para hacer que construyeran cuatro, una para cada uno de nosotros, o si simplemente las necesidades de proporción de la escalinata y la explanada en que están colocadas necesitaron de ese número.

En una de ellas estuvo tu padre cuando a Sergio y a Sofía les pareció que debían construir aquí un lugar para él, un lugar únicamente suyo en el mundo. Ninguno de ellos salió de aquí para traerlo, pero luego cuidaron de él sin escatimar ningún dolor. Escucharon atentamente sus gritos inhumanos, se centraron en ellos.

Que escapara del cuarto artesonado no fue culpa de nadie. Posiblemente pienses que alguien dejó la puerta abierta o la llave al alcance de su mano, pero si hubieras visto alguna vez la llegada del río crecido, oído cómo su ruido terrestre como un sismo llena el aire antes de que puedas ver la primera y terrible ola que arrastra ya casas, ganado, muertos, sabrías que él tuvo que salir de ese cuarto como el río de su cauce, y destruir y destruirse para que la vida otra, ajena y la misma, tu vida quizá, pueda volver a empezar.

Si entendieras esto sabrías que el que incendiara una casa, la que le habían heredado, no fue una casualidad, ni que el que él muriera entre sus llamas lo es. Tú, por ejemplo, puedes encargar a alguien que venda ese baldío, pero pensar que aquí hay una casa a tu nombre, te haría venir. Por esto no será para ti esta otra que habitamos ahora; eso lo arreglé yo. Pero, sí te pertenece el terreno de Sergio porque no tienes que verlo.

No quiero relatarte la muerte de tu padre, tampoco la de Sergio, sólo sugiero que aprendas a verlas de otra manera, y para ello te estoy contando esto otro, la vida que tuvimos.

Se podía sentir, a la luz del quinqué, bajo la piel de las comisuras móviles, en la quietud férrea de las manos sobre el regazo, un opaco zumbido de lucha que llenaba el silencio de la sala, de la casa, de la noche. Ellos eran mis hermanos, pero yo aún no entendía. Eran más bien hermanos, muy hermanos entre sí. No tenían ningún parecido físico, aparte del cuerpo delgado y la piel que parecía transparente en los párpados. Sin embargo, ellos sacaban el acuerdo de la diferencia aparente: el ritmo al que se movían; las manos; los profundos ojos extáticos, encharcados, les daban una semejanza muy grande, por encima de los rasgos y colores. También su edad y su educación eran diferentes, pero nadie lo hubiera creído.

Ese voluntario parecido fue una defensa que levantaron. Pero ya te dije que no te hablaré de esa lucha más de lo estrictamente necesario. En realidad todo comenzó antes de que yo pudiera entenderlo y te lo transmitiré de acuerdo con mis recuerdos, no con el tiempo ni los razonamientos.

La noche del saqueo para nosotros transcurrió de un modo diferente que para los demás: nos quedamos ante la ventana de par en par, mirando hacia afuera, y nuestro zaguán fue el único que nadie golpeó porque Sergio, en cuanto oyó los gritos que venían por el camino de la Bebelama, fue, caminando despacio, y lo abrió, encendió las luces por toda la casa, revisó su corbata ante el espejo del corredor, y se colocó, con la espalda negligentemente pegada al marco de la ventana, a esperar; Sofía fue a sentarse en el poyo y no cruzaron palabra.

Yo les vi entrar a la plaza: a pie, a caballo, gritando y disparando, rompiendo las puertas, riendo a carcajadas, sin motivo, y tuve miedo; me acerqué a Sofía, le tomé una mano y ella me sonrió y me sentó a su lado; luego se volvió para seguir mirando.

A empellones sacaron al señor cura por las arcadas de la sacristía. Me dio dolor ver su cara pálida y desencajada pasar de la luz a la sombra, de una risotada a un golpe, a una palabrota, tropezando con las macetas, haciendo chillar a los canarios. Si la ves ahora, de mañana, esa misma sacristía con arcos, no te lo podrás imaginar. Sólo frente a las llamas se ve el lugar tan grande que ocupa la sombra de un hombre.

—Éstos sólo quieren el dinero. Pero a él le gusta hacerse el mártir. Detesto a los mártires —dijo Sergio. Yo sentí su desprecio hacia aquella cara pálida, conocida, que habíamos visto todos los días, desde que nacimos, y que sufría. Me estremecí violentamente, Sofía apretó mis dedos con firmeza y me puso la otra mano en el hombro.

Cuando entraron en nuestra casa, yo temí que advirtieran la curiosidad casi irónica en los ojos de Sergio, y hubo uno que se le plantó enfrente y estuvo a punto de decir algo. Si Sergio hubiera sonreído o cambiado, no sé, pero él siguió igual, mirando al otro con sus ojos con un punto dorado en el centro, y el otro se fue y acuchilló un sofá. Todavía está aquí, desteñido y con la borra de fuera, y es muy sedante mirarlo, no sé por qué, quizá porque no grita y está igual desde hace treinta años.

Ahora me imagino que debimos de parecer un retrato de familia, los tres en el marco de la ventana, pero en ese momento fue la primera vez que sentí que estábamos, yo también, aparte, y que no podían tocarnos.

Del otro lado de la plazuela, Rosalía chillaba y un hombre la perseguía. Más que los balazos, se oían los chillidos de las mujeres, muy agudos.

De nuestra casa se fueron pronto en realidad, porque nada estaba bajo llave. Eso Sergio lo debió hacer días antes y sin que lo notáramos, o quizá mientras encendía todas las luces, como si diéramos una gran fiesta. Salieron pronto, sin hablarnos, y lo que se llevaron lo fueron dejando abandonado por las cantinas y las calles, pero nosotros nunca hicimos nada por recuperarlo; se entendía que ya no era nuestro.

—Creí que sería otra cosa —dijo Sergio, cuando comenzó a hacerse el silencio y una luz plomiza en el cielo me dio náusea. Al pasar, acarició el quinqué—. Qué bueno que nadie vio lo hermosa que es su luz rosada —dijo.

Cerró la puerta y nos fuimos a dormir.

En las noches siguientes, mientras pasaban las rondas y se oían los "quién vive", algún disparo y los perros, Sergio le explicaba a Sofía las diferentes fiestas de los diferentes dioses. "El desorden sagrado", recuerdo que dijo, y cosas así. Podría citarte más frases, pero las frases no importan. Es extraño que lo que le dolía de aquella noche no era ni lo del señor cura, ni lo de Rosalía, ni lo de los colgados, era que la alegría de aquellos hombres era falsa, que se equivocaban, que en lugar de aquellas carcajadas huecas hubieran debido gritar, dar de alaridos, y matar, y robar, con verdad, con dolor, "porque era lo más parecido a una fiesta". Y era verdad que estaba triste por aquellos hombres.

No aprendimos de revoluciones por aquella revolución, sino de cultos, de ritos y de dioses antiguos. Fue así como él nos enseñó tantas cosas: para entender otras, pero no las semejantes, sino las que podían explicarlas.

Él podía decirte, por ejemplo, que tu madre lo era por haberte parido, *su madre* pero que una verdadera madre es la que te escoge después, no por ser un niño, sino por ser como eres; por eso encontraba natural que una reina odiara o despreciara a su hijo desde chico. Por ahí leímos historia de Francia, lo recuerdo bien.

En realidad Sofía y yo estudiábamos de lo que se iba ofreciendo —como tema o como ejemplo— y él hablaba de ello con nosotras por la noche, sin plan, sin ton ni son. No era un profesor, ni le gustaba escucharse, buscaba titubeando, rehacía argumentaciones; ya te lo dije: rastreaba, a veces delante de nosotras, en voz alta. Pero las noches en que estaba callado y sombrío, ¿qué buscaba?

A la luz del quinqué oí hablar de ti, de Pablo, tu padre, que se fue siendo *su padre* tan joven que yo apenas podía recordarlo. Tú eras un bebé y tu padre estaba ya en un sanatorio. No te conoció. No te acerques ahora a él. Recuerda que no es más que un muerto.

También oía hablar de la escalinata. La llama no parpadeaba, se mantenía quieta, y su claridad tenue ponía tonos cálidos en la piel pálida de mis hermanos. Sofía cosía o bordaba, mientras Sergio sostenía un libro en las manos; a veces leía un poco. Los oí hablar en voz baja de ustedes, de la locura, como si todos fueran recuerdos. Sofía recibía las cartas por la mañana, pero acostumbraba esperar hasta la noche para contarnos suavemente, como si fuera una vieja historia, que Pablo tenía trastornos muy extraños o que se había hecho *papá en el manicomio* necesario internarlo en un manicomio.

—Pablo siempre fue alegre, ruidoso, le gustaba cantar y levantar en vilo a nuestra madre para darle vueltas y que diera gritos mientras él reía. Alegre y fuerte, muy fuerte. O quizá lo veíamos así porque era mucho mayor. Pero ahora dicen que se ha tornado violento, que hay momentos en que destruye todo lo que encuentra, y que quiere matar. La fuerza y la alegría juntas, más una exasperación que corrompa y desvirtúe la alegría, pueden transformarse en violencia, ¿o es la cólera sola la que se apodera y enceguece toda la vitalidad de un hombre? ¿De dónde viene esa cólera y por dónde se filtra, desde qué lugar acecha? Cae sobre él como un rayo, lo posee como un demonio y él no es más que él mismo, y hay que encerrarlo en lugar seguro, en un manicomio, donde hay gente que conoce ese deseo de destrucción y que no le teme.

Así contaba las noticias. Sergio callaba y ella seguía hablando, la interrogaba dulcemente hasta que él principiaba a hablar de la locura, de la escalinata, o de las cosas o las personas, siempre en un tono amable y como si ellos estuvieran aparte y lejos.

Después, cuando crecí un poco más y Sofía me instruyó, supe que ella empleaba todo el día para buscar el modo, las palabras para decir las cosas, tomando siempre en cuenta, en primer lugar y antes que nada, la angustia de Sergio.

—Hay que contenerse. Ser conscientes, perfectamente lúcidos, dar a los hechos, los sentimientos y los pensamientos la forma adecuada, no dejarse arrastrar por ellos, como se hace comúnmente. Sergio me hablaba de eso en sus cartas, desde Europa, antes de regresar, y entonces era nada más la necesidad de ajustarlo todo a proporciones humanas, porque la desmesura es siempre más poderosa que el hombre; era una disciplina personal, casi un juego, pero cuando me habló de su angustia, de que se le metía en el pecho y no lo dejaba pensar, ni respirar, porque lo iba invadiendo, poseyendo desde esa herida primera que es igual a un cuchillo helado en un costado del pecho, comprendí que a eso debía aplicarse todo lo que sobre la importancia de la forma me había enseñado, y así entre los dos buscamos las palabras tibias que calientan la herida, y nos prohibimos cualquier expresión desacompasada, porque el primer grito dejaría en libertad a la fiera.

Aunque en aquella época yo todavía iba a la escuela y visitaba a mis primas, me di cuenta desde el primer momento de que no debía emplear el lenguaje de mis hermanos, ni aludir jamás a las conversaciones que había en casa. "¿Por qué no van nunca a las fiestas?", me preguntaban los parientes. "No se deben dejar abatir por la desgracia de Pablo", aseguraban. Yo no podía decirles que ellos no se dejaban abatir, sino que al contrario, estaban alerta, y no podían despreciar ni un instante su atención porque debían estar en guardia precisamente contra esa desgracia.

"¡No! ¿Por qué Sergio? El médico puede decir lo que quiera, porque es un triste médico de pueblo. Todo quiere simplificarlo, cree que lo que Sergio tiene es melancolía; ignora lo que es la angustia.

"Sergio decía: 'Quiero encontrar una cosa tersa, armónica, por donde se deslice mi alma. No estos picos, estas heridas inútiles, este caer y levantar, más alto, más bajo, chueco, casi inmóvil y vertiginoso. ¿Te das cuenta? Siento que me caigo, que me tiran, por dentro, ¿entiendes?, me tiran de mí mismo y cuando voy cayendo no puedo respirar y grito, y no sé y siento que me acuchillan, con un cuchillo verdadero, aquí. Lo llevo clavado, y caigo y quedo inmóvil, sigo cayendo, inmóvil, cayendo, a ningún lugar, a nada. Lo peor es que no sé por qué sufro, por quién, qué hice para tener este gran remordimiento, que no es de algo que yo haya podido hacer, sino de otra cosa, y a veces me parece que lo voy a alcanzar, alcanzar a saber, a comprender por qué sufro de esta manera atroz, y cuando me empino y voy a alcanzar, y el pecho se me distiende, otra vez el golpe, la herida y vuelvo a caer, a caer. Esto se llama la angustia, estoy seguro'.

"¿Qué tiene que ver esto con la melancolía? Yo puedo entenderlo, sentir en mí la angustia de mi hermano cuando habla de la caída y sus dedos se enfrían de golpe y se quedan pegados a los míos con un sudor de agonía idéntico al sudor de mi madre aquella tarde en que le enjugué la frente y ya no lo sintió. Si la angustia y el remordimiento gratuito son la locura, todo es demasiado fácil y resulta monstruosamente injusto que Sergio sufra tanto por nada. La locura sería entonces no más que un desajuste, una tontería, una pequeña desviación de camino, apenas perceptible, porque no conduce a ninguna parte; algo así como una rápida mirada de soslayo. No puede ser. ¿Por qué Sergio?

"Le hace falta apoyo. Algo real, material, a lo que pueda agarrarse."

Así inventó Sofía la escalinata, o, más bien, hizo que Sergio la inventara. Los obligó a imaginarla, y después a calcular, a medir peldaño por peldaño la proporción, el terreno, el declive, el peso de la casa, que debía quedar allá arriba, firme, como si ella y la escalinata fueran la misma cosa y pudieran vivirse al mismo tiempo.

Ellos lograron en parte su propósito. Es verdad que cuando entras a la casa y atraviesas por primera vez el pasillo y el portal, te detienes al borde de la escalinata como al borde de un abismo, con el pequeño terror de haber podido dar un paso más, en falso. Pero al ahogar ese pequeño grito que nunca se ha escuchado y que sólo parece el ruido del corte brusco de la respiración, todos los visitantes han tratado de expresar asombro y no miedo. ¿Por qué miedo? Asombrarse en cambio es natural, pues no esperaban encontrarse *eso* ahí, es decir, el patio que se ha hecho escalinata sin que nadie sepa por qué y, principalmente —todos han dicho lo mismo—, porque la belleza y la armonía siempre asombran, cortan el aliento. Belleza y armonía sacó Sofía de la angustia de Sergio, para que él supiera que las tenía, que estaban en él a pesar de la angustia, pero tal vez también para verlas ella misma y dar a todos una prueba palpable, material, de que el cerebro de su hermano funcionaba mejor que el de todo el pueblo junto, pues es cierto que entre todos no hubieran podido crear esa bellísima, suave pendiente blanca, que baja hasta la antigua margen del río con más elegancia que la de una colina. No. Sofía no pensaba en el pueblo, no quería demostrar nada al pueblo, pues cuando le preguntaron sobre la escalinata, ¿para qué? se limitó a alzarse de hombros e ignoró la pregunta. Sin embargo, jamás desechó la oportunidad de que cualquiera fuera a ver la escalinata, y espió siempre con satisfacción el momento en que la respiración se cortaba.

"Sin levantar los párpados puedo mirarlo, contemplar su cuerpo delgado recortado contra los arcos. Sin dejar de abordar lo miro hacer como que ve a los obreros que trabajan. Se queda con los ojos fijos y sé que tiene las manos heladas. Son las cinco de la tarde, ha terminado la hora de la siesta, pero él no ha dormido, hace mucho que no sabe lo que es dormir; se tira en la cama y mira el techo con los ojos muy abiertos y vacíos. Son las cinco de la tarde y estamos en junio, el sol todavía está alto y cae sobre él con su luz que anula, con su calor que destroza, pero Sergio no se da cuenta, está allí, parado, haciendo como que mira a los obreros, impecablemente vestido de lana gris y con una corbata plastrón. Cuánto esfuerzo. Quizá en eso consista: en llevar el esfuerzo hasta un límite absurdo, buscando con firmeza lo que está al otro lado del límite. Tenía que levantarse de la cama, salir del cuarto e inspeccionar los trabajos, tenía que hacerlo y no lo olvidó cuando estaba con los ojos fijos en el techo. ¿Cómo pudo recordarlo? ¿Cómo arrancarse de ese punto fijo? Ni yo misma sé lo que cada día le cuesta eso, pero lo hace, y más, mucho más: se baña, se viste, se peina, se perfuma como si la cita con ese pequeño deber fuera con el deber personificado. Y ahora se está ahí, aplastado por el sol sin saberlo, es decir, intacto, mirando sin mirar. Pero esta noche, cuando yo se lo pida, se lo suplique, se lo exija, sabrá cuánto se ha avanzado, por dónde, y si el trabajo va bien. Mañana en la mañana lo obligaré de nuevo a bajar hasta el río para que vuelva a calcular el problema del suelo arenoso. Es cruel, cruel para mí verlo entrecerrar los ojos como si lo estuviera pinchando, verlo apretar la boca, o mantener la frente lisa a punta de voluntad, para demostrarme que no sufre. Sí, mantiene tersa la frente para tranquilizarme.

"Sergio, si te es tan fácil calcular, si con inclinarte y palpar la tierra la reconoces, si al mirar el río, de pronto, aunque apenas, sonríes, ¿por qué no lo haces siempre, todos los días?"

"No, entiende, no quiero que aceptes las cosas como son, porque ahí están, quiero que estés tú entre ellas, para eso, para nombrarlas, para sonreírles, Sergio: ¡Mírame!... Perdona, ya sé que me reconoces, pero me da miedo, un miedo mortal pensar que un día no me prestes atención, como a los árboles, como a los albañiles... y sin embargo, por la noche, si te atormento, sabes exactamente lo que hicieron y si estaba bien o mal. Es otra clase de atención, me dijiste. ¿Con qué miras?... Sergio: ¡mírame!"

Sofía hizo bien en no permitir que a Sergio lo vieran los médicos. De tu padre sé poco, no lo vi antes, ni cuando comenzó. Quizá él sí era un loco de médicos, pero ellos sabían tan poco de su mal que le permitieron venir y contagiar a los hermanos que no se parecían a él, que eran hermanos entre sí. Sergio enloqueció como él cuando lo vio, cuando quiso entenderlo. No es que tuviera piedad, lástima tonta, solamente quería entender. Pero es seguramente ése el camino justo que la locura misma ha trazado para sus verdaderos elegidos. Es necesario oír los gritos, los alaridos, sin pestañear, como hacía Sergio sin cansancio durante el día y la noche. Habría que haber pensado en otra cosa. En cambio Sergio se quedaba fijo en el alarido bestial que recorría el silencio, que se extendía por la superficie de la noche. Sí, eso sí lo sé: no la penetraba; la locura de tu padre gritaba para sí misma, no le gritaba a nada.

Si no lo hubieran hecho traer... Por lo menos Sergio no habría aprendido ese grito. El que lo perdió. El grito, el aullido, el alarido que está oculto en todos, en todo, sin que lo sepamos.

Riego con movimientos lentos las plantas todas las tardes para no inquietarlo, para que no se despierte en Sofía, que ahora ocupa el cuarto artesonado que fuera de Pablo y Sergio. Ella lo lanza y lo escucha, yo continúo regando mis plantas. Comprendo que tiene que lanzarlo, pero yo no debo tratar de entenderlo. No debo por ti, para que nunca tengas que venir, para que no te veas obligado a esta vigilancia que termina cuando no hay por quién resistir. No vengas nunca.

Aun cuando te digan que yo dejé de guardar, de estar atenta sin entregarme, aun entonces, no vengas. No quieras comprender. Sólo a ti te diré que quizá me he sostenido porque sospecho, con temblor y miedo, que lo que somos dentro del orden del mundo es explicable, pero lo que nos toca a nosotros vivir no es justo, no es humano y yo no quiero, como quisieron mis hermanos, entender lo que está fuera de nuestro pequeño orden. No quiero, pero la naturaleza me acecha.

Porque en realidad, explicar: ¿qué explica un loco?, ¿qué significa? Ruge, arrasa como el río, ahoga en sus aguas sin conciencia, arrastra las bestias mugientes en un sacrificio ancestral, alucinando, buscando en su correr la anulación, el descanso en un mar calmo que sea insensible a su llegada de furia y destrucción. ¿Qué mar?

Recoge su furia en las altas montañas, se llena de ira en las tormentas, en las nieves que nunca ve, que no son él, lo engendran viento y aguas, nace en barrancos y no tiene memoria de su nacimiento.

La paz de un estuario, de un majestuoso transcurrir hacia la profundidad estática. No balbucir más, no gritar, cantar por un momento antes de entrar en la inmensidad, en el eterno canto, en el ritmo acompasado y eterno. Ir perdiendo por las orillas el furor del origen, calmarse junto a los álamos callados, al lamer la tierra firme, y dejarla, apenas habiéndola tocado, para lograr el canto último, el susurro imponente del último momento, cuando el sol sea igual, el enemigo apaciguado del agua inmensa que se rige a sí misma.

Desconfiado, ceñudo consigo mismo, enemigo de todo, se entrega al fin, en paz y pequeño, reducido a su propia dimensión, a la muerte. Apenas aprendió a morir matando, sin razón, para alcanzar conciencia de sí mismo, en instantes apenas anteriores al desprenderse de su origen, de la historia que no recuerda, apaciblemente poderoso antes de entregarse, tranquilo y enorme, ensanchado, imponente ante el mar que no lo espera, que indiferente murmura y lo engulle sin piedad.

Aguas, simples aguas, turbias y limpias, resacas rencorosas y remansos traslúcidos, sol y viento, piedras mansas en el fondo, semejantes a rebaños, destrucción, crímenes, pozos quietos, riberas fértiles, flores, pájaros y tormentas, fuerza, furia y contemplación.

No salgas de tu ciudad. No vengas al país de los ríos. Nunca vuelvas a pensar en nosotros, ni en la locura. Y jamás se te ocurra dirigirnos un poco de amor.

# Año nuevo

*A la vita*

Estaba sola. Al pasar, en una estación del metro de París vi que daban las doce de la noche. Era muy desgraciada por otras cosas. Las lágrimas comenzaron a correr, silenciosas.

Me miraba. Era un negro. Íbamos los dos colgados, frente a frente. Me miraba con ternura, queriéndome consolar. Extraños, sin palabras. La mirada es lo más profundo que hay. Sostuvo sus ojos fijos en los míos hasta que las lágrimas se secaron. En la siguiente estación, bajó.

# En Londres

*Para Francisco Matsumoto*

Habremos de haber llegado a Londres en el verano de 1911. ¿Al principio? ¿Cuándo terminaba? Llovía mucho. Y en lo que tardamos en desaduanar nuestras cosas y en encontrar un departamento amplio y un poco claro, en un barrio más bien pobre, ya estábamos en otoño. Lo recuerdo porque inmediatamente me di cuenta de que aquí todo marcha claramente hacia el fin. El tiempo es una constante amenaza de destrucción y de muerte.

Un domingo, cuando ya nos habíamos instalado, vi aquella pareja en Hyde Park. Era un otoño frío pero ligero; el aire lo hacía a uno respirar profundamente la humedad ya un poco corrompida, y sentirse como si fuera a volar. Todo era color plomo y sepia, semejante a algunas estampas que yo había visto. Iban apretados uno contra el otro, tomados de las manos, mirándose incansablemente a los ojos, ajenos a todo lo que les rodeaba y pensé, no sé por qué, que aquello no podía durar, que el otoño próximo todo habría cambiado y no sería, de ninguna manera, para ellos igual. En Chapultepec uno no piensa, *siente* que una pareja de enamorados sigue, para siempre, en medio del verdor imperecedero.

—¿Son de naturaleza diferente a la nuestra? —pregunté en voz alta.

—Pobrecilla, tiene frío —dijo mi hermano mayor rodeándome con su brazo—, es necesario comprarle más ropa de abrigo.

No contesté. Estaba acostumbrada a este preguntar una cosa y que se interpretara otra. Comprendía bien que era mía la culpa.

Por otra parte, yo ya no era una niña. Era huérfana, siempre lo fui, porque no recuerdo a mis padres. Mis hermanos habían estudiado en Londres, en otros tiempos, y tenían relaciones aquí. Mis hermanas hablaban y escribían tres idiomas, eran bonitas y poseían una caligrafía aristocrática que era muy apreciada. Todos se colocaron bastante pronto, bueno, bastante, en unos meses, en una estación quizá. Sí, en una estación, porque cuando las grandes nie-blas, ellos traían la leche y el pan. Yo casi no salía.

—¿Quieres que llevemos tu piano? —me habían preguntado allá, al venirnos.

Yo me avergoncé de que fuera tan voluminoso, de media cola, y de que fuera mío.

—Compraré un canario —respondí.

Y lo compré, pero él hacía lo que podía y no lo que yo quería hacer: tocar, a solas, un poco de Bach, de Mozart. Pero aun cuando las cosas iban mucho mejor económicamente, no me atreví a pedir un piano, a pesar de que en las tiendas de trebejos veía algunos verticales medio desvencijados que sonaban bien, y que con una manita...

No se habló de si yo debía o podía trabajar.

—Es tan tímida... —dijo cansadamente una de mis hermanas.

No, no era ésa la palabra, quizás no existía, pero siempre que fracasaba, que no me daba a entender, era costumbre que alguno de ellos acudiera a ella.

Así que me quedé a atender los menesteres de la casa. Había trabajo, pero no demasiado, ya que todos trataban de ayudar, pues comprendían que siendo tantos yo no hubiera podido cumplir con el quehacer, por lo menos no debi-damente.

Mi hermano mayor se sentaba por las noches en un sillón que me habían dicho fue de mi padre y nos leía con horror las cosas que estaban sucediendo en México.

Durante todo el día yo me quedaba sola en el departamento, prestando atención, a veces, a los trinos del canario. Lo cuidaba mucho, pero había dejado una pared despejada para el piano. Sabía que nunca estaría allí, porque mi voz no alcanzaría a pedirlo, pero contemplaba con amor la pared vacía.

Mrs. Mirrors me habló después de que bajamos juntas más de cien veces a llevar los paquetes de basura a la calle.

—¿De dónde es usted?

Vacilé. —Ahora los árboles siguen verdes en mi país y Victoriano Huerta está en el poder.

No me pareció sorprendida. —¿Qué dice?

—No debieron matar a Madero. Era un hombre tan bueno... —y, recordando su presencia viva en mí, como si lo estuviera viendo, las lágrimas gotearon por mis mejillas.

—Le va mal... pobrecita. No sufra usted, al fin todo se arregla. ¿Quiere que vayamos juntas al mercado?

Dije que sí con la cabeza, aquella cabeza en ese momento llena del Paseo de la Reforma, ya sin cadetes, en un día de sol.

Desde entonces Mrs. Mirrors no sólo iba conmigo al mercado sino que hacía mis compras, pues yo no atinaba a regatear, aunque sabía que ésa, como en mi tierra, era la costumbre, pero aparte de que allá jamás compré nada en los mercados, las cataduras agresivas de los comerciantes londinenses me dejaban sin habla. A cada compra que, victoriosa, hacía por mí Mrs. Mirrors, yo le sonreía y le daba un beso. Eso parecía gustarle mucho y yo lo hacía de todo corazón.

Supe que era viuda, que vivía de la pensión de su marido y que no tenía hijos. —Sí, sobrinos muchos, tantos que debo de llevar un calendario especial para no olvidarme de sus cumpleaños —y no sé si rió o simplemente ronroneó de satisfacción.

—¿Cuánto tiempo llevan ustedes aquí?

—¡Oh! No recuerdo bien... dos otoños, dos inviernos, dos primaveras, un verano... ¿No es así como se contesta?... aunque no estoy muy segura... todo es muy extraño.

—¿Hasta el tiempo?

—Sí, es inconstante, engaña, se apresura, nunca regresa, nada más quiere terminar.

—¿Terminar con qué?

—Con la vida.

Sé que lo hacía por amabilidad, por darme conversación, y yo me esforzaba por complacerla diciéndole la verdad, pero ella sólo entendía que yo era una pobre salvaje y que no comprendía nada de nada, pero por la que sentía no sé si lástima o afecto.

Aquella mañana me acerqué a la puerta para recoger el felpudo, oí claramente, a través de la madera, un grito, algo pesado que caía y una carrera desenfrenada escaleras abajo. Abrí. En el rellano estaba tirado un hombre. Me acerqué, lo volteé de costado, vi sus ojos sorprendidos, luego frunció el entrecejo, pero la sorpresa no desapareció. Era muy hermoso. Inmediatamente se desvaneció, boca abajo. En la espalda tenía clavado un puñal de mango negro, torneado, con anillos dorados incrustados. Con las manos intenté arrancar el puñal, y al no poder hacerlo, con mi delantal y mi falda quise restañar la sangre que ya borboteaba sobre la capa española.

Entonces Mrs. Mirrors salió de su departamento y comenzó a pedir auxilio a gritos. Yo seguía esforzándome, inútilmente, por contener la hemorragia.

—¡Deje eso, querida! ¡Deje eso! —me gritaba desesperadamente Mrs. Mirrors tirando de mí.

Había mucha sangre que contener en mi patria, aquí y en todas partes, yo no podía dejar de hacerlo.

Rápidamente llegó la policía con la ambulancia. Lo levantaron pero su cabeza colgaba inerte, descoyuntada, sin amparo. Corrí a sostenerla y así bajé las escaleras. Cuando lo subieron a la ambulancia, subí con él.

—¿Es su pariente?

—Sí.

Mrs. Mirrors nos persiguió gritando muchas calles abajo.

En el hospital me hicieron preguntas, yo no tenía qué contestar y sólo dije: —Hay que impedir que se derrame más sangre. Déjeme estar junto a él —tomaron mis generales y luego me dejaron entrar a un cuartito gris de sábanas muy blancas, donde estaba tendido de costado, con vendas cubriéndole todo el tórax. Dos mujeres vestidas de gris me escoltaban pero no les di importancia.

Era alto, rubio, con los cabellos ensortijados hechos una maraña por el sudor. Delicadamente, con mucha lentitud, fui deshaciendo con mis dedos aquella maleza hasta que los cabellos estuvieron en su lugar, poco más o menos. Creo que empleé mucho tiempo en esa tarea dulce, concienzuda y cálida que me ponía en contacto con aquel ser. La frente era amplia y de entre las cejas emergía una nariz recta, perfecta. Pasé muchas veces el índice y el pulgar por el entrecejo que, poco a poco, fue distendiéndose hasta dejar en la cara una expresión tranquila. Acaricié sus mejillas pálidas y tersas, su bozo rubio, que más que cubrirla iluminaba su faz con un halo singular que me hizo pensar en los mancebos que competían por unas hojas de laurel en las olimpiadas. Tenía su mano derecha sujeta en una tablilla, con una aguja insertada en una vena, y por ahí, a través de un cordón de hule, sentía yo cómo algo se introducía en su cuerpo, algo que, pensé, lo podría volver a la vida. Una vida de la que yo no sabía nada, pero que debía estar llena de peligros, como el de ahora. Su mano izquierda llevaba en el índice un anillo con un lapislázuli. La mano era delicada de forma pero fuerte, y el lapislázuli hacía resaltar las venas azulosas sobre la piel muy blanca, casi amarillenta. Lo miré hora tras hora, sin pensamientos, absorta en la fuerza extraña que emanaba de él, aun en aquella situación de árbol derrumbado.

Y entonces sucedió. Agitó levemente las pestañas y abrió los ojos, lúcidos, sin preguntas, sin necesidad de saber o de reconocer en dónde estaba. Me miró directamente, enceguecedoramente. Miró hasta el fondo de mi ser, estoy segura; supo como nadie ha sabido ni sabrá, todo, mi timidez o como se llame, mi nostalgia, mi no ser, y me tomó así, tal cual he sido y soy. Me absorbió, me hizo suya y me dio toda la luz que faltaba a Londres, toda la que faltaba a mi vida. Sus ojos castaños se clavaron en los míos, de los que tuve por primera vez plena conciencia de que son azules. Entornó los suyos y suspiró profundamente, como aquel que ha encontrado lo que no se atrevió a soñar. Un rictus de dolor apretó sus párpados y crispó sus labios. Puse las dos manos sobre su rostro. Cuando las retiré, volvió a ser el de antes. Sonrió con una sonrisa feliz e intentó arrastrar su mano sobre la cama hasta donde yo estaba, la tomé entre las mías y la calenté con mi ardor febril. Sus ojos expresaron una gran paz: nos habíamos encontrado, nos habíamos comprendido. Cada uno le dijo al otro, sin una palabra, sus sentimientos más recónditos, esos que no son recuerdos ni historias, quizá anhelos, sensaciones, maneras de aprehender, y eso formaba un río que nos impedía dejarnos de mirar, fuera del peligro, del dolor, del tiempo. Nuestras miradas no se contradecían, se iban haciendo más ricas, más inflamadas, hasta que la suprema intensidad vino de nuevo, esta vez con el bagaje de todo lo recorrido, con la aceptación total, igual a una ola gigantesca que no encontrara playa suficiente para expandirse. Entreabrió los labios para decir algo, pero en ese momento su mano con el lapislázuli cedió de pronto a la presión. Su cuerpo se estremeció, y sonriente como un niño sostuvo un instante más su radiante mirada. Precipitadamente me levanté y con la mayor dulzura cerré sus párpados con mis labios. Oí a la enfermera que llamaba desesperadamente, pero me mantuve quieta, radiante, deslumbrada. Luego las mujeres de gris me llevaron con ellas. No me importó.

Armando Gaxiola, mexicano, revolucionario. Esto parece complicar aún más las cosas, pero me gusta saberlo, aunque mucho más supe de él durante aquellas horas que, suceda lo que suceda, aunque pase toda mi vida aquí, entre los locos, o me condenen, han abolido para siempre las estaciones y su sentido. Y la justicia ¿qué tengo yo que ver con la justicia? Mis hermanos están inquietos, se exasperan mucho conmigo, igual que todos los demás, pero eso no importa: soy muy hermosa, estoy colmada, sumergida en este éxtasis del que nada me hará salir. Sigo y seguiré viva dentro de él, no importa cuánto tiempo, porque la única mirada de amor imperecedera sólo puede ser la última.

# En la sombra

*Para Juan García Ponce*

Cada vez, un poco antes de que el reloj diera los cuartos, el silencio se profundizaba, todo se ponía tenso y en el ámbito vibrante caían al fin las campanadas. Mientras sonaban había unos segundos de aflojamiento: el tiempo era algo vivo junto a mí, despiadado pero existente, casi una compañía.

En la calle se oían pasos... ahora llegaría... mi carne temblorosa se replegaba en un impulso irracional, avergonzada de sí misma. Desaparecer. El impulso suicida que no podía controlar. Hasta el fondo, en la capa oscura donde no hay pensamientos, en el claustro cenagoso donde la defensa criminal es posible, yo prefería la muerte a la ignominia. La muerte que recibía y que prefería a otra vida en que pudiera respirar sin que eso fuera una culpa, pero que estaría vacía. Los pasos seguían en el mismo lugar... no era más que la lluvia... No, no quería morir, lo que deseaba con todas mis fuerzas era ser, vivir en una mirada ajena, reconocerme.

Los brazos extendidos, las manos inmóviles, y toda mi fealdad presente. La fealdad de la desdeñada.

Ella era hermosa. Él estaba a su lado porque ella era hermosa, y toda su hermosura residía en que él estaba a su lado. Alguna vez también yo había tenido una gran belleza.

Un ruido, un roce, algo que se movía lejos, tal vez en casa de ella, en donde yo estaba ahora sin haberla pisado nunca, condenada a presenciar los ritos y el sueño de los dos. Necesitaba que su dicha fuera inigualable, para justificar el sórdido tormento mío.

El roce volvía, más cerca, bajo mi ventana, mi corazón sobresaltado se quedaba quieto. Otra vez la muerte. Y no era más que un papel arrastrado por el viento.

Los que duermen y los que velan están en el seno de una noche distinta para cada uno que ignora a todos. Ni una palabra, ni una sonrisa, nada humano para soportar el encarnizamiento de la propia destrucción. ¿Qué significa injusticia cuando se habita en la locura? Enfermizo, anormal… palabras que no quieren decir nada.

El recuerdo hinca en mí sus dientes venenosos; he sido feliz y desgraciada y hoy todo tiene el mismo significado, sólo sirve para que sienta más atrozmente mi tortura. No es el presente el que está en juego, no, toda mi vida arde ahora en una pira inútil, quemado el recuerdo en esta realidad sin redención, ardido va el futuro hueco. Y la imaginación los cobija a ellos, risueños y en la plenitud de un amor que ya para siempre me es ajeno.

Sin embargo, me rebelo porque sé quién es ella Ella es… quien sea; el dolor no está allí, no importa quién sea ella y si merezca o no este holocausto en que yo soy la víctima; mi dolor está en él, en el oficiante.

La soledad no es nada, un estéril o fértil estar consigo mismo; lo monstruoso es este habitar en otro y ser lanzado hacia la nada.

Ya no llueve; mi cama, suspendida en el vacío, me aísla del mundo.

Caen una, muchas veces las campanadas. Ya no quisiera más que un poco de reposo, un sueño corto que rompa la continuidad inacabable de este tiempo que ha terminado por detenerse.

Amanecía cuando llegó. Entró y se quedó como sorprendido de verme levantada.

—Hola.

Fue todo lo que se le ocurrió decir. Lo vi fresco, radiante. Me di cuenta de que en cambio yo estaba ajada, completamente vencida en aquella lucha sin contrincante que había sostenido en medio de la noche. Casi quería disculparme cuando dije:

—Tenía miedo de que te hubiera sucedido algo.

—Pues ya ves que estoy divinamente.

Era verdad. Y lo dijo con inocencia. Yo hubiera preferido que el tono de su voz fuera desafiante o desvergonzado; eso iría conmigo, sería un reconocimiento, un ataque, en fin, me daría un lugar y una posición; pero no, él me veía y no me miraba, ni siquiera podía distraerse para darse cuenta de que yo sufría. Estaba ensimismado, mirando en su fondo un punto encantado que lo centraba, le daba sentido al menor de sus gestos y a cuyo rededor giraba armonioso el mundo, un mundo en el que yo no existía.

El amor daba un peso particular a su cuerpo; sus movimientos se redondeaban y caían, perfectos. Esa extraña armonía de la plenitud se manifestaba por igual cuando caminaba y cuando se quedaba quieto. Lo estaba mirando ir y venir por la estancia recogiendo los papeles que necesitaría y metiéndolos en el portafolio. No se apresuró y sin embargo hizo las cosas de una manera justa y rápida. Levantó un brazo y se estiró para recoger algo del tercer estante; entonces vi con claridad que lo que sucedía era que para hacer el movimiento más insignificante ponía en juego todo el cuerpo; por eso alcanzaba más volumen y su ademán parecía más fácil. Pensé en los labriegos que aran y siembran con ese mismo ritmo que los comunica con todo y los hace dueños de la tierra.

—Me tengo que ir rápido porque me espera Vázquez a las nueve. ¿Habrá agua caliente para bañarme?

Cruzó frente a la puerta de la niña sin abrirla. Entró en el baño. Un momento después se asomó con el torso desnudo y me preguntó:

—¿Cómo ha estado?

—Bien.

—Bueno.

Cerró la puerta del baño y un instante después lo oí silbar.

Me daba vergüenza mirarlo. Sus manos, su boca: como si estuviera sorprendiendo las caricias. Pero él hablaba y comía alegremente.

Yo hubiera podido mencionarla y desencadenar así algo, pero no me atrevía a hacerme esa traición. Quería que sin presiones de mi parte él se diera cuenta de mi presencia. Mientras me siguiera viendo como a un objeto era inútil pretender siquiera una discusión, porque mis palabras, fueran las que fueran, cambiarían de significado al llegar a sus oídos o no tendrían ninguno.

—Estás muy callada.

—No he dormido bien.

—Yo no dormí nada, como viste, y sin embargo, me siento más animado que nunca.

Su voz onduló en una especie de sollozo henchido de júbilo, como si se le hubiera apretado la garganta al decir aquello. Sentí más que nunca mi cara ceniciento. Tuvo que aspirar aire hasta distender por completo los pulmones y las aletas de su nariz vibraron; estaba emocionado, satisfecho de sus palabras. Dentro de un momento iría a contarle a ella esta pequeña escena. Parecía liberado. La niña, la rutina, yo, todo eso se borró; volvió a quedarse quieto y lleno de luz, mirando hacia adentro el centro imantado de su felicidad. Pasó sobre mí los ojos para que pudiera ver su mirada radiante. Y fue precisamente en esa mirada donde vi que todo aquello era mentira. A él le hubiera gustado que se tratara de una felicidad verdadera y la actuaba con fidelidad; pero seguramente, si no estuviera yo delante siguiendo con aguda atención todos sus gestos, no hubiera sido la mitad de dichoso. Había algo demoniaco en aquella inocencia aparente que fingía ignorar mi existencia y mi dolor. Pero le gustaba eso sin duda, y sentí, como si la viviera, la complicidad que había entre aquella mujer y él: la crueldad deliberada. Inteligentes inconscientes, pecadores sin pecado, a eso jugaban, como si fuera posible. No pasaban ni por la duda ni por el remordimiento, y por ello creían que el cielo y el infierno eran la misma cosa.

¿De qué me servía saber todo eso?

Se levantó y fue al teléfono, marcó. Semisilbaba nervioso o impaciente.

—Bueno… Sí… No… Ahora salgo para la oficina… Muy bien hasta luego.

Silbó un poco más fuerte.

—No vendré a comer. Vázquez quiere que sigamos tratando el asunto después de la junta.

No contesté. Sabía que ya no tenía que fingir que creía ninguna disculpa. Todo estaba claro.

Bajé tambaleándome las escaleras; los ojos sin ver, el dolor y el zumbido en la cabeza.

Cuando llegué al dintel de la calle me enfrenté de golpe a la luz y a mi náusea. Parada en un islote que naufragaba, veía pasar a la gente, apresurada, que iba a algo, a alguna parte; pasos que resonaban sobre el pavimento, mentes despejadas, quizá sonrisas flotantes…

Ahora, a esta hora precisa él estará… para qué pensarlo.

Tengo que ir a la farmacia a comprar medicinas… Existe sin embargo una injusticia… yo podría ser esa mujer, esa aventurera, o ese amor. ¿Por qué él no lo sabe? Toda mi vida deseé… Pero él no lo ha comprendido… Y después de la conquista ¿será ella también alguna sin significado, como yo? El sueño de realizarse, de mirarse mirado, de imponer la propia realidad, esa realidad que sin embargo se escapa; todos somos como ciegos persiguiendo un sueño, una intención de ser… ¿Qué piensa sobre sus relaciones con los demás, con esa misma mujer con la que ahora yace, intentando una vez más la expresión austera, perfecta? Es posible que ahora, en este minuto mismo la haya encontrado… ¿entonces?… Ay, no haber sido ésa, la necesaria, la insustituible… Un gusano inmolado, no he sido otra cosa; sin secreto ni fuerza, una niña como él me dijo el primer día, jugando al amor, ambicionando la carne, la prostitución, como en este momento; no yo la única, sino una como todas, menos que nadie.

Serían la cuatro de la tarde. El parque tenía un aspecto insólito. Las nubes completamente plateadas en el cielo profundamente azul, y el aire del invierno. No era un día nublado, pero el sol estaba oculto tras unas nubes que resplandecían, y la luz tamizada que salía de ellas ponía en las hojas de los plátanos un destello inclemente y helado. Había un extraño contraste entre el azul profundo y tranquilo del cielo y esta pequeña área bañada de una luz lunar que caía al sesgo sobre el parque dándole dos caras: una normal y la otra falsa, una especie de sombra deslumbrante. Me senté en una banca y miré cómo las ramas, al ser movidas por las ráfagas, presentaban intermitentemente un lado y luego otro de sus hojas a la inquietante luz que las hacía ver como brillantes joyas fantasmales. Parecía que todos estuviéramos fuera del tiempo, bajo el influjo de un maleficio del que nadie, sin embargo, aparentaba percatarse. Los niños y las niñeras seguían ahí, como de costumbre, pero moviéndose sin ruido, sin gritos, y como suspendidos en una actitud o acción que seguiría eternamente.

Sentí que me miraban y con disimulo volví la cabeza hacia donde me pareció que venía el llamado. Los tres pares de ojos bajaron los párpados, pero supe que eran ellos los que me habían estado mirando y continuaban haciéndolo a través de sus párpados entornados: tres pepenadores singulares, una rara mezcla de abandono y refinamiento; esto se hacía más patente en el segundo, segundo en cuanto a la edad, no a la posición que ocupaba en el grupo, porque el grupo se hallaba colocado en diferentes planos en el prado frontero a mi banca.

El segundo estaba indolentemente recargado en un árbol fumando con voluptuosidad explícita y evidentemente proyectada hacia mí como un actor experimentado ante un gran público; en su mano sucia de largas uñas sostenía el cigarrillo con una delicadeza sibarítica, y se lo llevaba a los labios a intervalos medidos, cuidadosos; sus pantalones anchos, cafés, caían sobre los zapatos maltrechos y raspados, y en la pierna que flexionaba hacia atrás apoyándola en el árbol, dejaba ver una canilla rugosa y cenicienta sin calcetines; la camisa que debió ser blanca en otro tiempo se desbordaba en los puños desabrochados dándole amplitud y gracia a las mangas, y un chaleco de magnífico corte, aunque gastado, ponía en evidencia un torso largo, aristocrático; pero todo esto no hacía más que dar marco y valor a la cabeza huesuda y magra, de piel amarillenta, reseca, en la que cuadraban perfectamente la perilla rala de mandarín y los ojos oblicuos y huidizos, sombreados por largas pestañas. Nunca me miró abiertamente.

El mendigo más viejo estaba a unos pasos de él, sentado en cuclillas, escarbando en un saco mugriento, con sus manos grasosas; era gordo y llevaba una cotorina de colores chillantes; sacaba mendrugos e inmundicias del bulto informe y se los llevaba ávidamente a la boca con el cuidado glotón de un jefe de horda bárbara; en algún momento me pareció que tendía hacia mí sus dedos pegajosos con un bocado especial, y me hacía un guiño, como invitándome.

El tercer pepenador, el más joven, estaba perezosamente tirado de costado sobre el pasto, más alejado del sitio en que yo me encontraba que los otros dos; con un codo apoyado contra el suelo, sostenía su cabeza en la palma de la mano, mientras con la otra levantaba sin pudor su camiseta a rayas y se rascaba las axilas igual que un mico satisfecho; cuando creyó que ya lo había mirado bastante, levantó hacia mí los ojos y, abriendo bruscamente las piernas, pasó su mano sobre la bragueta del pantalón en un gesto entre amenazante y prometedor, mientras sonreía con sus dientes blancos y perfectos, de una manera desvergonzada.

Desvié la mirada y me estremecí. Me pareció oír un gorgoreo, como una risa burlona y segura que provenía del más joven de los vagabundos. No pude levantarme, seguí ahí, con los ojos bajos, sintiendo sobre mí la condenación de aquellas miradas, de aquellos pensamientos que me tocaban y me contaminaban. No podía, no debía huir; la tentación de la impureza se me revelaba en su forma más baja, y yo la merecía. Ahora no era una víctima, formaba un cuadro completo con los tres pepenadores; era, en todo caso, una presa, lo que se devora y se desprecia, se come con glotonería y se escupe después. Entre ellos y yo, en ese momento eterno, existía la comprensión contaminada y carnal que yo anhelaba. Estaba en el infierno.

Impura y con un dolor nuevo, pude levantarme al fin cuando el sol hizo posible otra vez el movimiento, el tiempo, y ante la mirada despiadada y sabia de los pepenadores caminé lentamente, segura de que esta experiencia del mal, este acomodarme a él como algo propio y necesario, había cambiado algo en mí, en mi proyección y mi actitud hacia él, pero que era inútil, porque, entre otras cosas, él nunca lo sabría.

# Las mariposas nocturnas

*A Ana y Francisco Segovia*

Para el fiel corazón que apenas llora,
Es aquélla, región consoladora,
Para el alma que en sombras se adelanta,
¡Oh, es celeste Eldorado y Tierra Santa!
Mas quien cruza sus lindes aún viviente,
No osa nunca mirarle frente a frente;
Sus secretos profundos jamás fía,
¡Jamás! a ojos abiertos todavía.
Tal lo manda su Rey, su Rey nos veda
Que allí el párpado inquieto alzarse pueda;
Y si ante el alma que llegó, se esfuma
Todo aquel mundo entre hechizada bruma.
Por una senda oscura y desolada,
Sólo de ángeles malos frecuentada
Donde un ídolo reina, que se nombra
La noche, en trono de misterio y sombra,
Alcanzará, quien visionario ambule,
Aquella penumbrosa, última Tule.

EDGAR ALLAN POE

Cuando lo vi rozarle la mejilla con el fuete, supe lo que yo tenía que hacer.

Era extraño porque a él le gustaban las adolescentes. Ésta tenía como dieciocho años.

Para impresionarla llegué en el bugui desde el primer día. Eso no le hizo el menor efecto.

Me di cuenta de que era una empresa difícil y comencé a visitarla todas las tardes, a la caída del sol. Calculaba que estuviera terminando de corregir los trabajos de sus alumnos de quinto y sexto año, que ella tenía a su cargo en la escuela

199

que don Hernán sostenía. A veces había algunos buenos que me daba a leer, radiante, y supe entonces por dónde debía atacar. Me gustaba visitarla.

Comencé a prestarle libros, que devoraba. Tragedias griegas, novelas de Musset, de Jorge Sand… en fin, todo lo que se me iba ocurriendo; libros de arte, de viajes.

Su cara ovalada, de cutis muy fino, se ensombrece o se ilumina conforme va leyendo. Porque no se cuida de mí ni gasta formalismos. Lee o mira minuciosamente los álbumes como si estuviera sola. Únicamente cuando me necesita para algo, levanta los delgados párpados y me pregunta. Sobre Francia, sobre la India, Europa. Sí, yo he estado allí con él y en otras muchas partes, y le cuento todo lo que puedo. Cómo, con miles de meticulosidades, él ha traído de los diferentes países árboles y pájaros. No me impaciento: estoy simplemente cumpliendo con mi deber. Su boca fina, su frente amplia, la nariz delicada y los enormes ojos negros, sombreados, quizá conmuevan a muchos, pero no a mí. No quiero.

Alguien le ha dicho algo. Lo noto en su silencio reticente y en los párpados bajos, en la falta de preguntas y de interés por algunos días. Pero estoy decidido, ella no tiene padres, está sola, es muy conveniente.

De pronto comienza a preguntarme sobre la casa-hacienda. Si es verdad que hay todo un piso que es enorme jaula para pequeños pájaros de todas las variedades y clases; sobre la alberca rodeada de pilastras dóricas, sobre los flamencos, los pavorreales y los jardines.

Esta curiosidad ya no me gusta, y le traigo más álbumes y más libros. Ahora vuelve a un dilatado ensueño mientras observa o lee. Ya no me pregunta nada sobre nada. Creo que ha llegado el momento.

—¿Eres virgen?

—Sí.

—Te ofrezco quinientos pesos en oro por tu virginidad. Dos horas de una noche. Nada más. Nunca volverás a ser molestada ni nadie lo sabrá. No hay el menor peligro de embarazo.

—¿Con él?

—Sí.

—No quiero dinero, quiero ver la biblioteca y los cuadros.

Eso fue todo. Sin regateo con los padres. Sin llantos ni melindres.

Llevé el pequeño bugui de un solo caballo, para no llamar la atención. Mantuve apagados los faros hasta que salimos del pueblo. Luego, al llegar al camino de las huertas que lleva a la casa-hacienda, frené el caballo y bajé a encender la luces. Ella no dijo nada. Seguimos lentamente, al paso, entre la sombra de los grandes frutales que extendían su ramaje por encima del camino polvoriento. Era el principio de un otoño caluroso, pero allí, entre los árboles y a medianoche, soplaba un viento fresco que venía del mar. Ella cruzó los brazos sobre el pecho pero no dijo nada.

Cuando llegamos a los senderos de grava y apareció, contra la noche, poderosa, la silueta de la casa, se estremeció. Todo estaba a oscuras menos una ventana del segundo piso, *su* ventana.

Entre tanto encendí el quinqué de porcelana que ya tenía preparado. Con él en alto la fui guiando. Al llegar al *hall* vio la enorme mesa redonda, de mármol, y el gran libro de pastas gruesas empotrado en ella.

—¿Qué es eso?

—Son las memorias de don Hernán, de sus viajes.

Se acercó a la mesa y abrió el libro manuscrito. Se quedó leyéndolo, pasando página tras página como si a eso hubiera ido allí. Yo, impaciente, sostenía el quinqué.

Luego, lo más aprisa que pude, la llevé a la biblioteca. Sucedió lo mismo. Con toda calma iba examinando los estantes, sacaba un volumen y lo hojeaba. Por fin dijo:

—Hay muchos en francés e inglés.

—Y en alemán y latín. Vámonos de aquí.

Otro rato eterno fue el de ver los cuadros. Los caballos *pur-sang* de George Stubb, *Old Crome* con sus paisajes de Norfolk, *El vado* de Constable... ya no era posible.

—No tienen nada que ver con los de los álbumes. Es otra cosa...

Antes de que pudiera terminar, la arrastré escaleras arriba.

Le ordené que entrara al cuarto contiguo al de don Hernán, que se desnudara totalmente y que se pusiera la bata blanca, inmaculada, que siempre se preparaba para estos casos. Primero me cercioré de que por debajo de la puerta se viera si estaba encendida la luz de él. Lo estaba. Debió de haberse fumado por lo menos una cajetilla de cigarrillos esperando. La hice entrar dulcemente y cerré la puerta sin hacer ruido.

En la oscuridad mis ojos ardían.

El traje de lino estaba sudado, arrugado, pero yo no podía ni aflojarme la corbata: no me estaba permitido. Inquieto, me removía en el sillón de baqueta; toda una noche en él me lo hacía incómodo. Pero no podía pararme, dar unos pasos, hacer ningún ruido. Si fuera un sirviente hubiera podido dormitar, pero no lo soy. Mis vigilias, en esos casos, terminaban entre la una y las dos de la mañana, y ahora estaba amaneciendo, pero la puerta no se abría.

Primero comenzó la algarabía de los pájaros, y ahora la caoba de las duelas y los pilares empezaban a brillar, lustrosos.

No la hacía salir. Sentado en la galería, al lado de su dormitorio miré entrar al sol.

Mi zozobra, no había tenido más remedio que tragármela y sudarla. ¿Qué pasaba? Las reglas del juego habían sido rotas; reglas que yo no inventé, que simplemente asumí cuando era un adolescente.

Ahora los susurros y el trajín de la casa. Cantos. Ya no era posible sostener el secreto. Se rumoraba, sí; pero nadie lo había visto. Se sabía, por lo que atestiguaba la gente de fuera, pero en la casa-hacienda ningún sirviente había podido decir "yo lo vi". Y ahora lo verían. Pero ¿qué podía suceder allá adentro para que todas las formas hubieran sido aniquiladas? Y yo, ¿no contaba? Él no había pensado en mí.

Yo no merecía esta afrenta. Había aceptado su capricho esporádico de lo que él llamaba "el holocausto de las vírgenes", pero tomando en cuenta solamente su naturaleza de coleccionista. Me prestaba para recolectar su colección y eso nos unía más.

Por otra parte, si otro lo hubiera hecho habría adquirido un poder ajeno al mío. Una intimidad que me pertenecía.

—Soy como el minotauro.

Y yo era el supremo sacerdote.

Ahora temía que algo terrible hubiera pasado. Si ella hubiera muerto, él sabría qué hacer. Pero ¿si era él?...

Mi zozobra llegó a ser angustia. Estaba roto por dentro. Hasta he recordado que no me llamo Lótar, que ese nombre él me lo puso.

La puerta se abre y él me llama y me hace entrar en la habitación. Lo primero que veo es el cúmulo de ceniceros hacinados sobre su buró, llenos de colillas.

Con toda naturalidad me dice:

—Lótar, ésta es Lía…

—Pero…

—Es Lía porque no puede ser Raquel. No hay Raquel para mí. Me conformo con Lía para que viva entre nosotros.

—Entre nosotros…

—Sí. Dale los buenos días por su nombre.

—… Buenos días, Lía.

Ella me sonrió sin ningún asomo de timidez. Enredada en aquella preciosa bata blanca japonesa, sin una arruga. Su sonrisa era natural. No se daba cuenta de lo que estaba sucediendo. ¿O sí?

—Buenos días.

Como todas las mañanas pasé a la sala contigua a preparar el baño.

Mientras lo bañaba en la tina caliente y después, entre mis manos, durante el masaje, estuvo totalmente ausente. Regresamos a la alcoba. Ella estaba sentada, inmóvil, en una sillita regencia. Él le dio la espalda, y yo sentí cómo se iba endureciendo, volviendo en sí, mientras le limaba las uñas y les daba brillo con el pulidor. Luego caminó sin necesidad, me pareció que buscando un sitio donde Lía no pudiera mirarlo y desató el cinturón de su albornoz. Acudí inmediatamente a vestirlo. Yo creo que siempre supe lo que quería ponerse, pero en esa ocasión me hizo llevarle tres o cuatro veces prendas diferentes. Acostumbraba caminar y hablar mientras yo lo iba vistiendo, pero aquel día pareció clavado en el mismo lugar y únicamente daba órdenes secas sobre la ropa. Yo alcanzaba a ver la blanca nuca de Lía, tan frágil.

—Abre las contraventanas.

El día entró con todo su peso en la alcoba. La luz tenía el tono ardiente de la miel.

—Hazla salir. Llévala a su cuarto. El que tiene también tina de mármol.

Cuando regresé, comencé a vestirlo en silencio.

Él caminaba, como siempre, por la habitación.

Me mandó que hiciera traer los baúles tal y cual, porque él, personalmente, quería escoger las telas y los patrones con los que Adelina comenzaría a hacer a Lía un guardarropa, que debía empezar por un vestido para aquella misma tarde. Pobre Adelina, con tantas puntillas y pasamanerías que había seleccionado para ese solo modelo…

—No se sentará aún a la mesa con los invitados. Necesito que la instruyas sobre cómo comer, en fin, sobre los usos de esta casa. Tú tampoco estarás ni en la comida ni en la cena porque, para hacer lo que te digo, tendrás que acompañarla en la terraza del poniente. Después de que se vayan los demás, nos reuniremos los tres. Y haz venir a Monsieur Panabière.

Y siguió hablándome de los perros, de los pájaros. Mandó llamar al jefe de la cocina y discutió con él, como siempre, lo que se debía desayunar, comer y cenar ese día.

Luego me dijo: —Consigue para Lía una doncella que sepa tratarla, peinarla bien. Aunque sea del personal ocupado. La repondremos después.

Llegó Panabière y se encerró con él el resto de la mañana.

La vida de Lía no fue lo que yo me había imaginado. Se la educaba en la más rígida de las disciplinas y se sometió a ella: a las siete de la mañana tenía que estar de pie y vestida, para que Pablo, el caballerango mayor, la enseñara a montar a caballo; luego el baño y volverse a vestir para el desayuno conmigo y las mañanas enteras con Monsieur Panabière en la biblioteca, a puerta cerrada. La comida y una hora de descanso. Pero no descansaba: sola, atravesaba el jardín y se metía en los umbrosos huertos, junto al San Lorenzo, donde todo era humus, hojarasca de los mangos, las "lichis", los "cuadrados", los "caimitos". ¿Qué hacía durante estas horas, en que todos dormían la siesta agobiante? A veces llevaba un libro en la mano, pero otras iba sin nada. A pesar de mi curiosidad, nunca me atreví a seguirla. Después venía la clase de inglés, con Mr. Walter, el jefe de máquinas del ingenio, y luego don Hernán en persona la enseñaba a erguirse, a caminar, a mover la cabeza en señal de agradecimiento, con encanto, sin decir palabras. Las indicaciones se las hacía suavemente con el fuete: en la cintura, en los hombros, en las piernas cubiertas de trapos; le mandaba ponerse vestidos complicados, de media cola, para que se moviera con desenvoltura en aquel mundo de telas. Luego, otro baño y a cenar conmigo. Por la noche estudiaba. Yo veía luz en su cuarto hasta la madrugada. Pero ella no se quejaba.

Al principio, cuando hacíamos las comidas juntos y solos, trató de continuar con nuestras conversaciones de la tarde, pero yo me negué, apenas le contestaba, y desde ese momento, aunque la tuviera siempre presente, la observé y hablé con ella lo menos posible. Aún ahora no sé quién era, ni cómo era, ni por qué hizo lo que hizo.

Estaba sola.

El primer golpe para el pueblo fue un domingo. En el carruaje con la sombrilla sobre la cabeza llegó con don Hernán, conmigo y con Monsieur Panabière, a misa, a las once, la única que había. Fuimos en el gran carruaje de cuatro caballos. Debo reconocer que estaba realmente hermosa, fresca en su vestido blanco, a pesar de ser agosto.

El cura se tuvo que tragar que era una pariente de don Hernán, cuando sabía, perfectamente, las habladurías de la gente.

Se sentó con don Hernán en la primera banca, forrada, como el reclinatorio, de terciopelo. Monsieur Panabière y yo, en la segunda fila. Las dos tenían una plaquita de metal que, en dorado, decía "Familia Fernández". En esas dos filas no se sentaba nadie, ni estando la capilla abarrotada y don Hernán ausente.

El pueblo miraba, curioso, como si fuera la primera vez, a los miembros.

A Lía lo que le impresionó fue la música. En ese tiempo todavía se podía escuchar a Bach en las iglesias. El órgano lo tocaba una monjita de la escuela privada que había en el pueblo.

No hubo mayor problema. Don Hernán en persona fue a hablar con la madre superiora y todo quedó arreglado.

Lía estudiaba en el gran piano de cola lo que la monjita le iba enseñando.

Cuando Pablo le dijo a don Hernán que ella era una consumada amazona, que sabía saltar, dominar al más brioso de los caballos, estar siempre segura y serena sobre la silla, don Hernán ya lo sabía. Mandó traer el precioso traje de montar con botas federicas, el albardón repujado, donde se leía en el sobrebordado, claro, su nombre: Lía. Luego la llevó a un corralito donde sólo había un caballo retozando, un *pur-sang*: Edgar, porque allí todo debía tener sentido. Ella lo adoró desde el primer momento.

Desde entonces cabalgó sola, en libertad. Atravesaba el pueblo y se metía por el Callejón Viejo, bordeado de bambúes tan altos que se juntaban en las puntas haciendo una bóveda. "Como una catedral gótica", decía él. Pasaba como una ráfaga por el ingenio y la alcoholería porque no le gustaban. Luego se internaba por las brechas de los cañaverales cercados todos por guayabos, con letreros que decían "Caminante: la fruta es tuya. Cuida el árbol". Lo curioso es que todos lo entendían, lo sabían, aunque no supieran leer, y el mandato era cumplido.

Y así pasaba el tiempo.

Una mañana don Hernán me sorprendió:

—Quiero a Lía; desnuda, con la bata japonesa.

Yo no esperaba eso. Lía había crecido, era una mujer. Nada de lo que él acostumbraba, aunque, desde que ella llegó, no había pedido adolescentes. Se conformaba conmigo. Y ahora… de pronto…

Tuve miedo y, hacia el crepúsculo, entorné las puerta-ventanas para poder mirar, desde los balcones, lo que sucedía adentro.

Le di el mensaje a Lía; tembló ligeramente, pero aceptó.

El rito preparatorio fue el de costumbre, y yo corrí a los balcones para espiar.

Dentro, sólo dos quinqués estaban encendidos y Lía en medio de la habitación, complacientemente desnuda. Su cuerpo, blanco, resplandecía en una belleza perfecta y misteriosa. Don Hernán sacó el gran cofre que estaba en la caja fuerte y comenzó por ponerle una gargantilla de rubíes, luego fue combinando, lentamente, perlas, zafiros, esmeraldas. A veces algo no le gustaba y cambiaba por otro collar, hasta cubrirle el pecho, y luego la cintura, hasta el sexo. Ella no se movía: era una estatua. Él se quedó contemplándola largo tiempo y jugó con la luz de los quinqués, cambiándolos de lugar y haciendo chispear las piedras preciosas en diferentes ángulos. Cuando le gustó uno, se recostó sobre su cama y se quedó un tiempo indefinible mirándola. Luego le fue desabrochando lentamente los collares.

—Ponte tu bata y vete a dormir.

Eso fue todo.

Pero le había puesto las alhajas de su madre, a la que había adorado a pesar de aquella historia.

Juró que ninguna descendiente de su hermano Fernando las usaría. Lo odiaba con toda su alma. Su madre vivió años en la corte de España y allá, en medio del escándalo, había tenido un hijo de Alfonso XIII. Don Joaquín, su padre, había reconocido al hijo al nacer, pero ser un Borbón no le quitaba lo bastardo. Don Hernán lo mantenía a todo lujo en las cortes europeas, pero que viniera a Eldorado no. No resistía mirarlo.

Días después, la presentación en sociedad. Todos los altos empleados fueron invitados con sus esposas. El Gerente General, don Rodrigo de Quiroga, descendiente de don Vasco (quien siempre que podía aclaraba que éste era viudo cuando recibió las sagradas órdenes), fue el primero en llegar, con su guapísima esposa. Inmediatamente entraron los demás. La puntualidad era una cortesía imprescindible. Únicamente don Francisco Almanza, Gerente de Campo, vino solo, pero don Hernán lo conocía bien y lo saludó con más calor que nunca.

Cuando todos estaban reunidos, con una copa de jerez, apareció ella. Don Hernán la presentó simplemente: —Señoras, señores, ésta es Lía —los caballeros se pusieron de pie y le fueron diciendo su nombre. Ella sonreía, con su media sonrisa, a cada uno. A las señoras las saludó con aquel movimiento ladeado del cuello, y una pequeña, apenas perceptible flexión de las rodillas.

Después pasamos al comedor. El que ponía sal y pimienta o contaba anécdotas, o citaba cosas serias era Monsieur Panabière, que para eso estaba primitivamente en la casa. Para eso, cuidar la biblioteca y hablar con don Hernán. Desde esa noche tuvo ayuda y placer: discretamente Lía acotaba, hacia observaciones, y Monsieur Panabière la miraba embobado.

Todos, especialmente don Francisco, estuvieron amables, encantadores con ella; y las señoras se quedaron asombradas y contentas. Todo fue muy fácil.

Lía comenzó a amenizar las veladas con piezas sencillas pero claramente fraseadas y con cierto sentimiento especial. Después pasó a Chopin, Bach, Beethoven, Mozart y con eso eran todos felices, menos yo.

Por las noches don Hernán me llamaba a su cuarto, pero raras veces era para aquello, y cuando sucedía era sin pasión, como una cosa necesaria y mecánica. En la mayoría de las ocasiones era para que me estuviera quieto en la sillita regencia mientras él leía y fumaba un cigarrillo tras otro en la boquilla corta. Yo no podía moverme. Él leía hasta la madrugada y se quedaba dormido, con el libro entre las manos, y el cigarrillo entre los dedos. Tenía pavor pánico a que un día se le incendiara la cama. Para eso estaba yo, para apagar el último cigarrillo y sacarle el libro de entre las manos.

Como a don Hernán no le gustaba ver gente sudorosa, sobre todo en las comidas, Clarisa le daba a Lía una fricción de agua de colonia y le ponía camisones de gasa hilada y la encubría con unas batas amplias, caprichosas, que él diseñaba expresamente para eso. Todo blanco siempre. Nadie dio muestras de sorpresa y pronto, todos, que éramos sólo hombres, nos acostumbramos a verla con aquella indumentaria que parecía tan íntima.

Una noche, durante la velada, Lía se asomó al ventanal. Vio el cielo color violeta, luego cárdeno.

—¡Están quemando los cañaverales! ¡Quiero verlo, verlo, verlo de cerca!

Era casi una orden. Se mandó enganchar el coche grande y los buguis, y todos los comensales, todos hombres esta vez, se pusieron en movimiento.

Llegamos al primer campo que se quemaba. Las llamas estaban ya en medio de la plantación. Ella se quedó absorta largo rato, sin importarle las miradas de los demás. Luego, intempestivamente, le dijo a uno de los peones que se habían acercado al ver llegar a don Hernán.

—Córtame una caña.

El peón lo hizo.

—¿Quiere que se la pele, señorita? Está muy caliente.

—No, dámela así.

E hincó sus dientes en la caña, la saboreó y siguió mordiendo mientras el jugo escurría por su vestido vaporoso.

Cuando terminó aquel juego, todos soltaron una sonora carcajada: estaba realmente cómica con su cara llena de hollín y jugo de caña. Sonrió. Todos volvieron a soltar otra carcajada, todos menos yo. Don Hernán se acercó a ella lentamente y con su gran pañuelo de seda cruda, repulgado, estuvo limpiándole meticulosamente el rostro, contento. Mientras lo hacía, los ojos de Lía fulguraban misteriosamente, como el cañaveral que ardía.

Mucho después vino el viaje.

En Suiza don Hernán escogió treinta y seis vestidos blancos para Inés Almanza, su ahijada preferida, que tendría entonces siete años. La llamaba "la reina de los guayabales".

Por supuesto que fuimos a Bruselas, a Brujas, y allí comenzó mi calvario: Lía quería ir a todos los museos, a las casas particulares donde había cuadros famosos, y yo era el encargado de llevarla, de pedir permiso, mientras don Hernán leía en el hotel o tomaba el sol en un café… Todo le era ya tan conocido… Pasamos por Luxemburgo y fue igual.

Pero el colmo fue en París. Todas las mañanas, todas, al Louvre.

La primera fue con Monsieur Panabière, pero con eso fue suficiente para que se orientara y además, Panabière estaba viejo, cansado.

Así que me tocaba a mí, por orden de don Hernán.

Comenzábamos, diariamente, por contemplar, hasta que se le daba la gana, la Victoria de Samotracia. Ella la llamaba familiarmente "la Samotas", y volvíamos, una y otra vez, a ver cuadro por cuadro, escultura por escultura.

Luego comíamos con don Hernán y Panabière y hablaban interminablemente de esas cosas. Después, yo también tenía que llevarla a los modistas para que se probara los diez mil trapos que don Hernán escogía para ella en las mañanas; a ordenar y recoger las alhajas. A don Hernán le parecía natural que desempeñara yo, además, todos esos menudos mandados, responsabilidades, idas y venidas, sin tomar en cuenta mi fatiga. Una tarde ella nos arrastró a todos al *vernissage* de un tal Degas: ¡Oh! qué maravillas: las bailarinas en *tu-tu;* y aquellos juegos de luces…

Cuando lo hubo visto todo, se paró, muy seria, ante don Hernán y simplemente dijo:

—Quiero *Las tres bailarinas rusas.*

¿Por qué aquel cuadro duro y abocetado existiendo tantas exquisiteces? Pero él no escuchó y fue directamente al *marchand* y compró el cuadro.

En París ella se dio cuenta de que, por las noches, yo siempre me quedaba solo, solo y aburrido, esperándolos hasta la madrugada para el rito del libro y el cigarrillo.

No sé qué le diría a don Hernán, porque en todos los viajes había sido así, pero sé que fue ella quien lo hizo. Saldría ahora, me dijo él, como Monsieur Panabière, acompañándolos. Me mandó hacer ropa apropiada y a la medida.

Fuimos a la inauguración del Primer Salón de Aeronáutica y a ver despegar a Farman y Blériot cuando realizaron su primer vuelo *ville à ville.*

Para el cine Lía era insaciable. Don Hernán lo había visto antes, en Estados Unidos, a donde fuimos los dos, en 1905. Pero ninguno de los tres sabíamos de eso más que lo que él contaba durante las cenas, allá, en Eldorado, todo lleno de sol y de calor. Vimos *El asesinato del duque de Guisa, L'avare, Le raid Paris-New York,* pero Lía prefería las películas italianas. Y luego a cenar a Maxim's.

Fuimos a ver la torre Eiffel y Lía no mostró el menor asombro, y cuando don Hernán le propuso subir dijo:

—Prefiero ver todo desde abajo.

Y allí me trajo *quartier* por *quartier,* calle por calle, casa por casa, fuente por fuente, sin que faltaran siquiera los suburbios. Yo no podía más. Creo que ella no dormía, porque compraba libros y libros en inglés y francés, de autores contemporáneos, y leía todos los diarios para ver qué haríamos por la tarde y por la noche.

Íbamos también a la ópera, a conciertos y a cenar a Maxim's, hasta que ella se cansó y dijo:

—Quiero conocer otro restaurante —entonces don Hernán propuso la Tour d'Argent: nosotros cuatro y los Petitjean.

A mí me deslumbró la riqueza de aquel lugar. Nos sentamos ellos en dos *tête à tête* reunidos y Monsieur Panabière y yo, en uno contiguo.

Me sentí muy confortado por los quinqués muy delgados, blancos, con florecitas rococó, que daban una luz íntima, parecida a la que teníamos allá, y no me fijaba en lo que Mosieur Panabière me estaba hablando. Bebía muy despacio el cocktail-champagne que don Hernán había ordenado.

Pero vi que Lía, sin miramientos, se levantaba y venía hacia nosotros, mientras pedía al camarero un taburete adicional. Nos levantamos los dos y ella se sentó en mi lugar, al lado de Panabière, y le dijo:

—Cuéntemelo a mí. Todo.

Monsieur Panabière recomenzó: en lo primero en que hay que fijarse es en el gran candil de mil facetas que se encuentra a la entrada. Todo el decorado es estilo Luis XVIII. Se trata de reproducir el ambiente del salón de Madame Recamier, por el que pasaron tantos músicos, escritores y poetas. El techo está pintado por Lully y representa el Trianón. Ese cojín enorme en el centro y las plantas verdes son del mismo estilo Imperio, lo mismo que el parqué y la gran alfombra, las cortinas de terciopelo galonado de oro están ajadas por su antigüedad. En las cuatro esquinas hay pinturas dibujadas que de lejos parecen acuarelas, como en Versalles; también, por el mismo motivo, la puerta está pintada. Esos tapices son copia fiel de los de la Dama del Unicornio. Los espejos, empañados también por su antigüedad, están puestos para recordar el paseo de los naranjos, que usted vio en Versalles. La *Tour* misma es una de las cuatro torres que había en París antes de la Revolución, por eso tiene reminiscencias de la Bastilla. Esa antigua chimenea de mármol, que no funciona por la seguridad de los clientes…

Don Hernán se levantó y dijo: —Pasemos al otro salón a cenar.

Sólo oí murmurar a Monsieur Panabière: "…es estilo Luis XVI…" Entramos. Vi los muebles pesados y los bodegones. Cuando nos sentamos me fijé en que el sillón de don Hernán era más grande y con brazos. A su derecha colocó a la señora Petitjean y a su izquierda a Lía, junto a Petitjean. Luego, nosotros.

Vio el menú y se dirigió a Monsieur Panabière:

Pida:

*Homard à la gelée au champagne*
    con vino blanco Liebfraumilch
*Brioche de foie gras frais*
    con vino rosado des Chateaux de la Loire
*Sole de ligne à la Daumont*
    con vino blanco Vouvray
*Feuillete aux champignons du Jura*
    con vino rojo Saint Emilion
*Perdreaux rôtis sur canapé*
    con vino rojo Chateauneuf-du-pape
*Foie de canard aux olives vertes et noires*
    con vino amarillo Chateau-Chalon
*Arlequinade de sorbets*
    con champaña Heidsieck
*Timbale Elysée*
    con el mismo champaña
*Bond glacés*
    y seguimos con el champaña.

Ella preguntó:

—Don Hernán, usted habla un excelente francés. ¿Por qué no pide ni pregunta usted mismo?

—¿Cuándo has visto que los reyes hablen a los sirvientes extranjeros en su lengua? Para eso son los intérpretes. Sólo hablan en otras lenguas entre sus iguales.

Apenas probábamos los platillos y catábamos los vinos. Cuando retiraban el servicio, estaba muy poco mermado. Al final de la cena, con la primera copa de champaña, Monsieur Panabière se quedó profundamente dormido. Don Hernán, Lía y los Petitjean hablaban en francés libremente. Lía no siguió bebiendo, pero los otros sí, hasta llegar a la euforia ruidosa. Yo estaba solo.

Italia la enamoró.

Sobre todo Florencia, a la que llamó "la ciudad perfecta". En todos los años que la conocí sólo una vez la vi llorar: frente al autorretrato de Rembrandt que está en la Galería de los Uffici. Las lágrimas resbalaban por su cara, clavados los ojos en los del autorretrato.

Recorrimos todo Florencia a pie, como a ella le gustaba, museo por museo, calle por calle, casa por casa. Le encantaban las historias de los Medicis. Mientras, don Hernán nos esperaba, tomando café o yendo a las tiendas y al Ponte Veccio a comprar más ropas y alhajas para Lía. Allí estuvimos tres semanas.

—Luego quiso ver toda la Toscana: Asís, Pisa, Siena… y en ellas nos quedábamos por lo menos tres o cuatro días, aunque el albergue no fuera todo lo confortable que don Hernán hubiera querido.

Y los olivares por todo el camino durante horas y horas de trajinar fatigoso.

—Aquí en Europa los árboles son mucho más pequeños que allá —dijo. Y ella y Monsieur Panabière se enfrascaron en una amigable disputa sobre Europa y América.

En Roma, siguió el mismo trote acelerado, tan acelerado, conmigo detrás. En Venecia se nos pasó el tiempo en iglesias, museos y amables góndolas. En los *vaporettos* yo dormitaba, rendido.

En Viena, como de costumbre, no se cansaba.

La sorprendió mucho ver allí el penacho de Moctezuma y se quedó largo tiempo contemplando la Dánae de Tiziano. La ciudad le encantó. Íbamos a conciertos. No se saciaba nunca.

—Aparte de Bach, Beethoven y Kant, todos los grandes artistas alemanes han sido austriacos, ¿verdad señor Panabière? —dijo durante una cena.

—Así es —le contestó el viejo.

No quiso ver más que el Rhin, la Selva Negra. Por Berlín pasamos para ver la Nefertiti. Menos mal que la ciudad no le gustó. Además, no hablaba alemán.

Después al Oriente: la India, que yo ya había visitado, como todo lo demás, y ahora tenía que mostrarle a Lía. Ella encontró que en Eldorado los altos jefes se vestían como los ingleses aquí, y era verdad, sarakof, botas o polainas, trajes muy especiales de lino. Nada más que en cuanto a las chaquetas, allá eran más variadas, más personales. Tenía razón.

Lo que más le gustó, creo, fue Indochina y las fabulosas Islas del Sur.

—Las tierras de Lord Jim —le decía con gozo en la garganta a Panabière, y remontamos un río en una excursión de homenaje que yo no entendía, cuchicheando, disfrutando ellos dos de su complicidad. Ella se inclinaba hacia don Hernán y lo hacía partícipe de los momentos amables de esa complicidad.

En Australia pidió periquitos de todos los colores, y don Hernán, que sabía ya cómo se hacían las cosas, la complació.

En Japón estuvimos dos meses. En Kioto, porque a Lía le gustó más que Tokio; aunque íbamos allá con frecuencia a ver los espectáculos sin que faltaran visitas frecuentes al teatro Nô y al Kabuki. Aunque el Japón se había abierto al mundo occidental, veinte años antes, don Hernán no lo conocía.

Lía observaba detenidamente los usos y costumbres.

Una mañana, cuando ya dispuesto, don Hernán la mandó llamar, se presentó a pasitos cortos, totalmente vestida de japonesa, pero sin maquillaje. Hizo las reverencias de rigor, y en su mejor francés deseó los buenos días con un largo discurso que hablaba de cerezos en flor, aunque estábamos en otoño.

Luego dijo a don Hernán:

—Deseo hacer a usted una humilde súplica.

Don Hernán le contestó: —Habla.

—Quiero ir a los baños mixtos. Esos donde se bañan hombres y mujeres juntos.

El rostro de él se iluminó aún más.

—Concedido.

Y fuimos. Nos miraron con extrañeza pero no dijeron nada. Él no se bañó, simplemente se quedó observando: todos los japoneses y japonesas la miraban con disimulo. ¿La admiraban quizá? Ella se movía ondulante y, con el rabillo del ojo, no perdía un solo cambio de las expresiones de don Hernán.

Y siguió pidiendo: que don Hernán fuera a una casa de geishas y luego le contara cómo era. La idea le encantó a él.

Ella esperó, con su kimono más bello, a que él regresara, pasada la medianoche. Cuando llegó lo acosó a preguntas, pero él no las necesitaba, se regodeaba; estuvo hasta la madrugada contando, punto por punto, hasta llegar a los detalles más íntimos, sexuales, todo lo que allá había visto. Yo estaba muy molesto.

Al amanecer, ella nos dijo que esperáramos un momento, y la pobre Clarisa se presentó con un servicio perfectamente arreglado, y Lía hizo, con todo su ritual, la ceremonia del té. Sus manos se movían aparentemente lentas entre el servicio, pero en realidad la precisión de cada acto era lo que daba ese ritmo a primera vista calmo a una acción veloz. Tenía los ojos bajos pero, de pronto, en dos ocasiones, los levantó para mirar directamente a don Hernán, con una expresión firme e intensa que no podía definir, y recordé que muchas veces, sin querer darme cuenta, la había visto mirando de aquella manera.

—Perfecto —dijo él.

Esa noche no dormimos ni una hora.

Lía, que se metía en todas partes, conmigo trotando tras sus pasitos cortos, pero rápidos, de japonesa, se interesó en los pequeños jardines, e indagando, preguntando, dio con un botánico que se dedicaba a los injertos.

—Es lo que necesitamos en Eldorado.

Y, a precio de oro, el japonés fue contratado.

De allí nos llevamos también los cerezos japoneses que cuando maduran son tintos como los otros, pero con una pelusilla sutil de duraznos. Existen todavía, por lo menos en casa de Pedro Carreón.

Cuando comenzó a nevar nos hizo a todos comprarnos kimonos de invierno. Yo me sentía ridículo.

Entonces le entró el capricho de ir a China.

—¿A 20° bajo cero? —dije yo, estupefacto.

—La emperatriz Tzu-Hsi promulgó un régimen constitucional hace dos años porque se le estaban levantando los nacionalistas y ahora, en 1908, van a proclamar emperador a su hijo de cuatro años, Pu-Yi. Yo quiero ver cómo sostiene esa corona un niño de esa edad. Quiero ver la ceremonia. Y además, debido a la guerra ruso-japonesa, China se ha abierto como el Japón, por primera vez.

Me quedé anonadado.

Y, por supuesto, fuimos a China.

Aquellos grandes abrigos pesaban por lo menos dos toneladas. En el hotel más elegante no había calefacción, sólo chimeneas de carbón. Ella me compró "bombitas japonesas" para que me calentara las manos.

Con grandes dificultades llegamos a la Gran Muralla. Fue curioso. Esta vez fue ella la que nos guió, la que nos fue explicando. Él escuchaba las explicaciones, yo, detrás, me aburría soberanamente y no podía, de ninguna manera, entrar en calor. Monsieur Panabière disfrutaba para sí mismo.

En ese tiempo, en China, se compraba y se vendía todo. Así pudimos ir a la famosa coronación. Eso sí me interesó. Los manchúes exponían sus ritos ancestrales, extraños pero muy hermosos.

Fue Lía la que escogió los recuerdos, los regalos, los objetos para la casa-hacienda.

¡Qué descanso en el barco inglés que nos llevó a Hawai! Podía tirarme en las sillas de mimbre todo el día, y dormir.

Sólo por las noches había que hacer el viejo rito del cigarrillo y el libro. Y a veces… quería que lo hiciera como una geisha y yo me desesperaba mucho.

En Hawai ¡por fin! el sol, el calor…

Pero estuvimos poco tiempo, por desgracia, allí. Otra vez el barco inglés y los malditos ritos nocturnos.

Él no quiso que fuera al comedor y me servían los mejores alimentos en mi camarote.

Otra vez el frío, pero ahora más humano.

Y los ritos nocturnos que cada vez se complicaban más.

En Los Ángeles él tenía muchos amigos y con Lía se dedicó a la vida social.

—Lía habla un inglés demasiado perfecto para estos masticadores de palabras —me dijo una mañana mientras lo bañaba. No la vi actuar, no supe de sus actividades y sus trampas durante ese tiempo.

Regresamos por el Sud-Pacífico, cómodo y confortable, pero que no tenía ni tinas ni regaderas, así que todos teníamos que conformarnos con fricciones frecuentes de agua de Colonia. Fue un viaje muy largo.

Clarisa adoraba a Lía y arreglaba, no sé cómo, su ropa, para que siempre estuviera como recién planchada.

El japonés se nos reunió antes de pasar la frontera.

A nuestra llegada hubo un gran recibimiento. Todos estaban allí, jefes y empleados, peones, mujeres con niños en brazos, los chinos. Nadie trabajó ese día. Habíamos estado ausentes casi dos años.

Don Hernán, después de hacer grandes fiestas para repartir regalos, se dedicó plenamente a arreglar sus cuentas en las oficinas, mientras Lía se escapaba de sus clases con Monsieur Panabière, que tan complaciente fue en el viaje y que, ahora, la mimaba verdaderamente.

Ella corría siempre al invernadero a ver al japonés. Y así surgieron los mangos-piña, los mangos-perón, los mangos-pera y las flores híbridas que fueron maravilla para todos, y con los que don Hernán gozó tanto.

Una tarde, mientras tomábamos el café, se oyó un rumor fuerte, muy conocido.

—Es la avenida de San Lorenzo —dijo él.

Ella calló, y sin decir nada, se levantó y salió de la casa. A un gesto de don Hernán, la seguí.

Atravesó las huertas y se quedó contemplando al poderoso río que arrastraba ganado, árboles, ramas. Y por la orilla plantas acuáticas, el limo y el tauto.

Como hipnotizada se fue metiendo en el lodo de la orilla, a los camelotes, al limo. Allí se sumergió hasta que su cabeza se cubrió de todas estas cosas.

—¡Lía!… ¡Lía! —gritaba yo desesperado. Pero la correntada apagó mis gritos.

Luego salió, chorreando, llena de lodo y con la cabeza despeinada, coronada de porquerías. Llevaba uno de los trajes más caros que habíamos comprado en París, totalmente echado a perder.

Cuando llegamos, y don Hernán la vio en aquel estado, preguntó qué había pasado. Se lo expliqué, indignado.

Él se rió muy fuerte, con grandes carcajadas y luego comentó:

—Valiente muchacha.

Eso fue todo.

Otro día me sorprendió cuando la vi abrir la jaula de los periquitos australianos verdes.

—Éstos sobrevivirán. Se parecen a las hojas.

Y así fue. Aún ahora, sobre las ruinas de Eldorado, se pueden ver grandes parvadas de ellos.

Pero una noche don Hernán me pidió que le llevara a Lía con todos los requisitos del ceremonial del Minotauro.

Como la segunda vez, tomé mis precauciones con las mirillas de la puerta-ventana. Era muy extraño, porque Lía era ya una mujer hecha y derecha. Era sumamente peligrosa. Solamente faltaba un paso, el que podría darse esa noche, para que ella fuera soberana absoluta.

Cuando se lo dije, contestó:

—Muy bien —y sonrió con una sonrisa triunfal.

Esta vez, como las otras, Lía, desnuda, parecía una estatua. Él le abrochó al cuello un collar de esmeraldas de las compradas en el viaje. Comenzaba el rito acostumbrado. Pero cuando, con otro collar en las manos, se acercó a ella de frente, para colocárselo, la estatua se movió intempestivamente y sus brazos rodearon a don Hernán atrayéndolo hacia sí. Hubo un momento infinito en el que no se movieron, luego él la rechazó con violencia haciéndola caer hacia atrás. Ya firme sobre sus pies, ella lo miró con una mirada seca, despreciativa, se arrancó el collar y se lo arrojó a la cara. El golpe lo enceguecio y se tapó los ojos con las manos. Se repuso casi de inmediato y rápidamente fue al lugar donde dejaba el fuete al acostarse, y corriendo con él en alto atravesó la habitación lleno de ira. Ella seguía ahí, como una estatua resplandeciente. El fuete en alto estaba a la altura de su cara. Luego, el brazo que lo empuñaba cayó desgoznado.

Se quedaron otra vez inmóviles, petrificados. Mucho tiempo después él dijo, con la voz autoritaria de siempre:

—Vete a dormir.

Debo reconocer que Lía me devolvió mi lugar en aquella casa. Sólo yo la vi salir aquella noche, erguida, sin nada en las manos, por la puerta principal.

# Atrapada

*A Esteban Marco*

El pecado de exceso es sagrado y es lo que inflama hasta la enormidad al grano, en apariencia inocente, que produce la tragedia. Eso me consuela un poco, deja un hueco para la explicación, aunque seguramente no para la simpatía.

Mi primer exceso consistió en no conformarme con lo que tenía, que era mucho más de lo que muchos han logrado en su vida entera. Pero cuando siempre se ha recibido se pierde el tino y uno no se sacia ya con nada, quiere más, más, y le parece que le es debido. Por eso empecé a salir con Ismael, y así me encontré un día en aquella reunión en que no conocía a nadie.

—Así que es usted. Realmente, encantadora. ¿Y dónde está Ismael?

—No sé, por ahí…

—Típico. Pero pierda cuidado, ha caído en buenas manos. Soy Federico Longares, el mejor amigo de Ismael, y también arquitecto.

—Mucho gusto.

—Le he oído hablar mucho de usted… y… él ¿no le ha hablado de mí?

—No recuerdo… no sé…

—Se asusta, se apena, ¡no criatura! no puede usted ser responsable por nadie, y menos por Ismael. Cuando esté casada con él se dará cuenta.

—¿Casarme?

—Sí, es usted justamente lo que él… pero dejemos eso y esperemos a que sea Ismael en persona quien se lo proponga. ¿Quiere una copa?

—Bueno.

—Así se hace. Adelante. Escuche la conversación de ese grupo mientras yo vuelvo. Se va a instruir.

A mis espaldas sonaban las voces.

—Yo creo que es totalmente frígida. Aquella noche en casa de Julio, mientras los demás bebían, hicimos de todo en el *couch* del estudio, y cuando yo

219

creía que habíamos llegado al punto álgido, ella tenía los ojos fijos en la ventana y comentó "qué hermosa luna", con el tono perfecto de una heroína de novela inglesa.

Una estrepitosa risa de mujer.

—Hay, Pablo, será que tú…

—No, no, no. Eso nos ha sucedido a todos, ¿verdad, Julio?

—Sí, pero esa mujer tiene algo.

—Ya apareció. Se ve que no te has curado del todo el enamoramiento.

—¿El enamoramiento? No sé. Pero te puedo decir que precisamente esa carencia de carne, esa lujuria forzada y puramente mental, me atrae más que cualquier otro tipo de *sexi*.

—Oye, Sergio, ¿te molesta que hablemos de esto? No tendría nada de particular que así fuera, hace apenas tres semanas que llorabas rogándole que se casara contigo.

—Pues… me molesta… y no. Lo que han dicho es verdad… A mí me impresiona un poco que cinco de nosotros hayamos tenido intimidades con una chica que a pesar de todo sigue siendo virgen. Sí, ya sé, ya sé… pero no deja de ser extraño.

—Morbosísimo, sabrosísimo. Confiesa que nos encanta.

—No. Nos atrae, no nos encanta. Y a veces pienso si no tendremos alguna responsabilidad…

Su voz sonaba triste y no me atrevía a voltear para verle la cara.

—¿Por qué tan pensativa? —era Ismael—, ven a que te presente algunos amigos.

Seguramente empezaría por el grupo que estaba a mi espalda.

—No, gracias, estoy cansada.

Detrás de mí sonó la voz de la mujer que se reía siempre.

—Ismael, ven a contarnos tus experiencias con Abigaíl. Necesitamos más datos.

—Por favor respeten mi extraordinario privilegio: no he tenido experiencias con Abigaíl. Le dije que me gustaban los hombres.

La mujer se rió más que nunca. Yo sentí como un mareo y la necesidad de salir de ahí a respirar. Me levanté.

—Tengo que irme.

—Es demasiado temprano, esto apenas comienza…

Empecé a caminar hacia la puerta. Él me tomó del brazo.

—Ismael, ¿por qué la escondes y no la presentas? ¿Te da vergüenza?

—Toti, por favor… Paula, ésta es Toti.

Me quedé con la mano extendida, ella no se ocupó de mí.

—¿De dónde la sacaste? Estabas cansado de lo conocido y fuiste a buscar algo exótico, ¿eh?

—Toti, no te hagas la chistosa, ¿quieres? Paula es hija de Fermín Linares, el torero.

Toti aplaudía, feliz.

—Vengan todos, vengan. Su papá es torero y ella se pasa las tardes de domingo con su mantilla puesta rezándole a la virgen de la Macarena… ¿o la de Guadalupe?

Todos le rieron el chiste, a coro.

—¿Quién es Fermín Linares? No me suena.

—Es un torero viejo, malón.

—Debe de ser emocionante, casi excitante, vivir con un torero.

—Yo le vi alguna vez; tenía un estilo inspirado pero torpe, popular.

Una mano me tomó del brazo y me despegó de ahí; nadie se fijó. Llegué a la puerta y bajé la escalera sin voltear a verlo. Ya en la calle me dijo:

—Ismael está demasiado bebido, yo te llevaré a tu casa.

Era Federico.

Al día siguiente me despertó una sensación punzante de desasosiego y angustia que me cortaba la respiración. Me quedé en la cama, recordando sin emoción ninguna las escenas de la noche anterior, pero el dolor se hacía cada vez más agudo y me di cuenta de que a lo que más se parecía era al remordimiento. ¿De qué me avergonzaba? Volvía a repasar palabra por palabra todo aquello: ajeno, distante, pero la angustia no cedía. Me levanté y desayuné cualquier cosa en la cocina, de pie y sin hacer ruido para que mi madre no me viera.

Me estaba bañando cuando la oí gritarme.

—Paula, te busca el arquitecto —a ella le encantaba que Ismael fuera arquitecto.

—¿Qué horas son?

—Las diez.

—Dile que ya voy.

—Date prisa.

El agua resbalaba, seguía murmurando, cayendo, y yo no la sentía, me parecía que mi cuerpo no era mío. "Viene a buscarme… está aquí, en mi casa…" pero no me atañía, se trataba de un desconocido, de alguien que no tenía que ver con aquel extraño dolor que me llenaba toda y que hacía desabridas las cosas más queridas.

Tuve que hacer un esfuerzo para moverme, secarme, vestirme y arreglarme de cualquier manera.

Cuando se levantó y me saludó noté su sonrisa tímida y el encogimiento peculiar del que quiere pedir perdón. Era sin duda encantador, pero su encanto resbalaba sobre mí como las gotas de agua.

—Señora, si nos permite, me gustaría llevar a Paula a dar un paseo —y me miraba interrogante, como pidiendo aprobación. Me era desagradable esa actitud.

Salimos de la casa y al pasar bajo el gran olmo me acordé de Marcos, de aquella noche en que a tientas, en el fondo del vértigo, encontré la respiración, el sabor, el olor, lo que Marcos era en lo profundo, y lo que en lo profundo era yo misma. Lo recordé, pero de lejos, con añoranza.

—Quería darte una explicación. Anoche te escandalizamos.

—No. Cuando uno se escandaliza se desprende, y es más fácil.

—Entonces…

—Me dolió. No lo que me dijeron. Todo.

—Yo no pude dormir. Pero no creas que son malos, quieren ser sinceros, libres. Y Toti es una pobre chica que hace cualquier cosa con tal de llamar la atención.

—No se trata de ella, sino de la otra… Abigaíl. Nunca había oído hablar así de una mujer.

—Ya te dije, quieren ser verdaderos.

—Pero ella…

—También, aunque todo lo que oíste es cierto. A mí me da lástima, y creo que su madre tiene la culpa: se acuesta con todo el mundo y Abigaíl lo sabe, lo ha sabido desde antes de aprender a andar.

—Debe ser horrible.

—No ha encontrado la solución y no tiene un camino claro, da tumbos y se lastima, y también hace daño a los demás, como a Sergio, ya te diste cuenta.

—Pero es que les falta algo, no sé qué, una fuerza…

—La razón por la que los juzgas mal es porque tú sí tienes esa fuerza. Toti no piensa, pero creo que lo sintió y por eso se portó como lo hizo, por envidia.

—¡Envidia! Cómo se te ocurre. Era desprecio… o despecho… por ti.

—Caíste en la trampa. Celos, envidia, es lo mismo… y tenía razón para sentirlos.

Muy poco tiempo después me casé con Ismael.

Desperté temprano, aquel mi primer día de casada. Era extraño que Ismael estuviera dormido a mi lado, eran extraños el cuarto, el aire, la luz cálida. Me sentí insegura, arrojada a una playa desconocida y desierta. Titubeé antes de despertar a Ismael, pero necesitaba que abriera los ojos, que me mirara.

Lo besé tímida, y él se dio vuelta refunfuñando, entonces me reí y volví a besarlo, jugando repetidas veces.

—Flojo, reflojo, recontraflojo.

Él siguió el juego sin contestarme, y luchamos, nos empujamos, nos abrazamos, sobre la cama revuelta. Yo gritaba, reía, y cuando, jadeante, tomé una tregua para respirar, me di cuenta de que él estaba serio, mirándome intensamente con sus ojos profundos. Un dolor, una ternura violenta, me hicieron apretarme contra él y esconder mi cara en su cuello. Me acarició con ternura, casi consolándome.

—Eres una niña.

Luego me besó en la boca y me pareció que la seriedad, la fiereza de sus ojos se materializaban con el beso. Me abandoné a su deseo.

Poco después, todavía envueltos en aquel silencio de los momentos de amor, y de nuevo en la playa salobre y árida, vi que alargaba la mano y cogía un cigarrillo.

—Mi vida, no vas a fumar antes del desayuno.

Suspendió el ademán y se quedó un momento vuelto hacia mí, sorprendido; parpadeó, se acomodó a mi lado y dulcemente me fue diciendo:

—Siempre lo he hecho, y por otra parte… no sé cómo decirlo… tú has ido al cine, has hablado con tus amigas, oído a gente cursi, pero tú y yo somos diferentes. Los motes, las palabras dizque cariñosas que usan todos, están gastadas, no sirve, "mi vida", "amor", todo eso… ¿comprendes? —acariciaba mi mejilla—. Ahora no fumaré, si te molesta.

—No, no… fuma por favor.

Encendió el cigarrillo y dejó escapar una columna densa y perezosa.

—Iremos a comer con los Urquiza. Son amigos míos, y me comprometí con ellos para llevarte.

—¿Hoy? No los conozco, y yo creía…

—Paula, ya me imagino lo que creías, pero el amor no es una ilusión ni una novela rosa, es algo muy diferente, y cuando lo comprendas… cuando lo comprendas…

Estaba otra vez con sus ojos profundos adoloridos por mí, por mi torpeza.

—Como quieras, lo que tú quieras.

Y volví a esconder mi cara contra su pecho.

Fuimos a vivir muy cerca del bosque, en el *penthouse* de un edificio que era suyo. Un departamento espacioso y moderno, con muebles bajos y pinturas abstractas. "Tienes que acostumbrarte a vivir entre objetos hermosos", me dijo; comprendí.

Nadie me obligó, yo sola empecé a vivir para esperar a Ismael. Sin embargo mis lentas horas de soledad no estaban vacías, mi deseo de ser tal como él quería que fuera las llenaba: leía, asistía a clases, a conferencias, escuchaba música, y por encima de todo lo observaba y lo comparaba conmigo, pobre de mí.

Había cosas, detalles que me hacían pensar; por ejemplo, aquella mañana que la criada se fue sin avisarme y él me encontró furiosa cuando se levantó. "No te pongas así. Es lo menos que puedes aceptar de una pobre mujer que ha tenido que aguantarnos tal y como somos. Debe ser molesto ese vivir siempre en una casa ajena donde todo absolutamente es impuesto. Lo menos que puedes conservar es el derecho a cambiar, a irte cuando te venga en gana. Paula, trata de ponerte en el lugar de la pobre muchacha." Aprender a ponerse en el lugar de otro es importante, muy importante, para mí llegó a ser fundamental, pero aquel día aprendí algo más: que él era justo.

Tenía también una paciencia increíble conmigo. Recuerdo las noches que se pasó explicándome el teorema de Pitágoras sin lograr, no que yo lo entendiera, no era tan complicado, sino que lo retuviera, que viera su importancia, su trascendencia; nunca pude. En cambio, en cosas menos intelectuales sí podía seguirlo. "El estilo es lo más importante. Hay veces en que se necesita sacrificar la belleza natural para transformarla en algo nuestro, acorde con nuestro ser." Y pasó su mano amorosamente por mis cabellos, esos cabellos negros y lustrosos, pesados, que eran mi orgullo. Esa noche, cuando volvió me encontró con un chongo estilizado que en lo alto de la nuca parecía "un postizo" de peluquero, así de perfecto era. Lo recibí en la puerta, nos miramos, nos sonreímos con una alegría entrañable y diáfana, y sin decir una palabra nos dirigimos al salón con las manos entrelazadas. No conozco a nadie que pueda saber lo perfecta que es esa clase de felicidad. Me estoy equivocando, seguramente Federico sí lo sabe.

Pero la armonía es muy difícil para una mujer, la naturaleza está en contra de que la consiga, y si ahora pienso que así debe de ser, entonces me produjo una gran confusión, casi una rebeldía. Sucedió una mañana, sin motivo aparente alguno. Estaba poniendo en orden el estudio cuando un dolor desconocido, agudo y que me estrujaba sin piedad las entrañas me hizo gritar. Me tapé la boca con una mano porque me avergoncé de mi grito, pero el dolor no tenía relación con mi voluntad y volvía, regresaba intermitentemente, envolviéndome en un remolino de pavor irracional atrozmente animal. La sangre corría por mis muslos, por mis piernas, y muy pronto la alfombra gris tuvo una enorme mancha roja que se fue extendiendo, extendiendo. Me horrorizaba la idea de moverme, de mancharlo todo, de contaminar los objetos a mi alrededor, y el dolor me sacudía el cuerpo con espasmos tan desesperados que perdí todo control y comencé a mesarme los cabellos y a aullar como una bestia herida. Enloquecí. Cuando la puerta se abrió y vi el rostro desencajado de Ismael, era ya incapaz de controlar mis reacciones, seguía gritando y contrayéndome como una posesa. Me tomó en brazos y me llevó a mi cama; oí cómo llamaba, urgido, al médico. Yo seguía sin tregua en mi locura de dolor y espasmo; me revolvía y me quejaba sin descanso, habitando con todas mis potencias el lugar solitario y alucinante de los atormentados. Cuando el médico llegó y me examinó, creí que había tocado el fondo de lo monstruosamente doloroso. Me puso una inyección intravenosa, y en una semiconciencia que tenía mucho de delirio, de borrachera calurosa, me llevaron al sanatorio.

Desperté muy cansada, adolorida y desprendiéndome con lentitud de un mundo lejano, semiolvidado ya, pero del que conservaba una sensación de ingravidez, de tristeza despegada y ultraterrena. Ismael estaba a mi lado, con una de mis manos entre las suyas.

—¿Te sientes bien? Me has dado un susto... ¿por qué no me lo dijiste?

—No sé por qué... no encontraba cómo...

—Está bien, no te esfuerces, procura descansar.

—Crees que... ¿te hubiera gustado?

—No sé, tal vez. Cuando las cosas suceden sin pedir permiso... Pero ha sido mejor así, no estamos preparados, y un niño... en fin, ya te dije que somos diferentes; procrear es simple, puede hacerlo cualquiera, y en cambio buscar y encontrar la forma última del amor es solamente para nosotros. Los hijos se interponen, lo sabes... pero no es hora de hablar de esto. Lo que necesitas es reposo. Trata de dormir, reponte muy pronto para que volvamos a empezar.

Me besó en la frente y cerré los ojos. Se marchó.

Minutos después entró mi madre y me encontró llorando. A ella también le corrieron lágrimas por la cara.

—Sé lo que sientes, pero no debes desesperar. Dios te concederá más adelante otros hijos, y, aunque nunca olvidarás éste, tendrás consuelo.

Me abracé a ella y sollocé convulsivamente. Me pegaba a mi madre, a su amor, cuanta mayor conciencia de que entre nosotras ya no había comunicación posible, que el hilo de la continuidad se había roto, que ya había aceptado traicionarla y decidido no hablarle nunca más de la verdad de mi vida. Empecé el aprendizaje de silencio no revelándole aquel solitario dolor mío que jamás tendría consuelo.

Más tarde llegó mi padre con un gran ramo de rosas. Se sentó en la cabecera de la cama y puso su pesada mano sobre mi cabeza, su mano tierna que sin ningún movimiento tenía el poder de transmitir tanto calor, tanta fuerza. La circulación común, que al contacto de su mano volvía a sentir que nos unía, oscura y espesa, me arrancó del mundo helado y fui cayendo en el consuelo doloroso de revivir mi infancia mágica, de ese otro mundo que ahora quedaba suspenso y trunco, sin que otra existencia infantil pudiera asomarse a él, reconocerlo o destruirlo con sólo imponer su presencia frente al espejo: hay una alegría de vida en el espejo roto que recoge en sus fragmentos respiraciones de dos tiempos diferentes, queda esperar el milagro de que en un ángulo destrozado coincidan por un momento dos atmósferas que se identifican, que son una sola, hincada en el tiempo para que la respiren dos niños que se reconocen. Ahora eso no sería posible para mí, mi espejo quedaría intacto y moriría conmigo. Mi espejo.

*Por la rendija se veía bastante. Él debía de estar en el fondo, muy cerca de la ventana, pues por toda la habitación, por el techo, por las paredes azules, navegaban las escamas luminosas. Alegre, el aire encantado fingía corrientes y contracorrientes y la móvil fosforescencia parecía cantar, ingrávida, luminosa.*

*Hubo una gran confusión entre los puntos de luz; se arremolinaron, huyeron, se acercaron, y por fin se quedaron quietos cuando él surgió y se quedó parado en medio de la habitación. Él sí tenía peso, el justo, y provocaba y sometía con un* ademán montones de grandes y pequeños prodigios. ¡Qué revuelo cuando levantó el brazo recto con la palma de la mano hacia arriba, como un emperador!... Probaba las posibilidades de su cuerpo dentro del traje, sin dar un paso, con ademanes lentos y armoniosos, parcos.

Se quedó quieto como una estatua y vi la sonrisa secreta mover apenas las comisuras y hacer más claros los ojos. Su voz tronó en contra mía, pero no volvió la cabeza hacia mi escondite.

—¿Estás satisfecha, ave de mal fario? ¡Deja de espiarme y lárgate con viento fresco!... Camilo, no olvides el estoque nuevo.

¡Cuántas, cuántas escamas danzando apresuradas, cercándolo, esquivándolo! Y él disfrutaba la magia que brotaba de su ser con una dignidad austera, casi ausente. El tiempo se detenía en aquel cuarto a aquella hora, y si él no lo hubiera echado a andar, los momentos se hubieran prolongado infinitamente en el profundo encantamiento de las grutas marinas. Pero la metamorfosis había llegado al punto debido y él estaba armado para todos los encuentros: el fracaso, la gloria, la muerte. Me alejé de la puerta y salí al patio.

Como siempre, todos los vecinos estaban ahí, y gente extraña también. No me molestaba ni me parecía mal, así debía de ser.

Lo esperé ante el portón. Al pasar me miró, irónico y cariñoso, y yo le tiré un beso con los dedos: "Suerte, matador". Se llevó la mano a la montera, en un saludo profesional y sin embargo íntimo. Por estar dirigido a mí. Salí con los demás y en el momento en que subía al coche pude atrapar la mirada profunda, casi angustiada, que dirigió al balcón de mi madre. Su carro arrancó y toda la chiquillería lo siguió gritando: ¡Viva Fermín Linares! ¡Viva Fermín Linares!

Los otros coches, los gritos, las gentes, todo se fue, desapareció, y en el silencio la plaza de Chimalistac me pareció enorme. Mi madre muy erguida, seria, continuaba en el balcón, con la mirada perdida y la mano derecha apuñada sobre el barandal; luego la fue abriendo lentamente, como si al permitirle distenderse la abandonara, y yo me volví con disimulo, para no mirarla.

La convalecencia fue larga. Mi cuerpo, vacío para siempre, no se tomaba ninguna prisa por recuperarse, y la debilidad me había sumido en una especie de incapacidad para actuar sobre el mundo exterior; a veces me consolaba pensando que dormía el sueño de invierno, como una crisálida.

Federico me hacía compañía casi todas las tardes, y juntos veíamos desde el ventanal ponerse el sol entre los árboles.

—No, para Ismael no ha sido un golpe. Sigue igual su vida sin mí. A él no es posible detenerlo.

—Creí que se quedaba contigo. Yo no lo he visto fuera de esta casa.

—Sale todas las noches, bebe, va al cine… se impacienta cuando me ve triste. No quisiera estar triste, Federico, pero cuando lo veo arreglarse por las noches, tan alegre, tan lleno de vida, me dan ganas de llorar. Es egoísta, mezquino de mi parte, lo sé y hago todo lo posible por ser diferente, pero no puedo —se me quebró la voz y Federico vino en mi ayuda.

—Estás enferma.

—¿Y eso qué importa? Debo aprender a vencer también eso.

—Un hijo es cosa de dos.

—No siempre.

Federico bajó los ojos. En la penumbra vi una cara diferente a la habitual, cansada, vieja. Lentamente repitió.

—Es inútil tratar de detenerlo…

—Tú crees que no estoy luchando y sufriendo bastante, Federico, crees que una mujer no puede sufrir más que heridas en los sentimientos, en la carne, y te equivocas.

Vi brillar su mirada, sentí su tensión, pero continué hablando sin enfrentarlo.

—Te vi hoy a la hora de la comida, cuando él dijo esas cosas sobre Picasso. Lo aceptaste todo, querías hacer parecer que tú habías pensado eso mismo antes, y buscabas como un desatinado un argumento que fuera más allá, que diera un salto más largo, que abriera camino al pensamiento de Ismael. Olvidaste por completo que hace dos semanas me dijiste exactamente lo contrario. No importa eso, no esa especie de limbo en que me colocaste, en que colocas a todos cuando él está presente. Lo que importa es la anulación tuya, porque cuando un hombre enajena su inteligencia sin que se lo pidan, sin que lo noten siquiera…

Estábamos casi a oscuras. Me pareció que Federico hacía el intento de hablar y lo detuve con un gesto.

—Ese tormento es el que crees que desconozco, pero te equivocas. Además, tú renunciaste antes de proponerte la conquista; por amor, ya lo sé, pero renunciaste. Yo no he renunciado.

Se acercó y me tomó una mano, con una efusión tan grande que me enterneció.

—Creo que no es necesario que te diga…

—No, no es necesario.

—Él ni siquiera lo sabe.

—Creo que si se detuviera a pensar un momento en ti, lo sabría; pero no se detiene.

Nos quedamos largo rato en la penumbra, personajes ausentes en un cuadro oscuro y misterioso.

Después sonó el teléfono y me levanté a contestarlo.

—Es Malvina, avisando que Ismael no vendrá a cenar. Acompáñame tú, ¿quieres? —encendí las luces y todo volvió a ser como si nada hubiésemos dicho.

—Malvina, curioso nombre, y le va mal.

—Es raro que una esposa sienta simpatía por la secretaria de su marido. Las secretarias conocen sus secretos… —rió como siempre, pero había un dejo melancólico en su risa.

—Ella también me quiere, será por eso.

La cordialidad se restableció y cenamos conversando como dos buenos amigos.

Nunca le hablé a Ismael de esa conversación; pero esa noche, cuando Federico se fue, pensé en Marcos, en mis padres, y encontré que la que ellos conocían y querían había muerto, y que si vieran quién era yo ahora se horrorizarían. El desconocimiento de los míos, la aceptación de una vida desligada del pasado y sin futuro previsible, esa nueva faceta de mi soledad, me tuvo angustiada y en vela hasta la madrugada. Ni siquiera cuando oí regresar a Ismael y entrar a su cuarto pude dormirme.

Estaba tomando sol en la terraza cuando Ismael se me reunió e inclinándose sobre mi silla me preguntó con cariño.

—¿Te sientes mejor?

—Sí, no muy fuerte, pero mejor. El médico cree que podré salir y hacer una vida normal en unos cuantos días más. Dice que necesito distraerme.

—Magnífico. Quiero que el sábado próximo vayamos a una fiesta a la que estamos invitados. Será para inaugurar el nuevo departamento de Toti.

—¿A casa de Toti?

—Sí, de Toti —en su voz tembló discordante una nota de impaciencia. Yo sabía que mi antipatía hacia ella le parecía una necedad y me sentí incómoda.

Pero él aparentó olvidarse del asunto, me dio la espalda y se quedó absorto mirando el paisaje desde la balaustrada. Yo veía su mano que sostenía el cigarrillo y que subía y bajaba con largos intervalos; luego las volutas de humo; no me atrevía, no sé por qué, a mirarle la nuca.

Cuando volvió a hablar parecía tranquilo, y sus palabras tenían el tono ligero que empleaba para los asuntos intrascendentes.

—En los últimos tiempos la he visto, he salido con ella. Acaba de divorciarse y quería oírla contar la historia. Toti es muy divertida.

Se volvió hacia mí y la expresión de mi cara lo irritó hasta hacerlo gritar.

—¡Ah, no! ¡No vamos a tener tragedia por tan poca cosa! Lo de la reunión del sábado lo acepté pensando en ti, en tu manera de ser. Vamos a ir precisamente para que todo quede claro y no haya chismes ni interpretaciones falsas, ¿entiendes?

Era un mediodía espléndido. La luz caía a plomo y el mundo no tenía sombras; el dibujo nítido de las cosas les daba una presencia violenta, hostil. Oí el portazo. Las hojas de los árboles se movían inquietas, los ruidos se quedaban lejos, el límite del vacío que había en torno a mí. Sentí frío y me fui encogiendo, replegando lentamente sobre mí misma. Cuando sentí el calor de mis rodillas contra la cara, comencé a llorar.

Federico vino por la tarde.

—¿Ya se fue Ismael?

—No vino a comer.

Hubo una pausa.

—Has llorado.

Volví la cabeza para que no viera mis ojos otra vez arrasados y hubo un silencio largo hasta que pude dominarme.

—Estás enterado, ¿verdad?… y ahora quiere que vaya a casa de ella para que se vea que lo sé y que estoy de acuerdo.

—¿Vas a ir?

—Sí.

—Piénsalo bien.

—Si no voy, él me despreciará, y eso no puedo soportarlo. Además, él es justo, Federico, y si ha hecho esto debe de ser por algo, por algo que yo no entiendo, pero debo actuar como si lo entendiera: él detesta la incomprensión… No, no da explicaciones… tampoco me ha pedido perdón, seguramente porque no cree haber hecho nada censurable, pero como yo… soy… así… tengo que perdonarlo, aunque no me lo pida.

—Estás equivocada, no es ése el camino. Él necesita que te le enfrentes, que te afiances a ti misma. Si sigues por aquí, llegará el día en que te transformarás en lo que Ismael más odia: un fardo en su espalda.

—No creo. A veces pienso que él hace estas cosas para que yo me esfuerce y alcance un tamaño más de acuerdo con el suyo.

—¡Ajá!, entonces vas con Toti para edificar tu espíritu, ¿no es eso?

—Federico, no te burles, esto es muy serio. Escúchame bien: no sé pensar ni actuar, pero he leído algo que me puede servir, que puede hacer de lo mío negativo algo positivo… ¿Has oído hablar de la no resistencia al mal? Uno no lucha más que con sus pasiones; con nada externo, ¿ves?, y no es otra cosa que un agente receptor, una esponja que absorbe el mal y no lo rechaza ni lo devuelve, sino que se queda con él dentro, y lo rumia, lo envuelve, lo fracciona, hasta que puede digerirlo y con eso aniquilarlo.

—Paula, estás demasiado excitada, vuelve en ti; hablemos con calma, despacio, y trata de pensar como una persona normal. Si tendemos a lo absoluto en esta civilización nuestra, estamos fuera de la realidad, perdidos; nosotros no concebimos más que lo relativo, sobre todo lo relativo *a*; particularmente los que estamos hechos pedazos, o enamorados. Eso de que me hablas sirve para otras cosas, para seres puros o que aspiran a serlo, no para quien está viviendo una existencia ajena.

—A mí me sirve, o tal vez sólo me consuela. Te equivocaste cuando creíste que era yo quien debía casarme con Ismael, no, yo menos que nadie… Se necesita una mujer verdaderamente pura o inteligente.

—No es sano esto que haces, ¿por qué toda la culpa ha de ser tuya? Habla con Ismael, dile todo esto que me has dicho a mí.

—Te estás tratando de engañar. Sabes perfectamente que con Ismael es imposible discutir sobre él mismo. Se cierra, es su fuerza.

—O su falla. Pero yo intentaré hablar con él, trataré de hacerlo del modo más desapasionado, como si hablara de personas ajenas sobre las que es posible discutir sin comprometerse al juzgarlas. Trataré.

—No lo permitirá, huele desde lejos las maniobras para atraparlo… y sabe que tú y yo, de una manera o de otra, lo queremos para nosotros mismos. Además es un asunto entre él y yo, y no tiene solución fuera de nosotros.

—No temas herirme, me doy cuenta. Yo… soy el menos indicado.

Lo vi ensombrecerse. Hubiera querido consolarlo, pero en mi desesperación creí que todo consuelo era imposible.

Así perdí a mi único amigo: no volví a hablarle de estas cosas y seguí sola por mi túnel amargo.

El sábado me vestí con cuidado.

En la fiesta estaban todos, Myra y Abigaíl se mostraron especialmente amables conmigo, y Federico neutralizó todo lo que pudo, con su ironía, las indirectas de Toti. A Ismael casi no lo vi, se pasó la velada hablando en otros grupos, desentendido de Toti y de mí.

Recuerdo esa reunión muy en general, porque no percibí los detalles, ni recuerdo los diálogos; estaba embotada, sin poder sentir ni por un momento que la mujer vestida de negro era yo.

—Ya ves cómo lo pasaste bien —comentó Ismael cuando regresábamos a casa, y continuó con la misma indiferencia—. No sé qué le pasa a Federico, se está volviendo tonto de tanto querer ser ingenioso. ¿Te fijaste en el muchachito que llevó?, daba la impresión de que…

Me recosté en el respaldo del asiento. Las luces del Paseo de la Reforma se me venían encima y pasaban vertiginosas. Ismael seguía hablando. Sus palabras, las luces, los recuerdos, los pensamientos, todo era y se desvanecía en segundos, no chocábamos, nos rozábamos apenas y seguíamos nuestro camino sin penetración ni daño. Volábamos y en el espacio había lugar suficiente para nuestras corrientes encontradas. Las palabras, las luces… nada podía destruirme, a mí, sola, en mi carrera alada. Una alegría nueva abrasó mi corazón. Me incorporé de un salto y besé a Ismael en la mejilla. Él sonrió sorprendido y vi sus facciones retomar la tranquilidad. Lo había perdonado.

En mi pequeñez creí que había alcanzado algo así como la grandeza de espíritu; la verdad es que me engreí por un espejismo. Mi tamaño era el de Toti, lo digo sin desprecio, y a él debí atenerme.

Pero me hice la ilusión de que cuando Ismael compró el viejo caserón de San Ángel, lo había hecho como un acto de reconocimiento hacia mí, y que tener una sólida casa de piedra quería decir que nuestro matrimonio estaba por encima de cualquier hecho fortuito.

—No he podido tenerlo en secreto, aunque primero pensé que te lo ocultaría hasta que estuviera listo, para que fuera una sorpresa, pero quiero que lo veas ahora mismo. Para mí como arquitecto es un reto. No es lo mismo partir de cero y crearlo todo de la nada que colaborar con un colega de hace varios siglos. Él ha establecido las condiciones del juego y sigue jugando en la sombra. No tengo que rebajarlo ni hacerle traición, lo que debo hacer es comprenderlo… y someterlo.

Fue una aventura a la que me uní con todas mis fuerzas. Empecé por ocuparme del jardín y el parque; escogí las flores: madreselvas y boj para los arriates; rosas té, blancas, rojas en los prados, heliotropos en el rincón de la fuente del ángel de mármol.

Puse también macizos de gardenias en la parte de atrás de la casa, haciendo el contrapunto a la gran magnolia que había junto a la galería del frente; y en el parque coloqué enormes tiestos con helechos bajo los arces y los álamos cubiertos de musgo. Cuidé meticulosamente de que el jardín no fuera sombrío, aunque busqué que armonizara con la melancolía romántica del parque. Quería que el sol entrara por todas las ventanas de mi casa, apenas tamizado por una enredadera ligera o un árbol tierno. Hacía ya tiempo que los lugares sombríos me daban miedo.

Los muebles fueron otro problema. Ismael no quería que mezcláramos directamente lo moderno con lo colonial, así que hube de encontrar muebles y objetos que aludieran a Inocencio I y Alejandro VI, y sobre todo a Felipe II. Felipe II fue mi tema preferido en esos días, no por lo sombrío ascético, sino al contrario, por los chispazos, por los brillos de extraordinario lujo, de refinada maldad que encontraba en él. Cuanto más lo espiaba, más me parecía que era de reojo como podía vérsele mejor.

Sin embargo, creo que la satisfacción más íntima que me dio esa casa fue la de amueblar mi cuarto con mis viejos muebles de soltera.

Sillas, *secretaire*, marcos, cortinas, cristos, bordados, todo proveniente de mi madre y mis abuelas. Todo lo pensé muy bien: tenía que dejar mi habitación abigarrada, pero sólo en trozos, para que hubiera descansos desnudos y limpios, y además para que fuera difícil descubrir el secreto de los objetos queridos. Al entrar en la habitación siempre sentía el calor, la tranquilidad que desde hacía mucho tiempo me hacía falta, y en ella solamente yo podía percibir el olor inconfundible del polvo de arroz que usaba mi abuela Isabel. Hasta había por ahí, entre tantas fotografías, una de Marcos. Pero quizá lo que más me gustaba era el gran balcón que daba al poniente, justo debajo de la magnolia: me hacía sentir diferente, digna. Ahí en ese lugar mío pasé muchas horas en acuerdo conmigo misma.

—Estoy muy contento de cómo ha quedado —dijo Ismael—; no nos falta para cambiarnos a ella más que fijar la fecha y organizar la fiesta de inauguración, porque algunas cosas que hemos encargado a Europa pueden ser colocadas habitándola ya. El último problema era la piscina, pero lo he solucionado dándole el estilo del jardín Borda, y estará terminada en dos semanas más.

—Nos gustaría mucho verla —dijo el señor Browfield.

—Debe de ser muy interesante esa casa reconstruida —susurró Betty en su español ligeramente áspero.

—No se trata de una reconstrucción; he querido recrearla, darle un ambiente diferente al primitivo, pero no infiel, ¿comprende? Algo que cupiera en su concepción original, pero que no la siguiera… Sí, me encantaría que la vieran con calma, antes de que nos cambiemos. Aunque no tiene absolutamente nada que ver con el edificio que quiere su compañía —acentuó un poco la sonrisa al añadir—: Esto es muy latino, si me permiten la expresión, está ligado por todas partes a una cultura que a ustedes es ajena y creo que inhabitable. Si la encuentran exótica o interesante, querrá decir que o he fracasado o no podemos entendernos, y lo digo a sabiendas de que en ello puede irme el contrato…

—¡Oh!, pero unas oficinas no tienen que ver con esto.

—Pero el arquitecto sí. Ustedes quieren las cosas a su manera, como si el edificio fuera a levantarse contra el cielo caliginoso de Boston o junto al Empire State, y eso da ese aire de desamparo y de transplante a los edificios que construyen aquí sus arquitectos. Yo no podría hacer eso.

—Por patriotismo, supongo…

—En absoluto, creo poco en eso, ni siquiera en lo que se ha dado en llamar la arquitectura mexicana. Hablo nada más del sentimiento.

—¡Ah!, el arte —dijo Betty con ironía.

—Precisamente, la arquitectura es un arte bastante abstracto y difícil por naturaleza, y hay que defenderlo abiertamente; de lo contrario no queda más que resignarse a la técnica, o a las modas, que es peor.

—Hemos llegado a un terreno difícil. Será preferible continuar después de ver la casa, ¿no les parece?

Browfield parecía desconcertado; más bien, molesto. Yo estaba segura de que Ismael no haría el proyecto después de esta confesión de rebeldía. Pero en ese momento vi sus ojos chispear y la satisfacción juguetona de su boca, y luego, durante toda la noche, su gran desenvoltura y brillantez: había apostado todo a su libertad y si perdía no le iba a afectar en absoluto.

Me habían avisado que esa misma mañana a las doce desempacarían en la casa de San Ángel los dos bargueños y las estatuas del primer Renacimiento que habíamos encargado a Italia. También venían tres cuadros del taller de Tiziano, algunas lámparas y los terciopelos antiguos que faltaban para dar por terminada nuestra labor. Estaba muy excitada.

No esperé el elevador, sino que subí corriendo las escaleras, llevaba mi mejor *tailleur,* sombrero y guantes, para estar a tono con la solemnidad, pero no podía controlar mi alegría. Cuando llegué frente a la puerta del despacho de Ismael, me detuve a regularizar mi respiración porque me daba un poco de vergüenza que me vieran excitada como una criatura, y un momento después abrí la puerta sin ruido para sorprender con una broma a Malvina, pero algo en la expresión de su rostro me detuvo y me dejó inmóvil, con la mano sobre la perilla.

La luz de la ventana daba de lleno sobre ella. Tenía los ojos fuertemente cerrados y sus pestañas temblaban por un esfuerzo terrible; los músculos de su cara estaban tensos y al pronunciar las palabras no movía más que muy levemente la boca, apretando los dientes. Hablaba por teléfono, y lo que decía no parecía tener relación con aquella actitud extraña.

—Sí, el arquitecto pasará a recogerla a las doce… sí, a las doce, en su hotel… No, no tiene nada que agradecer.

Y colgó. Hizo una honda inspiración y sus manos crispadas taparon su cara. Todo su cuerpo se estremeció con un gemido sordo, casi un sollozo. Pero no comprendí hasta que se volvió a mí, y después de mirarme ya unos segundos como a una desconocida me dijo con el mayor rencor:

—¿Estaba espiando?… no me importa. Yo soy secretaria del arquitecto y hago lo que él manda, ¿entiende? Además, usted tiene la culpa de todo… de todo…

Creí que iba a llorar y estuvo a punto de hacerlo, pero un momento después la vi erguirse, dominarse hasta donde le fue posible, y caminar con pasos rápidos a la puerta del privado de Ismael para abrirla y darme paso. Antes de hacerlo, se volvió y me dijo con voz cansada, neutra:

—Perdóneme, estoy muy nerviosa hoy. Le ruego que no se imagine cosas que no son.

Entré al privado y vi la silueta de Ismael recortada contra la luz. Cuando entré se levantó y vino a mi encuentro, tan perfectamente inocente que me turbé. En ese momento lo vi hermoso, increíble, míticamente hermoso.

—Te tengo una gran noticia —dijo.

Era imposible que no se hubiera dado cuenta de lo de Malvina. No, lo que le sucedía con respecto a ella era exactamente lo que le pasaba con Federico y conmigo: nos veía, nos utilizaba tal vez, sin maldad, pero sin mirarnos. Pero mi presencia ¿ni siquiera le recordaba la cita que tenía con otra mujer dentro de unos momentos? Hubiera deseado descubrir en él el signo más pequeño de turbación, un indicio de que yo significaba algo en sus asuntos amorosos, pero él estaba impaciente únicamente por darme su gran noticia.

—Acabo de firmar el contrato de venta de la casa. Browfield me la compró.

—¿La casa de San Ángel?

—Claro. Quedaron encantados con ella; pobres, no tenían idea de que se pudiera vivir así en nuestra época.

—Pero, Ismael, mis muebles, mis retratos…

—Basta, Paula. Tienes la avaricia de todas las mujeres. Los objetos son objetos, intercambiables, adquiribles, uno no puede pegarse a ellos, depender de ellos. Te hace falta un poco de desprendimiento. La generosidad debe ser absoluta, uno tiene que darse a cada momento, irse dando durante toda la vida, minuto a minuto, construirse también…

—¿Te dieron el contrato para el edificio?

—Sí, ¿qué tiene que ver?

—Nada.

Sabía perfectamente que no era por eso que había vendido la casa; en realidad era por lo que él decía: por desprendimiento absoluto de todo, por esa extraña y magnífica generosidad. No dije más. Recogí con cuidado mi bolsa, mis guantes, y salí del despacho sin que él hiciera un gesto para detenerme.

En el recibidor, Malvina me esperaba.

—Paula… quisiera…

Afuera el sol enceguecedor, indiferente, dejaba que mi cuerpo se estremeciera de un frío interno cada vez más violento. El ruido ensordecedor me aturdía, pero estaba tan lejos... Yo sola, en medio del torbellino, como un objeto extraño. Inmóvil. La gente me atropellaba. Me dejé llevar por la corriente.

Y él en medio de nosotros, todos los que lo rodeábamos, ¿estaba tan vacío de sí que, como yo ahora, no veía a nadie? ¿O estaba tan lleno que ninguno tenía significado, importancia alguna? ¿Ni él mismo era lo suficientemente importante para ser capaz de tener apego a las cosas por las que un momento antes se interesaba, se apasionaba, como con la casa? El descubrimiento de los sentimientos de Malvina... aquella cita... la pérdida para siempre de lo que yo creí como una loca que era, al fin, mi hogar, con mis cosas... mi marido... mi amor. Lleno, vacío. Lleno, vacío... todo estaba lleno de vacío.

Caminaba a empellones, creo que algunos me injuriaban. Caminaba. Caminaba. No tenía a dónde ir. Ni siquiera estaba sola, estaba sin mí, en un páramo con un pasado que no recordaba y sin ningún porvenir. Sola, entre el torrente de personas que iban a alguna parte, que se verían con alguien, que eran queridos, que tenían algo que hacer. Me miré las manos. Dejé caer los brazos y seguí caminando por calles que a lo mejor alguna vez había conocido, por las que había pasado, viva. Ahora estaba ciega, sorda, muda: muerta. Pero no me desplomaba, no sé por qué, mis piernas seguían moviéndose y con ellas todo mi cuerpo.

—No tengo nada, estoy sola.

—Yo también.

—Es diferente: tú te tienes a ti mismo.

—Y si quisieras, si te empeñaras, podrías conseguirlo como yo. Pero te da miedo renunciar a pequeñas cosas superfluas que tienes metido en la cabeza que son tu vida, tú misma.

—¿Para qué si nadie me mira? No quieres entender que para mí la única forma es interesarle y gustarle a otro.

—Tonterías, nadie debe depender de nadie. Y a desbrozarte, a *ser* en pureza y plenitud, nadie debe ayudarte, ni con una mirada, pues esa simple atención desviará tu autenticidad. Uno no se puede formar más que en soledad, como los edificios, cada uno completo, autosuficiente, expresando su peculiaridad sin tapujos, no en complicidad sino solamente en armonía con el aire circundante. ¿No hablabas de la no resistencia al mal, de la bondad que actúa secretamente sobre los contrarios? Eso no se puede hacer en compañía. Asumir el mal, masticarlo, como decías, debemos hacerlo todos, pero cada quien con sus propios dientes.

—No, no puedo, soy débil, Ismael, tengo miedo del mal y lo deseo. Renunciar a él del todo, tener la tranquilidad y la pureza absolutas para enfrentarlo, no es para mí. No he podido, no puedo. Ayer nada menos…

—Ayer y hoy y mañana. Es cosa de todos los días. Los episodios no importan, lo único que debe interesar es la realización total, el resultado.

—¿Tú puedes?

—Lo intento. Y lo que me reprochas siempre es que lo intente sin piedad para los demás, pero puedo hacerlo porque tampoco tengo complacencias para conmigo mismo.

—¿Me desprecias, Ismael?

—No se trata de desprecio. Quiero que estés junto a mí, que seas lo más cercano. El amor comienza cuando se ha renunciado a la persona amada, cuando no se la necesita, cuando no queremos que nos dé nada, ni lo esperamos; el amor es la libertad, no la esclavitud.

—La libertad ¿de qué?, ¿para qué?

—De *ser.* Eso es todo.

—No lo comprendo. Puede ser que ninguna mujer lo entienda verdaderamente, en la carne, en la vida, como deben de ser entendidas estas cosas.

—Sí, hay mujeres que lo comprenden, y tú podrías ser como ellas si lo quisieras.

Su voz era incisiva y vi brillar en sus ojos el pequeño triunfo que siempre se agolpaba en ellos cuando comentaba sobre el atractivo, la guapura o la inteligencia de las otras mujeres, porque él se daba cuenta de que yo no participaba de las ventajas genéricas o particulares de las de mi sexo. Yo era un ser absurdo.

El frío, el miedo al frío me inmovilizaba, mi propio cuerpo no era suficiente para calentarse a sí mismo. No tenía a dónde ir, todos los lugares del mundo estaban vacíos, sólo el lugar que Ismael ocupaba era real; aunque fuera la fuente principal de mi angustia lo miraba, me aferraba a él, y eso hacía más absoluta y dolorosa mi soledad. Los días, los meses eran todos iguales, lentos y fugaces, porque mi desesperación no tenía principio ni fin, porque yo no tenía peso ni existencia verdadera. El departamento era demasiado grande, demasiado chico para mi sufrimiento. En un rincón, arrebujada en una bata vieja, veía a Ismael vestirse, hablar, salir, volver, y me parecía natural que no aludiera, que ni siquiera se diera cuenta de mi aniquilamiento. Envejecí, me sentí horrible, estaba horrible. El silencio en torno mío no se rompía jamás, ni mis pensamientos eran bastante claros porque me atormentaban continuamente en todas direcciones, sin que pudiera darles un sentido que aclarara algún punto, o toda la corriente de mi desgracia.

Aquella mañana desperté de mi sueño superficial y precario con el mismo dolor helado de siempre. Pensé cuán verdaderas son las representaciones del dolor que antes me parecían metafóricas y hasta ridículas en las imágenes religiosas: las espadas atravesando un corazón. No había metáfora ninguna, el dolor que sentía en el mío no era figurado, era absolutamente físico, el dolor de una espada de hielo traspasándolo y cortándome el aliento. Un día como todos, hasta que llegara el de mi muerte.

El mercado, la tintorería, el plomero… quehaceres sin sentido. Mandé las cosas a casa y seguí caminando bajo el sol, en la hermosura de la mañana, viéndolo todo como tras una vidriera, cerrada el alma al exterior y al mismo tiempo hambrienta de su comunicación. Los ojos vacíos ante la hermosura, la piel fría bajo el sol. La muerte parcial que soportaba debía de ser peor que la muerte total que deseaba. Caminé sin rumbo, sin deseos de llegar a ninguna parte, sólo por huir, como si mi pena no fuera yo misma.

—¡Nuna, Nuna!

De lejos me llegaron la voz y el nombre, *Nuna*… me estremecí cuando el recuerdo me tocó, el recuerdo de que Nuna era, había sido yo. Sentí que entre la bruma surgía el fantasma, mi fantasma: una sensación extraña, un sonriente rostro olvidado. Seguí caminando sin conciencia de lo que hacía, sumida por completo en la confusión de ese encuentro con el pasado y el olvido; todo impreciso, en fuga el pasado y el presente, la cabeza sin pensamientos, llena tan sólo de imágenes inconstantes.

—Nuna.

En mi oído la voz y el aliento cálido en mi nuca. Me volví. Marcos estaba ahí.

—¿No me oíste?… Me alegro tanto de verte… —las comisuras le temblaron levemente, sus ojos brillaban limpios. Tuve vergüenza de mi fealdad, de la decrepitud que sentía en todo mi ser; pero él no pareció darse cuenta, seguía esperando un gesto, una palabra míos, totalamente proyectado hacia ellos, hacia la esperanza de una buena acogida.

—Marcos.

Empecé a temblar, creí que las piernas no me sostendrían, que me pondría a llorar... Sin pensarlo alargué una mano y me apoyé en su brazo.

—¿Te sientes mal?... No, es que te he asustado; nada más eso, ¿verdad? ¿Quieres tomar un café? Te haría bien y me dará la oportunidad de hacerme perdonar. ¿Quieres?... bueno, si no te ocasiona ningún problema... Me encantará poder ofrecerte algo.

—Iré con mucho gusto. Pero tú debes tener algo mejor que hacer, éstas son horas de trabajo.

—Al diablo con el trabajo. En una mañana como ésta no hay nada mejor que hacer que tomar un café contigo.

—Pero Marcos, no quisiera...

—¿Y esos escrúpulos? No los tenías cuando hacíamos la pinta en el Liceo. "Los días hermosos son para vivirse", ¿te acuerdas? Hagamos la pinta y olvidemos todo lo demás.

—Está bien, pero con esa condición. Vamos a olvidarlo *todo,* ¿de acuerdo?, a hacer como si la vida comenzara en este momento.

—De acuerdo. *En route.*

Me tomó del brazo y empezamos a caminar al mismo paso, mirándonos sonrientes a los ojos, como si todos estos años no hubieran transcurrido. ¿Por qué, si en un momento se produce la desesperación, no debe darse en un momento la alegría? No lo pensaba con claridad, pero era lo que vagamente me justificaba. El recuerdo preciso y firme que Marcos tenía de mí y que me obligaba a actuar de acuerdo con él, el calor de su brazo, su proximidad, todo eso me fue produciendo una especie de deshielo, de desentumecimiento, y comencé a respirar de verdad el aire caldeado de una maravillosa mañana de otoño, a moverme en un espacio cierto de una ciudad habitada.

Entramos a un café.

—Dos capuchinos y pasteles con mucha crema.

Lo miré sorprendida.

—¿Ya no te gustan los pasteles con crema? Te gustaban y además querías engordar. Ahora también te vendría muy bien —bajé los ojos avergonzada y otra vez consciente de mi fealdad, y él se rió con fuerza francamente—. Siempre te dije que así estabas muy bien, pero tu ideal era ser gordita como las majas de Goya, sería por influencia del ambiente de tu casa; pero ya sabes que prefiero a Botticelli, y si me apuras mucho, a Lucas Cranach, en lo que a mujeres se refiere, se entiende…

Me pareció increíble que no hubiera cambiado casi nada. Las alusiones eran intencionadas, desde luego, porque él no podía prescindir de ello, pero simples, sin doble fondo ni sordidez.

Cuando terminamos los pasteles, me dijo:

—Traigo en el coche un libro que te gusta. Deberíamos volver a leerlo juntos, pero no aquí, desde luego. ¿Tendrías tiempo para buscar un sitio mejor?

—Bueno… Marcos, si no tienes imaginación. No vamos a buscar nada, vamos a ir derecho al bosque de Chapultepec, por el lado del cerro y nos vamos a tirar en el pasto a leerlo. ¿Qué libro es?

—Tú que todo lo adivinas deberías saberlo.

—No me lo imagino, ¡hay tantos!

—¿Tantos que te gustan? Éste es el que más. Lo traigo siempre conmigo por ti… —ese perceptible enronquecimiento de la voz de Marcos volvió a turbarme, como cuando era muy joven.

—¿No das? Pues fastídiate.

Todo sucedió como yo lo había predicho, pero cuando Marcos, tirado en el pasto junto a mí, como un adolescente, empezó a leer, sentí que una felicidad perdida y recobrada me inundaba y, dulcemente, sin sollozos, las lágrimas resbalaron por mis sienes.

*j'ai rêvé dans la grotte où nage la Sirène*
*et j'ai deux fois vainqueur traversé l'Achéron…*

Se incorporó un poco y me besó en los ojos. Sentí la presión de su pecho contra el mío. La tierra debajo de mí se suavizó blandamente, y cuando él me besó en la boca, yo no quería ya otra cosa que abandonarme sin pensamientos al aguijoneante bienestar de mi carne resucitada.

—Vámonos —dijo.

Y yo comprendí sin rebelarme: la vida era simple y luminosa.

Fuimos a su departamento.

Horas después, mientras yo decía en el teléfono: "que me quedé a comer en el centro", vi la contracción de despecho doloroso en las facciones de Marcos. Cuando colgué, vino hacia mí y tomándome de la cintura me condujo hasta el sofá.

—Siempre te he esperado, lo has visto, pero no quería que las cosas sucedieran así. Tú no eres para esto, Paula… no podrías… ni yo tampoco. No soporto que hables por teléfono de esa manera; que mientas —me soltó y se separó un poco de mí—. Te veo ahora aquí, con mi bata puesta y me parece natural; pero cuando te oigo no puedo creer que seas la misma, la misma que hace un momento desnuda y en mis brazos… Eres mía, mía, eso se sabe en un momento así, pero no puedes luego levantarte y decir fríamente eso que has dicho, no te corresponde.

—Puedo porque estoy contaminada, porque soy otra.

—No, no quiero que seas otra más que la mía, la que yo conozco.

—Ésa no existe ya. Mírame ahora. La plenitud del deseo y del placer me han dado una realidad que no he tenido nunca, pero por eso precisamente soy dueña en este momento de toda mi historia. He llegado a una realización y eso es como llegar a una cima desde la que se ve mejor y se ve todo. No soy la niña que conociste, y ahora, aunque sea feliz, soy culpable. Somos amantes y cómplices… y me gusta que sea así.

—No te entiendo; lo que veo es que de pronto has cambiado y que me hablas, no a mí sino a otro… a él… ¡Te estás vengando de él!

—Tú dijiste que esto era el amor, ¿te acuerdas? Cuando lo dijiste, acariciándome, encendido y delirante, no pensaste que pudiera haber alguien más que nosotros en esa habitación, no sentiste venganza alguna, ¿por qué ahora la sientes?

Estaba abatido y me miraba con una profunda, insondable tristeza.

—Porque me hablas fría, despiadadamente, como un triunfador a su enemigo, y yo no soy tu enemigo, Paula.

—No, es verdad. Gracias por lo que me has dado, Marcos, nadie me ha dado tanto, nunca, y no volveré a tenerlo.

Me vestí rápidamente y salí después de besarlo como a un amigo. Hice con él lo que Ismael conmigo, pero mi dueño no era Marcos, y así, con toda conciencia, aquella tarde volví a mi casa sin remordimiento ni nostalgias, a esperar y a sufrir al hombre de mi vida, al enemigo amado.

# Los espejos

*A Huberto Batis*
*A Juan García Ponce*
*A Juan Vicente Melo*
*(en orden alfabético)*

Esta sombra que me invade
de su espejo viene al mío.
Yo que sé lo que ella sabe
sé que en mi espejo no cabe
y he llenado su vacío.

Entrándome yo en su espejo
y ella entrándose en el mío,
soy sombra de su reflejo
y ella es el cuerpo del mío.

ENRIQUE DE RIVAS,
*El espejo y su sombra*

# Los espejos

*A la memoria de mi abuela,*
*Isabel Ibarra de Arredondo*

—¡Se robaron a la India! —gritó jadeante Mercedes, entrando a todo correr en nuestra casa.

Francisco salió apresurado de su despacho y fue a donde Mercedes gritaba, ya a medio corredor.

—¿Qué dices, muchacha? ¿Quién se la robó? ¿Cuándo?

—¡Se la robaron! ¡Se la robaron!

Él la sacudió por los hombros y con voz autoritaria le dijo: "¡Cálmate!" Luego gritó para que obedeciera el primero que lo oyera: "¡Traigan una copa de vino!" Yo ya estaba allí, pues también había salido a los gritos y fui rápidamente por ella.

Mientras Mercedes jadeaba y gimoteaba, Francisco, dándole palmaditas en la espalda, la iba conduciendo, suavemente, a la silla más cercana. La sentó y esperó a que bebiera un poco del vino que yo le iba dando a sorbitos, entre sollozo y sollozo.

Para esto ya estaban presentes todos los de la casa, es decir, la servidumbre y algunos peones. Francisco dijo que se fueran todos a sus quehaceres menos Pablo y Chico.

—Vamos despacio. ¿Cuándo se robaron a la India?

—¡Ahorita! ¡Ahorita!

—¿Quiénes?

—Dos hombres a caballo.

—¿Alguien los vio?

—Todos los vimos. Iban ensarapados, con pañuelos en la cara y sombrero. ¡Mi mamá está como loca!

—¿Cómo se la robaron?

—Ella venía casi llegando de casa de la Concha cuando pasaron a todo galope, ¡ay, otro traguito por favor!

—Sí, pasaron a todo galope, ¿y luego?

—¡Fue horrible! ¡Espantoso!

—¿Qué sucedió?

—Uno acercó de pronto el caballo a la banqueta y, usted no lo va a creer, ¡agarró por la cintura a la India y la subió a su caballo y siguió corriendo junto con el otro! ¡Ay!, ¡me voy a desmayar!, ¡no puede ser!, ¡no puede ser!

—Una copita más de jerez y mucho té de tila. Ustedes, Pablo y Chico ensillen sus caballos y manden llamar a Emilio con el auto… Con esas señas alguien tiene que haberlos visto.

—Pero ya es de noche. Si hace un rato, como ella dice que pasaron las cosas, debía de estar pardeando la tarde —dije yo.

—No importa. No pueden haber salido de la tierra, y dos jinetes a todo correr llaman siempre la atención.

—Pero Francisco, ¿a dónde van a ir?

—A las calles, a preguntarle a las gentes…

—¿Y el honor de la India? Si se enteran de que se la robaron…

—Sólo preguntaremos por los jinetes. Y tú aquí te encargas de que no salga nadie y amenazas a todos con lo que quieras, hasta de muerte, para que nadie abra la boca.

El grupo comenzó a dispersarse y entonces se oyeron pasos de caballos, lo que era más curioso, estruendosas carcajadas en la calle. Hubo un momento de estupor. Todos callaron y se quedaron inmóviles.

Isis, vestida de hombre, con el sombrero calado y el pañuelo atado al cuello, igual que Rodrigo mi hijo, arrastraba dos cobijas por el suelo. La India también reía hasta doblarse, igual que los otros dos.

Subió una oleada de sangre a la cara de Francisco, apretó las recias mandíbulas, sus ojos azules brillaron con un brillo duro, amenazante, y sin decir una palabra se dirigió a su despacho, haciendo a un lado con las manos a quien se encontrara en su camino. Los bromistas y la India calmaron su regocijo, pero Rodrigo dijo todavía riendo:

—¿Por qué esas caras por una broma tan inocente? La India se asustó mucho cuando el rapto, pero luego luego nos desenmascaramos y ella se divirtió tanto o más que nosotros. ¿Saben qué fue lo primero que dijo? Fue: "Me raptaron a mí porque soy la más bonita de las Astorga".

—Hubieran oído a Isis cuando le contestó: "Mentira, la más bonita soy yo" —contó Rodrigo, divertido—. Al escuchar las palabras de la India ya ha-

bíamos recobrado el paso de los caballos, pero Isis en su furia le dio un fueta-
zo tal al suyo que…

—Rodrigo —lo interrumpió—, han cometido una falta muy grave. Doña
Petra está fuera de sí y nosotros nos hemos llevado un disgusto que no mere-
cemos.

—Mamá, ya doña Petra vio a la India y después de abrazarla llorando,
volteó, miró nuestras fachas y se rió con ganas.

—Hijo de gata caza ratones —dije yo.

—Doña Isabel —quiso protestar Isis—, no pasó nada. ¡Fue un juego! Y los
juegos son para disfrutarse.

—¿Juegos? ¿Se sienten con derecho a divertirse con el sufrimiento de los
que los queremos?

—No pensamos en eso, créalo. Se nos ocurrió de repente y lo hicimos
rapidísimo.

—Rodrigo, ven mañana temprano a hablar con tu padre. No, mejor llega
en la tarde, a ver si es posible que esté un poco más calmado. En cuanto a mí,
no quiero verlos antes de que haya pasado, por lo menos, una semana.

—Pero, mamá, por favor, te lo suplico, perdónanos si los disgustamos…

—Trataré de hacerlo en esos días.

Esa noche Francisco no cenó. En vano lo esperé sentada en la mesa, a él, tan
puntual siempre a la hora de las comidas. A las diez mandé levantar la mesa.
Llevaba dos horas ahí esperándolo. Fui a revisar que todas las puertas de la
casa estuvieran bien cerradas, como siempre. Entré a la recámara y me acosté,
sin poder dormir, y ya en el silencio total de la noche, oía sus pasos que iban
y venían sin cesar, en el despacho. No sé cuándo me quedé dormida, con la
lámpara de noche casi dándome en la cara.

Al día siguiente, como de costumbre, me levanté a las cinco de la mañana
a vigilar la ordeña y él estaba a mi lado, profundamente dormido.

Los corrales ocupaban el fondo de la casa, en uno de los costados del patio de los gansos. Vi el árbol enorme, el mango, como a un viejo amigo y eso,
no sé por qué, me tranquilizó. Como siempre, ordené todo: la comida, que se
atara a los mastines, en fin, que la casa estuviera en marcha. A las siete oí a
Francisco que se bañaba. Luego Natalia lo rasuró. La mesa del desayuno estaba puesta. Cuando nos sentamos a ella lo vi serio, pero tranquilo.

—Esas Astorga son muy buenas muchachas, pero con tal de divertirse hacen cualquier cosa. Les viene de parte de padre y madre. Mira que la idea de Marcial, que en paz descanse, de ponerle Isis a una hija, ya va diciendo cómo iba la cosa por su lado, y luego la Petra, que ya ves cómo es…

—No hablemos de eso ahora, Isabelita. Toma en cuenta que Rodrigo es inmensamente feliz con Isis. Ya te dije que Isis es el nombre de una antigua diosa y Marcial era muy dado a la historia.

—Como tú.

—Más. A él le interesaba mucho la mitología. Dejemos este asunto. Vamos a hablar, como siempre, de los quehaceres de hoy. Va a venir Zazueta a…

Me dio las instrucciones, como cualquier otro día. Nos levantamos, fue al baño a terminar de arreglarse y con un beso en la mejilla se despidió de mí… como si nada hubiera pasado.

Aunque me dolió, me negué, en una semana, a ver a Rodrigo. Esa tarde, cuando él se fue a hablar con Francisco, yo me fui a hacer una visita. En los días que siguieron no me dejé ver por él, porque sabía que, de comenzar con sus zalamerías, yo terminaría perdonándolo.

Pero cuando lo vi no resistí la tentación de preguntarle cómo había sido la entrevista con su padre.

—No, mamá, no hubo ira, no me regañó precisamente. Fue… cómo te diré… algo como un análisis de la vida que hacemos Isis y yo… como una meditación general del trabajo, de la existencia… pero lo que más me impresionó fue una advertencia que me sonó extraña; la recuerdo muy bien: "La felicidad es peligrosa si es vivida con exceso, al fermentar hace estallar las cosas, y no estoy hablando de la pasión, sino del amor llevado a terrenos que sin querer pretenden perfección. Es inconsciente y pura. Por eso es tan engañosa".

Eso me dijo.


Yo estaba preocupada por la salud de mi hijo y de mi nuera. Él trabajaba duro, con seriedad, en su puesto en la hacienda azucarera, un puesto que pareció demasiado importante para sus veinticuatro años, cuando regresó de estudiar, pero que en un año ya manejaba a la perfección; por mi nuera, porque no tenía hijos y no parecía importarle. Definitivamente este instinto de mujer que yo creía era innato, no existía en ella.

Se habían casado en cuanto él se recibió; él, con sus veintitrés años, y ella con diecinueve. De eso hacía ya cuatro. Temía por la salud de Rodrigo, porque, trabajando como trabajaba, no había noche que no se desvelara por una tertulia que había en su casa, cena, o baile en casa de amigos, y dormía muy poco; mi temor con Isis no era precisamente de que pudiera enfermar, pues hacía la vida más regalada del mundo: su casa la gobernaba Marta, una antigua sirvienta, y ella dormía hasta tener justo el tiempo para recibir, arreglada, a Rodrigo cuando venía a comer. Esto no me molestaba, lo que yo quería era tener nietos, muchos nietos, y cuidarlos y mimarlos. Siempre lamenté haber tenido un solo hijo. Siquiera me hubiera sido dado también parir una niña... pero aquel aborto... No, mejor dejar de pensar en eso.

Fue esa la razón por la que aquella noche en que Rodrigo e Isis vinieron a cenar y luego nos sentamos en la banqueta a tomar el fresco e Isis tocó en la Tita, su guitarra predilecta, aquellas canciones de cuna tan bellas, que nosotros nunca le habíamos oído y que sonaban a lienzos de Holanda, limoneros en flor y el continuo deseo de relacionar a un bebé con los objetos que no conoce: la luna, el caballo, el río, la cuna, el mar, todo lo bello que hay en el mundo, los árboles, los pájaros, dulces lágrimas mojaron mi cara. "Para que tenga ganas de vivir aquí", dijo, se quedó callada y, curiosamente, nosotros la imitamos, en un silencio tierno donde sólo se oían los retumbos del mar a lo lejos.

Isis, con voz queda, rompió el silencio: "Qué hermosas estrellas hay esta noche, como una de ellas siento al niño o a la niña que traigo en el vientre".

Y el mar seguía escuchándose cuando nosotros, cuatro seres felices, nos abrazamos con inmenso amor, sin atrevernos a decir nada. Luego, apenas pudimos, con ojos húmedos, desearnos las buenas noches.

Al día siguiente, muy temprano, en cuanto Francisco salió en el coche (creo que estaban espiándolo desde la esquina) se presentaron Petra y sus hijas.

—¡Vamos a ser abuelos, Isabelita!, ¡y mis hijas y yo estamos felices! Me imagino la ilusión que tendrán Francisco y tú. Nosotros vamos ahora mismo al ingenio a comprar estambre y...

Siguió hablando sin parar, como era su costumbre. Yo, antes de ofrecerles asiento, miré a las hermanas de Isis: Mercedes y la India, muy parecidas en todo a mi nuera; erguidas y seguras, con una altivez grácil y encantadora; la India era blanca, pero no alabastrina, como el resto de sus hermanas, incluyendo a la pequeña Mina, sólo que esta criatura era muy rubia y de ojos azules. Tendría entonces doce años. La miré atentamente: sonreía con dulzura. Viéndola así, silenciosa e inocente y tan hermosa como sus hermanas, uno no podría sospechar que era retrasada mental: tenía, según los médicos, un coeficiente de ocho años, pero eso no era lo grave: conozco muchas mujeres casadas y con hijos que no tienen mayor inteligencia que la suya; su desgracia era que padecía una dificultad tremenda para hablar y se comía palabras enteras, sobre todo preposiciones, así que en cuanto decía algo cualquiera se daba cuenta de que era anormal. Pero para planchar, bordar, coser, cocinar, tener en orden la casa, era la única de las Astorga que sabía hacerlo a la perfección. En resumidas cuentas, ella llevaba la casa, porque sus hermanas se dedicaban a su apariencia y hacían una vida social muy activa, porque además de hermosas (las Astorga, en sus diferentes ramas, son famosas por su perfección física en todo el estado) son sumamente simpáticas y alegres. Nada parece que las pueda preocupar.

—… y cuando sea más grandecita, digo, si es niña. Tú sabes que yo soy feliz sin hijos varones, porque los hombres…

Ya, con un gesto, las había invitado a tomar asiento, interrumpiendo el monólogo de Petra, y le pregunté a la pequeña:

—¿Estás contenta de ser tía?

—Mucho. Nino mío. Lo voy banar, poner apo.

—Me parece muy bien. Y ustedes, muchachas, ¿qué dicen?

—Yo debo confesar que le tengo un poquito de envidia a Isis. Quisiera estar en su lugar —dijo Mercedes.

—¡Ah, no! Lo que tenemos que hacer es casarnos pronto para no tener nada de envidias —contestó la India.

—Pues me alegraré mucho de asistir a sus bodas. De todos los pretendientes que tienen, ¿cuáles son los elegidos?

—Todavía no hemos escogido, esperaremos a que llegue el amor, como Isis —dijo Mercedes.

—Pues ella no tuvo que esperar mucho —dije.

—No, si estaban enamorados desde chiquitos, yo me acuerdo…

Antes de que siguiera recordando, me levanté y dije:

—Ustedes tienen un viaje al ingenio y yo mucho quehacer en la casa. Mejor cualquier tarde de éstas me avisan y, cuando ya haya llegado Francisco, celebramos con una cenita la buena nueva.

Me levanté de la silla.

—¡Me parece muy buena idea! —dijo alegremente Mercedes.

—Traeremos la guitarra y cantaremos.

Petra no puso buena cara, porque delante de Francisco tenía que hablar lo menos posible.

—¿Isis? ¿Odi-go? —dijo Mina.

—Por supuesto que vendrían, sin son ellos los festejados —le respondí.

El porvenir de aquella niña me preocupaba, y la quería de todo corazón. Más que a las otras. Para compensar algo una injusta falla de la naturaleza, quizá.

Pocos días después, hice la cena: la familia y unos cuantos amigos íntimos. Se bebió, se comió, se tocó la guitarra y estuvimos muy contentos hasta la madrugada.

Quizá eso fue. No quiero ni pensar que eso fue, pero a la mañana siguiente vino corriendo Marta, tan sofocada que no podía hablar.

—La señora… la señora…

—¿Qué tiene la señora?

—Sangra y se queja.

Antes de llamar a Francisco o a Rodrigo le hablé al doctor Izábal, después a los hombres, que me dijeron estaban en el campo. Pedí que fueran a llamarlos, y luego salí corriendo con Marta, a casa de mis hijos.

Llegué y vi a Isis quejarse en la cama; retiré con mucho miedo la sábana, y vi dos manchas pequeñas de sangre. Ella se apretaba el vientre y se quejaba con una especie de ritmo infantil.

—Ya viene el doctor Izábal —le dije—, no te preocupes, esto pasa ya pronto.

—¡Mi niño, mi niño! —gemía ella, quedamente en su dolor.

La cubrí otra vez, y me senté en su cabecera limpiándole de cuando en cuando el sudor de la cara y las lágrimas

—Ya, ya, m'hija, esto va a pasar pronto, no es grave… Relájate, no hagas fuerzas.

No sé qué tanto le dije para calmarla, pero tenía una estaca clavada en el corazón.

Del ingenio, donde vivía, a casa de Rodrigo, el doctor hizo, cuando mucho, un cuarto de hora. Eterno. Marta lo hizo pasar directamente a la recámara y yo me retiré.

Dios sabe lo que sufrí mientras Enrique estuvo solo con Isis. Caminaba aprisa por el corredor para calmarme. Le dije a Marta que mandara hacer té de tila, mucho, para Isis y para mí. Cuando volvió y me dio una taza, no pude tomarlo porque las manos me temblaban. Lo que más me preocupaba era el larguísimo tiempo que Enrique Izábal se tomaba allá adentro. "Tengo que dominarme, tengo que dominarme", y me senté, erguida, en el estrado, crucé las manos sobre la falda y esperé. Los hombres no llegaban.

Me levanté, como si fuera de elástico, cuando vi que se abría la puerta de la recámara y esperé a que él hablara.

Enrique salió pausadamente, moviendo la mano derecha de arriba abajo, en ademán de calmarme. Acercándose, me dijo:

—¿Podemos hablar a solas?

—¡Dios mío! Vamos a la sala —le respondí de inmediato.

Entramos y cerré la puerta.

—¿Es muy grave?

—No, ten calma Isabelita. Siéntate y tranquilízate. Con calma, con calma… No hay desprendimiento. El producto está en su sitio. Pero estuve interrogando detenidamente a Isis, y encontré el motivo de este sangrado. Hoy es precisamente la fecha en que debería comenzar su regla. Debes saber que hay mujeres que siguen reglando a veces uno o dos meses, y las hay que continúan con su menstruación hasta los nueve meses y nada sucede… Éste es un sangrado insignificante y que por precaución acostumbramos dejar un mes o dos meses en reposo a la paciente, ¡por precaución!, pero en este caso… Es un asunto delicado… —carraspeó y se quedó silencioso un momento; luego continuó pausadamente—: Mira, cuando yo llegué aquí, mi primer trabajo fue, precisamente, traer al mundo a Isis. He curado todas sus enfermedades y la conozco bien… es una buena muchacha… preciosa…

—Por favor termina, Enrique.

—Bueno, tú también la conoces; es alocada, inmadura, todo el mundo la mima…

—Ya sé todo eso, por favor, di directamente lo que tengas que decir.

—Bien: ya te dije que observándola uno o dos meses más, si hiciera una vida sosegada, no habría, con toda seguridad, peligro alguno. Pero si la soltamos es capaz de montar el primer caballo que pase. Le he dicho que tiene que guardar reposo absoluto hasta el término de su embarazo. Sólo quiero que lo sepan Francisco y tú, porque, perdona que te lo diga, pero tu hijo no puede sujetarla… yo…

—Has dicho lo que tenías que decir y te doy las gracias. Estoy del todo de acuerdo contigo y Francisco también lo estará. Eres un verdadero médico. Vuelvo a darte las gracias.

Nos despedimos en la puerta con un apretón de manos, como conjurados, luego me puse a pensar en cómo entretener a Isis durante tantos meses en la cama.

Francisco encontró muy razonable la decisión de Izábal y mis proyectos: tertulia todas las noches en la recámara de Isis, haciendo algún arreglo con los muebles, mucha Tita y hablar con sus hermanas y sus amigas para que no estuviera sola, tejiendo o haciendo labores, ponerle un radio junto a la cama, ilusionarla periódicamente con nuevos camisones y chambritas, mandarle o prepararle yo misma platillos que le hicieran ilusión… En fin, un plan completo, del que, sin embargo, no estábamos del todo seguros, pero que funcionó. Lo que más molestó a Isis fue no poder tocar la guitarra, durante los últimos meses, por la panza. Pero creo que no la pasó tan mal.

Francisco y yo íbamos a visitarla todas las noches, aunque fuera un ratito porque, la verdad, estábamos más impacientes que ella, y quizá más felices, esperando a nuestro nieto.

Llegó al fin. Fue una niña, ¡oh, qué niña!

Una Astorga. Blanca como el mármol más limpio, con grandes ojos cafés, nariz perfecta y la boca fina de Isis, fina y al mismo tiempo ávida, igual a su madre.

Nació en nuestra casa, por orden de Enrique, para que yo cuidara de la madre y la hija. Aunque el parto fue normal, Izábal inventó no sé qué cosas para que Isis siguiera en reposo todos los cuarenta días que antes se acostumbraba guardar. ¡Sabia decisión!, porque después, cuando ya pudo caminar, fue la misma de siempre; no, peor.

Recuerdo muy claramente una mañana, temprano, en que la vi, todavía en bata, desde mi puesto en el control de la venta de la leche, la crema, el queso, etc., contemplando ensimismada los saltos y las cabriolas desesperadas de la yegua maravillosa, pero todavía bruta, en el corral pequeño. La yegua no tenía más que el bozal con su mecate porque no había sido posible ponerle ni siquiera el freno. Tuve miedo. Tenía conmigo a la niña, a la que ella había amamantado hacía un buen rato, cuando se la puse al pecho, y ella casi ni lo sintió, porque estaba muy profundamente dormida. Yo tenía quehacer en la casa, recuerdo que quería hacer un queso después de poner en orden las cuentas del día. Era extraño que se hubiera levantado temprano; quizá la despertó precisamente el anuncio que, de pasada, le hiciera Francisco, de que había comprado una yegua muy fina, pero sin desbravar. Eso debe haber picado su curiosidad.

Abracé a la niña y con la otra mano tomé mis papeles. Di vuelta a los corrales, fui hasta donde ella estaba, la invité a que viniera conmigo a la casa a desayunar.

—No tengo hambre todavía —me dijo—, iré dentro de un rato.

Me dio aún más miedo y, como medida de seguridad, le puse a la criatura en los brazos diciéndole que tenía mucho quehacer.

Entré en la casa y comencé mis habituales deberes.

Oí grandes gritos afuera y, cuando me di cuenta de que venían de los corrales, mi corazón se quedó parado.

Corrí cuanto pude y fui derecho al corral pequeño. Chico me dijo casi gritando:

—Tuvimos que abrirle la puerta. La yegua corcoveaba tanto que tuvimos que hacerlo. Y va montada como mujer.

—¿Y la niña? —grité a mi vez.

—Se la llevó con ella, en el brazo izquierdo y el cabresto en la mano derecha.

—¿Hacia dónde fue?

—Salió derecho, no alcanzamos a distinguir por dónde dio la vuelta o si no la dio.

—¡Dios mío!

—Sí, doña Isabel. Y estamos ensillando para salir cuatro a ver si encontramos la huella.

¡La huella en aquellas calles de polvo finísimo!

Le hablé a Francisco, le hablé a Rodrigo. No lo podían creer. Menos mal que los encontré. Yo me fui al cuarto y me arrodillé en el reclinatorio a rezar, a rezar con toda mi alma, con todas mis lágrimas.

Llegaron mi marido y mi hijo. Me abracé, sollozando, a Francisco. Así dije lo poquísimo que sabía. Ellos también ensillaron sus caballos y salieron. No sabían ni para dónde. Yo continué con mi llanto y mis rezos.

Pasó una hora, pasaron dos… ¡Dios Santo de mi alma!

De pronto, gran bulla en los corrales. Salí corriendo. ¿Quién llegó? ¿Quién llegó? ¿Quién llegó?

Vi a Isis bajar de la yegua.

—Está domada —dijo simplemente, con un orgullo que no le cabía en el cuerpo.

—¿Y la niña? —le grité desesperada.

—La dejé sobre la arena del río porque la yegua se puso difícil. Le di una cachetada.

—¿Dónde la dejaste, desdichada?

Ella se había llevado la mano a la mejilla y me miraba con asombro.

—Por allá, por los campos de California.

—Andrés, ensíllame el albardón, pero rápido —le dije al asustado muchacho.

Sí, yo fui a California a recoger a mi pequeña. Era un bultito de cobijas y mantas tirado cerca del cauce del río…

Parecía dormida, pero no, estaba inconsciente y hervía en calentura.

Muy triste regresé a casa. Ya estaba allí Francisco.

—Isabelita… —me dijo, conteniendo un sollozo—. ¿Está muerta?…

—Todavía no. Llama al médico o, mejor, vamos a llevársela en el automóvil.

—Sí, rápido. ¡Emilio! —gritó. Vino el chofer y partimos. Aquel cuerpecito inerte en mis brazos apenas respiraba. Francisco me la pidió, pero le dije:

—No, no la muevas.

Al fin llegamos. Enrique, al vernos con aquellas caras y con la niña en brazos se quedó pasmado.

—¿Qué pasó? Yo la vi ayer y…

—No hay tiempo de explicaciones —dijo Francisco—. Examínala. Ha estado sobre la arena, al sol, no sabemos cuánto tiempo.

No, no recuerdo, no quiero recordar: su espaldita era una llaga, su carita estaba llena de ampollas. Y luego, abrirle la piel de un bracito para ponerle suero… No lloraba… No lloraba.

Fueron terribles aquellos días. No sé qué le hicieron o le dijeron a Isis, Rodrigo y Francisco, pero ella no apareció, ni su madre, ni sus hermanas, en mi cuarto, donde la velé día y noche. Seguí al segundo las instrucciones de Izábal, que la visitaba en la mañana y en la tarde.

Francisco y Rodrigo me ayudaban obligándome a comer cualquier cosa y descansar hasta que fuera hora de hacerle algo especial a la pequeñita. Yo no tenía hambre ni reposo y me partía el alma mi hijo que, inclinado sobre mi cama, donde estaba ella, dormida, boca abajo y lastimando las heridas de su carita cuando llegaba a moverse un poquito, llorando le decía con toda la ternura de que era capaz:

—Mi chiquitita… mi chiquitita —y así se pasaba un tiempo indefinido.

Francisco cuidaba de mí, me obligaba a comer, a bañarme, a descansar, y cuando, en otra habitación a la que me llevaba y me acostaba, creía que yo dormía, daba vueltas por el largo corredor, fumando cigarrillo tras cigarrillo. Luego iba a nuestra recámara a acompañar a Rodrigo, pero sólo a ratos. Su impotencia lo estaba matando.

Él me dijo que Rodrigo había mandado cambiar las cerraduras de la casa y puesto bajo llave las guitarras en la oficina. Isis estaba sola con Marta y la servidumbre, llorando. Para las compras, le abría la puerta a Marta temprano y cuando regresaba volvía a cerrar y se marchaba. Me asombré de que me dijera que también dormía, lo que podía, en nuestra casa y ni siquiera el llanto y las súplicas de Isis lo conmovían. Al contrario, lo ponían más furioso con ella. A pesar de lo que había hecho, le tuve lástima, pues era natural que quisiera ver a su niña, ver cómo estaba, pero por primera vez Rodrigo fue enérgico con ella y Francisco no intervino. Creo que estaba más herido que su hijo.

La niña comenzó a alimentarse por gotitas, aunque siguió con suero, sin abrir los ojos. Pero no lloraba ni cuando, con el ungüento, le ponía organdí en las heridas. Luego fue comiendo un poquito más, un poquito más… con un gotero. Hasta que una tarde gimió y entreabrió los párpados hinchados mientras Enrique la curaba.

—Creo que estamos del otro lado —dijo Enrique, triunfante. Francisco y yo nos abrazamos y nos besamos y abrazamos también a Izábal.

—Despacio, despacio. Lo álgido ha pasado, pero… —dio nuevas instrucciones y seguimos con las indicaciones de las curas. Yo ya me adormecía a ratos en la poltrona mientras la seguía cuidando.

Pasaron las semanas, lentas, pero ya no desesperadas. Pasaron cuatro meses y ya la pielecita de la niña fue formándose, pero era tan tierna que no se la podía tocar.

La alimentábamos con la leche de la Pinta bien hervida, pero casi no la bebía.

El día que dio el primer berrido de hambre hice que los hombres y el médico fueran a ver el milagro.

La dejé, cruelmente, que llorara un ratito. Sólo por el gusto de oírla, y además para pedirle instrucciones a Enrique sobre cuál sería su nuevo manejo. Seguí sus indicaciones y, al fin, comió.

Cuando llegaron los tres hombres ella estaba satisfecha, plácidamente dormida.

—Yo no me voy de aquí hasta que vuelva a llorar —dijo Francisco.

—Yo quisiera hasta despertarla.

—Voy a quitarle el suero. Habrá que coserle la venoclisis. Pero será cuando despierte.

¡Ay!, aquella herida abierta en su bracito derecho.

—Yo no te ayudo —le dije.

—Yo lo haré —murmuró Rodrigo bajando los ojos para que no viéramos sus lágrimas.

Francisco y yo, sin ponernos de acuerdo, nos fuimos al otro portal para no oír el llanto de dolor de la niña. Me contó que hacía dos meses que ya Rodrigo dormía en su casa, pero que Isis seguía confinada.

Quitándose ambos las batas blancas, y Enrique los guantes, andaban buscándonos para decirnos que al parecer la niña no había sufrido mucho. Rodrigo habló de darle un poco de té y Enrique se fue con Francisco al despacho para dejarme por escrito la dieta y los cuidados que la niña requería.

Después Francisco nos ofreció de beber, "para celebrar", y mandó traer queso, aceitunas, chorizo, todo lo que había en la casa.

Yo me aventuré y dije: —Creo que es hora de que la vea la madre. Hace falta en esta celebración.

Izábal saltó.

—Pero que no sea sin ponerse la bata blanca, y por favor que no la toque.

Me reí: —¿Y el bautizo? Yo le eché el agua cuando creíamos que se moría, pero ahora debemos hacerlo formal.

—Dentro de dos o tres meses —dijo Enrique—, con eso del ropón y los apretujones... Pongamos cuatro.

—Se llamará Isabel. ¿No crees, Rodrigo, que es justo?

Si mi pobre hijo tenía otra idea, se la tragó y dijo que sí con entusiasmo.

Estuvimos tan contentos... hasta que Francisco comenzó a cantar aquello de:

*Ya no corto cañas*
*que las tire el viento*
*que las tumben las mujeres,*
*con su movimiento...*

—¡Francisco!

Él soltó la carcajada: —Si lo hago para hacerte enojar. Te ves muy bonita furiosa.

Todos nos reímos y Rodrigo fue por Isis.

Volvimos lentamente a la paz y un día se fue a su casa la chiquita. La Tita la llamábamos ya, curiosamente igual que a la guitarra.

A propósito de eso, hubo una vez en que Isis volvió a demostrar su inconsciencia… pero no hablemos más de esas cosas.

A pesar de su madre, Tita, la niña, sobrevivió. Eso sí, Isis la traía siempre vestida y arreglada como una pequeña princesa. Y cada día se abría más y más su inocente hermosura.

Tres años más tarde Isis se volvió a embarazar. El contento de todos era tan grande como el que habíamos tenido con el anuncio del nacimiento de Tita.

Pero esta vez, ¡ay!, ese embarazo nos costó la felicidad de todos.

Una mañana, como la otra vez, vino Marta corriendo y gritando.

—La señora… se muere la señora…

Creí ciegamente que se trataba del mismo caso que nos había alarmado tanto la vez anterior. Llamé al médico y, cuando iba a telefonear a Rodrigo y Francisco, Marta me dijo:

—Rodrigo está con ella… pero apúrese, Isabelita, porque… la señora se muere… Se muere.

Ante eso dejé el teléfono y le dije a Natalia que se comunicara con Francisco.

¡Lo que encontré!, ¡Dios mío! ¡Lo que encontré! Rodrigo estaba en la cabecera de la cama sosteniendo a su mujer que aullaba de dolor. Porque Isis no gritaba, su voz apenas si se apoyaba un poco para tomar aire. Ese aullido sostenido le deshacía la garganta y penetraba en nuestros oídos como saetas que nos traspasaban el corazón. Quise ponerle una bolsa de agua caliente en el vientre, y con un zarpazo la tiró. Inútil. Inútil. Era eso en ese instante lo peor: no podíamos hacer nada.

Llegó Izábal y delante de nosotras la examinó, porque nos negamos a salir.

Cuando se quitaba los guantes vi su cara sombría y eso me bastó.

—No llegaría viva a Culiacán —dijo—; es un embarazo extrauterino y necesitaría sangre, una operación que no aguantaría, menos con el traqueteo del viaje y las horas perdidas. Ya sus signos vitales son muy débiles.

Sí, lo dijo, me lo dijo, fuera del cuarto, pero yo lo recuerdo como si hubiera sido dentro, no sé por qué.

Mi hijo besaba a Isis por todo el cuerpo, como si con sus besos quisiera darle sangre, calor, calor. Isis, pálida, gritaba en sordina, como en sueños, desde otro lado, ese lado que desconocemos.

Rodrigo no cejaba en su empeño de volverla a la vida con besos, abrazándola, diciéndole desesperadas palabras de amor.

Y me arrodillé del otro lado de la cama y comencé a rezar sin mover los labios.

Enrique estaba parado a mi lado, con una mano en mi hombro.

Cuando llegó Francisco, Isis estaba prácticamente muerta. Sus grandes ojos abiertos no veían, no oía, ya no se quejaba. Sólo un sorbito de aire entraba en su nariz.

Dolor, ¡ay!, dolor.

Enrique quiso cerciorarse de que había muerto del todo y entonces Rodrigo se levantó furioso y le dijo:

—No la toque. Es mía.

La tomó en brazos como para protegerla de todos y sus ojos extraviados nos miraban con odio.

Fue necesario inyectarlo en un brazo, sin quitarle camisa ni nada, para que quedara inconsciente y la soltara. Fueron horas indescriptibles que ya no quiero recordar.

Chico y Pablo cargaron a Rodrigo hasta nuestra casa en el coche manejado por Emilio. Nosotros velamos y enterramos a Isis. Enrique se quedó con Rodrigo.

Fueron muchos días y noches de delirio, de fiebre, de frío, de no probar bocado ni beber nada.

Después vino una depresión atroz.

Con Enrique llegamos al acuerdo de mandarlo lejos, muy lejos. Inventamos que iba a hacer estudios sobre ingenios azucareros y semidrogado lo enviamos, acompañado por Chico, a los Estados Unidos. Primero a un sanatorio y después a olvidar.

Chico y Pablo eran criados de la casa, en el sentido español: se habían criado con nosotros y eran de la familia.

Las cartas de Chico, mientras Rodrigo estuvo en el sanatorio, traían, por supuesto, los partes médicos, pero estaban escritas sobre todo para divertirnos, para quitarnos la tensión, contándonos sus propias aventuras y sus descalabros por el idioma, pues no hablaba inglés, ni sabía por dónde iban los vehículos que tomaba, ni lo que comía. Lograba su objetivo. Luego comenzó a enviarnos pequeños mensajes de Rodrigo, escritos con coherencia pero con letra poco segura. Al cabo de seis meses Rodrigo fue dado de alta; todavía tenía que tomar algunos medicamentos, pero con Chico, que ya chapurreaba su inglés, recorrió parte de la Unión Americana.

Al año recibimos una extensa carta de Rodrigo donde nos decía que lo único que podía salvarlo era encontrar un interés vivo en alguna cosa que lo absorbiera y que, dada su carrera y su trabajo aquí, necesitaba sacar la maestría en química industrial.

Lo queríamos ver. Después de lo que pasó, de cómo lo miramos por última vez, *necesitábamos* verlo, pero... dijimos que sí, fingiendo entusiasmo. Le pedimos nos mandara fotografías, y lo hizo: estaba cambiado, se veía mayor, ahora usaba bigote y su mirada seria lo había transformado mucho. Pero como guapo, estaba más guapo; como dijo Natalia, más *interesante*. Chico regresó con su inglés casi perfecto.

Tita crecía. Entre Francisco y yo la echamos a perder. Era una niña consentidísima y, por lo tanto voluntariosa, pero tenía la gracia de su madre y la zalamería de su padre, y nosotros no podíamos evitar malcriarla. Era, muy exactamente, la niña de nuestros ojos.

Desde muy pequeña manifestó su coquetería y su carácter; por ejemplo, ella tenía que escoger la ropa que quería usar, y la enloquecían las pequeñas alhajitas que le mandábamos hacer; con cada vestido, calcetines y zapatos nos hacía que le pusiéramos tal o cual cosa en el pelo, castaño, hermoso y ondulado como el de su madre, la pulserita esta, o el anillito aquel. Sabía muy bien qué le quedaba mejor. Lo mismo sucedía con el peinado. ¡Ah!, cuánto gozaba yo vistiéndola.

Durante la ausencia de Rodrigo, Mercedes y la India encontraron el amor y se casaron "muy bien", como decía Petra. La primera con un comerciante de

Los Mochis y la segunda con un médico que se estableció en Guadalajara, así que Petra se quedó sola con Mina, ya de dieciséis años, tan bella y tan desgraciada. Pero para ella todo era motivo de alegría, hasta las cosas más insignificantes: era una niña.

Rodrigo anunció su regreso. Arreglamos los muebles de la casa, la mandamos pintar por dentro y por fuera. Yo me afané en la macetas y el jardín y lo aguardamos impacientes.

Cuando fuimos a esperarlo a Culiacán, Francisco y yo casi no hablamos ni en el camino ni en la sala de espera: temíamos delatar nuestra emoción, uno frente al otro. Pero cuando lo vimos bajar por la escalerilla, a ambos se nos arrasaron los ojos de lágrimas. Sin embargo, lo abrazamos sin llantos, como si hubiera hecho un viaje de semanas. Las fotos habían sido fieles, venía cambiado, pero para bien, al menos eso nos pareció a nosotros.

Cuando llegó a casa, inmediatamente se dio cuenta de nuestro esfuerzo por halagarlo. Nos miró y sonrió, apretujándonos a uno con cada brazo.

Tuvimos una gran fiesta, con sus amigos y los nuestros, con lo cual quiero decir que prácticamente con todo el pueblo. Habíamos matado un cerdo, y un novillo se asaba en el patio de los gansos. A éstos los habíamos encerrado en otro lugar porque en realidad eran bravos y también seis de ellos estaban preparados para ir a las mesas. Abundaba la bebida y teníamos música.

A pesar de todo, mi corazón no estaba tranquilo: Tita, que tenía ya siete años, se había negado siempre a escuchar hablar o a leer las cartas que le enviaba su padre Rodrigo. Las fotos apenas si las miraba. Se negó en redondo a ir con nosotros a encontrarlo a Culiacán y ahora yo la buscaba por toda la casa. La descubrí en las trojes, lugar que ella nunca frecuentaba. Tan bien arreglada como yo la había dejado, estaba, muy seria, sentada en un escalón hasta donde llegaba el sonido de la música y el murmullo de la gente.

—¿Qué haces aquí? Ven a recibir a tu papá.

—No es mi papá.

—Sí que lo es, y no te pongas tonta que ya me voy a enojar y ya sabes que cuando me enojo…

Se levantó de mal humor y me dio la mano. Caminamos hacia la recámara de Rodrigo, donde yo le había dicho que nos aguardara.

Entramos y él inmediatamente la tomó por la cintura, con alegría y emoción y, sosteniéndola así, frente a su cara, le dio vueltas y vueltas diciendo, con voz estrangulada: "Mi chiquitita, mi chiquitita…" Luego la estrechó contra su pecho y la besó en la carita, en las manos, en los brazos. Ella, muy seria, lo dejaba hacer, y cuando él le pidió un beso, con el mayor despego se lo dio y le dijo: "Bájame".

Él obedeció y se la quedó mirando. Una nube de tristeza lo ensombreció por un momento, pero él, con un gesto de la mano que pasó por enfrente de sus ojos, le habló:

—Tenía muchas ganas de verte. Tú no te acuerdas de mí porque eras muy pequeña. Ahora vamos a estar juntos siempre y nos vamos a divertir mucho, ¿verdad? Te traje muchos regalos. ¿Quieres verlos?

Ella calló.

—Ya sabes que soy tu papá. ¿No es cierto?

—Mi papá se llama Francisco.

—Bueno, sí, pero yo también soy tu papá, tu papá Rodrigo. Tienes la suerte de tener dos papás.

—No tengo más que uno —dijo ella, y dando vuelta salió muy erguida de la habitación.

Él se quedó desconcertado, triste, con los brazos todavía abiertos y con la rodilla en el suelo.

Yo lo tranquilicé: "Ya se le pasará, poco a poco se irá acostumbrando a tu presencia". Y luego riendo: "No se puede tener dos papás en un momento".

—Pero…

—Nada, nada. Vamos a la fiesta. Lo demás se irá ajustando poco a poco.

Rodrigo disfrutó mucho la bienvenida. Hasta cantó con la guitarra. Tita, desde un rincón, lo observaba. Francisco y yo, a solas, nos abrazamos emocionados de tener otra vez al hijo que se nos fue, tan mal, y regresaba completamente curado.

Muy pronto se vio que los estudios de Rodrigo eran aplicables y daban frutos. Dos años pasaron apenas para que lo nombraran gerente general. Con ese motivo dijo que necesitaba una casa para él solo (se la daba la Compañía) y creo que también aumentaba esa necesidad de no seguir recibiendo desprecios de la pequeña Tita, que le recordaba a Isis y que lo rechazaba sin recato alguno. Se murmuraba asimismo que deseaba volver a casarse, quizá con la hija menor de Enrique Izábal, Laura, o con Delia Ibarra, o con… qué se yo, coqueteos, habladurías… Pero lo cierto es que hacía una intensa vida social y que para las muchachas tenía un atractivo muy grande, tanto por su persona como por su posición.

Marta volvió a ser su ama de llaves y Mina iba, después de comer, a plancharle la ropa (el lino crudo es difícil y él suficientemente presumido como para solicitar ese favor).

Francisco y yo deseábamos de todo corazón que Tita amara a su padre, pero ella respondía a nuestros intentos estrechándose más a Francisco: lo hizo que la enseñara a jugar dominó y ajedrez para poder entretenerse juntos, por las noches. A los nueve o diez años ya era una experta. Conmigo era cariñosa y me entretenía cantándome, mientras yo cosía o zurcía. Ella, como su madre, era una princesa.

Un día, extrañamente silenciosa y reticente, llegó Petra a visitarme. Después de muchas escaramuzas me lo soltó de un golpe:

—Mina está embarazada.

Me quedé atónita. Luego me encolericé.

—¿Quién pudo ser el animal que le hizo eso?

—No lo sé. Cuando le pregunto por él, sólo dice "lindo", "guapo", pero el nombre no se lo he podido sacar ni pegándole en la espalda con un leño.

—¡No hagas eso! ¡No seas bestia tú también! Ella es una víctima. ¿No lo comprendes?

—¡Víctima! ¡Víctima! Una sinvergüenza, una pu...

—¡No lo digas! ¡No es así! Y ahora mejor vete, mala mujer.

Venturosamente llegó Rodrigo al poco rato después de que ella se fue. Por fortuna Francisco no estaba. Ante Rodrigo exploté toda mi indignación, todo mi dolor. Lo eché fuera con palabras y gestos. Ni siquiera lo miraba.

Cuando me volví, estaba pálido como un muerto, con la cabeza gacha y el sombrero entre las manos. Con mucha dificultad comenzó a hablar:

—Ese maldito hombre soy yo, mamá.

No pude ni responderle.

—Por favor, escúchame como en confesión, sin interrumpirme.

Dormía yo la siesta en calzoncillos y con todas las puertas y ventanas cerradas, así que el cuarto estaba oscuro, cuando oí un pequeño ruido y entreabrí los ojos, vi a Isis con la cabeza gacha colocando algo en la cómoda, sin pensar en nada, di un salto y la tomé por la cintura, ella inclinó aún más la cabeza y yo comencé a besarle la nuca, el cuello, y cerrando los ojos la volví y la besé en la boca. Se quedó quieta y al cabo de un momento respondió a mi beso, con esa su manera tan particular. La tomé en brazos y la puse en la cama: la misma piel, el mismo cuerpo… Sí, la desnudé y entreví su cuerpo núbil de los primeros tiempos, la acaricié, la amé con toda mi alma… y sólo al volver en mí me di cuenta de que aquello no lo había soñado. Mina estaba dormida junto a mí… Si tú sientes horror ahora, imagínate lo que fue para mí salir del sueño, y encontrar que… únicamente el color del pelo me decía que aquella no era mi amada… gemía igual, se movía igual… y ahora… yo era un canalla por haberla amado. Terror sentí. Me vestí de prisa, sí, cobardemente, y huí antes de que Mina abriera sus azules e inocentes ojos…

Pero aquello fue un sueño, no una maldad. La maldad vino después, al día siguiente, cuando al abrir los ojos vi a Mina a mi lado, desnuda, con el mismo cuerpo, la misma cara de Isis y el oro claro de sus cabellos cayendo hasta la cintura.

—¿U-ga-mos? —me dijo.

—Sí, pero no hables, ni una palabra. Sssst.

Entonces sí, amé a Isis con la confusa conciencia de que no era ella, sino otra que casi era ella… no sé explicarlo.

Soy un canalla. Lo sé. Pero tener, aunque solamente fuera una parte de Isis me daba más felicidad que ninguna otra cosa en el mundo. Fui atrozmente egoísta, nunca pensé en Mina, en la persona de Mina no, sólo en la otra. Y ahora…

Tenía las manos con los dedos metidos en los cabellos. Gacha la cabeza.

Luego de un largo rato la levantó y dijo firmemente: —Me casaré con ella.

Yo no pude hablar. Me levanté y como una autómata me fui a mi cuarto. A tratar de entender.

Sí, dicho simplemente, el hecho era brutal, canallesco, vituperable en todos los sentidos, pero en el fondo, muy en el fondo, era un acto de amor que reproducía, intactos, otros actos de amor, seguramente muy deseados, soñados… "Una vez más", "sólo una vez más" habrá deseado muchas veces, y un milagro, este deseo ferviente, se había cumplido. El pecado venía después, cuando el milagro había dejado de serlo y se había abusado de él forzándolo a que se repitiera. El exceso, siempre el exceso. Y ahora… ¿qué hacer? Las Erinias ya atormentaban a mi hijo y él estaba dispuesto a entregarse a ellas. ¿Sería prudente impedir que lo hiciera?

Lo peor de que se uniera a Mina era que no la amaba. Que simplemente buscaba en ella el reflejo de la otra. Y comunicación, ¿cómo podría comunicarse con ella, comentar de su trabajo y sus pensamientos y sentimientos? Además tendría que hacer vida de soltero en sociedad, mientras Mina era una ama de llaves y la luz de un deseo que quizá pronto se apagaría; cuando dejara de ser misterio, milagro. ¿Y la criatura? ¿Tendría que ser un hijo tenido "por ahí"? ¿No casi el hijo de Isis? Dios mío, perdónalo... perdónalo y saca de tu Divina Sabiduría la solución de este problema.

Mucho hablamos Francisco y yo sobre estos casos. Él, en realidad, se oponía abiertamente a la boda aunque no dejara de tener sus dudas.

—La criatura bien puede vivir, con todos los cuidados y los lujos que podamos darle, con Mina, en casa de Petra. A Petra le hace falta Mina y adora el dinero. Aceptará. Rodrigo reconocerá a su hijo legalmente, podrá atender su educación y socialmente... tú sabes cómo es la gente. Después de mucho escándalo, les convendrá más estar bien con el gerente que cerrarle las puertas o negarle la amistad.

—¿Y Mina? Está enamorada de él... ¿Por qué ha de pagar ella?

—Alguien tiene que salir perjudicado. No te preocupes. Olvidará. Verá a Rodrigo lo menos posible. Olvidará, como todas las criaturas de su edad mental.

—Mírame: ¿crees realmente eso?

—No. Pero no hay otra salida.

¡Dios mío, ilumínanos! ¡Danos una solución que no sea cruel para ninguno de ellos, ni para el niño! ¡Ayúdanos en esta tribulación!

Y Dios me escuchó, pero, ¡de qué manera! Rodrigo se mató en un espantoso, inexplicable, accidente automovilístico. En las marismas, con un frenazo que volteó el coche. ¿Qué se le atravesó? ¿Qué andaba haciendo allí? ¿Por qué a la velocidad que dicen que iba? En las marismas que son únicamente una capa dura que el mar ha dejado y arena debajo, yermas, sin más atractivo que la soledad. ¿Eso buscaba mi hijo? ¿Soledad? Pero por qué en el coche, corriendo como un loco y... ¿Qué pudo atravesarse en su camino para que diera el frenazo que volteó el coche? Ahí no hay nada. ¡Dios mío! ¡Quítame la terrible tentación de pensar que fue un suicidio!

Le rogué a Francisco que me dejara lavar con mis manos sus heridas, por terribles que fueran. Vestirlo como cuando era niño. No me lo permitió.

—Comprende que está destrozado. Ni siquiera lo reconocerías...

¡Oh Dios! ¡Dios todopoderoso! ¿Qué has hecho? ¿Qué has hecho de todos nosotros?

Sombras, como sombras vivimos desde entonces.

La negrura lo cubrió todo sin dejar un punto de luz que mirar, un soplo de viento para respirar. Todo pierde sentido, no hay nombre para nombrarnos: ni huérfanos, ni viudas… no hay palabra para nombrar a los que hemos perdido un hijo porque ya no somos aunque sigamos existiendo. Y además aquel mal pensamiento en el fondo del alma. Francisco también lo tenía, estoy segura. En su frente sombría, en su boca cerrada estaba el mismo pensamiento. Ni sobre las circunstancias del *accidente* hubo palabra alguna.

Después de los funerales se cerró la puerta de la casa, en este pueblo de puertas abiertas, y nadie se atrevió a llamar.

Sólo oímos golpes fuertes una madrugada: eran la India y Mercedes para avisar que Mina tenía dolores ya muy fuertes. Toda la casa se puso en movimiento y en ese instante Francisco dijo unas palabras que podrían parecer disparatadas.

—Creo que, en algunos casos, el que toma la justicia en sus manos es un valiente.

Tomadas todas las providencias, nos fuimos a casa de Petra.

Al fin nació la niña de Mina. Su parto fue normal, pero ella gritó y lloró sin entender muy bien qué le sucedía.

—Está perfectamente sana. Es normal, y preciosa. No había visto criatura tan bella desde que nació…

Tita. Eso era. Entramos a verla y nos quedamos pasmados: era idéntica a Tita, sólo que con el tiempo se vio que había heredado el azul de los ojos y el rubio color de su madre: otra Astorga. Otra nieta, más desventurada que la primera.

Tita estaba muy contenta cuando Lila nació. Igual que Mina, cuando ella venía al mundo, quería bañarla y vestirla desde ya. Pero cuando la vio por primera vez se sorprendió de que pudiera ser tan pequeña, y cuando se la puse en los brazos me dijo muy apurada: "¡Quítamela, quítamela!, ¡se me cae!"

Sólo pudo disfrutar de su "primita", en casa de su abuela Petra, unos cuantos meses, pues iba, como interna, a seguir sus estudios en Culiacán. No era posible que viniera todos los fines de semana porque la carretera famosa no era entonces la de ahora; aquélla era de tierra, y en tiempo de aguas los lodazales casi impedían absolutamente el paso. Tita se iba... ahora tendríamos, a ratos, nada más a Lila. Y las vacaciones, las tan esperadas vacaciones de Tita.

Petra murió y, naturalmente, Mina y Lila vinieron a vivir con nosotros.

Lila llamaba papá a Francisco y, un día de verano, cuando tenía dos años y caminaba hacia él, que le tendía los brazos, de pronto Tita tuvo celos y se interpuso entre los dos diciéndole a la pequeña: —¡No es tu papá! ¡No es tu papá!

Lila la miró con ojos sorprendidos y al encontrar fiereza en los ojos de Tita comenzó a llorar. Yo la tomé inmediatamente en brazos y la puse sobre una pierna a Francisco.

—¡Sí es su papá! ¡Tan su papá como tuyo!

Tita me contestó con tono airado.

—Ella tiene su mamá, que es Mina. Yo te tengo a ti. Ella debe de tener su papá, como yo dicen que tuve uno, y no tengo más papá que mi papá Francisco. Que ella le diga papá a su papá.

—No tiene mas papá que su papá Francisco, porque el suyo se murió.

—¿Como el mío?

—Exactamente igual que el tuyo.

Ya no podía más con ese diálogo tan doloroso. Diciendo la verdad, pero mintiendo. Recordando a mi hijo y... me fui a mi cuarto con Lila en brazos. La puse sobre mi cama y me senté a su lado: "Mi pequeña, mi pequeña", le decía entre lágrimas y besos y miraba su belleza que resplandecía más con el sol que entraba por la ventana.

Cuando salí, otra vez a la lucha, ya Tita estaba sobre una pierna de Francisco y lo acariciaba y lo mimaba. Mi marido babeaba, con aquella criatura encantadora; yo puse a Lila en la otra pierna y Tita volvió a enfurruñarse, se bajó del sillón y salió del recibidor. La oí dar portazos por diferentes habitaciones. Andaba loca de rabia, yo la conocía bien. Francisco tomó a Lila en sus brazos y me dijo:

—Ya se le pasará, no es más que un berrinche. Además, siempre ha querido a Lila.

—Nunca había tenido celos de nadie porque la acostumbramos a que tú eras el centro del mundo y tu centro era ella.

—No, Isabelita, ya verás, ya verás...

Pero no, pasaron esas vacaciones y otras y otras y los celos de Tita aumentaron, en vez de disminuir, aunque aprendió a controlarlos, al menos delante de nosotros. Pero cuando estaban solas, yo las espiaba, y veía a Tita cantarle a Lila canciones (Tita aprendió a tocar ella sola la guitarra) de otro tiempo que sus tías le enseñaban. A mí me parecía que era Isis tocándole y cantándole a ella.

Pero a su papá, que no lo tocara delante de ella. Las amonestaciones, las amenazas (que sabía no se cumplirían) no fueron efectivas. Ni las de Francisco.

Así que optamos por evitar desavenencias y durante las vacaciones de verano mandábamos a Lila y a Mina a Guadalajara o a Mochis, con Mercedes o la India, encantadas porque Mina se ocupaba de todo, y ellas de pasear.

Lila tenía ocho años y Tita estaba por casarse, con un oaxaqueño del que se había prendado. Sí, era guapo, gentil, espléndido en sus regalos, no bebía apenas, fumaba un poco, y poseía tierras buenas por el sur.

Mandamos de incógnito a Pablo a que hiciera averiguaciones en Oaxaca y resultó que lo que Raúl había dicho era parte de la verdad. Buen mozo y de buena familia, con dinero, galante y desprendido. ¿Qué le podíamos decir a la muchacha? ¿Que nos dolía que se fuera tan lejos? ¿Era eso razón alguna? Por cierto que no. Dimos entonces nuestro consentimiento y los padres de Raúl vinieron a pedir a Tita.

Convinimos en que sería en noviembre cuando acá hace un tiempo espléndido. Y nos pusimos a trabajar, a encargar, a importar. En fin, deseábamos que el equipo de la novia fuera de primera.

El problema surgió al planear el cortejo: Tita quería seis damas entre sus amigas del colegio, lo cual no fue objetado. La objeción vino cuando Francisco, que tan poco sabe de esas cosas, tuvo una ocurrencia:

—Que Lila vaya delante de todos, con un cestito o una flor en la mano.

Satisfecho de su idea mundana no se dio cuenta de cómo Tita se encendía, hasta que la oyó gritar:

—¡Lila no va a abrir mi cortejo! ¿Entienden? ¡No va a abrir mi cortejo!

Todos enmudecimos ante tal explosión de violencia por una cosa tan trivial. ¿Era odio a Lila? ¿Envidia quizá? Pero ¿por qué? ¿Porque era rubia? ¿Porque era niña? ¿Porque se la estaban poniendo en primer plano?

Silencio. Luego Francisco se levantó y dijo: —Ya hablaremos de esto otro día.

Días de pocas palabras: "Buenos días", "Buenas noches" y silencio en la mesa. La pequeña Lila, que no había estado en la escena del cortejo, no entendía nada. Hablaba y apenas le contestábamos, con amabilidad, sí, pero exclusivamente lo necesario. Tanta mezquindad en Tita nos tenía paralizados. No podíamos comprenderla.

Hasta que una tarde, cuando no hacía mucho que Francisco había llegado y leía el periódico y yo cosía a su lado, vimos venir hacia nosotros a Tita, con el cabello en desorden y la ropa arrugada. Sus ojos estaban rojos y su carita hinchada de llorar. Se arrodilló ante nosotros y con la cabeza en el suelo dijo:

—¡Perdóname, mamá! ¡Perdóname, papá! ¡Soy una malvada!

Y su cuerpo se convulsionaba en sollozos incontenibles:

—¡Toda la vida he sido una malvada! ¡No, al principio no, pero cuando fui creciendo…! ¡Perdón, perdón!

Me hinqué a su lado a consolarla y Francisco hizo lo mismo. Tenía un verdadero ataque de nervios. Fui por jerez, mandé hacer tila, traje sales para oler. Por fin, extenuada, se dejó arrastrar a un sillón.

—¡Soy igual que él… igual que él…! Malvada… Cómo pudo… y yo completé su obra pensando sólo en mí y ella es inocente… y Mina es inocente… y yo, raza de reptil.

—No, hija, no digas cosas que no debes decir nunca. ¿Quién te contó esta historia?

—Mi tía Natalia.

Mi hermana, la amarga, había querido clavar el aguijón en la carne más tierna, que amábamos más, pero nos había hecho un gran favor al abrir la pústula de la que nos venían tantos sinsabores.

La amargura de esta historia es el subsuelo sobre el que nacen, crecen y sonríen nuestros nietos, y encima del cual se yergue la juventud de nuestra hermosa Lila.

# Wanda

*A Maruca*

Lo más molesto era el sudor en la nuca.

Mitad del verano que se extiende pesado e impávido, como si nunca fuera a terminarse.

Dentro del coche sólo se oía, de vez en cuando, la voz de Anita llamando su atención:

—Mira, Raúl, ni una nube.

Como si aquel cielo despejado y perplejo necesitara comentario alguno. Pero Anita era demasiado pequeña para callar las cosas obvias.

El padre y la madre, en el asiento delantero, se sumían en un silencio denso.

Por fin llegaron a "Las Flores".

Al bajar del coche se sintió ya la suave brisa del mar, fresca en la mañana agobiante.

La madre corrió a ver la rotonda que formaba el rosedal, y Raúl se fue a su cueva.

Sin puerta, apenas protegido por un pequeño tejado, estaba su cubil, una construcción tal como él la había querido: igual a una ermita, sin más que un camastro de camarote empotrado a media altura, entre pared y pared, un librero, y el radio tocadiscos de alta potencia que luego bajaría del coche y que, lejos de la casona, podría poner al volumen que le diera la gana, pues le gustaba jugar con los pianos y fortísimos haciendo contrapuntos y competencias con el susurro o el bramido del mar.

Se desnudó, se puso el calzón de baño, y se fue al mar. La mochila quedó abierta y destripada en el suelo.

Corriendo, enceguecido por el sol, entorpecido por la arena, atravesó el jardín, sin mirarlo, y llegó a la playa. Tiró las alpargatas entre una zancada y otra y se zambulló en el agua. Al fin estuvo jugando a solas con el mar hasta

271

que lo llamaron sus padres y Anita. Ella quiso que la ayudara a perfeccionar su brazada.

Él lo hacía todo de buena gana, dentro y fuera del mar, bajo un sol que quemaba. Hablar con sus padres. Reír y correr con Anita.

Demasiado pronto, a su parecer, fueron llamados a comer. La casa daba una sensación inmediata de paz. Era hermosa. Sus padres nunca se explicaron aquel capricho suyo del cubil.

Comieron mucho, mientras se hacían planes para una excursión al club, para esquiar, o ir al pueblo, al cine, cuando hubiera una película visible.

Volvieron a la playa por la tarde, y ahí se quedaron hasta ver anochecer. A la hora de cenar todos estaban cansados. El padre ordenó que sirvieran vino, para reconfortarse y dormir como piedras. Anita se quedó dormida en un sillón, y Raúl la llevó en brazos a su cuarto y le puso la piyama. Una gran ternura le llenó el pecho cuando la vio abandonada sobre la cama, sumida en el sueño, serena e indefensa: una niña. Luego intentaron, él y su padre, jugar un partido de ajedrez.

Ninguno sabía qué pieza mover. Decidieron dejarlo para el día siguiente.

Desde el camastro del cubil el jardín podía verse dormido y pacífico bajo la luna. Al frente estaba el rosedal y los caminos de guijarros entre los arriates brillaban con pequeñas chispas. En la hornacina no entraba ni una ráfaga de viento y el calor del día se había quedado pegado a las paredes.

Entonces apareció. No llegó. Nada más estuvo allí. Desnuda, tendida con su cuerpo núbil junto al cuerpo sudoroso de Raúl. Lo primero que él sintió fue la sorpresa de aquel cuerpo fresco en medio del calor. Frescura de mar bajo un sol esplendente que lo hace sentir como un delfín que jugara entre la mar y el aire con una inmensa alegría; luego, gozoso, se hunde, y navega por las aguas verdes. Va cada vez más al fondo, respira con deleite el agua salada que abraza a los mortales. Mira los peces inmóviles y siente el silencio absoluto de lo profundo. Todo es lento, apenas se mueve. La corriente, casi quieta, lo sostiene, y no hay que hacer ningún movimiento para deslizarse y mirar los paisajes maravillosos de flores y faunas desconocidas y calmas.

Sin ruido, en el oído, aguas profundas circulan dentro del caracol, como espesos moluscos adheridos que estuvieran ahí desde edades antiguas comunicándote secretos que no escucharás porque no hay palabras para confiarlos ni nadie que los entienda. Vibrar en el silencio que desconoce lo que no es silencio, sentir el latido de las sienes, la sangre caliente en el helado camino sin término del agua que te desconoce pero que te lame pacientemente mientras te deslizas sin esfuerzo, sin hacer nada, solamente siendo.

Era tarde. Hacía un sol abrasador. El cubil era un horno. Pesadamente se levantó y en calzoncillos y con las alpargatas a medio meter, el traje de baño colgando de una mano, se dirigió a la casa. La casa estaba fresca, entraban la brisa y el murmullo del mar por todos los ventanales abiertos, el piso de mosaico claro relucía. Su padre, su madre y Anita estaban bañados, impecablemente vestidos, peinados y contentos; parecían representar una comedia.

—¿Sabes qué horas son?

—No.

—El agua estaba rica temprano. No sabes qué gusto… qué gusto…

—Dile a Marta que te prepare algo de desayunar… Tienes una facha…

Ducharse, desayunar, sentir las plantas de los pies sobre los limpios mosaicos le fue quitando el cansancio del cuerpo, el sueño y, ya contento, se fue con Anita a la playa. Se sentía completamente cambiado, aunque no sabía por qué estaba como sin alma.

Ella chutaba y él paraba, sobre la raya que era la portería, los posibles goles de Anita. La raya era motivo de interminables discusiones: que si la atravesó el balón, que la borraste al barrerte, que así no juego, que eres un tramposo… y él se reía, se reía mucho dentro de sí al ver la cara de Anita arrebolada por la furia y la impotencia. A veces la dejaba meter algún gol, sólo para verla contenta.

Ana… Si fuera un poco mayor la podría llamar así. Le hubiera gustado. Ana, y rodaba la palabra en la boca. Ana. Ana.

Se tiró en la arena para saborear el placer de la palabra. Si fuera mayor… si fuera mayor ¿qué? De un salto se puso en pie y cumplió su misión de portero hasta que la niña dijo que ya estaba cansada.

No, no se aburría de jugar con Anita a esto y a aquello, en realidad nunca le había sucedido, tampoco lo había pensado: que no se aburría. Ahora persistía en aparecer de pronto, con una gran fuerza, el deseo de que ella fuera mayor, que fuera Ana. Ana. Y se quedaba embobado pensando en cómo sería, en cómo será Anita dentro de unos años. ¿Cómo vivir un verano con Ana?

Y el verano de Ana iba pasando sin sentirlo.

La marejada nocturna. El grito asfixiado. El beso: Wanda. En cuanto está junto a ella va respirando el agua inmóvil como se respira el mezclado aroma de los jardines inmensos, de los jardines que no existen en la tierra.

Los dedos se deslizaban con sus delicadas puntas sobre su pecho. El largo pelo mojado se fue enredando por sus orejas y su nariz, por sus ingles, sus piernas y una boca hambrienta, con calor de rosa se apoderó de la suya. La mujer murmura como el mar, sube y baja, hace serpentear las olas sobre la playa, una onda destruye a la otra; le acaricia con su mano larga y sedosa. Luego cayó en un abandono sin peso, pero una fuerza muy poderosa emanaba de aquella distensión completa. La superficie olorosa a algas se le untó como si quisiera adherirlo a ella. Él la penetra, y cuando ella grita su nombre, el placer llena el mundo. La espina dorsal de él está a punto de romperse hasta que los cuerpos se estremecen de pies a cabeza y se distienden en un espasmo.

Wanda cantó luego bellísimas canciones en un idioma que se sentía tan antiguo como el mar, y en ellas, ¿cómo?, le dijo que seguiría viniendo y cantando para él todas las noches.

Luego, de entre sus dedos esbeltos, como antes apareció aquel instrumento entre arpa, erizo que no era erizo y caracol, hizo volar por el aire, iridiscente, grande como una manzana perfecta en su redondez, una perla, riendo volvió a tomarla y la depositó sobre el librero. Luego, ya no estuvo más ahí.

Casi todos los días eran invitados grupos de vecinos para salir en la lancha a pescar o a esquiar, bien provistos de cervezas y antojos para comer, se daban a la mar con gran alborozo. Los mayores, los amigos de su padre, eran los más entusiastas. También los muchachos y las chicas de su edad organizaban excursiones con frecuencia. Raúl esquiaba muy bien y le gustaba hacerlo, reía y bromeaba con los demás, pero no ponía la menor atención a la pesca; a veces se abstraía largos ratos, olvidados sus compañeros, mirando la estela que la lancha dejaba en el mar. No pensaba nada.

—¡Uy!, ya porque ganó el primer premio nacional de poesía juvenil tiene que posar de "bardo" —se burlaba, por ejemplo, Andrés, dándole una palmada en la espalda. Ambos reían y en realidad a nadie le importaban sus ausencias. Siempre había sido un poco diferente, muy tímido y con ideas un tanto locas. Bueno, así era y así lo querían.

Un día aparentemente hablando de esto y aquello, como tomando valor, Anita se lo dijo: —Me gustaría salir a pescar.

—Ven un día con nosotros.

—No, no, hay mucho ruido. Salí ya con ustedes y me harté. Sólo nosotros tres: papá pesca, y tú y yo miramos, lástima que mamá nunca quiera ir.

No hubo obstáculos. En realidad Anita estaba muy sola.

Fueron a pescar los tres. Tuvieron suerte: papá pescó un pargo muy grande. Durante la lucha, el pargo emergía y volvía a salir del agua moviéndose en todas direcciones.

—¡Mira cómo brilla! ¡Mira cómo pelea! ¡Qué belleza!

Anita estaba muy excitada.

Cuando el hermoso animal estuvo sobre la tarima de la lancha, ella se pasó a su lado y, asustada, observaba sus contracciones y coletazos. Luego el pescado se fue quedando quieto y Anita se acercó a la cabeza. El pescado abría y cerraba la boca desesperadamente, sus agallas sanguinolentas se abrían y cerraban cada vez con menor rapidez y fuerza; se iba quedando quieto, quieto, hasta que sus ojos desmesuradamente abiertos se fueron llenando de un agua espesa. Al fin quedó inmóvil. Ella, pálida, se volvió de espaldas y comenzó a vomitar. El verano se va lentamente, Anita y sus padres ya nadan poco, caminan por la playa cuando el sol está alto, y al atardecer, contra el viento, que se ha vuelto tan delgado que penetra la ropa y la deja perfumada, pasean despacio sobre la arena húmeda. Ya no se grita, se toma té lentamente y todos se tratan con una delicadeza tierna que parece venir de muy lejos, de otros tiempos con otras costumbres, de personas que no se sabe quiénes fueron.

Raúl camina por la playa. Vaga sin mirar. Va sin pensamientos.

Las rosas verdaderas ahora han florecido en el rosedal, y se dan espléndidas. Las otras eran un capricho de la madre, que quería tener rosas en verano. Cuando ya es de noche, de noche maravillosa, a la puerta del cubil, Raúl mira las rosas, las estrellas, rasguea la guitarra y medio canta cancioncitas tristes sobre gente que va por caminos, viviendo. Porque él está anclado. Cuando sea hora entrará al nicho y Wanda estará junto a él, en cuanto se desnude.

—Quiero quedarme a terminar un libro de poemas, papá. Ya sabes que no hay clases. En cuanto empiecen, me voy.

—Pero cuándo se ha visto que un chamaco se quede solo en una playa desierta. Y pasarías mucho frío, lo sabes. Este otoño vino helado.

—No me quedo solo. Aquí vive Rodolfo todo el tiempo, y el pueblo está tan cerca que se puede ir a pie. Además, hay teléfono ahí.

Discutieron. Intervinieron todos. No era conveniente: era un chico apenas. Pero no había inconveniente: era tan inocente lo que pedía. Se trataba de dos semanas. Anita lloró: no quería. La madre estaba preocupada, pero al fin dieron el consentimiento con la advertencia de que, si sucedía algo irregular, Rodolfo estaba obligado a llamarlos y avisarles lo que pasara. Rodolfo seguiría cuidando del cubil, de la casa, y se encargaría de sus ropas, su comida, de todo. En fin, que quedaba bajo el cuidado de Rodolfo. Aceptó

Pero vino el Viento Sur. La atmósfera es un nítido cristal que se va rompiendo. Las tardes parecen muy cortas, iluminadas por un sol que no calienta, hermosas, melancólicas y vacías. No hay en qué apoyarse, no hay nada que hacer más que mirar, aterido, desde la playa, el alboroto de las gaviotas.

Wanda, Wanda, y esperarte cada noche, con tus seres extraños que me muestras y me traes del fondo del mar. Wanda y los abismos del ahogo y del placer inconmensurables.

Rodolfo, sorpresivamente, le habla, confuso, de las sábanas manchadas, de que llega el momento en que un hombre no hace eso —*eso, ¿qué?*, piensa él—, de que hay, a cierta edad, que saber las cosas como son, de que irán al pueblo. Él lo va a llevar.

Raúl come muy poco y todo el tiempo está como dormido, mirándose las manos, contemplando las rosas que se marchitan, destrozadas por el viento que corre sin cesar. Sin guitarra, sentado junto al nicho, con frío. Al fin ha comprendido lo que Rodolfo quiso decir, pero no piensa en ello.

Caminaban contra el Viento Sur, sumidos hasta las orejas en los cuellos gruesos de las chamarras. Se tenía la sensación de no avanzar. Con la lámpara de pilas en la mano Rodolfo iba iluminando el camino. No hablaban, iban amurallados, cada uno, por el ulular del viento. El frío se sentía menos al caminar, pero se sentía, y muy fuerte, a pesar de la ropa pesada y densa.

Tristes luces de pueblo triste barrido por el viento. Nadie en las primeras calles. Poca gente entre el cine y la cantina. Las tiendas cerradas. Un mundo quieto y silencioso tras las ventanas iluminadas o ciegas.

Rodolfo se detuvo frente a una casa pintada de blanco, del otro lado del pueblo, casi en las afueras. Las luces estaban encendidas y la puerta se abrió de inmediato. Rodolfo dijo dos frases en voz baja, lo hizo pasar y se fue, cerrando la puerta.

Era muy joven y no le dijo nada. Le sonrió. Una sonrisa franca, como de bienvenida. Tenía el pecho opulento y la cintura fina. No llevaba pintados más que los labios. Su casa estaba caldeada y lo primero fue quitarse la gruesa chamarra.

Ella sencillamente lo condujo a otra habitación. Fue guiando sus manos torpes y heladas, al principio. Lo ayudó a desabotonar, a ir haciendo las ropas a un lado mientras ponía sobre la suya una boca caliente y grasosa que se extendía y enjutaba con intención de absorber, de sorber. El cuerpo se contonea, los dientes salen de la boca, comienzan a mordisquear, la lengua a abrir brecha. Las salivas se mezclan. Cuando estuvo desnuda se tendió sobre la cama y lo jaló hacia ella. Un pequeño vértigo lo hizo tambalearse.

Luchar sin rival sobre una piel pegajosa, con un sudor que huele a alguien. Las palpitaciones se sienten y se escucha el resollar de manadas que arremeten ciegamente. Aplastarse sobre la carne dócil que se va deformando siguiendo al movimiento; que cae, fatigada, por los flancos estremecidos. Sol fijo de un extraño verano que se desborda en las manos llenas de grasa. Y el calor que viene de dentro hacia afuera y termina en un erizarse de la piel indefensa. Respirar, respirar, hace falta respirar.

Dedos duros que estrujan su cuerpo, sin motivo, errantes siempre en el limitado espacio que es él mismo. Manos que conducen sus inexpertas manos por espacios también limitados y que se estremecen. Hay un jadeo continuo, común, que confunde bocas y respiraciones. Un esfuerzo compartido, instintivamente, por llegar a algún sitio, por ir, fatigosamente, hacia el final de la lucha, del calor, del sudor, del estar juntos. La espera de un final, el desenlace de unos momentos vividos al mismo tiempo, compartidos de una extraña manera, porque la soledad está ahí, presente. Viene de adentro, de un conocimiento inocente, muy viejo, el recorrido del camino, sus pausas y su reanudación, con el sol en el centro, metido en el plexo, inundándolo todo. Están luchando sobre la arena, en mitad del verano, y el mar retumba en sus sienes. Y el mar se encrespa y los cuerpos se encrespan, y es difícil, imposible respirar; sudan por todos los poros, se distorsionan, se contorsionan, llegan a la convulsión, y el tiempo estalla, al fin, en un segundo, y el mar y el sol desaparecen.

De regreso, callados. El Viento Sur arreció con la madrugada. Hace más frío. De pronto Rodolfo aminora el paso y le pregunta con su voz seca si le gustó. Él contesta que no. Y siguen caminando, empujados por el viento. Cuando llegan a "Las Flores" Rodolfo se separa sin darle las buenas noches. Raúl va a su cubil y se quita a tirones la ropa. Se tiende en la litera y cierra los ojos. Espera, como todas las noches. Espera. Wanda no llega.

Es necesario buscarla, encontrarla, no perderla, no perderla nunca.

En el mar. A pesar del frío. Desnudo sale Raúl de su hornacina y se va a la playa a buscar a Wanda. Ya al meter los pies en el agua sus pulmones se contraen y cree que no va a poder hacerlo. Pero lo hace. Se tira al mar y lucha por alcanzar aire, pero parece que tiene los pulmones petrificados. Bracea desesperadamente, y al fin puede respirar. En cuanto alcanza un poco de resuello toma una gran bocanada de aire y se sumerge. Bucea hasta donde le dan sus fuerzas, el mar está negro como tinta china. Regresa a la superficie y vuelve a sumirse. Abajo las aguas siguen quietas, oscuras, impenetrables, y él es un hombre que nada entre ellas. Otra vez fuera, y de nuevo dentro, aterido ya. Otra vez y otra. Nada. El mar se cierra sobre su cuerpo, eso es todo. Se queda flotando un largo rato en la superficie, porque sus miembros están paralizados y sus pulmones funcionan apenas, como en estertores. El Viento Sur azota el mar en su cuerpo sin descanso. Piensa que es el fin. Pero no, tiene que seguir buscando a Wanda. Y con un supremo esfuerzo nada lentamente hasta donde las olas puedan arrojarlo a la playa.

Allí vuelve a tomar conciencia. No puede moverse. El dolor en los costados lo traspasa sin descanso. Es un dolor terrible. Comienza a toser. Apenas respira. De pronto el frío brota de sus entrañas. Ya no tirita sólo por fuera, tirita todo él, y todo da vueltas en su estómago, en su cabeza. Un inmenso malestar lo ahoga. Amanece. Un triste amanecer de vómito, de dolor, y aire que falta, a pesar de que el Viento Sur sigue soplando sobre su cuerpo inerte.

Oleadas de calor empiezan a azotarlo. Un calor que viene de dentro, que le calcina los pulmones. Puede moverse. Arrastrándose primero, y a cuatro patas después, atraviesa la playa, se desvanece, cruza el jardín y llega por fin a la ermita. Trepa al camastro y se tumba en él. No sabe más. El sol está ya alto.

Rodolfo viene con el desayuno. Mira con horror a Raúl, le dice que es necesario pedir ayuda, que vaya al pueblo a hablar por teléfono con sus padres. Es necesario que vengan y se lo lleven inmediatamente. Que hagan que se le quite el terrible dolor de los costados, la fiebre: que lo hagan respirar. Quiere estar en su cama de siempre, cubierto con una sábana limpia y olorosa, la mano fresca de su madre sobre la frente, y escuchando la voz clara de Anita. Estar en su cuarto, protegido, sin oír al Viento Sur y al mar que rugen continuamente. Que le quiten el dolor y lo hagan respirar. Rodolfo se siente culpable, pues cree que la enfermedad es por la excursión de la noche anterior. Le pone compresas, lo cubre con sábanas mojadas, le prepara brebajes que él no puede tragar. Delira.

—¿Ya es de noche, Rodolfo?

Quien tiene que venir es Wanda, en su propio aire, en su propia agua. Ya falta poco. Ya viene. Es cosa de soportar un poco más. Solamente eso. Un poco. Un poco más.

La bola de fuego se viene encima, vertiginosamente. En medio del universo, sobre el negro, las estrellas son cuerpos opacos e indiferentes. La bola de fuego se ensaña contra su cuerpo y ambos luchan, sin lucidez, como cosas. Un grito rompe la lucha, y en el precario despertar se sigue oyendo al corazón que salta, desesperado. Los mundos de colores siguen girando y el lodo comienza a tragárselos. Lodo pegajoso que borra lo oscuro con su ola angustiosa, insaciable; que se acerca sin ritmo ni tregua.

¡Wanda! ¡Wanda! Y aprieta la mano sobre la perla que ella le dejara. Oye, lejanos, sus propios gritos. ¡Wanda!

Rodolfo está ahí. Lo siente. Entreabre los ojos y mira el sol de mediodía, allá, afuera, muy lejos. Rodolfo habla. Es mediodía. La esperó inútilmente. Ya no vendrá.

—No, no más aspirinas… agua… Más agua… En el agua purísima los peces nadan sin hacer ruido… Déjame dormir… Vete, Rodolfo… No puedo hablar… Déjame solo… Vendrá…

Rodolfo habla. Enciende la lamparilla. Se va… al fin…

Aire, aire, necesito aire. Necesito… ¿Qué ha dicho Rodolfo?… Va a llamarlos… Se lo llevarán. Y Wanda está aquí. Solamente aquí.

Atravesado de costado a costado por el dolor, flaco, desnudo; los labios morados, hechos jirones por las grietas que se ahondan, distendidos hasta sangrar en la boca inmensamente abierta; los ojos fuera de las cuencas violáceas, avanza bamboleante, desmembrado. Con el puño agarrotado sobre su talismán. Cree correr por la playa, luchando contra el viento. Busca. Busca y llama ¡Aaaaa! ¡Aaaaaa! Los labios no pueden cerrarse, quisieran recobrar, en un esfuerzo cruel, el aliento exhalado. La nariz se distiende, inútilmente, al máximo, y el estertor de los pulmones lo domina. Cae de bruces. Repta sobre el abdomen contraído, hasta donde lo mojan las olas. Quiere seguir llamando. Clamando. La boca se le queda abierta, y los ojos, desorbitados, se inundan de un agua espesa.

# Lo que no se comprende

*Homenaje a Katherine Mansfield*

Las mañanas eran aburridas hasta que llegaba la hora del desayuno. Además había que cuidar el vestido blanco de batista y el enhiesto moño azul en lo alto de la cabeza. Después iría a la "escuela" a hacer los palotes y laberintos que sólo ella entendía, con crayolas de colores; habría cantos, rondas, cuentos, juegos con las amiguitas. Pero antes no había otra cosa qué hacer que husmear por la casa, porque en cualquier momento podían llamarla y era necesario hacer lo que fuera.

Pero desde que tomaron la costumbre de sacarlo a airear en ese momento en que el sol no era fuerte, todo había cambiado. Lo ponían en el corredor de atrás, cerca del jardín, junto a la pajarera, y se iban a barrer y a sacudir. Así, Teresa se quedaba completamente sola frente a él y lo observaba detenidamente. Se sentaba a distancia en el suelo y lo contemplaba con ojos impasibles. No lo tocaba nunca, nada más lo miraba, permanecía largos ratos inmóvil, mirándolo. A veces la distraían los pájaros o hacía figuras con los dedos sobre el piso reluciente, pero volvía sin prisa a fijarse en él y seguía contemplándolo hasta el momento de ir a desayunar.

A veces, por las noches, cuando estaba ya acostada, pensaba en él, y le hubiera gustado hablar sobre eso con alguien, preguntar a su madre, pero no sabía cómo nombrarlo. Entonces suspiraba y lo olvidaba.

El resto del día no había nada o casi nada que se lo hiciera recordar. Sabía que estaba en el cuarto contiguo al de su madre y que una enfermera entraba y salía en ese cuarto con cosas que no le interesaban, y eso era todo.

Pero una mañana en que estaba sentada en el suelo, bastante lejos de él, su madre apareció y comenzó a gritar incomprensiblemente. Al principio se acercó furiosa como si fuera a pegarle, pero después rompió a sollozar y a decir: "No lo mires así, no lo mires así", al tiempo que se golpeaba la frente con los puños. Su padre llegó muy asustado y se llevó a la madre. Teresa permaneció en donde estaba, aterrada y ofendida, ¿qué había hecho? La Cuca vino sonriendo y se lo llevó a toda prisa. Pero ella ni lo tocaba... Oyó que mandaban por el médico, se levantó y se fue al jardín. Anduvo por allí mirando las rosas y las florecitas chiquitas entre la yerba, pendiente de lo que sucedía en la casa, de la llegada del médico, de las vueltas de las criadas, de la voz de su padre. Desde donde estaba podía perfectamente ver y ser vista, pero nadie la buscaba, no la llamaban a desayunar, ni siquiera la miraban cuando pasaban. Tenía hambre. Caminando despacio, entreteniéndose aquí y allá, volviendo a veces un poco la cabeza, recorrió una vez y otra el jardín, anduvo por entre los frutales: y por fin, descorazonada, atravesó el patio donde estaban los gansos y todavía antes de entrar en las trojes se dio vuelta y se quedó mirando su casa: el portal con la pajarera se veía lejos, oscuro, la separaba de él un gran espacio con plantas, árboles y el patio de los animales. Cerca del portal, en la cocina, se oía la voz gritona de la Cuca, aunque no se la podía ver, pero la Cuca le hablaba a la Paula o a Manuel, no a ella.

Quitó la aldaba y empujó con todo su cuerpo el portón. Aquel lugar no le gustaba. En el patio, al que daban todas las puertas de los almacenes, no había nada, tenía una tapia por un lado y los cuartitos chaparros, iguales, por los otros; no había nada. Entró por la pieza donde estaba la desgranadora, dio vueltas alrededor de ella, pero sin acercarse mucho. Cuando desgranaban era bonito estar allí, con Chuyón riéndose y dándole a la manivela, y todos los hombres trayendo y llevando sacos; era bonito ver cómo se caían el maíz y el frijol por todas partes y quedaban regados en el polvo del patio sin que le importara a nadie. Pero ahora los cuartitos estaban llenos de grano, el piso completamente limpio, y nunca iba alguien por allí, nunca hasta la siguiente cosecha. Algo le dolía mucho, mucho, en el pecho. Puso las dos manos sobre la desgranadora y apretó con fuerza, rechinaron los goznes, el mecanismo era demasiado pesado para ella. Se quedó un momento esperando que alguien gritara reprendiéndola, alguien que estuviera escondido, observando, pero al cabo de un momento retiró las manos poco a poco, sin prisa. Volvió al patio y anduvo empujando las puertas, las ventanitas, haciendo un poco de ruido, brincando sobre un pie, pero seguía sintiendo que no podía respirar bien, y aquel dolor extraño. Encontró que una ventanita alta parecía abierta, trepó hasta ella, la empujó con cuidado y se metió a uno de los cuartitos: estaba lleno de maíz hasta la mitad. Se sacó las sandalias y las tiró por la ventana al patio. Le gustó pisar sobre los granos lustrosos. Estuvo un rato largo haciendo montañitas y carreteras, y cuando se aburrió hizo una zanja y se enterró hasta el pecho en el maíz, pero eso la fue poniendo más y más triste, hasta que no pudo soportarlo y con un gritito quiso ponerse de un salto lejos de aquel agujero horrible, tuvo que luchar mucho para poder hacerlo: resbalaba desesperadamente entre los granos. Hubiera querido salir en ese momento del cuartito e irse a subir al guayabo o a ver la pajarera, pero aquello no era posible, no podía ir a ninguna parte, no podía hacer nada más que quedarse en ese cuartito oscuro y feo. Sucia, con la cara llena de rayones que hicieron sus lágrimas y el polvo de maíz, se acurrucó en un rincón mirando la luz que entraba por la ventana entreabierta. A veces se quedaba semidormida, pero despertaba sobresaltada, sintiendo que alguien ponía las manos sobre su cuello y la ahogaba.

En el silencio sonó el pito de la fábrica anunciando que eran las doce. Ella había ido algunas veces en el auto a recoger a su padre y vio a los obreros salir y extenderse, igual que un río, en cuanto el pito sonó, como si estuvieran escondidos esperándolo, ahí, detrás. La puerta de la fábrica nunca estaba cerrada, pero el pito era una cortina mágica que la cerraba y la abría, invisible, todos los días de todos los años, menos los domingos. También se le oía ulular en los campos, lejos, lejos; llegaba por el aire como una serpiente, y los campesinos se ponían a la sombra en cuanto pasaba, abrían los morrales y se sentaban a comer. Ahora que el pito había sonado, afuera era mediodía, había movimiento, llegaban los hombres a sus casas, salían los niños de la escuela... pero para ella eso ya no significaba nada. No había comido en todo el día, y tampoco comería ahora como hacían los demás, estaba fuera del poder de aquel sonido agudo como estaba fuera de todo, sola en aquel lugar horrible, fuera. Cruzó los brazos sobre el pecho y se apretó a sí misma lo más que pudo. Tenía miedo, un miedo atroz. Respiraba entrecortadamente, igual que después de haber llorado mucho, pero ya no tenía lágrimas en la cara, únicamente su cuerpo se estremecía con aquella especie de sollozos secos.

Al cabo de mucho tiempo oyó voces diferentes que gritaban "Maya", "Teresa", pero no podía contestar. Aquellas voces no se dirigían a ella, o no lograban tocarla. Seguía temblando, con los ojos fijos en la raya de luz que entraba por la ventanuca, lejos de ellos, enterrada en el cuarto del maíz.

"Mayita", decía muy cerca ahora una voz de hombre, pero ella no podía responder, no podía. La puerta se abrió con un golpe seco y la luz entró en el cuarto como una ola. En la puerta baja la silueta negra de su padre parecía enorme, aplastante. Ella escondió la cara entre los brazos cruzados. Oyó correr el maíz afuera y vio los esfuerzos del hombre por no hundirse en los granos que se escapaban hacia el patio. Su padre se acercaba, se acercaba chapoteando entre el maíz. Teresa temblaba y se encogía, quería achicarse, achicarse hasta desaparecer. "Hija, hijita", dijo el hombre casi junto a ella, y Teresa con los ojos cerrados emitió un gemido largo, desgarrado, y sin saber cómo, se encontró sollozando, llena la cara de lágrimas, contra el pecho de su padre. "Mayita, mi chiquita", decía la boca que le rozaba el pelo, mientras los brazos la acunaban rítmicamente. Se sintió muy cansada. Su padre salió con ella en brazos, caminando inseguro entre el maíz que rodaba cada vez que daba un paso, y Teresa pensó que de nuevo había maíz regado en el patio y a su padre no le importaba.

—Mamá está enferma, espera un niño nuevo, por eso está tan nerviosa… debes de portarte bien… Estuvo mal eso que hiciste de esconderte toda la mañana, nos asustaste a todos.

No era cierto, nadie la había buscado hasta que él regresó del trabajo, pero no dijo nada, ahora él estaba aquí y la cargaba con cuidado a través del portón, del patio de los gansos, del jardín. La llevaba de regreso, y eso era lo que importaba.

En la cama, su madre parecía una torre derrumbada. Con el cabello suelto entre los almohadones, tan fuerte y tan hermosa, no se podía creer que estaba enferma. No hacía mucho, ella la había dejado de ver un largo tiempo y le habían dicho que estaba curándose en Estados Unidos, pero nunca lo creyó, ni tuvo miedo por ella; estaba lejos por alguna otra razón que no querían decirle, no por enfermedad. Y ahora tampoco aceptaba que un mal cualquiera pudiera atacarla; era demasiado orgullosa como para que una cosa tan simple la tumbara en una cama.

El padre hablaba entre risueño y dolorido, y ella seguía apretada contra su pecho mirando a su madre, que lo escuchaba sin decir una palabra. Era muy extraño que sus padres se parecieran tanto físicamente, estuvieran unidos de una manera misteriosa, y a pesar de ello fueran tan diferentes. Se sentía colocada entre los dos como un estorbo, algo que los dividía. Por ejemplo, su padre nunca la hubiera tratado de aquel modo estrafalario, ni se habría golpeado la frente llorando, y ahora mismo que la sostenía en brazos delante de la madre parecía desaprobar la manera como ésta y todos en la casa se habían conducido con ella. Pero todo eso era muy vago, lo que sentía más era hambre y sueño.

—Vamos, dale un beso a tu mamá y prométele que te vas a portar bien.

Hizo lo que le mandaban, de un modo mecánico y, aunque su madre también la besó, fue un beso frío. Teresa no apartaba los ojos de la cama porque sabía que en algún lugar cercano estaba el objeto por el cual su madre había llegado a hacer todo aquello, cosas que nunca antes se vieron.

—Vamos a comer; esta criatura no ha probado bocado en todo el día ¿Tomaste la medicina?, ¿te dieron caldo?

El padre se inclinó, todavía sosteniéndola contra su pecho, y besó a su mujer. Teresa se abrazó más fuertemente a él y se sintió muy feliz cuando los cuerpos de sus padres se tocaron oprimiéndola.

Ahora sería mucho más difícil acercársele, averiguar sobre él, porque la madre estaba al acecho, esperando la oportunidad para volverse a quejar absurdamente de que ella lo miraba. Por las mañanas, y eso no todos los días, se acercaba a la pajarera y metiendo los dedos por los alambres pretendía jugar con los pájaros, les decía cositas, para poderles echar unas miradas desde lejos, cuando no la observaban. Durante el día procuraba pasar con frecuencia por la recámara contigua a la de la madre y se demoraba allí con cualquier pretexto a ver cómo metían y sacaban cosas. Únicamente de vez en cuando se encontraba con los ojos astutos de su madre. A veces se impacientaba y trataba de olvidarlo, pero era demasiado inquietante saber que estaba allí, del otro lado de la pared, gelatinoso; no lo podía soportar.

Una noche pensó tanto en él que al día siguiente amaneció enferma del estómago, con vómitos y diarrea. No, no comió guayabas verdes, ni mangos, únicamente pensó en él y trató de imaginar de dónde vendría y para qué guardaban sus padres una cosa tan malsana que la hacía descomponerse. Pero no dijo nada, e incluso soportó los malestares sin quejarse.

Por fin nació Benjamín. Era una ratita colorada que gritaba y movía las manitas todo el tiempo, sin motivo alguno. Le gustó muchísimo. Se escurría siempre a ver cómo lo bañaban y cambiaban, riendo al verlo, empanizado en talco, patalear y arrugar su carita de mono. Era un niñito precioso y sus padres estaban tan satisfechos de él que lo besuqueaban y se besaban entre sí sin ningún recato. En la casa entera se sentía alivio y bienestar, y hasta dejaron de vigilarla. Su madre la acariciaba cuando ella ponía un dedo para que Benjamín jugara con él, y sentía muy claramente que la quería otra vez.

Pero el otro seguía en casa, en el cuartito junto al de su madre, donde dormía la Cuca. Eso la ponía de mal humor. Y una tarde en que su padre la llevaba de la mano por la calle no pudo evitar hablarle de eso.

—Ahora que tenemos un niño de verdad, ¿por qué no tiran lo otro?

Su padre la miró sorprendido y aflojó un poco la mano, pero hizo un esfuerzo y mirando hacia delante le contestó:

—El otro también es tu hermano.

Ella se soltó, furiosa, con deseos de golpear al padre.

—No, no es mi hermano —gritó con todas sus fuerzas—. No es mi hermano, no es un niño, es una cosa asquerosa —y se echó a llorar.

Nunca olvidó lo pálido que su padre se puso, su cara contraída y sus ojos cerrados, apretados. Sintió el estremecimiento doloroso que lo recorrió. Se abrazó a sus piernas deseando que la golpeara para que dejara de sufrir, que descargara sobre ella la ira y el dolor. En cambio, el padre le acarició un poco la mejilla, con un esfuerzo que también había en su voz cuando le volvió a hablar.

—Es tu hermano, está vivo, se llama Alberto.

El padre tomó con sus dos manos la carita de la niña y la apretó muy fuerte, mientras la miraba a los ojos con una vehemencia extraña, tratando de comunicarle su doloroso amor, la mirada se cerró en un esfuerzo en el que pareció que sus pupilas azules iban a estallar, luego aquello se fue transformando en algo profundamente hermoso y triste, una fuerza central que lo sostenía y lo desgarraba al mismo tiempo. La niña se quedó inmóvil, devorándolo con su mirar ávido. Él se inclinó y la miró con fuerza, un beso largo, luego soltó lentamente la cabecita, y siguieron caminando en la luz difusa del atardecer sin hablar más, temblorosos, tomados de la mano.

# Los hermanos

*Para Susana Crelis*

Cuando yo era chica, caminaba casi a ciegas bajo el sol muy alto. De pronto, sobre la acera angosta, veía sus botas cortas que me cerraban el paso. Levantaba los párpados, y ahí estaban sus ojos como brasas de miel. No se explicaba: yo no era una mujer brava, sino casi una niña sin formas, y tímida. Pero los dos sentíamos la electricidad que nos pegaba, como dos láminas, uno contra el otro. Aunque no había impedimento, sabíamos que aquello olía a sangre y muerte y no era cosa de noviazgos y azahares, pero tampoco me hizo un hijo porque se apiadó de mí.

En otro pueblo crecí y me desarrollé. El mayor de mis hermanos me regaló un pequeño lagarto disecado. Poco más de medio metro. Era hermoso verlo y pensar en el gran cariño de mi hermano.

Un muchacho bien plantado y hermoso se enamoró de mí y yo de él, como debe ser.

Llegó el día de la boda, y al regresar de la iglesia cercana, mi hermano me llevó sigilosamente a mi cuarto y con el índice me mostró, desde lejos, al lagarto: tenía levantada la parte derecha de la cara, desorbitado el ojo hasta la frente, y ese gesto depravaba todo su aspecto, desde la frente hasta el hocico. No sé por qué me acordé del muchacho de las botas cortas y comencé a tiritar de miedo.

Todos los invitados entraron y se dieron cuenta del gesto del lagarto. Con una gran colcha, para no tocarlo, lo envolví y, vestida de novia, fui corriendo a la sacristía. El cura no entendía mis palabras entrecortadas. Todo era confusión.

Paso a paso entró el hermano menor del muchacho de las botas. Nadie lo conocía más que yo. Puso una mano sobre uno de mis hombros y sus ojos tranquilos se incrustaron en los míos. Se acercó a la mesa donde estaba el lagarto y comenzó a acariciarlo de la cabeza a la cola con ternura, una ternura blanda y firme. Ahuecaba la mano para que la cresta del lagarto no lo lastimara, pero lo hacía una y otra vez: su mano sobre el animal muerto y encolerizado. Después de un rato, solos o en grupos, aburridos, los invitados que me habían seguido regresaron a la fiesta, pero ni mi marido pudo moverme de aquel lugar donde estaba, de pie, hipnotizada.

Pasó el tiempo y el ritmo del muchacho siguió, pacientemente, sobre el lomo tieso. Mi novio y mi hermano permanecieron a mi lado.

Después de tres horas, cuando ya se oían los gritos de los borrachos por encima de las notas de la música, el animal fue dejando su gesto muy lentamente hasta volver a su expresión normal. Se quedó allí, sin que nadie quisiera tomarlo.

El hermano del muchacho de las botas cortas vino lentamente hacia mí y al pasar me dijo tranquilo:

—No habrá sangre.

# Opus 123

*A Carlos*

I

Aunque iban a la misma escuela, Pepe Rojas y Feliciano Larrea nunca fueron amigos, lo cual no deja de ser extraño, aunque, pensándolo bien, la misma causa que hubiera debido unirlos era la que los separaba, pues ambos sufrían el mismo tipo de cuchufletas e insultos. Feliciano callaba a las horas de recreo apoyado en una columna del patio, recibiendo las imprecaciones inmóvil, apenas con un ligero parpadeo. Pepe se metía en cualquier salón mal cerrado y se ponía a dibujar; procuraba no encontrarse con nadie, y que no descubrieran su escondite, y cuando recibía un "joto" o un "mariquita" a la pasada, sonreía tontamente y se escurría lo más rápido que le era posible. Ninguno de los dos, ni los otros niños, comprendían exactamente a qué se referían con aquellas agresiones. Sólo cuando los condiscípulos miraban los amaneramientos de uno y de otro, se daban cuenta de que en algo eran diferentes a los demás.

Los maestros no intervenían, y para los chicos era un suplicio ir a la escuela. Pepe, alegre, se desquitaba de sus amarguras tocando el piano y jugando con sus dos hermanas menores. No tenía padre, pues éste había muerto cuando él tenía poco más de tres años. Decía que lo recordaba, pero más bien reconstruía su cara gracias a la gran fotografía de la sala y a otras colocadas por toda la casa. Su madre era tan inocente que no veía diferencia entre su hijo y los hijos de los demás.

Tenían, además del afeminamiento, otra cosa en común: la música. Josefa Unanue les daba clases de piano y eran sus alumnos preferidos. Ella le hablaba a uno de los avances del otro casi sin querer, porque estaba entusiasmada con lo que iban adelantando ambos. Eran pequeños, pero estudiosos, y, según ella, estaban extraordinariamente dotados.

Estaban en quinto año, cuando Feliciano enfermó de derrames biliares y no fue más por el colegio. En cambio, Pepe cerró su primaria con muy altas calificaciones y a él y a su madre les extrañó mucho que no lo llamaran al proscenio del teatro, en donde se hacía la ceremonia escolar de fin de cursos, para premiarlo.

Feliciano tomaba clases particulares en su casa por decisión de su madre y con gran disgusto de su padre. Así llegó al bachillerato.

Un día, en que, intempestivamente, entró don Feliciano Larrea padre a su casa, Josefa Unanue lo llamó con cortesía y gracia a que pasara a la sala a escuchar a su hijo tocar nada menos que la Sonata Opus 111 de Beethoven.

El padre gritó:

—¡Lo que quisiera sería oír una voz fuerte en la fábrica!

Josefa se disculpó y fue a abrazar a Feliciano, que temblaba como una hoja. Esa tarde tuvo fiebre. Desde aquel día se cuidó de que su padre lo oyera hacer sonar una sola nota.

El nuevo ataque biliar le impidió seguir tomando sus clases normales, pero no levantarse a hurtadillas aunque fuera para tocar unas escalas. Era incomprensible cómo aquel cuerpo enteco y ahora debilitado, podía sacar notas tan fuertes y acordes tan sonoros. La madre lo ayudaba a volver a la cama cuando comprendía, por cómo pulsaba el instrumento, que estaba agotado.

En cambio, Pepe Rojas era inmensamente feliz. Convenció con facilidad a doña Rosario de que él no podía atender la tienda tan bien como ella, y que en cambio, a pesar de su edad, llevaría la casa y se haría cargo de sus hermanas, quitándole así un peso muy fuerte. La madre consintió y, desde que salió de la primaria, Pepe se entendió con gasto, criadas, tarea de sus hermanas y todo lo que hiciera falta. Pero el piano, y después el órgano, eran su ocupación principal, aunque él lo disimulara todo lo que podía.

Aprendió a cocinar y el jardín de su casa era famoso por las rosas que daba. Doña Rosario de Rojas recibía complacida los halagos y las peticiones de flores, y Pepe las cultivaba con suma delicadeza y con el mismo amor con el que ponía en atender plantas más humildes.

Sus hermanas crecieron y se fueron a ayudar a su madre en la tienda. Cuando había santos o cumpleaños de las muchachas, Pepe tocaba alegres tonadas para que aprendieran a bailar unas con otras.

Josefa Unanue lo adoraba, y le enseñó todo lo que pudo y supo durante toda su vida, que fue larga.

Siempre le hablaba con gran entusiasmo de los avances de Feliciano, de su sed de lecturas, de su estar muy por encima de lo que estaban los chicos de su edad en cualquier parte del mundo. Pepe la escuchaba con gusto y ni una sombra de envidia nubló su admiración vicaria por su antiguo condiscípulo.

En cambio, Feliciano envidiaba a Pepe su órgano, pero no lo decía a su maestra. Aparte del afeminamiento y de la música había dos cosas en común entre Pepe y Feliciano: no tenían amigos y nunca salían a la calle. Nadie parecía extrañarse por ello.

Las Rojas y las Larrea se visitaban con frecuencia, pero no llevaban a los niños, y después a los adolescentes, a esas visitas.

Los Larrea tenían también dos hijas y un hijo, nada más que, en su caso, el hijo era el menor. Laura y Beatriz, muy jovencitas, iban a casarse pronto a entera satisfacción de los familiares de las dos parejas, cuando Josefa Unanue pidió hablar con toda la familia. Aquello pareció extraño, pero un viernes por la noche la invitaron a cenar.

Josefa se presentó con un vestido de moiré color rosa té, elegantísimo, pero demasiado juvenil para su edad; era uno de los trajes que había traído de Europa hacía ya cinco o veinte años, ¿quién lo hubiera podido decir?, parecía que siempre había vivido allí, formando parte de la pequeña sociedad del pueblo. Sus maneras y su arreglo, por estar pasados de moda, parecían más refinados y elegantes. Se comportó con una desenvoltura y un aplomo desusados en la maestra de piano que todos conocían. Les hizo sentir no solamente que eran de la misma clase, sino que ella era de una clase superior y tenía una autoridad especial. Conversó y sonrió con gusto, comió con parquedad y al llegar a los postres dijo claramente:

—Quiero que hagamos un brindis.

Todos fijaron sus ojos en ella y levantaron sus copas. Josefa se puso de pie.

—Brindo por Feliciano Larrea, que será, con la ayuda de ustedes, uno de los más grandes pianistas de nuestro tiempo.

El brindis quedó en el aire, y ante las copas que nadie se había llevado a los labios, Josefa continuó:

—Todo mi conocimiento de concertista, y un poco más, posee ya Feliciano. Sus facultades no se pueden medir. Es necesario que vaya a Viena y a París a perfeccionarse.

Y lentamente se llevó la copa a los labios y tomó un sorbo, en medio de la inmovilidad y el silencio de todos los comensales, unos segundos suspendidos en la espera. La respuesta llegó por boca de don Feliciano:

—¿Pero qué se ha creído usted?, ¿que puede venir y dar órdenes en mi casa? Feliciano irá a la fábrica, así se muera.

—¿Así se muera? —saltó doña Ana, la madre—. A Feliciano lo único que le importa para vivir es el piano, y si Josefa cree que allí está su futuro yo también lo creo. Él no se parece en nada a ti ni tiene por qué morir, sí, ¡morir! en tu maldita fábrica. Feliciano irá a Viena; de eso me encargo yo.

—Haz lo que quieras con tu… monigote. A mí no me sirve. Yo necesito hombres, como estos muchachos, que pronto serán mis hijos. Pero no esperes de mí ni un solo centavo.

Se hizo un silencio total. Por fin se escuchó el crujir del mantel y el arañar de la mesa, que hacía, con sus poderosas manos, Feliciano. El silencio era como un cilicio que los lastimaba a todos.

Doña Ana sonrió radiante, se levantó lentamente, alzó la barbilla y la copa, y se dirigió a Feliciano:

—Por ti, hijo, por tu carrera.

Luego se volvió hacia Josefa y también brindó:

—Por el gran pianista Feliciano Larrea.

Las dos mujeres sonrieron entre sueños y bebieron de su copa. Luego doña Ana, cuando posaba lentamente la suya sobre la mesa, fue diciendo con palabras claras y pausadas, mientras mantenía los ojos bajos:

—Tengo derecho a mi dote y a sus beneficios. Con eso será suficiente.

Don Feliciano tartamudeó:

—¿Una separación?

Ella posó su mano sobre el antebrazo de él:

—En los mejores términos.

Poniéndose de pie dio por terminada la cena, y, en vista de las circunstancias, la reunión.

Esa noche, insomne y con fiebre, Feliciano pudo oír la voz alta y colérica de su padre. Una frase se le quedó grabada con fuego en la mente: "No vas a dejarme por ese marica, por ese homosexual…"

No conocía la palabra, pero supo que ella sellaba su destino.

La doble boda fue un acontecimiento para todo el pueblo. Sabían que desde la gran perla al más insignificante encaje, todo estaría perfectamente calculado y en su sitio. Además, se habían extendido los más diferentes rumores acerca del rompimiento del matrimonio Larrea, y unos decían que, posiblemente, si iba el padre no asistiría la madre o a la inversa. Se tomaba partido por uno o por otro sin conocer bien el motivo de la ruptura; sabían que había sido por el hijo, pero no se comprendía la causa. Quería ser un gran pianista, y eso, ¿qué era? Nadie sabía explicar cómo era, cómo vivía, qué hacía, en fin, lo que era un gran pianista. Además, había curiosidad por ver al muchacho, pues nadie parecía conocerlo o recordarlo.

En la casa de los Larrea, de las modistas y de los amigos, se hacían toda clase de preparativos, desde las faldillas y las alhajas hasta el cuidado menú para el banquete.

Sólo Ana Larrea mantenía la calma sin dejar, sin embargo, de afinar todos los detalles.

Había mandado llamar, con meses de anticipación, a Josefa Unanue.

—Dígame qué se tocará y quién tocará el órgano el día de la boda. El organista de la Catedral no es bueno. ¿Podría usted reemplazarlo ese día?

Josefa se turbó intensamente. "Sí… se podrían tocar trozos de la *Gran misa*", y ella había tocado el órgano cuando estudiaba… pero hacía tanto de eso. Claro, claro, comprendía que Feliciano no podía hacerlo, no sólo por no estar familiarizado con el instrumento sino porque después de lo sucedido, exhibirse en público como ejecutante lastimaría a su padre… ella lo pensaría… pero, ¿quién, quién?…

—Pepe Rojas. Feliciano me ha contado todo lo que usted le ha dicho de la manera espléndida con que ejecuta ese instrumento. Chayito me platicó también sobre eso; me dijo que desde que llegó el órgano, hará de esto diez años, y Pepe puso las manos sobre el teclado, pareció que lo había tocado durante toda su vida.

—Lo sé, ya pensé en ello, pero Pepe no querrá: no sabe, le tiene miedo a la gente, tiene miedo de…

—Sí, también él… quiero decir que tampoco él hace una vida normal, pero detrás del inmenso órgano nadie lo verá y él podrá gozar de resonancias que nunca ha escuchado. Dígale eso, que no es lo mismo un órgano que otro y que la acústica de su sala no puede compararse con la de la Catedral. Dará un concierto espléndido sin que nadie lo vea. Que no lo sepa nadie, ni Feliciano; ya se lo diremos después.

Josefa se entusiasmó ante las razones de doña Ana y supo infundir su entusiasmo, muy hondo, en el espíritu de Pepe, quien trabajó de día y de noche sobre la partitura y ensayando sin tregua la *Gran misa* de Beethoven que serviría de marco a la ceremonia.

Con un traje cualquiera salió Feliciano sigilosamente de su casa el día de la boda. En su cuarto quedó colgado el jaqué que le habían mandado hacer.

La iglesia estaba casi desierta a las cinco de la mañana. Comenzaba a amanecer, pero en el interior aún era de noche y las velas iluminaban fantasmagóricamente las paredes y los nichos de la Catedral. Eran las misas de los pobres. A las doce del día, cuando el sol estuviera en el cenit y sonara la marcha nupcial, estarían encendidas todas las grandes arañas. Feliciano sonrió al pensarlo.

A seis misas asistió esa mañana, pegado a la capilla del Sagrario.

Vio cómo la gente besaba el suelo y sobaba las imágenes de los santos. En el oratorio de su madre, donde oficiaba el padre Benito, no sucedía nada de eso... El oratorio de su madre... cuando él era chico no existía, ahora recordó que al levantarse de las fiebres biliosas, temeroso sobre sus piernas inseguras y temblando de debilidad, lo primero que doña Ana lo hizo hacer fue ir a dar gracias a un lugar nuevo, construido al fondo del gran jardín. Eso fue cuando tenía diez u once años... ¿Ya su madre se avergonzaba de él? ¿Hasta para ejercer la religión? Y para sentirlo sano, durante su mal había ideado separarlo de los demás. Aún en su esperanza desconsolada pensó en eso. Un dolor agudo, como de hielo, lo traspasó. Sabía que su padre hubiera preferido que muriera en aquellas crisis, pero nunca había dudado del amor y del orgullo que creyó que su madre había sentido por él... Pero ahora ella lo dejaba todo, todo, por acompañarlo, por guiarlo, por servirle de enfermera y promotora... ¿No era muy extraño? Tal vez quería ver mundo, separarse de su marido y él no era más que un pretexto, un muñeco que se agita frente a la cara enemiga para humillarla más. Su madre humillaba a su padre prefiriéndolo a él. Eso era lo que sucedía.

Y Dios, ¿dónde estaba Dios que permitía tanta ignominia?, ¿cómo era ese Dios que a él le mostraban justo y placentero, para aquellos miserables que se humillaban en su presencia?, ¿qué hacía por ellos?, ¿qué hacía por él?

Los ritos y los cantos enfebrecieron aún más la mente de Feliciano y se sintió fuera de todo contacto humano o divino. Pecador sin pecado, vergüenza de todos sin haber hecho nada malo. Rodando como un ovillo se refugió a la sombra del Santísimo, e, invisible, dejó pasar las horas sumido en el más profundo desamparo. Fue peor que una larga noche de fiebre biliosa. Tal vez las peores horas de su vida: acosado por todos, torpe, indefenso; acusado e inocente, pero mil veces culpable de un pecado que todavía no había cometido. Que quizá no cometería nunca. Era simplemente culpable de ser el que era. Bañado en sudor frío comprendió que, hasta el día de su muerte, él sería la carga y la vergüenza de sí mismo.

No se dio cuenta de que la iglesia estaba sola, con las puertas cerradas, y el sacristán y los monaguillos barrían y trapeaban cuidadosa y apresuradamente todo el templo, jalando bancas y reclinatorios y volviéndolos a acomodar; no se dio cuenta hasta que un chiquillo, un mocoso, se le paró enfrente con ojos fieros y le gritó:

—¡Eh, tú!, ¿qué haces ahí?, ¿viniste a robar?

Estaba entumecido. No se podía mover, y no contestó. El otro, al ver sus ojos extraviados, le volvió la espalda murmurando no sabía qué cosas, pero estaba seguro de que eran acusaciones de sacrilegio. Más confuso y avergonzado comenzó a moverse, sin saber a dónde ir, porque temía que el chiquillo fuera a acusarlo y lo fueran a buscar.

Salió titubeante y se encontró con una iglesia transformada y que olía a rosas y jazmines. Los cirios y las flores eran blancas, blancas las cubiertas de los cuatro reclinatorios pegados al presbiterio, blancas las guirnaldas que había a los lados del ancho corredor central y que separaban al público de lo que sería el cortejo. Todo era paz y pureza, y se arrodilló conmovido. Vio acercarse al padre Benito, seguido del monaguillo que casi gritaba:

—¡Es él! ¡Es él!

El padre Benito se acercó y le dijo:

—Por tu actitud veo que todo ha quedado como tu querida madrecita deseaba. Ve y díselo. Que Dios te acompañe.

Feliciano farfulló cualquier cosa y caminó hacia la puerta principal como si estuviera abierta. Allí se quedó tras el cancel. Cinco eternos minutos después se asomó a una iglesia hermosamente vacía.

De pronto el silencio se hizo más sobrecogedor y luego un acorde perfecto, en si bemol, que bajaba del coro, lo obligó a sentarse en la última fila, inmóvil: arpegios, escalas, pequeñas variaciones sobre uno o dos acordes. Alguien probaba el órgano con suavidad, y un poder intenso doblegaba al monumental instrumento pasando de las partes de los arpegios a los acordes; manejaba los registros a su completo antojo, y luego, de pronto, el *Claro de luna* de Schubert, y sin tomar aliento la *Toccata y fuga en re, La Dórica* de Bach, pero no, no fue ése el final, siguieron Buxtehude y otros autores que no pudo identificar... la música caía sobre él como desde el cielo, dejándolo anonadado, sin pensamiento, sin imágenes ni recuerdos, pura y sencilla como el amanecer. Aunque hubiera pasajes áridos o dramáticos, la calidez del órgano llenaba todo aquello que pudiera parecer extraviado. Los *fortes* eran capaces de enloquecer, y los *pianissimos* de hacer de uno la cosa más humilde del mundo.

Feliciano no sabía quién era, dónde estaba. Con la cabeza entre las manos permaneció escuchando, una, dos, ¿o tres horas? De golpe calló el órgano. Feliciano levantó la cabeza, ¿qué era aquello?...

El sacristán abría las puertas laterales por las que ya entraba la luz madura del mediodía. Vio cómo la gente se precipitaba apenas abiertas a tomar buenos lugares. No comprendía tanta locura.

Se quedó sentado donde estaba, ordenando lo ocurrido aquella mañana. Era imposible que él fuera tan culpable. Era imposible que alguien a quien no conocía tocara el órgano de la manera en que lo hacía. Era la boda de sus hermanas. ¡Dios Santo! Tanto en tan poco tiempo. No eran aún las doce.

A codazos, a empellones, de prisa, de prisa, llegó hasta las gradas del presbiterio. Ahí se sentó, de cara al coro. "¿Cómo se escuchará desde aquí?"

El cortejo entró al son de la marcha nupcial de Mendelssohn y hubo un tropiezo en el órgano. "¡Por favor!": el cortejo siguió avanzando. Sus hermanas y su madre, en el esplendor de su belleza, tenían un notable parecido que, hasta entonces, para él había pasado inadvertido. Sus padres y sus cuñados, y los padres de los cuñados, todos pertenecían a una familia y a una clase social que no eran las suyas.

Cuando el obispo hubo terminado la ceremonia nupcial y subía las gradas hacia el altar, doña Ana reconoció a su hijo y le hizo una seña entre alegre y amenazadora con el abanico. Feliciano se sintió mejor.

Estaba sentado en el extremo de la grada, de perfil al altar donde se oficiaba. De pronto, al llegar al *Kirie* una música suavísima comenzó a elevarse. El desconocido tocaba algo que le era ajeno, produciendo en el órgano voces de tenor, de soprano, de coro, hasta de timbales. ¿Cómo podía hacer aquello? Y otra vez la dulzura y hasta el silencio, para terminar en un gran final que no parecía terminar nunca, un final que comenzaba y volvía a comenzar. *Kirie eleison* con voz apagada decían claramente las notas y otras, con gloria inusitada, ensordecían al volver a subir. A subir, a subir, hasta que el *Kirie* terminó.

No había coro, no había orquesta, pero en los oídos de Feliciano sonaban todos. El *Gloria*, magnífico, se sostenía con la misma fuerza y sensibilidad en los pianos y los fuertes; era un canto de entrega completa.

El *Credo* lo dejó confundido; rotundo en el enunciado, con fe enorme en lo postulado al principio, a ratos se hacía íntimo como si no hablara del Credo únicamente. Había en él algo más, tal vez eran delirantes comentarios del alma dolorida durante la pasión y la crucifixión. ¿Quizá una duda amorosa sobre la divinidad del crucificado? ¿Tal vez únicamente el pasmo por su hermosura? Y luego los silencios. ¿Qué significaban? La vuelta a la fe contundente y sin fisuras volvía... pero de nuevo el silencio y las voces en alto. ¿Inquiriendo?... ¿Asintiendo?... Una fe que se iba gestando en secreto, hasta estar segura antes de proclamarse a grandes voces. Pero aún así, al terminar el *Credo,* el creyente lo hacía en voz baja, apenas audible, hasta descender, desfalleciente, en un posible *amén* casi imperceptible.

Feliciano veía entre nubes el fastuoso rito religioso, sabido y ahora nuevo. Esta misa pontifical de sus hermanas era lo más maravilloso que había acontecido en su vida. Se volvió a mirar a su familia y allegados y los encontró inmóviles y bellísimos. Luego recorrió con los ojos al público de la catedral: sintió el calor, el fervor con que estaban viendo y escuchando. Una magia viva se cernía sobre todos y el mundo era hermoso

El *Sanctus,* comenzado apenas de una manera patética, se convertía incomprensiblemente en un coro de niños que jugaban a adorar al Señor, y luego se continuaba con una especie de cadenza indefinida, dulce y melancólica, para encontrarse con dos voces que no se sabe si imploran a solas o se hablan y se contestan, pero que de algún modo buscan lo mismo, hasta irlo musitando poco a poco con un preludio que van enriqueciendo. La hostia se eleva acompañada de un único violín y voces que quedamente son sus cómplices. La paz de los campos se extiende en la comunión, y millones de campesinos bendicen la gloria del Dios vivo.

Feliciano, de rodillas, apenas podía contener las lágrimas de felicidad que le producía estar en presencia del Señor.

Pero llegó el *Agnus* y con él el *Miserere,* tocado a dos voces, una aguda, como la de él y la otra de barítono, como la quisiera tener. La súplica de misericordia no era arrastrada y vil, como en otras composiciones sino de sincero dolor y arrepentimiento. Él tenía de qué dolerse, por qué pedir que se le quitara el pecado latente. Él sabía lo que era ser un *miserable,* por eso se sentía expresado en las frases largas en que hacía lento el momento: "que quitas todos los pecados del mundo, perdónanos Señor"... "El mío no puede quitarlo", quiso gritar.

Feliciano sintió que la indignación le subía a las mejillas y una rebelión interna, enorme, lo hizo ponerse de pie; blanco de ira se quitó como un manto la gloria de Dios y la tiró a los pies del altar.

No vio el sobresalto de su madre ni las miradas inquisitivas de invitados y curiosos. Atropellando a la multitud salió al aire libre. Un sol rudo, implacable, lo esperaba en la calle.

Cuando sonó la última nota de la *Marcha nupcial* de Wagner, con la iglesia semivacía, Pepe Rojas se dejó caer sobre los teclados del órgano y sollozó de felicidad. No había lágrimas en sus ojos, era su pecho que, como un fuelle, resoplaba y lo estremecía. Pasó un buen rato antes de que pudiera recobrarse. "Gracias, Dios mío", "Gracias, Dios mío", repetía sin cansancio su alma gozosa. Pero lo que pudo ser el principio de una brillante carrera para José Rojas lo aplastó sin miramientos don Feliciano Larrea durante el banquete que se daba a los novios en La Lonja.

Doña Rosarito no cabía en su pequeño cuerpo de gozo. Esperaba impaciente una felicitación, y al no recibirla inmediatamente pensó que lo procedente era esperar el momento en que don Feliciano se decidiera a dársela, seguramente en público, y ¿por qué no? a la hora de los brindis. Temblando de emoción vio pasar las horas y no pudo tragar bocado. Oía a su alrededor los muchos comentarios que se hacían sobre la música que se había tocado y todos se preguntaban quién habría podido ejecutar de esa manera, pues no se podía esperar aquella maravilla del organista oficial de la Catedral. Ella hubiera querido gritar: "¡Fue mi hijo!", pero su timidez le impidió abrir la boca, pues se imaginó ser una gallina clueca gritando por su pollito; además, la detuvo el orgullo: quería que, delante de todos, don Feliciano Larrea, desde su alto sitial, consagrara a su Pepe adorado.

Josefa Unanue esperaba lo mismo.

La hora de los brindis llegó y don Feliciano pronunció sendos discursos para las parejas. Se brindó por cada una de ellas, y ya al calor del champaña no faltó quien gritara: "Un brindis por el organista". Don Feliciano palideció un poco, pero se puso de pie y dijo:

—Nada más justo. Ese talentoso joven puso la nota más solemne que se dio en la ceremonia de la boda, después de la magnificencia que le otorgó su ilustrísima, don Leandro Rivera y Mercado. Brindemos por él —levantó la copa y se la llevó a los labios.

Pero otro impaciente volvió a gritar:

—¿Quién era?, díganos quién era.

Don Feliciano dejó parsimoniosamente la copa sobre la mesa. Se hizo un gran silencio.

—Es un gran organista extranjero que hice venir exclusivamente para estas bodas. No está presente porque, ustedes saben, los artistas son gente extraña que no convive con nosotros los plebeyos —y rió ligeramente.

Se levantó un mundo de comentarios. Don Feliciano parecía ausente, pensando ya en otra cosa.

Doña Ana se levantó vivamente de su silla y se enfrentó a su marido, roja de ira.

—Feliciano. ¿Cómo has sido capaz?…

—¿De no invitarlo al banquete?, de ninguna manera hubiera venido.

—No, no de eso, de no decir la verdad.

—He dicho toda la verdad, querida: un extraño tocó esta mañana para nosotros y recibirá su paga.

—¿Es ésta su paga?

—No. Será la adecuada. Y ahora haz el favor de calmarte y evitar un mayor ridículo. Aquí nuestros consuegros ya empiezan a preguntarse si han emparentado con una mujer medio loca —y riendo se volvió hacia sus más cercanos comensales.

—¿O no es así? Tanto escándalo por un machacador de teclas, por bueno que sea.

Los nuevos parientes rieron, forzados, y doña Ana se marchó al tocador para aplacar su ira.

Dolorosas lágrimas corrían por la cara de doña Rosarito, que las enjugaba con toda la discreción que le era posible. Chayo, la hija mayor, no se quería dejar vencer y dijo muy decidida: "Yo voy a decir la verdad". Pero doña Rosarito se lo impidió: "¿Lo vas a desmentir? Será tu palabra contra la de don Feliciano Larrea, y a tu hermano nadie lo conoce y sabes muy bien por qué, como lo saben todos los que están aquí. Únicamente haríamos el ridículo. Vámonos".

Josefa, que se había acercado, alcanzó a oír las razones de doña Rosarito y únicamente pudo agregar: "Yo me voy con ustedes".

Estas ausencias ni siquiera fueron notadas entre la algarabía de la fiesta.

Pepe, con todo y lo modesto que era, esperaba con ansiedad, ya en su casa, una señal, un parabién, y éste lo trajo un mozo en una charola de plata colmada de los platillos que a esa hora se servían en La Lonja. Aparte de eso venía una bolsita de terciopelo negro con una tarjeta que decía: "Para un muchacho de oro estas monedas que heredé de mis antepasados 'filibusteros'" y la gran firma de don Feliciano Larrea. Pepe abrió la bolsa con curiosidad y se encontró con diez bellos y relucientes doblones de oro. Lleno de contento leyó y releyó el recado: "un muchacho de oro"; nunca le habían dicho nada tan bonito, y viniendo de quien venía...

Comió y bebió contento "a la salud de los novios". Benditos novios que le habían traído tantas satisfacciones.

En una ciudad que tenía cuando mucho doce manzanas por treinta, contando los arrabales, todo quedaba tan cerca que, por ejemplo, entre los Rojas y los Larrea había cuadra y media de distancia; lo mismo sucedía con La Lonja. Así que, bajo el sol abrasador de las cuatro de la tarde, las Rojas y Josefa tuvieron que dar varias vueltas a la manzana para calmarse y que los enrojecidos ojos de doña Rosarito se aclararan un poco.

Cuando por fin llegaron a la casa, doña Rosarito llamó, en lugar de abrir con su llave: había que tomarse el mayor tiempo posible. Pero no hubo tiempo: Pepe estaba al acecho y abrió estrepitosamente, con los brazos extendidos. Levantó a su madre del piso de la acera y la metió en vilo a la casa:

—Lo hicimos madre, lo hicimos.

Doña Rosarito se colgó con los brazos de su cuello y comenzó a sollozar. Él la puso en el suelo y levantándole la barbilla le preguntó:

—¿Cree usted que el que todo haya salido bien es para llorar?

—No, hijo, no, es la emoción.

Las dos hermanas y la maestra cayeron sobre él abrazándolo y besándolo.

—¿Salió bien de veras, doña Josefa?

—Te salió magnífico, insuperable, sobre todo si tomamos en cuenta que nunca lo has oído tocar con orquesta.

—Bueno, pero con la partitura...

—Tocaste instrumentos que ni siquiera has visto.

—Sí, en sus ilustraciones —rió Pepe.

Fueron entrando a la casa hablando de las diferentes partes de la ejecución, y de la ejecución misma. Ya sentados, estuvieron largo rato hablando sólo de música, hasta que Chayito exclamó:

—¡Le gustó muchísimo a la gente! En La Lonja todos, todos hablaron de la música.

—¡Ah! ¿Sí? Pues yo les tengo una sorpresa. Viene de don Feliciano Larrea.

Las cuatro mujeres se quedaron pasmadas.

—Sí, me mandó la mitad del banquete y vino del mejor y… esto —dijo con gran satisfacción mostrándoles la bolsa y la tarjeta.

Las cuatro leyeron la tarjeta y los doblones rodaron por el suelo.

Al alegre tintineo del oro, siguió un silencio cenagoso, largo.

—¿Qué pasa? ¿Hay algo malo en esto? —preguntó Pepe, azorado.

—Él es el filibustero —le contestó Josefa con dureza.

—¿Por qué?

Doña Rosarito, entre lágrimas, le relató lo sucedido.

—¿Así que nadie sabe que fui yo?

—No, pero hay alguien que tiene que saberlo —dijo Josefa con decisión. Se despidió rápidamente y salió.

Feliciano estaba tirado, despatarrado, con las ropas en desorden, entregado a su crisis religiosa. La música que había escuchado era parte integrante de esta crisis. ¿Por qué ese *Credo* tan secreto? ¿Por qué ese *Miserere* tan doloroso? ¿O era que solamente para él habían sido así por su estado de ánimo anterior? Sí, había dudado de todo, hasta del amor de su madre, de su entrega a él que tanto lo había enorgullecido, que tanto aliento le había dado la noche de aquella cena. ¿Y Dios? Cada vez que su pensamiento lo tocaba era tocar en una llaga abierta, donde no cabían las interrogaciones, no por el momento al menos. Estaba destrozado, inerme, débil.

Las horas eran muy largas y muy cortas a la vez. Cuando le anunciaron que su maestra de piano preguntaba por él, sintió un gran descanso, hablaría con alguien y sabría algo que le importaba mucho: qué se había tocado y quién lo había hecho.

Josefa estaba tan agitada que no quiso lanzar su acusación a quemarropa y prefirió calmarse contestando pausadamente las preguntas que se le hacían.

—Fue la *Misa solemne* de Beethoven. Está escrita para voces, orquesta y coro. Lo que oíste fue una trascripción para órgano. Ya la escucharás alguna vez en todo su esplendor.

—Pero si la oí en todo su esplendor. Oí a la soprano, al tenor, al bajo, la orquesta, los coros, todo.

—Porque tienes muy buen oído y mucha imaginación musical.

—No, si no he escuchado nunca una orquesta, usted lo sabe. Y hoy la escuché. Nunca han venido por aquí cantantes, y hoy los oí. ¿De quién es la adaptación?

—Está hecha sobre una transcripción para órgano que yo tenía, pero ahora que veas las dos versiones, mirarás con claridad que entre la primera y la segunda hay un abismo: la armonía y…

—Sí, pero, ¿quién?, ¿quién?

—El mismo que tocó el instrumento.

—¿Quién fue?

—Pepe Rojas.

—¿Pepe?… Quiere usted decir… ¿que Pepe tocó esa maravilla y que él hizo la adaptación?

—Eso mismo.

—Pero cómo, sin haberlo oído nunca.

—Trabajando día y noche sobre la complicadísima partitura, simplificándola lo más posible para dar una idea remota de la grandeza de la *Gran misa*. Contamos con la complicidad del padre Benito, que nos permitió experimentar y experimentar en el gran órgano, que realmente nunca había sido usado en toda su capacidad.

—Pero Pepe… Pepe…

—Sí, es un maestro en el órgano ¡y de los grandes! Lástima que en este pueblo no sepan apreciarlo.

—Pero hoy la gente estaba embelesada con la música; yo lo vi.

—Sí, hoy pudo ser el día de la consagración de Pepe, pero tu padre lo impidió. Se avergonzó de él.

—¿Avergonzarse…?, ¿de qué?… ¡Ah, sí, de que es como yo!… ¿Pero cómo lo hizo?

Josefa no esperaba otra cosa que desahogar su ira. Relató punto por punto lo ocurrido aquel día. Después comentó con mayores detalles la dificultad de la empresa que ella y Pepe emprendieron con tan buenos resultados. Terminó entregándole la partitura original y la que Pepe y ella habían hecho.

—Estúdialas. Te será provechoso. Ahora, me voy.

—Aguarde un momento ¿Está usted segura de que mi padre obró de esa manera porque Pepe es… como yo?

—¿Qué otra razón puede haber? Si hubiera sido Manuelito Lizárraga o Pedrito Marcos, ¿no crees que los hubiera proclamado glorias de la ciudad? Creo incluso que, siendo el gran benefactor que pretende ser, hubiera anunciado que los becaría en el extranjero o algo así.

—Tiene usted razón… Pepe y yo no podemos ser glorias de nadie.

—Pero lo son y eso, ni tu padre ni nadie puede evitarlo.

—Pero a Pepe…

—Nadie puede quitarle el triunfo de hoy. Todos lo reconocieron como un gran organista aun bajo el disfraz de un extranjero. Y déjate de peros: Pepe triunfó; alguien que entiende lo sabe ahora: tú. Y era lo que él quería, que *alguien* lo reconociera. Adiós.

Feliciano volvió a su cama sintiéndose muy mal. Deliraba con reunir al pueblo y decir la verdad sobre Pepe Rojas. Quería matar a su padre delante de todos. Él mismo se sentaría al piano y tocaría febrilmente mientras agonizaba su padre. Pepe saldría entretanto a recibir la ovación del pueblo, en aquel templete imaginario en el que se impartía justicia…

Un carruaje se detuvo en la puerta de su casa y Feliciano supo que habían regresado. Tambaleándose pudo llegar al corredor y luego se paró, cerrando el paso, en el pasillo de entrada. En cuanto vio en el vano de la puerta la figura gigantesca comenzó a gritar:

—Padre, es usted un cerdo, un cerdo, un cochino cerdo…

En dos zancadas don Feliciano Larrea estuvo frente a su hijo. Levantó la mano y le dio una bofetada. Feliciano ni siquiera se tambaleó, cayó redondo a los pies de su padre, quien pasó por encima de su cuerpo sin detenerse a mirarlo.

II

Los preparativos para el viaje se aceleraron. No era cosa de esperar a que los dos Felicianos volvieran a verse las caras. Era necesario huir cuanto antes.

—A Pepe, mamá, ¿por qué no nos llevamos a Pepe? Se lo debemos.

—¿A Pepe?, ¿con nosotros?, ¿contigo?… Lo que dirían de mí. Ni a Pepe ni a nadie.

La soledad era lo único que quedaba.

Sólo con su madre viajó y estudió Feliciano durante años. Ella lo acompañaba incluso a las tertulias de los estudiantes de música y esto provocaba incomodidad y una cierta sospecha maliciosa entre los compañeros de generación de Feliciano.

Ni aun cuando Ferruccio Busoni desde su altísimo sitial lo proclamó gran concertista y lo lanzó a la fama y a los viajes, pudo Feliciano deshacerse de la custodia de su madre.

Viajó primero por Europa y después por el Oriente y Estados Unidos sin contar nunca con un verdadero amigo. Se olvidó de ello y ¿quizá? también del amor, condenado a la cadena que lo sujetaba frente al piano como único medio de expansión. Por eso llegó a ser el mejor pianista del mundo en su momento.

Esto le permitió ganar carretadas de dinero que como entraban salían, pues en su país había revolución y él era el único sostén de toda su familia.

Supo que su padre había muerto trágicamente al negarse a salir de su fábrica de hilados cuando fue incendiada. La fábrica se había desplomado sobre él, que furiosamente trataba de apagar las llamas con sus manos. Lo supo y no se conmovió, ni quiso orar junto a su madre por él: hacía tiempo que no rezaba.

También habían saqueado y quemado la tienda de los Rojas, pero el padre Benito le había dado a Pepe el puesto de organista oficial porque durante el tiroteo una bala alcanzó al maestro Manuel.

Feliciano, al saberlo, escribió a Josefa Unanue: "Es absolutamente necesario que Pepe toque la *Misa solemne* de Beethoven para que todos sepan quién es". A lo que Josefa contestó: "Querido, fuera de ti, nadie recuerda aquella *Misa* y, por otra parte, Pepe se niega a hacerlo porque la ilusión y el entusiasmo de aquella memorable vez han desaparecido. Ahora Pepe es un excelente organista y nada más. No podemos volver al pasado". "¿Se le respeta por lo menos?", repreguntó Feliciano. "Como organista sí, como persona sigue recibiendo el rechazo de todos."

Feliciano mandaba a Josefa los anuncios de sus conciertos que llevaban, a veces, su retrato, y una vez se le ocurrió pedir a su maestra una fotografía suya, y, si era posible, una de Pepe Rojas. Recibió como contestación una foto sobre telón pintado, donde aparecía Josefa sentada, ya muy vieja, y a su lado un hombre de frente amplia y grandes ojos, muy parecido al niño medroso que Feliciano recordaba. La dedicatoria era únicamente de Josefa, quien explicaba en la carta: "Pepe no ha podido firmar porque cualquier contacto entre ustedes sería un escándalo que te perjudicaría". Estaban a miles de kilómetros de distancia y Pepe temía al escándalo. En ese momento no lo comprendió.

Doña Ana estaba muy quebrantada de salud desde que supo que su marido había muerto, cómo había muerto, y que su familia apenas pensaba en la manera de reponerse de todo lo perdido, que era todo.

—Feliciano, voy a negociar una gira muy larga y muy satisfactoria para ti. Pero será la última. Yo no puedo más.

Feliciano asintió. Su madre estaba realmente muy mal. "Ahora podría liberarme de la tutela de mi madre, pero algo me lo impide, no sé qué es. Por favor no haga mención a esto cuando me conteste." Escribió a Josefa. Josefa no contestó: había muerto.

Anciana y muy enferma regresó doña Ana a la pequeña capital del estado. Tuvo la resistencia justa para llegar y morir. Antes de hacerlo llamó a Feliciano y lo hizo jurar que no volvería al mundo "tan lleno de peligros".

—Hijo… él no pudo con la vergüenza… se la quité… con el viaje… te quise y el pecado no… y no al pecado… en tu mundo el pecado… júrame que no te irás de aquí… ten compasión… lleno de peligros… ten compasión…

Ahora comprendía al fin la decisión de su madre de correr mundo acompañándolo: había sido por amor a su padre y nunca a él mismo. Si su padre se avergonzaba de él, su madre había hecho el sacrificio de dejar a su padre para quitarle la vergüenza de los ojos. Lo comprendió plenamente, y así juró.

En el pueblo todos se habían olvidado de Feliciano: su gloria, que daba vuelta al mundo, era desconocida por sus vecinos. Únicamente los Rojas y los Larrea sabían quién era o quién había sido.

Después de los funerales de su madre mandó acondicionar la que fuera capilla de doña Ana como un departamento completamente independiente de lo que ahora era la casa de su hermana Laura, y los chiquillos, sus sobrinos, pronto perdieron interés en su persona, callada y poco sonriente.

Se encerró en su departamento y no volvió a hacer sonar una nota, pero todo el día y parte de la noche se ocupaba de ejercitar los dedos en teclados sin piano, como un temeroso principiante. Por las noches, después de las doce, salía a caminar por las calles, sobre todo por aquellas que daban al río.

Nadie transitaba a esas horas, a no ser el sereno. No, Pepe Rojas, que tampoco salía de su casa más que para ir a la iglesia, paseaba a la misma hora. Los dos delincuentes tenían una misma costumbre y cuando se encontraban un "buenas noches" impersonal se cruzaba entre ellos. Parece ser que fueron las únicas palabras que se dijeron en sus vidas.

Pero cuando Pepe murió, Feliciano Larrea dejó también sus salidas de después de las doce.

# De amores

*Para Jorge de la Luz*

Los grandes amantes no tienen hijos. Ni Isolda la de las blancas manos, ni Isolda la de los rubios cabellos tuvo hijos de Tristán; Nefertiti no dio hijos a Akenatón. La pasión que lo llena todo no obedece a las leyes de la Naturaleza sino a las del Espíritu.

Raquel sin darse cuenta obedecía esta regla y a pesar de que Jacob la amaba todas las noches era estéril. En cambio Lía, la bizca usurpadora, concebía al más desganado contacto al que el deber religioso obligaba a su esposo. Pero Raquel veía crecer los rebaños de su marido, y a los rapazuelos de Lía aprender a mandar a los pastores y perderse buscando en las tierras alejadas el pasto para los ganados y venir, regocijados, a susurrar al oído del padre sus hallazgos. El padre sonreía y los acariciaba levemente.

Raquel fue infiel a su amor al sentir envidia, al renunciar a ser la Única Verdadera para poseer también el amor de Jacob como padre. Sembrar y cosechar como cualquiera, cuando su destino no era trabajar sino gozar. Y vendió por toda una noche el placer que sólo estaba reservado para ella, lo vendió a Lía por una cocción de mandrágora que la hiciera fructificar, y con un dolor insoportable dio a luz a ese que llegó a ser uno de los muchachos más bellos que la humanidad ha conocido nunca, y logró lo que quería: la obra perfecta, de la cual el padre se enamoró. Pero eso no llegó a verlo, porque al parir a Benjamín, al que consolidaría su triunfo, murió. El padre odió al inocente asesino y Raquel no alcanzó a ver el amor desmesurado de Jacob por José. Su victoria fue falsa: José se hizo egipcio y nadie tomó en cuenta a la tribu de Benjamín. En cambio, los hijos de Lía, a pesar de sus pecados, son reyes y sacerdotes de la innumerable descendencia que Yavé prometió a Jacob. Pero éste murió desolado. El Espíritu había tomado venganza.

Historias viejas y sabias consejas literarias: Teodoro, joven poeta, las sabía y sonreía satisfecho porque él y Miriam eran amantes perfectos desde adolescentes y la gente se sorprendía de que aquella pasión durara años y años sin disminuir.

Miriam era hermosa como el sol, no usaba adorno alguno y a pesar de eso, su cuerpo esbelto, su larga cabellera, sus ojos y su altivez suspendían el trajín de las calles y las palabras. Sin embargo, ella trabajaba, en labores delicadas, para los hogares ricos. La casa de un poeta es el lujo y la pobreza.

Lujo aquel de reunirse todas las noches, en casa de Teodoro, sus amigos, sin que faltaran dátiles, aceitunas y oloroso vino fuerte. Leía uno, leía otro, cambiaban de mano los poemas, se reía, se discutía, se callaba. Entonces Miriam tomaba el salterio y su música entraba en las almas de todos. Cantaba los poemas de Teodoro con tal delicadeza y comprensión de sentimientos que letra y música eran una sola cosa. No opinaba cuando discutían los hombres, pero daba su juicio con su cítara y su voz a los mejores poemas de los amigos.

Luego, en la cama enredaba sus rizos en las facciones de Teodoro y quedo, muy quedo, recordaba con su voz musical los poemas que él había compuesto hacía tanto, casi los había olvidado; revivían y corrían por la sangre del joven como hermosamente ajenos. Teodoro la hacía callar con su boca y la apretaba contra sí sabiendo que en ella estaba todo él y más aún: lo que resplandecía de los cantares antiguos, de otras edades y otros países, los paisajes ajenos y —sobre todo— ella, que era un enigma que a veces lo desconcertaba. Buscaba desesperadamente en su cuerpo el secreto, pero nunca encontró, ni haciéndola gozar hasta el grito, la clave de su perfección.

Cuando Miriam lo veía observarla hacer con un ritmo sin quebradura los quehaceres de la casa, lo miraba oblicuamente y sonreía con malicia sin despegar los labios.

Pero cometió el pecado de Raquel: le pidió un hijo. Él se ensombreció. No podía explicarle que era solamente el Espíritu el que lo impedía. Ella suplicó prometiendo que el niño sería tan feliz que no lloraría, que dormiría con los poemas, las palabras y la música, que todo seguiría igual. No comprendió que la Naturaleza entraría rompiendo el Absoluto. Él se encerró en sí mismo y sufrió tanto que sus carnes se enjutaron y la poesía lo abandonó como un hilacho, y no tuvo sed, ni deseo, ni sueño, ni amigos: ella no había comprendido. Entonces, sin decir una palabra, se marchó.

Caminó el desierto con los pies desnudos sobre la arena ardiente, hecha jirones su vestidura y sin encontrar el horizonte en el desierto. Se perdió a sí mismo y no encontró reposo.

Hasta que un día, casi muerto, sin poder abrir los ojos, supo que su cabeza estaba en el regazo de una mujer. Se quedó inconsciente y cuando, pasado algún tiempo, pudo moverse en un lecho, un dolor enorme llenó su ser, pero no pudo recordar nada.

Agradecido, vivió con aquella mujer sin rostro. Ella parió hijos que Teodoro apenas miraba. Lía, nombre lastimoso.

Abandonó a la que le salvó la vida sin darse cuenta. Quizá hubo alguna otra semejante. Lo que es seguro es que fueron numerosas las que por amor sirvieron sus alimentos y compartieron su lecho y él no supo cómo se llamaban, no podía recordarlo ni para nombrarlas.

Pero nada de eso le importaba, ni su trabajo concienzudo que ejecutaba como un autómata en los campos ajenos.

Hasta que un día, al cortar un racimo de uvas el sol se reflejó, como una centella, en una, una sola de las que formaban el racimo. El Espíritu volvió y él supo reconocerlo.

Pasados los años fue el gran poeta de su tiempo. Los jóvenes venían a él para aprender todas las formas, los ritmos, los secretos de la técnica. Pero cuando bebían oloroso vino y comían aceitunas negras sólo recitaban sus versos de juventud y él cerraba los ojos y oía la cítara y la voz cantando. Aunque se negara a admitirlo, aquellos poemas eran sus obras maestras y los insuflaba un dios como Athón, un hijo como José, una muerte por amor.

Ya viejo, se sienta en una roca con los versos que fue escribiendo desde su resurrección, cobijado por el Espíritu, hasta conseguirlos perfectos, estruja las hojas escritas por su mano y las arroja al mar. Ninguno de ellos era el poema de la Naturaleza y el Espíritu. En el fondo nunca pudo domar en su alma a la Naturaleza, aunque la negara, y ahora estaba absolutamente solo, porque los que comprendieron, por el relato de Miriam, la causa de su desdicha, y lloraron hasta agotar sus lágrimas y desgarrarse el pecho, ya no podrían llorar ahora su doble final porque están todos muertos.

# Sahara

—¿Sigues a mitad del Sahara, mujer?

—No lo sé, quizá tengas razón, allí no debe de haber oasis. Hace mucho, años, que no encuentro ninguno.

—¿Por qué no quieres contar tu historia?

—Deja que me ponga de pie y mírame: hasta los harapos que me cubren la cabeza se niegan a mostrarte mi faz. Deja que siga de rodillas o reptando por la arena. Es más cómodo para todos.

—¿Quiénes son todos?

—Como siempre, exagero. En realidad son los que nacieron antes que yo y los que nacieron conmigo. Aunque si tú vieras a los unos y a los otros, no lo creerías. Hasta los mayores son más jóvenes que yo.

—¿Conociste el amor?

—Sí. Pero de eso no te diré nada. Me quedaría sin palabras para hablarme a mí misma.

—¿Tienes casa?

—No, mi heredad me la arrebataron para dejar, después, que se perdiera tontamente.

—¿Y por qué te hicieron eso?

—Lo ignoro. Son del todo diferentes a mí. Te pondré un ejemplo: cuando yo vivía en la ciudad, tenía una pequeña casa que mantenía con mi trabajo de bordar túnicas en oro. Enfermé, y como ya estaba repudiada por Hester el Hassan, fui con ellos, a su casa de la aldea para curarme. Estaba realmente muy enferma del cuerpo, y del alma, pero por ese entonces mi bella hermana Asar quiso casarse en la ciudad. Sin pedírmelo, en la ciudad asaltaron mi hogar e hicieron allí la fiesta de bodas. No sólo eso, Asar, que era, de entre mis parientes, la que mejor conocía la manera bestial e inhumana en que Hester el Hassan me trató, lo invitó para que firmara por ella ante el escriba. Yo creo que lo hizo azuzada por su joven marido, que ansiaba llegar a ser, lo más pronto posible, un próspero comerciante y deseaba emparentar con los que ya lo eran. Pero Asar no debió aceptarlo, sobre todo, no en mi propia casa. Hastel-Abir, que me contó todo esto, se salió de la boda y escupió en la puerta.

—¿Y tu madre?

—Mi madre dijo: "Después de todo, a mí, Hester el Hassan nunca me ofendió".

—¿Y tus otros hermanos?

—Supongo que ni piensan en mí. No, hubo una que sí, que durante las bodas me acusó frente a todos de un error que en realidad cometió ella. ¿Sabes lo que hizo para que no hubiera explicaciones? A su regreso a la aldea se mostró excesivamente altiva, dejó de hablarme. Nadie se lo reprochó ni aludió al asunto aquel, a pesar de que ella me ofendió seriamente. Todos le tienen miedo. Yo no, yo solamente no la perdonaré.

—¿Curaste de tus males?

—Sí. Mas no puedes ver mis horribles cicatrices bajo tanto trapo, pero cuando las llagas estaban abiertas, entonces, allá, una parienta lejana me llevó a ver a un médico de otra aldea y él me dio un bebedizo que me aliviaba muchísimo y me permitía dormir un poco, él me advirtió que al despertar debía tomar algún alimento antes de levantarme, porque si no, perdería el equilibrio. Mi madre velaba mi despertar, me gritaba hasta que yo trataba de levantarme y cuando yo estaba tirada en el suelo, me llenaba de las peores injurias. Recuerdo sus hermosos pies, a la altura de mis ojos, que se movían nerviosamente, y mi cuerpo se encoge aún ante el temor de que me pateara.

—Y tú, ¿por qué soportabas todo eso?

—Estaba enferma, no tenía adónde ir, y allí mis hijos crecían sanos. Hasta que una noche, mi hermano mayor me explicó mesuradamente que las cosas en relación a mí no podrían seguir como hasta ese día, así que me mandarían al leprosario de una ciudad lejana. Entonces dije que al día siguiente partiría.

Fue digno de verse; a la mañana siguiente se evitó cualquier señal de vida en las tiendas, y en todo el clan no hubo quién entreabriera una cortina para desear suerte o decir adiós.

Salimos mis hijos, mis sirvientes y yo, con nuestras pocas pertenencias en un silencio total.

—¿No has estado diciendo y repitiendo que no quieres hablar de tu vida?

—No he hablado de mi vida, he hablado de ellos, de algunos, no de todos, como dije erróneamente al principio. Te he contado pasajes familiares que puedes repetir porque le suceden a cualquiera. Ahora no me molestes más. Debo seguir buscando.

—¿Y qué buscas en el desierto?

—No se pregunta lo que se sabe: pego las orejas a las dunas buscando el latido de los corazones de mis hijos.

# Sombra entre sombras

*Para Conchita Torre*

Antes de conocer a Samuel era una mujer inocente, pero ¿pura? No lo sé. He pensado muchas veces en ello. Quizá de haberlo sido nunca hubiera brotado en mí esta pasión insensata por Samuel, que sólo ha de morir cuando yo muera. También podría ser que por esa pasión, precisamente, me haya purificado. Si él vino y despertó al demonio que todos llevamos dentro, no es culpa suya.

Desde la ventana rota de uno de los cuartos de servicio, que hace tanto que nadie habita, miro pasar a un pueblo que no conozco. Ignoro quiénes son nuevos aquí, y las facciones de los niños con que jugaba se han vuelto duras y viejas y tampoco puedo reconstruirlas. Pero ellos sí saben quién soy y por eso me tratan como lo hacen si intento salir aunque sea a comprar una cebolla, para oler a calle, a aire. Aquí todo está cerrado y enrejado, ¡como si aún se guardaran los tesoros que alguna vez esta casa encerró! Entre ellos, yo.

Ermilo Paredes tenía cuarenta y siete años cuando yo cumplí los quince. Entonces comenzó a cortejarme pero, como era natural, a quien cortejó fue a mi madre.

A base de halagos, días de campo de una esplendidez regia, de regalos de granos, frutas, carnes, embutidos y hasta una alhaja valiosa por el día de su cumpleaños, fue minando la resistencia de mi madre para que me casara con él. Tenía fama de sátiro y depravado.

—No, doña Asunción, no crea usted en chismes amamantados por la envidia. Yo trataré a su hija como a una princesa y seguirá siendo pura y casta, exactamente igual que ahora. Pero en otro ambiente social y moral, se entiende. He corrido mundo, pero sé aquilatar la limpieza de alma, y respetarla. ¿Y por qué he escogido a Laura? Por sus dotes y su belleza notable, sin duda, pero también por ser hija de una mujer tan virtuosa que no ha podido darle sino

315

magníficos ejemplos. Usted lo verá, yo no mancharé a su hija ni con un mal pensamiento.

Mi madre vacilaba entre el consejo de las vecinas y la necesidad de poder y riqueza que sentía en ella misma. Cuando me habló de si quería o no casarme con él, a mí lo mismo me daba, pero al describirme el vestido de novia, la nueva casa que tendría y el gran número de sirvientes que en ella había, pensé en la repugnancia que yo tenía hacia los quehaceres domésticos, y en la posibilidad de unirme después a un pobretón como nosotras, llena de hijos, de platos sucios y de ropa para lavar, y decidí casarme. Ermilo no me importaba, ni para bien ni para mal. Era un asiduo amigo de mamá. Y por eso debía de ser un buen hombre.

Mi anillo de compromiso causó sensación entre mis amigas.

"Déselo usted, a mí me daría miedo asustarla con un contacto y un presente que la turbarían." Oí desde la cocina cómo Ermilo se lo decía a mamá. "Cásate, cásate." "No te imaginas la cantidad de vestidos que te comprarías con este solo regalo", "y el tipo no es feo; viejo, pero no feo", "y es tan fino". "Mira nada más el detalle de no dártelo él personalmente por no tocarte."

Todo favorecía mi noviazgo menos las visitas tediosas de Ermilo que hablaba con mamá de cosechas, viejas historias, parentescos, y sobre todo, de sus propiedades y su bien provisto almacén. Mamá estaba al día de todas las novedades y los precios que en él había, aunque no necesitaba pisarlo para nada porque todas las mañanas recibía una gran canasta con todo lo que podía desear.

El revuelo de sedas y organdíes, linos y muselinas, lanas, terciopelos, me enloquecía; probarme ropa; mirarme al espejo; abrir cajas que venían de París me volvía loca, y pensaba y me regodeaba en esas cosas y en comer bombones mientras Ermilo y mamá charlaban.

Yo quería que mamá se viniera a vivir con nosotros pero ella, sonriendo con coquetería, dijo el famoso dicho de "el casado casa quiere" y la cara de Ermilo se quedó seria, como si no hubiera escuchado nada. Fue lo único que pedí y me fue negado.

Mi vestido de novia fue el más elegante que se había visto en el pueblo. La ceremonia, solemnísima, la ofició el propio Señor Obispo. Luego hubo un banquete regio en el parque que estaba detrás de la casa, lleno de abetos y de abedules. En el jardín de enfrente se sirvió comida y se dio limosna a los pobres para que rezaran por nuestra felicidad.

A medida que caía la tarde mi madre y Ermilo se ponían cada vez más nerviosos. Yo no entendía por qué. Quizá porque terminaba aquel día de agitación con la marcha de los invitados.

Mi madre me arrastró tras unos arbustos.

—¿Tienes miedo? —me preguntó.

—¿Miedo de qué?

Pareció muy turbada. Al fin dijo: —De quedarte a solas con Ermilo.

—¿Por qué? Él llevará la conversación y yo lo seguiré.

—Aunque no sea conversación, tú síguelo —el tono de voz de mi madre era medroso, y de pronto me apretó contra su pecho y comenzó a sollozar—. Yo debí hablarte antes… pero no pude… Esta noche pasarán cosas misteriosas y tendrás que ser valiente —mi madre siguió sollozando un breve rato, luego compuso su rostro y se despidió de Ermilo. Fue la última en salir.

Aquellas frases entrecortadas de mi madre no me dieron miedo sino curiosidad, y una llamita de esperanza nació en mí: si había algo misterioso en aquella casa, mi relación con Ermilo sería menos aburrida.

Por la noche, a la hora de dormir, Ermilo me preguntó que si sabía que debíamos dormir juntos. No, no lo sabía. Entonces me tomó de la mano, y con la suya y la mía en alto, como para danzar, subimos las escaleras al piso superior. —Nadie duerme en esta ala de la casa más que nosotros —dijo, y abrió una gran puerta. Ni en mis sueños más locos había imaginado yo una alcoba tan enorme, tan rica, llena de muebles y pesadas cortinas. El lecho era muy amplio y el rico cubrecama estaba recogido a los pies.

—Éste es tu cuarto. El mío está enseguida —dijo. Instintivamente me senté en la cama para probar el colchón: era de pluma de ganso y el baldaquín hacía sombras chinescas a la luz de las velas mientras yo brincaba, ya sin zapatos, sobre ella.

—¡No hagas eso! —me gritó Ermilo con una voz de trueno que no le conocía. Me quedé petrificada. Bajé humildemente hasta la alfombra, y esperé con mi vestido de novia nuevas órdenes.

—Ahora vas a ir a tu camarín, que está a la derecha y te desnudarás. Cuando estés desnuda te tiendes sobre la cama y me esperas. Pero no te tardes.

¡Desnuda! Sí que mi madre debió de hablar antes conmigo. Llena de vergüenza me quité las alhajas y me desembaracé del vestido con sus mil brochecillos. Cuando no tuve nada encima pateé la ropa que tenía a mis pies. Pero mi rabia se apaciguó ante el miedo de lo que podía suceder. De lo que sucedería quisiéralo yo o no.

Con los ojos bajos salí del camarín. Me tendí en la cama como se me había ordenado y fingiendo dormir, me quedé inmóvil, con la espalda pegada sobre aquel colchón que tanto me había ilusionado. No pude resistir aquello y me tapé hasta el pelo con una sábana. Apreté los párpados.

No tuve que esperar. La sábana fue bajando muy lentamente y sentí que por mis cabellos, por mi cara, capullos frescos y olorosos me iban cubriendo: eran azahares. La sábana siguió bajando hasta que todo mi cuerpo estuvo cubierto con aquellas flores, una embriaguez dulcísima se extendió por todos mis miembros. Ermilo comenzó a besar las flores, una por una, y yo no sentí sus labios sobre mi piel. Cubierta de frescura y perfume lo dejé que besara una a una las abiertas flores del limonero y, como ellas, me abrí. Sentí algo que acariciaba mis entrañas con una ternura y un dulce cuidado como el que había en acariciar con los labios los azahares. No hubo abrazos ni besos, ni sentí apenas el roce de su cuerpo sobre el mío. Diría más bien que una sombra me había poseído, muy para mi placer, únicamente para mi deleite. Después de mi gustoso y lento espasmo me quedé dormida entre mis flores, y nadie interrumpió mi sueño.

Desperté perezosamente, bien cubierta y al olor moribundo de las hijas de los limones reales. De cera, de seda, eran aquellos capullos abiertos como yo, en plena juventud.

Ermilo asomó la cabeza por la puerta, como debía haberlo hecho muchas veces aquella mañana, pues el sol ya estaba alto, y yo lo llamé con una voz profunda, nueva.

—Ermilo, qué feliz soy. Pero quítame ya estas flores, me hacen sentir ahora como una amortajada.

—Amortajada estás ahora —me respondió, y buscó mi boca con ansia, pero yo me esquivé: ni él, ni nadie me había besado nunca. Trató de echarse sobre mí, pero un asco feroz me hizo incorporarme en arcadas repetidas, hasta que me soltó.

—Poco a poco —dijo—. Ponte una bata, que voy a ordenar tu desayuno.

Mi madre debía llevar horas espiando, porque apenas había salido Ermilo, llamó a la campanilla con un furor urgente. La oí subir a trompicones la escalera, y cuando calculé que su cara de luna iba a aparecer entreabriendo la puerta, eché ostensiblemente el cerrojo. Seguramente se quedó pasmada, pero como era culpable no se atrevió a dar de golpes a la puerta como hubiera hecho en otra ocasión.

Yo me pasé parsimoniosamente a lo que desde ese día era mi cuartito de estar, contiguo a la alcoba, cerré con cuidado la puerta de comunicación que había entre ambos, y abrí la que daba al pasillo. Mi madre permanecía aún en donde la había dejado con un palmo de narices. Luego me vio y se precipitó prácticamente sobre mí.

—¿Qué pasó?

—Quiso besarme pero yo no se lo permití.

—¿Que no se lo permitiste? Entonces…

—Aquí está el desayuno, madre, ¿quiere tomarlo conmigo?

—Sí, claro, pero anoche…

—Muerda usted un *croissant,* están calientes y deliciosos.

—Pero hija…

—Discúlpeme pero tengo mucho quehacer.

—¿Quehacer?

—Bañarme y arreglarme. ¿Le parece a usted poco? Ya es muy tarde. Ahora *debo* parecer una señora, ¿o no es así?

Un rencor negro hacía que quisiera que mi madre se fuera lo más pronto posible, ni sabía bien por qué.

Eloísa me estaba esperando con un deleitoso baño tibio.

Tardé mucho tiempo en decidir el vestido y las alhajas que me pondría. Eloísa me peinó de un modo completamente nuevo: liso al frente con montones de bucles en la parte de atrás. El vestido me tapaba los zapatos y eso me estorbaba, pues estaba acostumbrada a usar falda hasta el tobillo, sobre las medias blancas y los zapatos sin tacón: ahora *tenía* que usarlos.

—La señora está preciosa, preciosa —exclamó Eloísa juntando las manos.

—Gracias a ti, Eloísa. Pero no sé qué hacer con la falda y los zapatos.

—Tómeme de la mano y demos vueltas por el cuarto; así se irá acostumbrando poco a poco.

Nos reímos bastante de mis tropiezos y presunciones de gallardía. Y me ayudó a bajar a un luminoso salón de la planta inferior cuando me anunciaron que Lidia y Ester me buscaban. Yo no quería otra cosa que lucir mis nuevas galas, ¿mejores? No, tenía una gama muy completa de ropa para decir que aquella era la mejor: apenas un vestido de diario.

Me vieron entrar con la ayuda de Eloísa y las dos se quedaron con la boca abierta, pero cuando Eloísa se marchó y quise acercarme a ellas, caí redonda sobre la alfombra. Las tres rompimos en carcajadas, y volvimos a ser las amigas de siempre.

Todo se nos fue en comentar el suceso del día anterior: que si fulanita, que si zutanito y ¡ah! los sorbetes y el pastel… Todavía los rememorábamos con gula cuando discretamente llamaron a la puerta. Le pedí a Ester que abriera: no sabía cómo levantarme con mi nueva indumentaria. Era Simón, el mayordomo, que preguntaba si no queríamos tomar un refrigerio. Le dije lentamente que "por supuesto". Momentos después entraron el propio Simón y dos criadas trayendo refrescos y toda clase de golosinas. Mientras nos servían di mi primera orden de ama de casa.

—Simón, que nunca falten estas cosas en este lugar.

—Como mande la señora.

—Y para mañana quiero sorbetes como los de ayer.

—Así se hará.

En cuanto salieron, mis dos amigas se tiraron al suelo, riendo a carcajadas: "Qué bien lo hiciste"… "Estuviste espléndida."

Cuando el barullo pasó, nos dedicamos a saborear aquellas delicias: nueces confitadas, pastelitos de todas clases, pastas, bombones, caramelos, en fin, todo lo que se le ocurriera a uno pedir, o imaginar porque, por ejemplo, los dátiles no los conocíamos. Comimos y charlamos hasta reventar. Luego Lidia y Ester se fueron rápidamente por temor de que llegara Ermilo y nos encontrara en aquella orgía.

Sentada en el vestíbulo esperé la llegada de Ermilo: no sabía qué hacer.

Cuando llegó, no pareció sorprenderse por mi cambio. Me besó en la mejilla y me dijo quedo: "Qué hermosa eres, niña mía".

Ordenó que no nos sirvieran la comida en el gran comedor, sino en un pequeño salón de mesa redonda. Como no queriendo ayudarme, me tomó del brazo y me sostuvo hasta dejarme sentada en el silloncito. Al presentarme los platillos los rechacé uno a uno y cuando él insistió en que comiera algo dije secamente: "No tengo apetito". No insistió. Había un silencio embarazoso.

Mientras tomaba el café, me miró fijamente y preguntó.

—¿Qué le dijiste a tu madre?

—Nada absolutamente.

—Pues resulta que llegó al almacén descompuesta, llorosa, como si fuera a pedirme perdón por algo. Pero o no se supo expresar o yo no pude comprender. Nunca la había visto así. Lo único que entendí fue que estuvo aquí y te encontró muy extraña. ¿Extraña en qué sentido?

—Bueno, me he casado y he dejado de ser la hija de mamá.

—Eso está bien, aunque debes de ser indulgente con ella, mimarla.

—¿No lo haces tú ya, por mí? —lo vi turbarse. Al fin, volviendo a su serenidad dura me dijo:

—Vamos a la biblioteca. Hay cosas que tienes que hacer.

La biblioteca era enorme y estaba detrás del despacho de Ermilo.

—¿Ves todos estos libros? No los tienes que leer todos, pero sí una buena parte. Empezarás por pasajes de historia que puedas asimilar fácilmente. Hoy, por ejemplo, te vas a sentar y leerás todo lo relacionado con Enrique VIII de Inglaterra y sus esposas. Puedes tirar del cordón si deseas alguna cosa. Pero no te levantarás hasta haber terminado. Yo estaré haciendo cuentas en el despacho por si quieres preguntarme algo. Las palabras que no conozcas las puedes buscar en estos tomos, que son diccionarios. Pero ya te dije, si no comprendes algo, ve y pregúntamelo.

Juré no hacerlo. En cuanto a aquella prisión tan fieramente guardada, me sentí muy ofendida y, sobre todo, humillada. Consuelo y Ana me habían ofrecido visita esa tarde y se lo dije; me contestó secamente "Con decirles: la señora está ocupada, no puede recibirlas pero ella misma les mandará recado para que vengan a acompañarla otro día, asunto arreglado: se lo advertiré a Simón".

Casi destrocé el enorme globo terráqueo a patadas. Ermilo debió escuchar el estruendo de los libros al caer, pero puso oídos de mercader.

Al fin, agotada, me quité los zapatos y me puse a leer los amores de Enrique VIII. Debo confesar que la lectura me iba gustando. Al finalizar la tarde entró un criado con un candelabro que puso a mi lado, junto con un refresco. Todavía pasaron horas antes de que Ermilo abriera la puerta y me preguntara.

—¿Terminaste?

—Sí.

—Pues entonces ya podemos cenar.

Esta vez cenamos en el gran comedor sin pronunciar palabra. Esa noche, después de cepillarme el pelo, en lugar de ponerme el camisón para dormir,

Eloísa comenzó a vestirme y peinarme de una manera estrafalaria, como si fuera a ir a un baile de máscaras:

—¿Qué significa esto, Eloísa?

—Son órdenes del señor —contestó muy seria. Luego me llevó a la gran alcoba y me dejó sola.

Pasaron minutos largos, muy largos, hasta que Ermilo, con su gran panza, apareció vestido y coronado como rey; lo reconocí por un grabado que había visto esa tarde: era Enrique VIII. Lo recibí con una carcajada larga y alegre.

—¡Qué buena idea! Yo nunca fui a un baile de máscaras.

—¡Silencio, esto es serio!

—Vamos a ver si aprendiste la lección de esta tarde: tú eres Ana Bolena —y comenzó a recitarme palabras y versos de amor mientras me perseguía por la habitación con los brazos tendidos hacia mí.

—Ya hemos llegado al acto de amor. Hagámoslo, querida mía. Será placentero para ti y para mí, puesto que estamos enamorados. Después seguiremos con la historia.

Cuando se acercó más a mí, le tiré con un tibor chino que encontré a mano. El tibor se rompió sobre su cabeza y rodó la corona. Comenzó a sangrar por la frente. Me asusté.

—Adúltera, relapsa, hereje. Estás condenada a muerte —y sacó de entre sus ropas un verduguillo que vi resplandecer a la luz de las velas pero la sangre le cubrió los ojos. Pude llegar a la puerta: estaba cerrada con llave. Se limpió la cara con una sábana, y haciendo una tira con ella se envolvió la frente.

—Esto sí me lo pagarás con sangre —gritó. Yo me quedé petrificada. Me alcanzó con una mano, pero rasgando el vestido pude zafarme, y así seguimos, él tratando de asirme con sus manos, con sus uñas, y yo huyendo, siempre huyendo. Hasta que me atrapó frente a la chimenea. Ambos estábamos jadeantes y nos quedamos mirando con odio. Luego me cogió fuertemente por el cuello y me obligó a ponerme de rodillas—. Aquí morirás —y para hacer mayor mi miedo, con el filo del verduguillo cortó todas las ropas por mi espalda y lo hundió en mi carne.

Se estremeció. Me levantó con sumo cuidado del suelo y me dijo: "¿Pero qué iba a hacer? Debo de estar loco, ángel mío". Me apretó contra él. Yo jadeaba. Me fue calmando con sus manos sobre mi cuerpo semidesnudo. Luego comenzó a acariciarme y de pronto me sujetó por la trenza y me besó: metió su enorme lengua en mi boca y su saliva espesa me inundó. Sentí un asco mayor que el miedo a la muerte y desasiéndome como pude escupí su saliva espesa.

—Prefiero morir ahora mismo a que me vuelvas a besar con la boca abierta.

Contra lo que esperaba, se separó de mí, avergonzado y dijo quedamente: "No volverá a suceder. Pero tú, tú… ¿qué te he hecho esta noche?" Se puso de rodillas y terminó de quitarme los harapos que colgaban de mi cuerpo. Me tomó en brazos y me llevó al gran lecho salpicado con su sangre. Me tocaba apenas con la yema de los dedos y musitaba incansablemente "mi belleza, mi belleza, mi belleza…" hasta que me quedé dormida.

—¡Dios mío! ¡Pero qué es esto! —exclamó Eloísa al verme sobre la cama ensangrentada.

—No pasa nada, nada —le aseguré.

—¿Nada? ¿Y el médico que mandó traer el señor en la madrugada? ¿Nada y usted golpeada, llena de arañazos y con esa herida que le corre por la espalda?

—Con un buen baño se arreglará todo.

—¿Un baño?

—Sí, estoy molida, pegajosa. No quiero más que un baño, querida Eloísa. Y tú me lo vas a dar en este instante.

—Como mande la señora.

Se fue refunfuñando y yo traté de incorporarme. ¡Ay qué dolores!

No sentía ni huesos ni pedazo de piel sanos. Un pie pisado, las rodillas y los codos sangrantes, arañazos por todo el cuerpo y mi cara. Entonces sí me levanté rápidamente a alcanzar un espejo: mi cara estaba arañada y golpeada. Mi palidez no era de ira, era de sufrimiento.

Cuando me metí en la tina tibia, sentí un gran alivio, y después, cuando Eloísa puso árnica en mis moretones y un magnífico ungüento en mis heridas, me sentí mucho mejor.

—El doctor está esperando en la salita.

—Y me verá desnuda, no, mil veces no.

—Pero, señora, él espera enviado por el señor, la herida es de cuidado…

—Eloísa, que no entre nadie, nadie. Solamente tú tráeme las comidas. Di que tengo una enfermedad contagiosa y que el doctor ha prohibido las visitas.

¡Ah! Y cuando vengan Lidia y Ester que las hagan pasar al salón de juegos y les sirvan sorbetes. A mí también me traes.

—Sí, señora —y al verme macilenta, tirada en el diván, puso una cara muy triste y se fue para no estorbarme.

No terminé de desayunar, porque en mi habitación de estar mi madre estallaba como una bala de cañón.

—¿Mi hija enferma? ¿Y no la puedo ver? ¡Esto clama al cielo!… Aunque me contagie, aunque me muera, mi deber está en la cabecera de su cama. ¿Y quién eres tú, Eloísa, para impedírmelo? Ni tú, ni el doctor, ni nadie. Mi sagrado deber…

Gritaba tanto que con mi dolor de cabeza creí que ésta iba a estallar.

—Váyase, madre, estoy muy bien atendida y sus gritos me mortifican. Vuelva dentro de quince días, como dijo el doctor. Haga el favor de no gritar más.

Quince días son pocos y muchos. Mi madre venía cotidianamente y acurrucada delante de la puerta del saloncito lloriqueaba, gemía. Eso me ayudó a comprender que ella me había vendido a sabiendas de la vida licenciosa de Ermilo que él no ocultaba. A trozos, Eloísa me contaba lo que en pueblos cercanos hacía, y que nadie en la casona pensaba que se casaría, y menos con una niña como yo. Al llegar al punto final de cada relato, Eloísa sollozaba.

A los quince días mi madre se presentó con todas las fanfarrias y gritos y amenazas.

Yo tenía una fuerte jaqueca y los puntos de la herida que me supuraban eran verdaderas llagas. Había mandado decir a Ermilo que llamara al médico. Además, me sentía muy débil.

Como pude, llegué al saloncito y lo abrí. Me quedé en el vano, me desabroché la bata y la dejé caer.

—¿Quiere ver más? —y me volví de espalda.

—¿Cómo es posible que ese canalla…?

—Calle, madre. Con ese canalla me casó usted y con él vivo en esta casa donde no puede ser insultado su nombre. De él vive usted y hasta tiene una muchacha de servicio. No le conviene que nadie sepa esto. Métaselo en la cabeza: estoy enferma de una enfermedad dolorosa y contagiosa, y tengo prohibido recibir visitas. Hasta las suyas, porque me lastiman.

No quise ver sus lágrimas y me volví a mi diván sin recoger la bata. Eloísa cerró. Me puso otra bata y me dejó reposar.

Por la tarde mandé preguntar a Ermilo cómo se encontraba y a pedirle algunos libros que considerara que yo debía leer.

Vino en persona a traérmelos y de rodillas ante mi diván me pidió mil veces perdón, besando mis manos semidesolladas.

Venía con un gorro alto de astracán, que no tenía nada que ver con la estación. Su cara estaba roja e hinchada. Pero ambos callamos sobre su herida y las mías. Las cicatrices que nos hicimos perdieron importancia.

A partir de ese día hicimos un pacto silencioso en el que yo aceptaba de vez en cuando sus fantasías y él acataba mis prohibiciones, y se puede decir que fuimos felices más de veinte años.

Yo aprendí a montar a caballo para ir a visitar las posesiones más retiradas de Ermilo. Aprendí también el movimiento de la tienda, a rayar, a hacer las cuentas, en fin, todo lo que podía aprender una propietaria. No tuvimos hijos.

De vez en cuando llegaban a mí rumores de que Ermilo había armado una bacanal en un pueblito cercano. Yo fingía no escuchar. Pero cuando cumplió sesenta y ochos años la orgía irrefrenada pareció una afrenta porque sucedió allí mismo, en el pueblo, en el campamento de unos gitanos que no tuvieron inconveniente en desnudarse y dejarse manosear. Se supo hasta que cohabitó con el más joven. Todos bien pagados, todos contentos. La fiesta duró tres días.

Muy temprano, al cuarto día, tomaba yo providencias para ir a La Esmeralda cuando llamaron reciamente a la puerta. Simón fue a abrir y yo me quedé parada esperando a ver quién era. Oí que Simón discutía con alguien.

—Déjalo pasar —ordené.

Entró un hombre alto, al que no pude ver la cara porque de su hombro sobresalía la panza y a su espalda colgaba la cabeza de Ermilo.

—Póngalo en el suelo —le ordené y tuve que volver la cabeza y taparme la boca para no vomitar al ver tanta inmundicia.

—Tenga la amabilidad de subirlo, porque pesa mucho, y ya en su cuarto déjeselo a Simón. ¡Ah! Báñese usted allí mismo y que le den ropa limpia para que se cambie —dije sin volverme.

Pedí una taza de té para aplacar mi estómago.

¿Cómo decirlo? Lo vi en lo alto de la escalera: fuerte, rubio, ágil, seguro de sus movimientos y con un dejo desdeñoso en la cabeza que me recordó el grabado de alguien —¡Aquiles! Era lo más bello vivo que había visto.

La boca me sabía a miel.

Vino hacia mí y sus ojos azules llenaron mi alma de luminosidad. Tuve que sentarme.

—La señora está servida, y yo agradezco este magnífico vestido.

—Calle, calle usted. Nosotros somos los agradecidos, y no sé cómo pagarle el bien que nos ha hecho.

—… el pobre señor… nadie quería acercársele… alguien me dijo cómo se llamaba y dónde vivía, y lo traje. Cualquiera tiene una desgracia.

—Pero esto no fue una desgracia y usted lo sabe.

Sus ojos se fijaron en los míos:

—Hay diferentes tipos de desgracias —dijo muy seguro.

—Acompáñeme usted a desayunar, tenga la amabilidad.

—La bondad es suya y no está bien…

—En esta casa yo digo lo que está bien y lo que está mal.

—Estoy a sus órdenes.

Yo, mandándolo, cuando lo que quería era ser su esclava.

Durante el desayuno me dijo que se apellidaba Simpson por su padre, que había sido inglés. Su madre era de nuestra tierra, pero cuando él tuvo doce años su padre se empeñó en que se alistara en la marina mercante inglesa. Ambos fueron a Europa a arreglar el asunto, y éste quedó solucionado a gusto de su padre. Como aprendiz de marino fue un fracaso y me contó algunas anécdotas chuscas que me hicieron reír a carcajadas, cosa que hacía muchos años que no hacía y que puso nerviosas a las sirvientas.

—Quiero que me acompañe a La Esmeralda, me puede ser útil.

—Para servir a la señora… pero tengo que entregar el carro de heno en el que traje al señor. Un hombre de buen corazón, sin conocerme, me lo confió.

—Vaya usted, vaya usted, yo todavía tengo cosas que ordenar aquí.

Por supuesto que era mentira, y empleé el tiempo en emperifollarme. Cantaba y Eloísa se burlaba de mí porque desafinaba dos de cada tres notas. Pero no me importaba.

—¿Está contenta la señora porque el señor volvió a casa?

Me paré en seco.

—Sí, Eloísa… y ve a decir que ensillen el canelo y el alazán.

Eloísa salió y yo me sumí en un dolor profundo. Simpson tendría veintidós o veintitrés años, y yo estaba atada a Ermilo, tenía treinta y seis años, aunque no los aparentaba ni por asomo. Pero ¿qué era aquello? Aquellas ganas de reírme y de ser feliz, ¿eran pecado? Mas sabía en el fondo de mí que me mentía, que era Simpson, Simpson el que me sacaba de mi manera de ser.

Muy reposada, tratando de aparentar majestuosidad, bajé lentamente, cuando me comunicaron que "el joven había regresado". Lo saludé con la cabeza y la pluma que pendía del sombrerito tembló ligeramente, como burlándose de mí.

—Vamos —dije, con plena autoridad. Él me siguió. Me siguió por el camino sin pronunciar palabra ni preguntar a qué íbamos, a qué iba él.

Antes de llegar a La Esmeralda emparejé mi caballo al suyo y le pregunté a quemarropa.

—¿Quiere usted trabajar? ¿Sabe de labores de campo?

—Un poco, pero puedo aprender de prisa.

—Está bien —y fustigando mi caballo me alejé de nuevo de él. ¡Cuánto me costaba!

Al ruido de los caballos Jerónimo salió cojeando de su choza y al verme puso una rodilla en tierra.

Frené mi caballo y antes de que me diera cuenta las fuertes manos de Simpson me tomaron por la cintura y me pusieron en tierra.

—No vuelva a hacer eso —le dije con rudeza.

Jerónimo, con su brazo y su muslo vendados, gritaba "¡Vino la señora, vino!; ¡la señora!, ¡vino a verme!"

—A eso he venido, y a traerte ayuda —le dije, condescendiente—. Vamos adentro a ver esas heridas.

—Fue un descuido, señora, un parpadeo.

—Cállate ya y déjame verte —con el mayor cuidado fui quitando los trapos sucios y vi con horror las profundas heridas infectadas.

—Traiga las faltriqueras —ordené a Simpson. Él lo hizo.

Comencé a curar con el mayor cuidado posible. Desinfecté a conciencia y Jerónimo se contorsionó y se mordió los labios para no gritar. Simpson lo sostenía. Jerónimo se desmayó y pude curarlo con mayor soltura y eficacia.

—Lo bueno es que no tiene fiebre —me dijo Simpson.

—Pues si no lo llevamos al pueblo no sólo tendrá fiebre sino que será necesario amputar.

—¡No!, ¡eso no! —gritó él—, y ahora no tenemos en qué llevarlo con lo debilitado que está. Yo me quedaré y lo cuidaré hasta que esté sano como un roble. Sé hacerlo. En el mar se aprenden muchas cosas. También puedo cazar para sostenernos.

—Eso no será necesario. Yo vendré o enviaré lo que haga falta. Sabe usted escribir, ¿verdad? Pues por recado hágame conocer sus necesidades. Las de ambos.

Cuando Jerónimo se repuso un poco, comimos "pechugas de ángel" como decía él y lo hicimos beber un poco más de lo necesario.

De vuelta a casa, encargué del asunto a Fulgencio, el jefe de campo, y me dispuse a seguir mi vida de siempre.

No vi en quince días a Ermilo, que según supe había mandado llamar al médico, y eso fue un gran descanso para mí.

En casa no podía estar, así que visité Santa Prisca, El Matorral, La Acequia, pero la culpa era del alazán, siempre. Pardeando la tarde, llegábamos a La Esmeralda a preguntar, nada más, por el enfermo. Mejoraba de hora en hora, y, como se hacía tarde, Simpson me acompañaba de regreso; al paso de los caballos, contándome sus historias. Cuánto sentía yo ver a lo lejos las lucecitas del pueblo.

—Hasta pronto.

—Hasta pronto, señora.

Y siempre me quedaba con la impresión de que iba a decirle: "Hasta nunca, Simpson".

Ésa fue mi intención cuando decidí dejar de ir.

Después de las lágrimas y las peticiones de perdón, Ermilo y yo seguimos la vida de siempre, la de tantos años en común, pero sin contacto sexual.

Un día salió Ermilo vestido de campo, pero en el carrito de dos caballos: ya no montaba. "Va a inspeccionar alguna propiedad importante", pensé.

Cuando regresó por la tarde venía más gordo que de costumbre, resplandeciente. Me llamó a la biblioteca.

—¡Seremos ricos como Creso! Y tú sin decirme nada de ese señor Simpson, ¡él nos hará miles de veces millonarios! —y dio vuelta al globo terráqueo—. ¿Qué quieres? ¿Samarcanda? ¿El Golfo Pérsico? ¿Trípoli? ¿Madagascar? ¿China? ¿Japón? ¿Tonkín? ¿Corea?... Todo lo tiene en sus manos. Trabajó muchos años en la marina mercante inglesa y tiene cientos de contactos, y sabe las rutas, las compañías navieras que hay que utilizar. Además, como es natural, domina el inglés y podrá escribir a todo el mundo. Ya no seremos comerciantes, sino distribuidores… y tú lo llevas a cuidar a Jerónimo, ja, ja, ja, ja.

Yo ya veía a Simpson alternando con nosotros, y un miedo mortal me hizo exclamar:

—¿Para qué queremos tanto dinero? Tenemos más de lo que pudiéramos gastar en toda nuestra vida, y aún quedaría para darle la vuelta al globo y dejar herencias considerables a familias necesitadas.

—¿Pero tú sabes lo que da el poder del dinero?

—No.

—La humillación de todos los demás.

Simpson se vino al almacén a trabajar como loco. Dormía en un cuarto del entresuelo del ala de la casa donde estaban nuestras habitaciones, pero venía de noche, cuando ya dormíamos.

Dormir es decir mucho en mi caso, porque desde que Simpson llegó, apenas pude hacerlo. Fui a ver al médico, quien, sin preguntarme los motivos de mis insomnios —conocía como todo el mundo a Ermilo— me dio una botellita para tomar cinco gotitas por la noche. Así lograba un sueño leve después de que oía cómo Simpson cerraba las cerraduras de la casa. Luego sus pasos, y por fin el silencio. Cuando comenzaron a llegar las maravillas de Oriente tuve que ir al almacén a verlas. Pero sólo veía los movimientos elásticos de Simpson mostrándomelas. Ermilo estaba presente.

—Escoge algo… encaprichate con alguna cosa —me animaba.

Pero yo no podía ver más que los ojos de Simpson. Él me llenó de telas, de perfumes, de objetos, explicándome siempre de dónde procedían. Yo me los llevé porque venían de sus manos. Cuando hubieron llegado varios embarques, Ermilo organizó una gran exposición en nuestra casa e invitó a ella a todos los comerciantes solventes de la región. Los compradores de alhajas se quedaron a dormir en el ala sur de la casa.

El negocio fue redondo.

Por la noche, una vez desmantelada la exposición, se dio un gran baile.

Sórdida, escondida en el hueco de un balcón, miré cómo las mujeres asediaban a Simpson. Podía escoger a la que quisiera para amante o para esposa, pero Simpson parecía no darse cuenta. Era gentil con todas pero con ninguna en especial.

Cuando vi aquello salí de mi escondite y me mezclé con los invitados.

Mis amigas de infancia me rodearon:

—Mañana vendremos a ver tus maravillas.

—Oye, y que guapísimo es tu socio.

—Y agradable…

Hacia el final de la fiesta comencé a beber champaña. Mucho champaña, hasta que Simón me llevó a mi cuarto y me cubrió con una cobija.

La luna está sucia de nubes negras. Enciendo la vela y las sombras de las cosas se me echan encima causándome más miedo. Todo me acusa por lo que sufro; comprendo que mi miedo no es más que un remordimiento disfrazado, que mis cosas queridas me rechazan con repugnancia por sentir el amor que siento. Mi amor, sin embargo, no se bambolea como me bamboleo yo. Me echo encima la capa de terciopelo verde olivo y sin pensarlo camino por los corredores y las escaleras como una sonámbula que da traspiés y se tambalea rítmicamente. Abro la puerta del cuarto de Simpson. Lo que veo me deja petrificada: Simpson y Ermilo hacen el amor.

Pero no tengo tiempo de salir de mi estupor. Ermilo ha cerrado la puerta y grita como un poseso.

—Te dije que algún día vendría… que vendría… está loca por ti —me arranca la capa y me desgarra la ropa.

—Ya verás qué hermosura es, esta hija de… ya verás qué hermosura.

Mientras me desnuda con manos torpes, Simpson hinca una rodilla ante mí, me besa la mano y dice muy dulcemente: "Mi señora". Yo miro sus ojos de niño y olvido lo que he visto poco antes.

Estoy desnuda. Ermilo salta sobre sus piernas chatas y flacas.

—¡Ya los tengo! ¡Ya los tengo! —grita a todo pulmón—. ¡Ahora a la piel de oso, donde las llamas den reflejos a sus cuerpos! —y saca su cinturón y comienza a azotarlo por el suelo.

—¡Rápido, enamorados, porque se hace tarde!

Leche y miel bajo su lengua fina. Delicia en mis dedos al tocar su piel. Simpson me recorre con sus manos, con su boca abierta. Todo es lento y frenético al mismo tiempo. Parecía que los dos habíamos esperado desde siempre este encuentro. Descansamos un poco para miramos con un amor sin fronteras y volvemos a acariciarnos como si para eso fuera hecha la eternidad. Cuando me posee, saco conocimientos de no sé dónde para moverme rítmicamente; luego de un rito largo, muy largo, quedamos extenuados uno sobre otro, acariciándonos apenas, con dulzura infinita.

Hasta entonces me doy cuenta de que Ermilo nos ha estado mirando y fustigando con su gran cinturón y palabras soeces. No me importa.

Nos incorporamos porque el cinturón de Ermilo nos obliga.

—Muy bien, muchachos, muy bien. Tú no sabías lo que era esto, ¿verdad, querida? Pero ahora sabrás muchas cosas más.

Alarga hacia nosotros sendas copas de champaña. Nos incorporamos y yo me siento muy mal desnuda. Sirve más champaña, una copa, y otra y otra… ¿Cuántas? Charla sin cesar: "No lo llames Simpson; su nombre de pila es Samuel". "Como ahora tendremos relaciones más íntimas, nos iremos, desde mañana, a celebrar nuestras fiestas en tu alcoba, que es mucho más bonita que esto." "¡Ah!, Samuel, Samuel, cuánto conoces de hombres y de mujeres". No sé cuánto tiempo ha transcurrido ni me importa lo que Ermilo dice. Yo escondo mi dicha tras las copas de champaña. Pero no es el alcohol lo que me emborracha: es el amor de Samuel, es el placer que ha sabido darme.

En un momento dado, Ermilo restalla por centésima vez su cinturón.

—Basta de descansar. Ahora seremos los tres los que disfrutemos y yo seré el primero en montarla, ¿eh, Samuel?

Yo me encojo de terror pero ya estoy en el círculo infernal y glorioso: lo he aceptado.

Al mediodía siguiente despierto con dolor de cabeza y Eloísa me regaña dulcemente por haber bebido más champaña del debido. Va a la cocina a traerme una pócima para mi malestar. Le pido que no abra las cortinas.

Me quedo quieta, en una contradicción terrible de sentimientos. Me he portado como una descarada y una mujer sin escrúpulos. Lo que me molesta es compartir mi placer con Ermilo, a quien desde ese momento detesto. Y compartir mi cuerpo entre dos hombres me avergüenza profundamente: sean esos hombres quienes sean. Pero el placer con Samuel, y las caricias disimuladas pero llenas de amor que recibí de él mientras estábamos con Ermilo… mi carne vuelve a encenderse de deseo y siento que lo volvería a hacer mil veces, con tal de estar un momento en los brazos de Samuel. Ya se llama Samuel, ya no es el señor Simpson, y, por otra parte, Ermilo no sólo lo ha permitido, sino que lo ha propiciado. A pesar de sus caricias asquerosas pienso que en el pasado las he tenido que soportar igualmente, sin tener un cómplice que no sólo las aligera, sino que las borrará con las suyas propias. Pienso todo eso, pero me siento moralmente mal, físicamente mal, y me cubro con la sábana hasta la cabeza: "Estás amortajada, querida", me había dicho Ermilo a la mañana siguiente a nuestro casamiento... Pues no, ya no estaba amortajada por el vejete, sino viva, muy viva con mi amor por Samuel.

Después de tomarme el horrible menjurje hecho por Eloísa, me siento mucho mejor. Aunque con las cortinas bajas porque no quiero enfrentarme con el sol. El sol y yo ya no podremos ser amigos. Yo pertenezco a la luna menguante y siniestra.

Me baño muy lentamente y Eloísa se molesta un poco por mis movimientos torpes y desganados. No puede hacerme probar bocado. Le pido que me deje en bata, sola.

La lucha dentro de mí continúa. No es fácil olvidar los principios de toda una vida por más justificaciones y amor que haya por el lado contrario. ¿Qué pensarían mi madre o mis amigas si supieran lo que había sucedido? Lo que hubiera pensado yo apenas unos meses antes: nada, no lo hubiera comprendido, me hubiera escandalizado al máximo y hubiera llamado, por lo menos, degenerada a la que tal había hecho. Y ahora esa degenerada era yo. Pero Samuel, Samuel... De seguro que ni mi madre ni mis amigas habían ni siquiera soñado un amor así.

Eloísa entró con un paquete que habían mandado del almacén para mí. Esperé a que se fuera para abrirlo: era un aderezo de rubíes que traía una tarjeta que decía así: "Mi amor es más grande que el tuyo porque para conseguirte he tenido que llorar rojas lágrimas de humillaciones sin nombre. Samuel".

Poco después llegó un paquete más pequeño con un anillo que hacía juego con el aderezo: "Para la puta más bella que he conocido. Ermilo". Estaban de acuerdo. Eloísa vino a decirme que el señor y el señor Simpson vendrían a comer y que era necesario que me vistiera inmediatamente. Me negué. Mandé decir que los esperaría a cenar. Yo mandaba en todo esto.

Por la tarde atendí con alegría a las amigas que habían venido a ver "mis maravillas". Nada les impresionó tanto como mi conjunto de rubíes. Charlamos y comimos golosinas hasta bien entrada la tarde.

Esa noche me puse un vestido negro escotado y los rubíes. Eloísa estaba confundida porque ni el día anterior, para la fiesta, me había hecho arreglar con tanto esmero. Bajé triunfante. Los dos hombres se deshicieron en cumplidos.

Mientras comíamos, Simpson y yo no nos recatamos para mirarnos con amor y alguna vez rozarnos las manos. Cuando terminamos, Ermilo preguntó si estaba encendida la chimenea de mi cuarto; hizo que la prendieran y ordenó que los licores y el champaña los subieran a mi dormitorio. Los sirvientes se quedaron pasmados.

—Esa habitación me gusta mucho, y ahora que el señor Simpson es de la familia, no tiene nada de raro que tomemos una copa allí. Al calor del hogar. Cuando suban el servicio se pueden retirar todos a dormir. ¡Ah! Y les anuncio que desde hoy ganarán ustedes doble sueldo.

La escena de la noche anterior se repitió casi punto por punto, más apaciblemente porque Ermilo no tuvo que romper mi ropa, sino que Samuel me la fue quitando en medio de abrazos y besos llenos de pasión. Ermilo hacía chasquear su cinturón como un domador de circo y realmente se desesperaba por entrar en acción.

La servidumbre no calló, como había supuesto Ermilo que lo haría, dándoles sueldos fabulosos. Todo el pueblo supo que algo raro pasaba en nuestra casa, y todos sospechaban de qué se trataba.

Como suele suceder en estas cosas, mi madre fue la última que se enteró de las murmuraciones. No queriendo abordar el asunto a solas conmigo, una mañana se presentó con el señor cura Ochoa, hombre prudente y al que yo tenía mucho respeto.

Comenzó por abordar el tema del escándalo.

—Los ricos somos gente excéntrica, padre; ya mi marido lo era antes de que me casara con él y nadie me lo advirtió. Además, señor cura, Dios es el único que ve realmente lo que sucede, por qué sucede, y mira dentro de nuestro corazón. Yo me atengo a su juicio.

Con esto y algunas escaramuzas más terminó la entrevista. Pero mi madre comenzó a adelgazar, a palidecer y pronto murió.

En el momento en que su cadáver descendía por la fosa, alguien gritó:

—¡Asesina!

Y a continuación una piedra me abrió la frente.

Ermilo gritó: —¡Alto! ya te vi, Ascensión Rodríguez, arrojar la piedra. Esta misma tarde te verás con mis abogados, y a todo aquel que de algún modo u otro ofenda a mi esposa, se le cobrará el adeudo total de su cuenta en el almacén so pena de embargo inmediato.

Además del remordimiento por la precipitación de la muerte de mi madre, aún tengo en la frente la cicatriz de la pedrada, como un recordatorio perenne.

Montaba a caballo todos los días, cuidaba de las flores del jardín sólo para mantener la figura. Eloísa, cada vez más callada, me ponía en todo el cuerpo frescas mascarillas de frutas, cremas, aceites refinadísimos. Me dedicaba todo el día a mi cuerpo para que no se marchitara y se viera y se sintiera deseable cada noche. Procuraba no pensar en otra cosa que en Samuel, porque si leía o mi pensamiento reparaba en la realidad, se ponía en peligro mi equilibrio, tan celosamente cuidado. Sobre todo, no había que pensar en edades ni en el futuro. No existía más que cada día para cada noche.

Pero hubo quien pensó en mi futuro: Ermilo. Redactó un testamento según el cual el señor Samuel Simpson no debía casarse ni vivir en amasiato con otra mujer que no fuera yo, su querida esposa, y si no se cumplía esta cláusula, la sociedad quedaba disuelta en términos muy desfavorables para Simpson; en cambio, a mi muerte, quedaba como único heredero de la fortuna completa. Samuel, riendo, aceptó y dijo que no me abandonaría jamás.

Nuestras costumbres siguieron iguales noche a noche, aunque al final Ermilo no participaba más que muy parcialmente en ellas.

Ermilo murió a los ochenta y cinco años. Yo tenía cincuenta y tres y Samuel apenas cuarenta. A pesar de mi aspecto juvenil, cuando me encontré a solas con Simpson, sin el apoyo de Ermilo, apenas ahora me daba cuenta de eso, de que había sido mi apoyo, me entró un terror que me hacía castañetear los dientes. ¿Por qué no confiaba yo en Samuel? En todos aquellos años había sido tan amoroso conmigo que debía estar segura de que su pasión era tan intensa como la mía, pero ahora tenía miedo de mi dulce Samuel. ¿Por qué?

Comíamos solos en el inmenso comedor y la conversación languidecía. Durante la cena yo estaba nerviosa, esperando, pero pasaban los días que remataban en las noches con un beso en las manos y un "Que duermas bien". Claro que no dormía. En mi desesperación, le rogaba a Ermilo como si fuera un santo, que intercediera por mí, que no me abandonara.

Y mis ruegos fueron escuchados. Diez días después de la muerte de Ermilo, al terminar la cena, Samuel tomó mis manos y subimos a mi alcoba. ¡Ah! ¡Qué dichosa fui! Solos y sin testigos. ¡Al fin! Pudimos hacernos uno o ser uno en el otro. ¿Para qué hablar de las caricias? Las inventamos todas, porque antes de nosotros no había habido amantes en el mundo. Exhaustos, vimos amanecer, pero el sol se empañó cuando Samuel dijo, tomándome de la mano:

—Nos hace falta Ermilo.

Fueron días lánguidos y noches ardientes. Yo pasaba de la cama al baño y del baño al diván lentamente saboreando mis movimientos, la dulce tibieza del agua, la sonrisa de Eloísa, la caricia de las sedas de mi ropa, los perfumes diferentes de la mañana tardía. Me sentía convaleciendo de una enfermedad que había puesto en peligro mi vida, y me mimaba con la más sutil delicadeza. Me adormecía recordando las palabras de amor de la noche anterior, y dormía suavemente, como envuelta en un capullo. No bajaba a comer porque Samuel por esos días no comía en casa, pero el ritual de vestirme para la cena comenzaba a las seis de la tarde porque era necesario disimular, cubrir, atrapar y domar las más pequeñas arruguitas de la cara, de las manos, de todo el cuerpo, y hacer brillar una belleza en toda su plenitud. Yo sabía mi edad, pero él no y, sinceramente, me conservaba mucho más joven de lo que era. Y hermosa, seguía siendo muy hermosa. Él no se cansaba de decírmelo.

¿Cuánto duró el encantamiento? ¿Semanas? ¿Meses? No lo sé porque no me ocupé de medir el tiempo pues vivía en la eternidad, una eternidad relampagueante.

Empecé a inquietarme cuando repetía todas las noches que hacía falta Ermilo, que todo había sido mejor con él, que extrañaba la presencia de Ermilo. Me sentía herida pero no podía decirlo.

Una noche me preguntó muy galantemente si le permitía llevar a cenar a un amigo, "estamos tan solos", dijo que yo escogiera el día, el menú, que todo lo dejaba en mis manos. La idea de romper nuestra intimidad no me gustaba pero no tenía argumentos para negarme a una cosa tan natural. Fijamos la fecha y no volvimos a hablar de la cena ni del amigo. Yo debería haber tenido más curiosidad, preguntar sobre él y qué tipo de amistad llevaban, pero seguro que para defenderme olvidé el asunto hasta que la víspera del día señalado llegó.

Puse el mejor mantel, saqué el servicio de plata y ordené un menú excepcional. Me vestí con más cuidado que nunca y esperé.

Contra toda etiqueta, cuando llegó Samuel con su amigo salí a recibirlos. El amigo era un jovencito rubio, con un bigotito ridículo. Me pareció muy pagado de sí mismo. Cuando estuvo delante de mí alzó la barbilla e hizo una reverencia casi militar. Por poco me río, pero me quedé helada cuando Samuel dijo:

—Laura, éste es… bueno, para abreviar, lo llamaremos Ermilo, ¿te parece bien?

Comprendí inmediatamente y acepté.

A ese Ermilo, que no me gustó, siguieron muchos, muchos Ermilos, y hubo las famosas orgías de los Ermilos, en las que la mayor atracción era yo, por ser la única mujer. A medida que fui envejeciendo, perdiendo los dientes, arrugándome, poniéndome fea, fui atrayendo personajes más importantes, los que me habían deseado cuando era joven, y los jóvenes para gozar algo de una diosa de la belleza. Todos los "próceres" de la ciudad tuvieron algo que ver conmigo en aquellas bacanales que, por fortuna, no eran demasiado frecuentes. Fueron ellos mismos los que salieron escandalizando al pueblo por lo que sucedía en mi casa.

Mi casa… lo que queda de ella. Saqueada por los Ermilos con la anuencia de Samuel, con las cortinas desgarradas, ya sin alfombras, los muebles cojos, sucios y estropeados, apestosa a semen y vomitonas, es más un chiquero que habitación de personas, pero es el marco exacto que me corresponde y así le gusta a Samuel.

Ahora tengo setenta y dos años. Él apenas cincuenta y nueve. No tengo dientes, sólo puedo chupar y ya no hago nada para disimular mi edad, pero Samuel me ama, no hay duda de eso. Después de una bacanal en la que me descuartizan, me hieren, cumplen conmigo sus más abyectas y feroces fantasías, Samuel me mete a la cama y me mima con una ternura sin límites, me baña y me cuida como una cosa preciosa. En cuanto mejoro, disfrutando mi convalecencia, hacemos el amor a solas, él besa mi boca desdentada, sin labios, con la misma pasión de la primera vez, y yo vuelvo a ser feliz. Mi alma florece como debió de haber florecido cuando era joven. Todo lo doy por estas primaveras cálidas, colmadas de amor, y creo que Dios me entiende, por eso no tengo ningún miedo a la muerte.

# Otros cuentos

# La cruz escondida

*A Patricio Lumumba*

Estaba cansado, eso sobre todo. Cuando se abrió la portezuela del avión y a puntapiés y empellones me obligaron a salir, poco faltó para que rodara por la escalerilla: las necesidades de los brazos al intentar equilibrar mi cuerpo hizo que me doliesen más, que sintiera más hincadas en la carne las ligaduras. Pero estaba decidido a pensar lo menos posible en mi cuerpo.

Me subieron al camión de gran plataforma y los soldados me rodearon. Íbamos de pie, despacio, y cuando llegamos a la puerta alambrada, vi la multitud silenciosa. Salimos a las calles. Nos detuvimos en una plaza. Bajo el sol enceguecedor respiré profundamente el aire húmedo y perfumado que venía de los montes cercanos. Eso pareció enfurecerlos.

—De rodillas, cerdo.

Y un empujón me hizo caer al suelo. No podía levantarme.

—Soy reportero de *Paris-Match*. Aquí está mi permiso —sentí la mano que me asía fuertemente y me levantaba dando un tirón que me arrancó un puñado de pelo. El fogonazo, y yo no debía pensar en el dolor.

—Quisiera otra, un momento nada más.

El bofetón.

—Voltea, que te quieren retratar.

El bofetón, el flash, otro flash, un puñetazo. Otro, un puntapié en la columna, el flash, una sucesión de golpes dados con fuerzas vivamente: se exhibían. Empecé a sangrar.

—Basta de fotografías.

—Pero la Prensa Asociada.

—¡Basta! Quítenles las cámaras. Luego les serán devueltas.

Y para ocultarme me volvió a tirar al suelo.

Tengo que pensar en otra cosa… no, en ella no… *Paris-Match*… La Prensa Asociada. Ahora se darán el baño de compadecerme… la espalda, la espalda, la espalda se me rompe y no puedo moverme; no, es más bien el hombro el que ya... "comunista... vendido... iluso... enemigo del orden... unos cuantos golpes no le harán daño si sirven para que comprenda al fin... aunque es lamentable tener que llegar a presenciar... pero así son ellos, pueblos, razas, que jamás entenderemos"; no, jamás, para eso tendrían que vernos a nosotros probar el látigo en la carne de sus hijos... toman las fotos y se van, huyen de imaginar siquiera lo que ahora va a suceder... el viejo rito... no puedo mover ni un dedo... el sol me hincha más las manos... ¡No, mis hijos no! ...y ella... ¡que destruyan esas fotografías! Si las ven nunca jamás podrán; todos nosotros hemos visto azotar a nuestros padres, los hemos visto morir colgados, desangrándose... todos, todos... o quemados vivos, como en Norteamérica... por el mismo delito... no soy el primero ni el último, y sin embargo.

Esta vez el tirón en el pelo me dolió más: llaga sobre llaga. Y con la contorsión violenta el hombro hinchado casi me hizo gritar... la espalda... las manos... El camión había vuelto a caminar. Abrí los ojos. Ahí estaban, muchos, miles, silenciosos. Un niño gritó "¿quién es?", y lejos vi en la cara inexpresiva de una mujer arrugada correr las lágrimas. Luego los uniformes limpios de los soldados de las Naciones Unidas, la mirada vacía, la misma mirada de cuando presentan armas... no, tengo que sostener hasta el final mi seguridad en que sí ven, sienten, sí son hombres como yo, como nosotros. Me enderezo y los miro de frente: todavía pueden ayudarnos, llevarse esta imagen a sus casas, a sus tabernas, a sus países, y entender... hay uno que cierra los ojos... ese uno, tal vez...

Hemos llegado. Lo sé. Oigo cómo rechinan los goznes. Y ellos, los míos, se han detenido a distancia. Posiblemente esperan una palabra, y me gustaría consolarlos. Ellos son mi pueblo; todo esto y lo que vendrá, será por ellos, pero no puede decirse. Intento ponerme de pie para mirarlos mejor, por última vez, para que se miren en mí y se reconozcan; no puedo, el cuerpo me traiciona. Es tarde ya, la puerta se ha cerrado y mi obligación con ellos ha concluido. Me he quedado solo.

Echado sobre las losas frías, ya sin ataduras, trataba de reconocer mi cuerpo y probaba con prudencia, casi con temor, mis músculos, mis huesos. Lo peor era pensar. Necesitaba dormir, desde hacía años no había dormido como los demás, y ahora, antes de enfrentarme a lo que venía, era necesario recobrar mis fuerzas de animal, de hombre. Pero no, se sabe desde siempre que hay que velar y meditar, y saberlo e imaginarlo todo, y tener miedo y esperar.

Me encontraron sentado, con la espalda muy derecha apoyada en la pared. No creo que sospecharan el dolor que su esfuerzo me costaba. Los conocía desde hacía mucho. El oficial belga me miraba con esa terrible mirada sin significado que sólo pueden conseguir voluntariamente los que tienen los ojos azules. El otro debía de sonreír, pero no me volví hacia él.

—Siento mucho que nos hayamos vuelto a encontrar en esta circunstancia, tan diferente... pero como hombre de Estado usted sabe muy bien que la política y la guerra producen con frecuencia estos incidentes lamentables y ajenos a nuestras voluntades personales...

Seguía hablando, y era curioso ver cómo lo único que se movía en su rostro era el grueso bigote rubio. ¿Por qué venía? Y acompañado de varios blancos...

—...sabe usted perfectamente que aunque militamos en bandos contrarios, siento por usted una estimación y hasta, por qué no decirlo, admiración. Por eso he venido, a reiterarle mi amistad y ofrecerle a nombre de mi gobierno todas las garantías.

Se oyó una carcajada. Era el otro. Entre risotadas fue diciendo:

—¿De qué está hablando? ¿Qué garantías, cuál gobierno?... Pero ¿no se da cuenta de que a quien tiene delante es al autor de la independencia de este país, y que se trata de un asunto en el que no pueden mezclarse los extranjeros?

Era por esto. El belga fingió estupor y confusión.

—Perdón, es verdad, no sé cómo pude... pero personalmente, si en algo puedo servirle, si necesita usted alguna cosa que yo pueda...

—Agua.

Ahora sí su azoramiento fue sincero. Hizo una señal a alguien de su comitiva y se me quedó mirando como si por primera vez se diera cuenta de mi condición verdadera. Su cara se contrajo levemente y parpadeó. Todos me observaban sin recato, como a un ejemplar extraordinario. Era peor que los golpes.

—Aquí está el agua.

Y me tendió un vaso grande, bien lleno, en un platito blanco. Tomé el vaso con dificultad porque los dedos tumefactos y raspados no me obedecían fácilmente. Sentí las miradas en mi mano. Me llevé el agua a los labios casi con disciplina, no quería que notaran la necesidad, la avidez. Mi boca hinchada y rota apenas resistía el leve peso. Tomé el primer sorbo: fresca, limpia.

El segundo… y el fuete se estrelló contra el vaso, contra mi mano, contra mi cara. Rojo, todo rojo, y el vaso en el suelo. El belga seguía con el platito en la mano. El otro dijo:

—No te preocupes por un poco de agua. Esta noche te invito a una fiesta.

A media tarde vinieron y me lavaron, me pusieron ropa de campaña nueva. Todo en silencio. Me dejaron a solas ante una charola con agua y comida. Comí y bebí pero el estómago se me contraía dolorosamente. El miedo es como una enfermedad a la que el cuerpo se entrega aunque queramos detenerlo.

El otro entró. La misma sonrisa de siempre.

—Demos un paseo. Te sentará bien.

Todo aquello correspondía con su ser primitivo y bestial. Algo terrible se escondía en ese aire refinadamente sádico, algo que era también un esfuerzo, un homenaje.

Íbamos acompañados por una elegante comitiva de oficiales que camina-ba unos pasos detrás de nosotros. Salimos por corredores oscuros a un patio inmenso que debía de estar en la parte trasera del edificio. Debían de ser por lo menos tres mil metros cuadrados de piso encementado. Tres tapias, y por el otro lado la construcción. Primero caminamos a todo lo largo del edificio, a pocos metros de las paredes, y él fue señalándome tranquilamente con su fue-te las dependencias y oficinas que había en los pisos superiores, como se hace con un visitante distinguido. Costos, tiempo, utilidades, proyectos, todo me fue explicado mientras dábamos vuelta al cuadrilátero. El sol se ponía cuando regresamos al punto de partida.

—Ah, me olvidaba, ¿ves esas ventanitas que hay a ras del piso? Son los sótanos, en fin, las prisiones. Ahí están encerrados unos doscientos o trescien-tos partidarios tuyos. Un poco maltrechos, pero todos con ojos. Te han visto, y ahora saben que hemos firmado una sentencia gracias a la cual serán fusilados esta misma noche. Así me evitaré que tengan ganas de gritar o de huir.

Intenté correr hacia el centro, hacia donde pudiera ser visto, tal vez escu-chado, pero al primer paso un golpe seco en la nuca me derribó.

Agua fría en la cara, y un dolor intenso, un zumbido. Me pusieron de pie. El hombro otra vez…

—No hemos terminado el recorrido, y para la fiesta es aún temprano.

Volvimos a los corredores, yo casi no veía. Ante una puerta había una lar-ga fila de soldados. Sus caras hoscas, tristes o brutales no me dijeron nada. Entramos.

A la escasa luz que venía de no sé dónde, vi a un soldado desnudo de la cintura para abajo, que jadeaba y se retorcía sobre un jergón.

—¡Levántate!

El soldado pareció no oír.

—¡Levántate! —y lo golpeó con el fuete en la nuca, en los riñones. El soldado se fue.

No puedo describirla. Los pequeños senos, el vientre, los brazos, la boca. Mordida, arañada, desgarrada, tirada en un gran charco de sangre.

—¿La conoces?

Tenía los ojos cerrados.

—¿No? Es la hija de tu mejor amigo. "La flor de la tribu" decías tú mismo que era… si la has llevado en los brazos… Trece años y tan hermosa… ¡Ah! Ya veo que te acuerdas.

Me abalancé sobre él, ciego, enloquecido. No llegué a tocarlo, me sujetaron por los brazos, y el maldito hombro… Desde el suelo dije, casi sin voz:

—Está agonizando.

—Por supuesto. Lleva muchísimas horas en esto. Pero expirará así, debajo de un soldado. Luego le mandaré el cadáver a su padre.

Me incorporé y quedé arrodillado muy cerca de ella. Abrió los ojos: todo lo que en el mundo pueda llamarse pureza estaba en esos ojos. Me miró como desde muy lejos y poco a poco, con lentitud increíble, me fue reconociendo. "Gracias", creo que dijo.

—Es tu amigo, tu queridísimo amigo, por culpa del cual estás aquí.

Pareció no escuchar, sus ojos luminosos continuaron mirándome con una dulzura que estaba más allá del pasado, del presente y de la muerte. Siguen y seguirán mirándome para siempre.

—Desnúdenlo.

Y su carcajada de nuevo. Los otros lo imitaron. Las risotadas resonaban en el cuarto lóbrego y mal iluminado.

—Azótenlo.

Atado contra la pared, suspendido casi en el aire, con aquel hombro que dolía cada vez más.

—No, deja, lo haré yo mismo. Uno… dos… tres…

—Miren cómo se retuerce, cómo tiembla todo…

Cuatro… cinco…

"Tengo que pensar en otra cosa… no, en nada de esto… en otra cosa."

Ocho… nueve… diez…

"El río… mi hijo… ella cuando… ¡no!, ¡no!, duele más, duele mucho, más que los azotes, pero yo lo sabía, lo escogí… lo sabía… lo escogí… y la pequeña no lo escogió y a pesar de eso… No puedo más… hay que cerrar los ojos y dejar que esto pase, y después, al otro lado… nunca he podido pensar en eso, me restaba fuerzas, pero hoy, en este momento… el otro se ríe, cuánto disfruta, cómo goza, es mejor así, esto lo entiendo: la venganza, el odio. Es mejor que Auschwitz, porque aquello nunca hubiera podido entenderlo: abstracto, frío, aséptico. Caminar hacia los hornos, morir de hambre o torturado, sin lástima, sin odio personal… arquitectos serios que extienden planos para ganar un concurso de hornos crematorios…"

—Sesenta y siete, sesenta y…

"el odio de una persona, una… tener un nombre… el odio también calienta…"

—Ochenta y dos…

"un niño se tropieza y cae, la madre sale de la choza '¿te has lastimado?'… Auschwitz… es mejor esto… bañarse en el río bañado… me odia a mí… es también un negro… '¿te lastimaste?'…"

—Suéltenlo, llévenselo. Desmayado no me divierte, y, además, estoy cansado.

Después, un guardia joven, subrepticiamente, le dio a beber un poco de agua. Tenía miedo, era casi un niño. No dijo ni una palabra, aunque sus labios se movieron, temblaron.

Un gran resplandor atravesó sus párpados hinchados, intentó incorporarse pero no podía. Estaba echado de espaldas contra el piso y la sangre coagulada, como un cemento lo mantenía pegado, inmóvil. Tragaba sangre continuamente, no sabía de dónde, de la nariz, de la boca, pero todo era tan remoto, tan confuso… Una gran congoja. La celda estaba a oscuras, debió soñar el resplandor. Hay sombras, se acercan, "ya no", se asustan, se agazapan, pero están ahí, acechantes, esperando un descuido, ¿a quién llamar? Están allí y no puede nada contra ellas, ¿a quién nombrar? La sangre se ha coagulado, no sigue manando; el dolor está en todos los poros del cuerpo, pero nadie lo azuza ya. Sigue la deuda con la pequeña… por eso prefería tener los ojos cerrados… pero su padre no los verá, no verá más que lo que le han hecho, no lo que ella alcanzó… hay un misterio, tendría que pensar mejor, con más claridad... pero en la oscuridad, en el tiempo, ahora mismo, se oyen pasos... ¡es demasiado pronto! No puede más, quisiera gritar, pedir piedad, se estremece, se encoge, se desprende de sus ataduras de sangre con un rugido sordo, el cuerpo se rebela y se hiere a sí mismo en su irracional huida hacia lo imposible: todo lo que quiere es ponerse de costado, las rodillas en la barbilla, los brazos intentando rodear las piernas... los pasos, cientos de pasos, ¿gemidos?, ¿son suyos?... Sí, son suyos. El brazo cuelga del hombro, muerto ya, y una rodilla no puede doblarse, no obedece ni al instinto de encogerse, de desaparecer... el resplandor otra vez, hay que abrir los ojos otra vez, concentrarse... abrir los ojos... poco a poco puede irse dando cuenta... es una celda, la de la pequeña, ya se la llevaron... puede ser una celda igual... y el resplandor insoportable entra por la ventana... el patio, la luz viene del patio... se oye una voz, la misma, pero infernalmente fuerte, ampliada, que lo penetra todo.

—Y ahora, aunque no podáis verlo, vuestro jefe presenciará la ejecución —y la risa, la misma risa golosa y satisfecha. De diez en diez, contra el paredón del fondo.

"No... no... no valgo tanto... Hay que arrastrarse, enderezarse. Lo único que puedo hacer es mirarlo, mirarlos morir." No es el dolor el que lo detiene, son los huesos rotos, la sangre perdida. Lo peor es ponerse de pie al llegar al ventanuco... el brazo... la pierna... la espalda. El patio intensamente iluminado, y ellos que se arrastran silenciosos hacia el paredón. Sin manos, se las han cercenado, sin... es demasiado. Se lo habían contado, lo había leído, lo creía, pero igual, no podía ser... No sucede en esta noche, ha sucedido siempre, en todo el mundo, no se ha interrumpido jamás... primero hay que quitarles el valor y la fe, dejarlos como bestias heridas, animales solos y sin pensamiento, para enfrentarlos luego así a la muerte, a la muerte que descansa a las fieras martirizadas, sin pasado, sin porvenir, sin nombres... y él los ha arrastrado hasta allí... él, con sus manos ha hecho las heridas... verdugo y depositario de todo esto, de todos los minutos de horror y crueldad que corren subterráneamente por la tierra y por el tiempo, que no cesan, que palpitan sin interrupción desde antes de que el hombre tenga memoria, que son la primera memoria del niño, la angustia intolerable que se ahoga en el amor... ya se ha intentado agotarlos, morir de una vez, morir por los otros, ...no ha sido inútil, pero para él es distinto: son otros los que mueren por él... él no es la víctima... la víctima... Morirán, seguirán muriendo... La primera descarga, los primeros diez... marionetas... basura que se hace a un lado con las botas: ...el horror silencioso... entonces sucede.

—¡Viva el primer ministro!

Y la descarga. Creen en él... es peor, mucho peor que si lo hubieran traicionado, lo hace más responsable y más inútil. Esa fe por encima de toda razón lo arroja sin piedad a su solitaria, finita, insuficiente, herida condición de hombre... los consuela que los mire. Sí, el otro encontró el tormento adecuado. Él que ha vivido para los demás no teme morir por los demás, teme que mueran por él... Han comenzado a cantar, su vieja canción... todos, todos... la canción es más fuerte que las descargas. Ya no los ponen contra el paredón, los ametrallan en grupos, solos, por todas partes... terminan con ellos en un momento. La última palabra de la canción, la última nota, se va disolviendo, y él no quiere que termine, la retoma de la boca desconocida y moribunda para darle nuevo aliento en la suya. No puede: le habían cortado la lengua.

Cuando vienen por él, sabe lo que le espera, pero se aferra a la idea de que sus ojos, arrancados y muertos, seguirán mirando a los hombres con la mirada que heredaron de una niña sangrante. Quiere intentar una vez más, solo y confuso, la solución.

# El hombre en la noche*

De pie, a mitad de la ciudad, a mitad de la calle, el hombre se siente a sí mismo. Llueve y una cortina de lágrimas lo envuelve: algo llora sobre su existencia, sobre su pensamiento, sobre su corazón. No es posible escuchar sino los pasos en sordina de la lluvia. La gran ciudad, avergonzada, calla, las luces de los coches lamen sus ojos al pasar cansadas y artificiales y él cree que lo miran cientos de cortesanas. Los edificios se levantan tiesos y grises, como los amigos; los árboles no son sino fantasmas que han venido de los bosques a aumentar la desolación; el suelo mojado, tendido a sus pies, remeda grotescamente al cielo y a las luces. Y el amor se ha quedado atrás, en la carcajada estridente de una muchacha.

De pie, el hombre siente a la noche sobre su frente de piedra. Entre sus dientes de luna repta el frío del espanto y se va quedando mudo, único en su soledad, en medio del silencio cósmico…

Se repite que es panteísta sólo para recordar a Dios, pero de su alma seca se escapa la esencia de las cosas, los signos del amor se enturbian ante sus pupilas dilatadas, y entonces Dios es frío como la lluvia, venal como las luces e insondable como la noche… Solamente sabe que Dios no es padre y que la eternidad se tiende ante el hombre como una espantosa lengua oscura.

De pie, el hombre intenta pensar en su madre. La llama desesperadamente en un grito que se quiebra en el final de la calle, y entonces puede entreverla, crucificada por sus palabras en el cielo tembloroso que han dibujado sus labios. Sí, es ella, ante el Cristo agonizante, ella con sus ojos doloridos y sus llagadas manos nazarenas. ¡Es ella: la madre!

Pero tiene que cerrar los ojos para no mirarla más: ¡cómo ofenderla con-

* Este cuento está firmado como Inés Amelia Camelo y fue escrito en 1951. Después, la autora rubricaría sus textos como Inés Arredondo. Se publicó en *Sábado* (suplemento del periódico *Unomásuno*), núm. 409, 17 de agosto de 1985, p. 9. [Esta nota es de Claudia Albarrán.]

templándola a la luz desvergonzada de un farol? Le hace falta la luna para que ilumine las suaves facciones de su afecto… Pero Artemisa, egoísta como todas las vírgenes, se ha marchado y la lluvia se ríe de él y de su esfuerzo por encontrarla. Y… ¿por qué la madre en cruz necesita, cada vez más, de la diosa pagana?…

Pero ya la madre no importa, la lluvia no importa, ya las luces no importan: ante el hombre está desnuda la noche.

El lucero cabalgaba sobre la espalda de la tarde, pero la tarde, asustada, saltó la cerca del horizonte y el lucero se apagó de frío entre las fauces de la oscuridad… ¿En dónde están las cenizas del lucero?… Cierto que sobre su muerte lloró el cielo, mas a las nubes las ahogó lo negro y la lluvia no es ahora sino una treta del misterio.

El hombre ya no tiene sangre, por sus venas circula el aliento de la noche y la noche es la boca de la muerte: el hombre se ha quedado solo ante la muerte… Allá, al final de la calle, está su vientre insondable. Ella lo liberará de sí mismo y de las obsesionantes luces, ella es quizá todo lo que tiene… quizá allí estén la verdad y el amor. Ella lo llama. Lo hipnotiza con el suave redoble del agua. El hombre está solo ante la muerte. Va a empezar a caminar, pero entonces siente en las ideas confusas de su mente, en las razones vagas de su sangre, que no puede morir, y se queda, sigue, a mitad de la calle, a mitad de la noche, a mitad de la soledad, de pie.

# Sonata a Quatro
## (FRAGMENTO)*

…aga…sala…brié…estai…tai. Cesé de ligar las palabras que llegaban a mí, aunque estaba en el centro del grupo de amigos con los que había ido a la exposición. Un momento antes yo hablaba como ellos pero ahora no los escuchaba ni los aprisionaba. Primero pensé en una mirada indiscreta, me volví y nadie me observaba, después me cubrí el cuello con la mano pero "aquello" traspasó mi mano hasta que comprendí que me estaba ocurriendo algo fuera de lo normal.

Siempre, desde pequeña, había oído hablar de la largura de mi cuello que ahora llevaba desnudo, impúdicamente desnudo, con el apretado chongo que ocultaba a medias mi tesoro: mi pelo.

La garra me enloquecía, me acariciaba, me poseía. Dejé, sin decir nada, al grupo con el que había ido. Me fui a otro cuadro, a otro, a otro, bajo la luz neutra que pretendía ser lunar. Ciega y casi corriendo, enloquecida con mi dulce angustia de ser poseída por esa mirada que no parpadeaba, sin darme un minuto de reposo. Me sentía como una mariposa atrapada en la red. Qué horrible es, para la mariposa y para mí. Terminé corriendo por el círculo del museo: cualquier cosa menos volverme y enfrentar aquella mirada omnipresente.

Bajé la escalera fría hacia el sol, que era mi salvación, pero al llegar al final de la escalera abrí mi bolso para sacar y encender un cigarrillo y no puedo mentirme: dejar caer mi pañuelo.

Pasó el tiempo, el tiempo, sin que la mirada se repitiera y así me fui tranquilizando sobre la cursilería del pañuelito. ¡Dios mío! Cuántas veces me puse roja de recordar aquel hecho absurdo.

* Publicado en *La Semana de Bellas Artes*, núm. 182, 27 de mayo de 1981, p. 5. Ilustrado por Roger von Gunten. Apareció como fragmento, pero no se especifica de qué texto fue tomada esta parte. En la obra de Arredondo no hay ningún cuento con este título.

Había heredado de mi abuela un salterio, y una vieja maestra de nacionalidad indefinible, me enseñaba a tocarlo, en Mascarones, donde estaba la Escuela de Música de la UNAM.

—Tienes que aprenderlo bien, porque los salteristas nos estamos extinguiendo, y ya nadie sabe, ni tiene idea, de cómo se construye un instrumento de éstos —me decía, mientras posaba su mano lenta y leve sobre las cuerdas silenciosas. Yo me esforzaba todo lo que podía por aprender, porque creía, como todos los jóvenes, que morirían mucho después que los viejos, y yo estaba segura de que su tiempo y el mío estaban marcados. Ahora sé que eso es una falacia porque ella sigue viva y mi tiempo ha terminado.

Pero llegué a tocar el salterio bastante bien y mi vieja maestra pedía y pedía una beca para que fuera a perfeccionarme en un lugar tan impronunciable que hasta yo lo he olvidado. Nadie le hacía caso, por supuesto.

—Se necesita *algo, algo* que tú tienes para poder tocarlo.

¡Ay! Para qué recordar el destino otro… el que pudo ser porque mis padres estaban decididos a mandarme a Alemania para que me perfeccionara… nada de hablar de las culturas semíticas o turcas… mejora bien, pensaba yo, aunque no fuera el lugar teórico más adecuado… De pronto alguien que venía en sentido contrario al mío rozó mi hombro y cayó de bruces a mis pies. Apreté con más fuerza la caja de mi salterio mientras el muchacho se incorporaba muy lentamente. Cuando estuvo con una rodilla en tierra, giró todo su cuerpo hacia mí y me miró a los ojos.

—Dígame, ¿no es suyo este pañuelo?

Y me extendía la palma de su mano, erecto como una pirámide, mi pañuelo bordado, al que quería olvidar.

Callé y lo tomé. Cerré los ojos. No dije nada. Esperaba que se fuera. Y cuando volví a mirar se había ido.

Qué extraño, el pañuelo conservaba mi perfume y yo ya no me avergonzaba de él sino todo lo contrario.

Dediqué todos los días y una parte de mis noches al salterio. De él salía un hilo de araña que enredaba al desconocido y lo traía a mí. Ariadna. Eché fuera los pretendientes. Mi madre espiaba mis pasos, mis ojos, pero lo que veía no concordaba con lo que yo hacía: salir únicamente a la clase de música y regresar sin compañía. El teléfono no sonaba para mí con ninguna voz desconocida, y yo era feliz, ahogada en música porque cuando me cansaba físicamente de tocar el salterio ponía el tocacintas y escuchaba atentamente. Mi madre veía en mí, en torno a mí, amor. Pero no encontraba un solo resquicio para saber quién era mi amado.

Una tarde que yo escuchaba Vivaldi tirada sobre la alfombra la oí venir: intentaba hacer la pregunta directamente y su taconeo de las grandes ocasiones la delataba. Llegó a mi habitación y se paró en el dintel de la puerta y no la dejé hablar, salté como ella como una pantera dándole vueltas al son de uno de los *concerti grossi*, le canté hasta que se terminó: *amor amor amo/obesidad hermana...* hasta el final: *amor amor amor/de seis a siete*. Cuando la sentí sobre el diván, nos echamos a reír y le dije:

—No hay nadie, mamá, es la primavera —y su tensión cedió por un largo tiempo.

El hombre del pañuelo tendría unos veinticinco años, era rubio con ojos azules que me resaltaban sobre la piel requemada, y eso me hacía reír porque el que fuera así era otra cursilería peor que la del pañuelo, y el que me hubiera dado la prenda rodilla en tierra, bueno, para ser precisos, en piedra, era el colmo de la cursilería. Si pudiera contárselo a Juan Guerrero o a Esteban Marco, cómo lo hubiéramos disfrutado, porque ellos sí eran amigos y no pretendientes, pero estaban lejos.

La primavera fue larga, espléndida, y yo me acostumbré a traer el pañuelo entre los pechos, quién sabe por qué. Era absurdo, y más aún el que no se me ocurriera pensar el significado que tenía aquello.

Pero en cuanto llegaron las lluvias con sus días plomizos volvió el tábano que me atormentaba en la nuca, en el cuello, y me hacía sentirme una con la infeliz Ío.

Le conté la increíble historia a Blana, mi maestra. Ella se quedó callada un momento y luego me dijo: —Enfréntalo; si no, siempre serás su esclava.

Tuve que admitir que había aceptado un reto que mi trivialidad disfrazó de estúpida coquetería con el absurdo, y que coquetear con el absurdo es abismal.

No fue fácil. Tenía miedo. Pero una tarde lo hice: me volví toda entera a recibir la descarga, pero en donde creí que estaba el desafío me equivoqué: el tábano estaba a mis espaldas. Repentinamente di otra vuelta rápida y fue igual. Ya desesperada, en el centro del patio de Mascarones di vueltas y vueltas sobre mí misma. Fracasé: desde cualquier punto estaba la garra. Llorando fui al salón de Blana y, aunque había alumnos, la interrumpí y le dije entre sollozos:

—Fracasé, fracasé. No tengo consuelo.

Me acarició el cuello y me dijo:

—El Otro te fustiga ahora, pero después… Bueno, ya veremos.

—¿Y quién es el otro?

—El sol negro, rencoroso hasta matar. Y no preguntes más porque cuanto más sepas de él más se ensañará contigo. No lo busques en libros ni preguntes por él. Nadie te dirá cosa más importante que la que acabas de saber.

Dentro de mi casa la garra no me atormentaba, así que casi no salía de ella. Propuse a Blana que viniera a darme clases, con el sueldo y las prestaciones de la Universidad:

—Te quiero mucho, mi niña, pero conmigo entraría la desgracia a atormentarte, porque yo *sé*.

Entonces comenzó la lucha desigual entre aquél y una débil muchacha que quería ser una gran salterista, una hija, en cierto modo, del rey David.

Iba a clase con el cuello tenso y doliéndome célula por célula.

Creí que no había ángel para mí cuando se presentaron seis: vestidos casi igual, tostados por el sol.

En cuanto me rodearon el dolor desapareció ¡Qué alegría! No oí casi los nombres de lo confundida que estaba.

Yo, tan pequeña, entre seis altos y bellos muchachos que hacían desaparecer al otro. Era de no creerse. Me sentía liberada. Por fin, ¡gracias a Dios!, me dije, y era la primera vez que en realidad creí en Dios y sus ángeles.

# BIBLIOGRAFÍA

*por* CLAUDIA ALBARRÁN

## CUENTOS

### Cuentos no publicados en libro

"Sonata a Quatro" (fragmento), en *La Semana de Bellas Artes,* núm. 182, 27 de mayo de 1981, p. 5.

"El hombre en la noche", en *Sábado* (suplemento del periódico *Unomásuno*), núm. 409, 17 de agosto de 1985, p. 9.

"La cruz escondida", en *Los Universitarios,* núm. 68-69, 15 al 31 de marzo de 1976, pp. 2-3, y en *Blanco Móvil*, núm. 46, diciembre de 1990-enero de 1991, pp. 8-14.

### Libros de cuentos

*Opus 123*, Oasis, México, 1983 (Los Libros del Fakir, 23).

*Historia verdadera de una princesa* (cuento para niños con ilustraciones de Enrique Rosquillas), SEP/CIDCLI, México, 1984 (Reloj de Cuentos).

*Los espejos*, Joaquín Mortiz, México, 1988 (Serie del Volador), y en *Obras completas*, Siglo XXI Editores/DIFOCUR, México, 1989 (Serie Los Once Ríos).

*Obras completas* (incluye "La verdad o el presentimiento de la verdad", *La señal*, *Río subterráneo*, *Los espejos* y *Acercamiento a Jorge Cuesta*), Siglo XXI Editores/DIFOCUR, México, 1989 (Serie Los Once Ríos).

*La señal*, 1ª edición, Era, México, 1965 (Alacena); 2ª edición, UNAM, México, 1980. (Textos de Humanidades, 15), y en *Obras completas*, Siglo XXI Editores/DIFOCUR, México, 1989 (Serie Los Once Ríos).

*Río subterráneo*, 1ª edición, Joaquín Mortiz, México, 1979 (Nueva Narrativa

Hispánica); 2ª edición, Joaquín Mortiz/SEP, México, 1986, y en *Obras completas,* Siglo XXI Editores/DIFOCUR, México, 1989 (Serie Los Once Ríos).

## Antologías de sus cuentos

*Mariana,* UNAM, México, s. f. (Material de Lectura, Serie El Cuento, 2).
*La sunamita y otros cuentos,* SEP/Conasupo, s. f. (Cuadernos Mexicanos, 98).
*Inés Arredondo para jóvenes,* selección y prólogo de Ignacio Trejo Fuentes, Conaculta/INBA/Gobierno del Estado de Sinaloa/Socicultur/UAS, México, 1990.
*Las palabras silenciosas,* selección y prólogo de Eloy Urroz, Editorial Algaida, Cádiz, 2007 (Col. Calembé).

## Traducciones de los cuentos

*Al inglés*
*The Underground River and Other Stories,* traducción de Cynthia Steelle y prólogo de Elena Poniatowska, University of Nebraska Press, Lincoln, Londres, 1996.

*Al alemán*
"Die Sunemiterin", traducción de Barbara Kinter, en Marco Alcántar (ed.), *Frauen in Lateinamerika 2. Erzählungen und Berichte*, Deutscher Taschenbuch Verlag, Múnich, 1986, pp. 80-91.
"Sommer", traducción de Erna Pfeiffer, en Erna Pfeiffer (ed.), *América Latina,* Wiener Frauenverlag, Viena, 1991, pp. 55-64.

*Al italiano*
*Farfalle notturne e altri racconti,* introducción de Furio Lippi, Ibis, Italia, 2000 (Serie Tusitalia).

# ÍNDICE

*Cuentos completos,* de Inés Arredondo, se terminó de imprimir y encuadernar en junio de 2014 en Impresora y Encuadernadora Progreso, S. A. de C. V. (IEPSA), calzada San Lorenzo, 244; 09830 México, D. F. En su composición se emplearon tipos Berkeley Book. El tiraje fue de 3 500 ejemplares.